NORBERT HÄRING

Endspiel des Kapitalismus

Weitere Titel des Autors:

Die Abschaffung des Bargelds und die Folgen

Titel auch als Hörbuch erhältlich

Über den Autor:

Dr. Norbert Häring, 1963 geboren, ist Wirtschaftsjournalist und Autor populärer Wirtschaftsbücher. Er schreibt für Deutschlands führende Wirtschaftstageszeitung *Handelsblatt* und betreibt den Blog *Geld und mehr*. Der Bestseller *Ökonomie 2.0*, den er gemeinsam mit Olaf Storbeck schrieb, gewann den Wirtschaftsbuchpreis 2007. 2014 wurde er mit dem Preis der Keynes-Gesellschaft für Wirtschaftspublizistik ausgezeichnet.

NORBERT HÄRING

ENDSPIEL DES
KAPITALISMUS

Wie die Konzerne die Macht übernahmen
und wie wir sie zurückholen

QUADRIGA

Dieser Titel ist auch als Hörbuch und E-Book erschienen

Die Bastei Lübbe AG verfolgt eine nachhaltige Buchproduktion. Wir
verwenden Papiere aus nachhaltiger Forstwirtschaft und verzichten
darauf, Bücher einzeln in Folie zu verpacken. Wir stellen unsere Bücher
in Deutschland und Europa (EU) her und arbeiten mit den Druckereien
kontinuierlich an einer positiven Ökobilanz.

Vollständige Taschenbuchausgabe
der bei Bastei Lübbe erschienenen Hardcoverausgabe

Copyright © 2022 by Bastei Lübbe AG, Köln
Textredaktion: Jan W. Haas, Berlin
Einbald-/Umschlagmotiv: © Circumnavigation/shutterstock.com
Umschlaggestaltung: Zero Werbeagentur, München
Satz: two-up, Düsseldorf
Gesetzt aus der Milos
Druck und Verarbeitung: GGP Media GmbH, Pößneck
Printed in Germany
ISBN 978-3-404-07007-7

5 4 3 2 1

Sie finden uns im Internet unter quadriga-verlag.de
Bitte beachten Sie auch: lesejury.de

Inhalt

Vorwort zur Taschenbuchausgabe

Rund 15 Monate, nachdem ich das Manuskript für die gebundene Ausgabe vom Endspiel des Kapitalismus abgeschlossen habe, bin ich beinahe schockiert von der Schnelligkeit, mit der sich die Dinge seither in Richtung des skizzierten Szenarios einer neo-feudalistischen Ordnung weiterentwickelt haben.

In der gebundenen Ausgabe habe ich am Schluss beschrieben, wie eine positivere Utopie aussehen könnte. Viele Leserinnen und Leser haben mich seither gefragt, wie realistisch diese Utopie ist und wie man dorthin kommen kann. Deshalb widme ich einen großen Teil dieses Vorworts dieser Frage. Ich hoffe, dass es mir gelingt, Hoffnung zu stiften und freudigen Tatendrang hervorzurufen.

Was seither geschah

Meine Feststellung, dass die Belange der Kapitalisten im Kapitalismus unbedingten Vorrang genießen, hat sich nachdrücklich bestätigt. Um nur ein Beispiel zu nennen: Die Umsätze und Gewinne der großen Öl- und Gaskonzerne sind 2021 und 2022 geradezu explodiert. Die Energiekonzerne durften ihnen unerwartet zugefallene Riesengewinne in Deutschland ungeschmälert behalten, während in manch anderem Land eine Übergewinnsteuer für diese Fälle eingeführt wurde. Von der Regierungspartei FDP war dazu im August 2022 zu lesen, eine »Übergewinnsteuer wäre das Ende der sozialen Marktwirtschaft«.

In die andere Richtung gilt allerdings Folgendes: Einige Gasimporteure kamen in Bedrängnis, weil sie aufgrund des

Energiekriegs mit Russland unerwartet hohe Einkaufspreise bezahlen mussten, während sie bei den Absatzpreisen an langfristige Verträge gebunden waren. Die Regierung plante daher umgehend, die Verbraucher mit einer zusätzlichen »Gasumlage« zu belasten, um die Gas-Importeure zu subventionieren. Bei einigen Konzernen würden so Milliardengewinne und angeblicher Subventionsbedarf auf Bürgerkosten zusammenfallen. Dazu befragt, erklärte eine Sprecherin des Bundeswirtschaftsministeriums im August 2022 auf einer Pressekonferenz zunächst, eine drohende Insolvenz gehöre nicht zu den Kriterien, und: »Wir sind der Meinung, dass ein Unternehmen auch Gewinne machen muss ...« Doch als sich die öffentliche Meinung zu sehr gegen ihn und seine Gasumlage kehrte, gelobte Wirtschaftsminister Robert Habeck, die Gasumlage nach Möglichkeit so zu ändern, dass hochprofitable Konzerne nicht davon profitieren.

Die Aktienhausse hat sich nicht fortgesetzt. Die US-Aktienmärkte haben in den letzten zwölf Monaten ein wenig nachgegeben, die deutschen, gemessen am Aktienindex Dax, kräftig um etwa 15 Prozent. Eine Geldentwertung um sieben Prozent und mehr kommt noch dazu.

Dieses Abbröckeln der Vermögenswerte geschah, obwohl die Zentralbanken weiterhin ihr Möglichstes getan haben, um die Aktienkurse zu stützen. Wo sie bei einem Anstieg der Inflationsrate um mehr als fünf Prozentpunkte binnen kurzer Zeit normalerweise die Zinsen kräftig angezogen hätten, beließen sie es in Europa bis September bei einer Anhebung um 1,25 Prozentpunkte auf gut ein Prozent, in den USA stieg der Leitzins lediglich auf etwas über drei Prozent.

Die ungebremste Inflation hat so dafür gesorgt, dass der Realzins, also der Zins abzüglich Inflationsrate, noch viel tiefer in den negativen Bereich gesunken ist, im Euroraum bis August 2022 auf minus acht Prozent. Für die Finanzbranche ist es unter diesen Bedingungen ein gutes Geschäft, sich von der Notenbank Geld zu leihen und es in Aktien und andere Vermögenswerte zu investieren, solange sie nicht damit rechnet, dass die Kurse um mehr als sieben Prozent pro Jahr fallen.

Die allmähliche Entlüftung der Vermögenswertblase durch Inflation ist das Beste, was die Strategen des Kapitalismus erhoffen können.

Ohnehin sind viele der größten und mächtigsten US-Unternehmen nicht betroffen. Im Jahr 2021 steigerten Apple, Microsoft und Alphabet ihren Börsenwert um 2,2 Billionen Euro. Dieser Anstieg ist mehr als die 40 größten deutschen Konzerne wert sind. Mit einem Wert Ende 2021 von umgerechnet 6,4 Billionen Euro waren die drei US-Tech-Konzerne 60 Prozent wertvoller als die 50 größten Unternehmen der Euro-Zone. Bis Sommer 2022 ging es weiter steil aufwärts, während die deutschen und europäischen Aktien kräftig nachgaben. Das zeigt sehr deutlich, wie die Konzentration der wirtschaftlichen Macht immer extremer wird und wer von den Entwicklungen, die uns verarmen lassen, profitiert.

Geopolitik des Endspiels

Die radikale Trennung der wirtschaftlichen Sphären von USA und China, die ich im Exkurs »Geopolitik des Endspiels« voraussagte, ist eindrucksvoll vorangetrieben worden. Dabei war zu entscheiden, auf welcher Seite des neuen eisernen Vorhangs Russland liegen sollte. Aus US-Sicht stand die Antwort schon lange fest. Denn eine enge Kooperation des rohstoffreichen Russlands mit dem technologiereichen Europa zu verhindern ist seit Jahrzehnten ein zentrales Anliegen Washingtons. Der Wirtschafts- und Energiekrieg mit Russland dürfte die europäische Wirtschaft so sehr schwächen, dass die EU der Vorherrschaft der USA mit ihrer verfallenden Infrastruktur und ausgehöhlten industriellen Basis nicht gefährlich werden kann.

Das Finanzgewerbe wurde 2022 von Meldungen über Gewinneinbrüche dominiert. Die Branche ist wie keine andere auf steigende Kurse und Preise angewiesen. Wenn das gegeben ist, macht sie große Gewinne. Stagnieren die Kurse oder gehen sie gar zurück, ist Krise. Das ist es, was die Zentralbanken davon abhält, die Zinsen so anzuheben, dass wenigstens der Realzins bei steigender Inflation nicht weiter sinkt. Die Zentralbanken fallen deshalb als Inflationsbekämpfer weitgehend aus. Andere Möglichkeiten, die Inflation zu drücken, wie eine wirksame Wettbewerbspolitik zur Reduzierung quasi-monopolistischer Preisaufschläge, werden nicht in Betracht gezogen, weil sie dem Kapital schaden würden. So müssen wir uns auf eine längere Phase mit hoher Inflation einstellen.

Verfall der wirtschaftlichen Basis

Der Verfall der Infrastruktur und die Aushöhlung der industriellen Basis gehen nun auch bei uns immer schneller voran. Durch Privatisierung staatlicher Aufgaben bei Infrastruktur, Wasser- und Energieversorgung, Wohnen, Gesundheit und Bildung sowie jetzt zusätzlich durch die Umlenkung staatlicher Ausgaben zum Militär und durch die exorbitant steigenden Energiepreise werden Deutschland und Europa immer mehr zu Hochkosten-Standorten. Denn die Gewinne der Profiteure müssen die produzierenden Betriebe mit höheren Steuern und Löhnen bezahlen, die Kosten der unzureichenden Infrastruktur müssen sie ertragen oder teuer ausgleichen.

Anstatt die Infrastruktur zu sanieren, steckt Deutschland auf Druck der USA 100 Milliarden Euro zusätzlich in Rüstung, Geld, das zu einem großen Teil für den Kauf von in Dollar bezahlten Rüstungsgütern ausgegeben wird. So wird der Dollar gestützt, dem Ungemach droht, weil Länder wie China und Russland nicht mehr wie bisher ihre Exportüberschüsse in den Kauf von US-Staatsanleihen investieren. Seit die USA und Europa die so angelegten russischen Währungsreserven einfach einkassiert haben, kommt das nicht mehr infrage.

Unter diesen widrigen Bedingungen für die Produktion verlegen sich die Konzerne noch mehr auf die Manipulation der Aktienkurse, statt in die Produktion zu investieren: »Konzerne kaufen so viele eigene Aktien zurück wie noch nie – und beschenken damit Aktionäre«, lautete eine Aufmacher-Überschrift des *Handelsblatts* am 9. August 2022.

Die soziale Mega-Maschine wird perfektioniert

Was in 15 Monaten an Maßnahmen zur Überwachung und Steuerung der Bevölkerung beschlossen und eingeführt wurde, war so vielfältig, dass ich es nur stichwortartig aufzählen kann. Die Elite, die diese Maßnahmen beschließt und durchsetzt, betrachtet in ihrer technokratischen Weltsicht Gesellschaften als soziale Maschinen und die Menschen als deren Einzelteile. Diese sind so in die Maschine einzupassen, dass ihnen nur noch Bewegungen im Sinne des von oben vorgegebenem Produktionsziel der Maschine möglich sind.

Die Verdrängung und Kriminalisierung des Bargelds gingen ungebremst weiter. Unter anderem müssen Banken seit August 2022 bei Bareinzahlungen über 10 000 Euro bis zum Beweis des Gegenteils annehmen, dass das Geld unrechtmäßig erworben wurde. Die EU plant, Barzahlungen über 10 000 Euro generell zu verbieten. Als Ersatz für das abzuwickelnde Bargeld will die EU-Kommission im ersten Quartal 2023 die gesetzlichen Voraussetzungen für die Einführung eines digitalen Zentralbank-Euro schaffen. Der ist erklärtermaßen auch ein Mittel zur besseren Überwachung der Finanzen der Bürger, und er eignet sich durch die Programmierbarkeit hervorragend für die Unterfütterung eines Sozialkreditsystems. Was Letzteres angeht, verfolgt man die Fortschritte Chinas genau und hat in vielen Kommunen und Ländern Pilotprojekte eingerichtet, um mit Sozialkreditsystemen zu experimentieren.

Die EU-Kommission will auch ein Vermögensregister aller Bürger erstellen, und der französische Rüstungs- und IT-Sicherheitskonzern Thales hat den strategischen Zweck der Impfprivilegien und -pässe erläutert: Sie dienen demnach der Durchsetzung einer einheitlichen biometrisch-digitalen Identität in Europa und weltweit. Eine Telekom-Tochter arbeitet für die WHO an der globalen Harmonisierung der verschiedenen Gesundheitspass-Modelle. Die WHO-Richtlinien für den digitalen Impfpass wurden von den Gates- und Rockefeller-Stiftungen finanziert. Passend hat die deutsche Regierung im Sommer 2022 den Entwurf eines neuen Infektionsschutzgesetzes vorgelegt, das mit einer für sich unsinnig und völlig unpraktikabel wirkenden Maskenpflicht in Innenräumen für alle, die nicht in den letzten drei Monaten geimpft worden sind, einen Vorwand für den weiteren Einsatz von Covid-Warn-App und digitalem Impfausweis schaffen sollte.

Die USA verlangen derzeit von den EU-Staaten Zugang zu allen biometrischen Datenbanken. Sie drohen, sonst den visafreien Reiseverkehr mit diesen Ländern zu beenden. Obwohl die US-Gesundheitsbehörde CDC die Behauptung aufgegeben hat, dass Impfungen Ansteckungen mit Covid verhindern, hat sie das Einreiseverbot für alle, die keine Covid-Impfung nachweisen können, beibehalten. Alles läuft darauf hinaus, dass ein digitaler Gesundheitspass, später wohl ergänzt um weitere Angaben, dauerhaft zur Voraussetzung für internationales Reisen gemacht werden soll.

Durch den 2022 vorgestellten Digital Services Act der EU soll der Druck auf die großen Digitalkonzerne, die die sozialen

Medien dominieren, noch erhöht werden, im Dienste der Regierungen aufsässige Kommentare und abweichende Informationen zu zensieren, auch wenn diese sich voll innerhalb des Rahmens der Meinungsfreiheit bewegen.

Außerdem werden gegen den Willen von Ärzten und Patienten per E-Rezept und Digitale Gesundheitsakten unsere Gesundheitsdaten digitalisiert und zwangsweise auf die Server von Microsoft, Amazon und Co. übertragen.

Im vermeintlichen demokratischen Vorzeigeland Kanada hat die vermeintlich liberale Regierung Trudeau kurzerhand den Notstand ausgerufen, als Lastwagenfahrer wegen rigider Corona-Regeln Straßen und Städte blockierten. Die Banken wurden angewiesen, jedem der daran beteiligt war oder auch nur zur Unterstützung der Protestierenden Geld gegeben hat, alle Konten zu sperren. Der Chef des Weltwirtschaftsforums, Klaus Schwab, brüstet sich damit, dass die Hälfte des kanadischen Kabinetts aus seinen Leuten, den Young Global Leaders, besteht.

Damit will ich die unschöne Aufzählung von Maßnahmen beenden, die darauf zielen, die totale Kontrolle über die Bevölkerungen zu erringen. Aus Zuschriften weiß ich, dass viele Menschen von der scheinbaren Übermacht derer, die so etwas vorantreiben, entmutigt werden. Sie fragen mich, manchmal fast verzweifelt, was man denn dagegen noch tun könne.

Was wir tun können, um eine bessere Welt zu schaffen

Treten wir zwei Schritte zurück und fragen uns, was die verrückte Zeit kennzeichnet, in der wir leben.

Ich habe geschrieben, dass der heutige Kapitalismus einem Schneeballsystem gleicht, dem der Schnee ausgeht. Es ist aber nicht nur das Finanzsystem, das dem Zusammenbruch zusteuert. Finanzcrashs gab es in den letzten dreieinhalb Jahrzehnten mehrfach, ohne dass dadurch gleich alles drunter und drüber ging. Die Regierungen haben jeweils das Kapital herausgepaukt. Mit geschickter Kommunikation und durch das Verschieben der Belastungen in die Zukunft gelang dieses Manöver jeweils ohne große gesellschaftliche Verwerfungen. Ausnahmen in unwichtigen Ländern wie Griechenland und Zypern bestätigen die Regel.

Voraussetzung dafür, dass so etwas funktioniert, ist die tief sitzende Überzeugung der meisten Menschen, dass unser derzeitiges System das beste ist, das uns realistischerweise zur Verfügung steht. Und dass es im Großen und Ganzen allen nützt und deshalb zu bewahren ist.

Unser Wirtschafts- und Gesellschaftssystem hatte bisher trotz seiner Mängel den Rückhalt der großen Mehrheit der Bevölkerung, weil das Versprechen glaubwürdig schien, dass es immer größeren Wohlstand schafft und für die meisten Menschen das Leben immer ein bisschen besser wird. Die Gesellschaft wurde auf einem Fortschrittspfad gesehen. Sie würde stets fairer, reicher und progressiver werden. Wenn sich auf dem Weg zur immer besseren Kontrolle und Ausbeutung der Natur Probleme auftaten, vertraute man auf die Wissenschaftler und Techniker, diese zu lösen. Bei gesellschaftlichen Problemen baute man auf die Politiker, Bürokraten und Sozialwissenschaftler.

Die ideologische Basis des Kapitalismus zerfällt

Das ist nun nicht mehr so. Das Verstecken und Verschieben der Belastungen durch das Verteilen zusätzlichen Geldes kommt durch die Inflation an ihr Ende. Die Ungerechtigkeit bei der Verteilung von Lasten und Geschenken im Zuge der Corona-Maßnahmen und dem Wirtschaftskrieg mit Russland sind mit Händen zu greifen. Denn es geht nicht mehr nur darum, dass die dominierenden Kapitalbesitzer mehr gewinnen als die einfachen Arbeitnehmer. Nun werden Letztere schnell ärmer, während Erstere ihre großen Vermögen und ihre Macht bewahren oder gar mehren können.

Die Menschen fühlen sehr deutlich, dass etwas megafaul ist. Das ist der gute Teil der Nachricht. Denn ohne dass eine Mehrheit vom Glauben an das System und die Alternativlosigkeit des Kapitalismus abfällt, wird es keinen grundlegenden Wandel geben.

Seit einiger Zeit – in den USA schon seit Jahrzehnten – wird das Leben für die Mehrheit nicht mehr leichter, sondern schwerer. Und die Aussichten sind düster. Kaum noch jemand erwartet, dass es uns in zehn Jahren besser gehen wird als heute und dass es unseren Kindern besser gehen wird als uns. Gesellschaftliche Institutionen, auf die wir stolz waren und fest vertrauten, wie Gerichte und Wissenschaftler, verlieren rapide an Rückhalt, die Gesellschaften polarisieren sich. Statt Fortschritt hat wirtschaftlicher und politischer Rückschritt eingesetzt.

Auch die Einsicht, dass ein Wachstumsmodell, das auf der schonungslosen Ausbeutung erschöpflicher natürlicher Ressourcen aufbaut, nicht auf Dauer funktionieren kann, wird immer mehr zum Allgemeingut, seit Hitze, Dürre und Naturkatastrophen auch bei uns zunehmen und die Knappheit wichtiger Ressourcen die Nachrichten bestimmt.

Der unangenehme Teil der Nachricht ist, dass der Zerfall der ideologischen Basis des alten Systems stattfindet, ohne dass es eine weithin akzeptierte neue Erzählung, eine konkurrierende Weltsicht gäbe, auf die eine gemeinsame Vorstellung einer besseren Gesellschaft gegründet werden könnte. Vielmehr tobt nun der Kampf um die Durchsetzung einer solchen neuen Weltsicht.

Da setzt sich die Großkonzernlobby Weltwirtschaftsforum

an die Spitze der Umweltschutzbewegung und will per »Großem Neustart« (Great Reset) eine Welt auf seine Weise retten, die eben diese Konzerne an den Rand des Zusammenbruchs gebracht haben. Das soll mit Maßnahmen geschehen, die dem alten Modell entsprechen und den Konzernen zupasskommen. Mit technischen Großlösungen soll die Erderwärmung aufgehalten werden. Mit marktwirtschaftlicher Zuteilung von Emissions- und Energienutzungsrechten sollen diejenigen, die das meiste Geld haben, möglichst wirtschaften und konsumieren können wie bisher.

Die Desorientierung treibt bisweilen bizarre Blüten. Da rufen Menschen und deren Interessenvertreter die Massen zum Konsumverzicht und Energiesparen auf, obwohl sie selbst Megayachten besitzen, die mit einer einzigen Ausfahrt mehr Energie verbrauchen und CO_2 freisetzen als ein normaler Haushalt mit Auto und Heizung in einem ganzen Jahr. Menschen, die mehrere große Villen an schönen Plätzen der Welt besitzen, zwischen denen sie in Privatflugzeugen hin und her jetten, halten Blut-, Schweiß- und Tränenreden, um die einfachen Menschen aufs Energiesparen durch kalte Wohnungen und kalte Duschen einzuschwören.

Im Kleinen lässt sich das auch auf den sozialen Medien beobachten, wenn Politikerinnen, die gerade noch glücklich Bilder von ihrem Fernurlaub unter Palmen gepostet haben, kurz nach ihrer Rückkehr einen sofortigen Umwelt-Lockdown fordern, um die Erde zu retten, oder wenn Umweltjournalistinnen sich öffentlich beschweren, dass im Flugzeug das vegane Essen extra gekostet hat.

Das sind Zeichen um sich greifender Orientierungslosigkeit, die einsetzen muss, wenn Menschen versuchen, mit Rezepten, die auf dem gescheiterten alten Weltbild beruhen, eine neue Welt zu bauen.

Von oben wird diese Orientierungslosigkeit nach Kräften

befeuert, mit der durchaus erwünschten Folge, dass die Fronten in der öffentlichen Diskussion völlig durcheinandergeraten. Kritik am Weltwirtschaftsforum und der Heuchelei der Konzerne gilt denen, die sich für links oder progressiv halten, inzwischen als »rechts«. Von Liberal-Konservativen wird dagegen ausgerechnet dem Weltwirtschaftsforum mit seinem Great Reset und den Konzernen skurriler Weise ein Hang zum Kommunismus unterstellt, wo diese in Wahrheit eine neue Form des Feudalismus vorantreiben. Der verbliebenen Minderheit klassenbewusster, traditioneller Linker wird von der einen Seite unterstellt, rechts zu sein, von der anderen, dem Kommunismus zu huldigen.

Die Folge sind zutiefst gespaltene Gesellschaften, in denen Verrücktheiten und moralisierende Symbolpolitik grassieren. Das Wichtigste ist nicht, was wie und für wen wirkt, sondern ob man zu den vermeintlich Guten und vermeintlich Klugen und Aufgeklärten gehört. Ob man Wladimir Putin mit Energie-Sanktionen für den Krieg mit der Ukraine bestrafen kann und soll, wird nicht mehr sachlich diskutiert, sondern nur noch (pseudo-)moralisch. Das Ergebnis ist, dass bei uns die Energiepreise explodiert sind, Russland dank der höheren Preise für geringere Lieferungen mehr Geld einnimmt und US-Konzerne mit Flüssiggaslieferungen nach Europa aus umweltbelastender Fracking-Produktion Gewinne in geradezu absurder Höhe einfahren.

Ein grüner Agrarminister hebt dann schon mal von seinen schwarzen Vorgängern eingeführte Regeln zum Artenschutz auf, ein grüner Wirtschaftsminister kümmert sich um den Import von Fracking-Gas aus den USA und von Freiheitsgas aus Katar.

Wie ein Umsteuern nicht gelingt

Wenn wir das gegenwärtige Wirtschafts- und Gesellschaftssystem überwinden wollen, ist es wichtig, sich klarzumachen,
welche die tiefer liegenden Bestandteile der Erzählung sind,
auf die sich dieses System bisher gestützt hat. Wenn wir nämlich bei unseren Reformbemühungen unbewusst auf proble-
matischen Elementen der alten Erzählung aufbauen, schaffen
wir am Ende, selbst im Erfolgsfall, doch wieder nur ein System
mit den gleichen Mängeln.

Zentral für das alte System ist das Menschen- und Weltbild,
dass wir als Individuen im Großen und Ganzen allein und getrennt sind auf dieser Welt. Getrennt von unseren Mitmenschen, getrennt von der belebten und »unbelebten« Natur um
uns herum. Derart auf sich selbst gestellt, sucht der Mensch
sein Überleben zu sichern, indem er sich die Natur unterwirft
und sich innerhalb der Gesellschaft nach oben kämpft. Er findet sich zu Familien, Kommunen und ganzen Gesellschaften
zusammen, aber das ist nur der Notwendigkeit und dem gegenseitigen Vorteil geschuldet. Kein Vorteil, keine Kooperation, lautet die Annahme.

Statt den Menschen als Teil der Natur zu sehen und ihn auch
über seine Rolle in der Natur zu definieren, wird die Natur ausschließlich in einer dienenden Funktion für den Menschen gesehen. Nur was dem Menschen dient hat eine Daseinsberech-
tigung und ist schützenswert.

Dasselbe gilt für den Menschen als Teil der Gesellschaft.
Zwischen ihm und der Gesellschaft gibt es ein Geben und Nehmen zum gegenseitigen Vorteil, wie unter Fremden. Damit die
Menschen sich gesellschaftsdienlich verhalten, sind in dieser
Sicht Anreize und Restriktionen, Belohnung und Bestrafung
zentral. Wo unsere Mitmenschen, oder besser Gegen-Men-
schen, nicht von solchen Anreizen und Restriktionen auf dem

richtigen Weg gehalten werden, müssen wir ständig damit rechnen, übervorteilt zu werden und mit Schlimmerem. Denn »der Mensch ist dem Menschen ein Wolf«, wie es schon seit Römerzeiten so unschön heißt.

Diese Weltsicht durchzieht unser Wirtschafts- und Gesellschaftssystem, ganz besonders in den Wirtschaftswissenschaften, aber auch in den anderen Sozialwissenschaften, der Naturwissenschaft, Schule, Politik, Kultur. Damit korrespondiert eine zutiefst technokratische Sichtweise der Eliten, die bisher weithin akzeptiert wurde. Sie betrachten die Gesellschaft und die Welt als riesige Maschine, die ein vorgegebenes Produkt möglichst effizient und störungsfrei produzieren soll.

Alles an dieser technokratischen Sichtweise des vereinzelten, von der Natur getrennten Menschen widerspricht unserer Natur. Selbstbestimmung, Zugehörigkeit, Heimat und Kooperation sind tief empfundene, lebensnotwendige Bedürfnisse des Menschen.

Wenn man in einem System aufwächst, das zentrale Bedürfnisse des Menschen leugnet und so organisiert ist, dass an allem, was den Menschen besonders wichtig ist, künstlicher Mangel geschaffen wird, dann verhalten sich die Menschen zunehmend so, wie das System es annimmt und voraussetzt. Die Seele leidet, wird verwundet durch Zurücksetzung oder dadurch, dass wir uns entgegen unserer Natur und gegen die Natur verhalten müssen, um erfolgreich und akzeptiert zu sein, und dadurch, dass andere sich uns gegenüber ebenso verhalten.

Ermutigt von Werbung und vielfältigen Botschaften aus allen Lebensbereichen füllen wir den künstlich geschaffenen Mangel an Zugehörigkeit, Zuwendung und Sicherheit durch Konsum- und Machtstreben. Es fällt den meisten nicht einmal mehr auf, dass wir standardmäßig als »Konsumenten« klassifiziert und angesprochen werden, so als ob uns das Konsumieren charakterisieren würde.

Verharren wir in Konformität mit der alten Erzählung, also wie grundlegend von Gesellschaft und Natur getrennte Individuen, die ihren Vorteil und ihre Sicherheit gegen andere zu erringen versuchen, dann senden wir dieses Signal in die Welt und bestärken andere darin, genauso zu handeln und zu denken. Wir stützen und verfestigen die Welterklärung, auf der das alte System beruht, auch wenn wir dieses überwinden wollen.

Ein Beispiel ist die vermeintliche Verteidigung der Interessen der einheimischen Arbeiter, indem man Zuwanderer zum Feindbild stilisiert und herabwürdigt. Wer etwa von »illegalen Asylanten« schreibt, »denen wir gar nichts schulden«, treibt das gleiche Spiel wie die kapitalistischen Eliten, er tritt nur einfach weiter nach unten. Für ihn sind die Menschen in ärmeren Ländern, die strukturell von den globalen Wirtschaftsmächten (also uns) ausgebeutet werden, einfach Loser, die es nicht besser verdienen. Wir gegen die. Unwahrscheinlich, dass aus dieser Haltung heraus eine bessere, fairere, solidarischere Gesellschaft entsteht.

Ein anderes Beispiel: Wenn Umweltschützer Straßen blockieren und absichtlich lange Staus verursachen, um Aufmerksamkeit für ihr Anliegen zu gewinnen, ist es ziemlich unwahrscheinlich, dass sie damit etwas in ihrem Sinne Positives bewirken. Sie verstärken bei den Pendlern, die nicht zur Arbeit kommen, das Gefühl des Ausgeliefertseins und des Alleinseins in einer feindlichen Gesellschaft. Wie wahrscheinlich ist es, dass solche Gefühle dazu führen, dass sie dadurch eher bereit sind, Verzicht zu üben, um gemeinsame Ziele voranzubringen?

Wenn wir eine bessere Welt errichten wollen, dann muss diese auf anderen Fundamenten stehen, müssen wir von anderen Voraussetzungen ausgehen. Deshalb hilft es nicht, den einen oder anderen mächtigen Vertreter des Systems zu bekämpfen und vielleicht sogar zu stürzen, eine neue Partei an die Macht zu bringen, mit Mistgabeln auf die Straße zu gehen. Solche Revolutionen haben immer wieder ihre Kinder gefressen.

Leider bedeutet das, dass wir Geduld aufbringen und auch ertragen müssen, dass wir manches Leid nicht verhindern können, auch wenn es uns näherkommt und nicht mehr außerhalb unseres Sichtfeldes gelitten wird. Denn nach vielen Jahrzehnten der verinnerlichten Alternativlosigkeit des Raubtierkapitalismus dauert es, bis sich eine neue Sicht auf die Welt und den Menschen in der Bevölkerung durchgesetzt hat.

Arbeiten an einer besseren Welt (mit Spaß)

Wenn wir unser Tun nur für sinnvoll halten, wenn es dazu beiträgt, das System in absehbarer Zeit grundlegend zu reformieren, dann ist das ein Rezept für deprimierte Passivität. Wenn wir die nötige Demut, Geduld und Frustrationstoleranz aber aufbringen, können wir unser Handeln vom Ziel leiten lassen, die Grundlagen für ein besseres System zu schaffen. Dann gibt es sehr, sehr vieles, was wir tun können, gern und mit Freude. Wir wechseln in ein Szenario, in dem es auf jeden Einzelnen und jede seiner Handlungen ankommt und auch darauf, dass wir uns dabei erkennbar gut fühlen.

In diesem Buch werbe ich für die Sicht auf die Gesellschaft als Symbiose zusammengehöriger, aber selbstbestimmter Menschen und für Unternehmen als soziale Institutionen, die sich selbst gehören und von denen gelenkt werden, für die sie da sind. Gleichzeitig werbe ich dafür, zugunsten der Menschen besonders wichtige Bereiche der Wirtschaft der Zuteilung nach Zahlungsfähigkeit zu entziehen. Das sind insbesondere Wohnen, Gesundheit, Bildung, Energie- und Wasserversorgung.

Wenn ich das zu weite Feld der Umweltpolitik nicht ausgeklammert hätte, wäre eine Lebens- und Produktionsweise hinzuzufügen, die Rücksicht auf unsere Umwelt nimmt, weil wir Teil dieser sind und alles, was wir ihr antun, uns selbst antun.

Diese gesellschaftliche Utopie geht davon aus, dass der Mensch definiert wird durch seine Beziehungen zu anderen Menschen und zur Natur um ihn herum, deren Teil er ist. Ohne die Beziehungen zu seiner Umwelt und anderen Menschen ist der Mensch nicht etwa nur ärmer, sondern er ist Nichts. Alles, was wir sind, sind wir in Beziehung zu anderen und zur Natur.

Weil Gemeinschaft ein Grundbedürfnis des Menschen ist, will dieser im Normalfall seine Fähigkeiten zum Wohle der Gemeinschaft einsetzen. Er will den Respekt der anderen und stolz auf sich sein können.

In dieser Welterzählung, in der alle von allen abhängen und der Organismus mehr ist als die Summe seiner Bestandteile, ist alles wichtig, was wir tun, und schulden wir jedem mitmenschlichen Umgang und Respekt. Wenn wir es daran fehlen lassen, machen wir unsere eigene Welt schlechter und schaden uns selbst.

Das heißt nicht, dass es nicht möglich sein sollte, darüber zu diskutieren, ob es zum Beispiel mit sozialem Zusammenhalt vereinbar ist, die Grenzen für alle zu öffnen. Doch dafür braucht man keine Feindbilder, und es kommt sehr darauf an, mit welcher Wirtschaftspolitik anderen Ländern gegenüber man nicht-offene Grenzen kombiniert. Die Lösung ist nicht, ein ausbeuterisches Wirtschaftssystem beizubehalten und alle Geschädigten in unseren Sozialstaat aufzunehmen. Die Lösung ist, das Wirtschaftssystem zu ändern.

Ein Vorbild kann die Strategie sein, mit der Mahatma Gandhi und seine Mitstreiter die Unabhängigkeit Indiens von der englischen Kolonialherrschaft erreichten. Sie setzten sich auf die Straße, nicht um andere zu blockieren, sondern nur um sich und ihre Ablehnung des Systems zu zeigen. Sie ließen sich von den Vertretern der Kolonialmacht verprügeln und brachten damit die Welterzählung vom guten Kolonialismus in dessen Heimat zum Einsturz. Denn auch in England waren die Menschen eben nicht skrupellos und egoistisch, sondern hatten das Bedürfnis, sich als gute Menschen fühlen zu können.

Um Missverständnisse zu vermeiden: Ich will nicht bestreiten, dass Menschen massenhaft Gründe für ein negatives Menschenbild liefern. Das System, in dem wir leben, unterstellt und befördert das. Meine These ist jedoch: In einem System, das eine positive Sichtweise auf den Menschen als soziales, aufs Engste in Gesellschaft und Natur integriertes Wesen zugrunde legt, würde dazu führen, dass die meisten Menschen sich sehr viel kooperativer und weniger eigennützig und zerstörerisch verhalten als derzeit.

Wenn wir diese positive Sichtweise auf die Menschen verinnerlichen, gibt es unendlich viel, was wir tun können – auch ohne uns aufzuopfern. Wir können aufklären, auch mit kritischem aber immer mit menschenfreundlichem Ton, ohne auf andere herabzusehen oder gar sie zu entwürdigen. Jedes Wort und jede Handlung, die zunächst davon ausgeht, dass der Gegenüber es mindestens gut meint, bringt mehr Kooperationsbereitschaft in die Welt, ebenso jede unerwartete Großzügigkeit und Hilfsbereitschaft. Respektvoller Umgang mit Anderen und Andersdenkenden ebenso wie mit der Natur wirkt ansteckend, umso mehr je freudiger sie geschehen.

All das wirkt nicht von heute auf morgen, aber es könnte schon bald wichtig werden.

Je radikaler die Delegitimierung von Kritikern der vorherrschenden Erzählung, desto schwächer ist wahrscheinlich deren Basis in der Bevölkerung. Wenn ein neuer »Phänomenbereich Verfassungsschutzrelevante Delegitimierung des Staates« geschaffen wird (April 2021) und der nordrhein-westfälische Innenminister Herbert Reul im Fernsehen (15.8.22, ntv) diejenigen, die es später wagen sollten, »gegen kalte Wohnzimmer und teuren Sprit« auf die Straße zu gehen, vorsorglich als Staatsfeinde bezeichnet, anstatt etwas gegen die Gründe der absehbaren Wut zu tun, dann drängt es sich auf, an die Endphase der DDR zu denken, und daraus Hoffnung zu schöpfen. Es ist gut möglich, dass der Elitendiskurs sich bereits völlig von dem gelöst hat, was die meisten Menschen glauben und empfinden, ohne dass das in den Massenmedien, die ja Teil dieses Elitendiskurses sind, sichtbar wird. Gut möglich, dass der Glaube der Mehrheit an die Weisheit der Regierenden und die »Bewahrenswürdigkeit« des Systems schon massiv erodiert sind.

Aber auch, wenn der Bewusstseinswandel in der Bevölkerung noch nicht so weit fortgeschritten sein sollte, sollten wir das nicht als Grund nehmen, frustriert aufzugeben, sondern als Hinweis, dass unsere Mitwirkung an diesem Prozess besonders wichtig und wertvoll ist.

In die Lektüre des Buches entlassen möchte ich Sie mit einem Zitat von Hannah Arendt, die nicht im Ruf steht, mit rosaroten Brillengläsern auf die Natur des Menschen geblickt zu haben:

> »Wir fangen etwas an; wir schlagen unseren Faden in ein Netz der Beziehungen. Was daraus wird, wissen wir nie (…), weil man es nicht wissen kann. Das ist ein Wagnis. Und nun würde ich sagen, dass dieses Wagnis nur möglich ist, im Vertrauen auf die Menschen. Das heißt in einem Vertrauen auf das Menschliche aller Menschen. Anders könnte man es nicht.« (1964, im TV-Interview mit Günter Gaus)

Frankfurt am Main, 26. September 2022

Einführung

Wie kann das sein? Die großen Aktienmärkte der Welt verzeichneten zwischen Frühjahr 2020 und Frühjahr 2021 hohe Gewinne. In einem Jahr, in dem die weltweite Wirtschaftsleistung einen schweren Einbruch erlebte, in dem viele Millionen Menschen in Kurzarbeit null gezwungen oder ganz arbeitslos wurden, Selbstständige massenhaft ihre Existenz verloren, ganze Branchen wie Einzelhandel, Hotellerie, Gastronomie und Tourismus in Existenznöte gerieten, feierten die Aktionäre. Wie passt das zusammen?

Das ist die Leitfrage dieses Buches. Am Ende der Lektüre sollte deutlich geworden sein, warum wirtschaftlicher Niedergang und Höhenflug der Börsen keine Gegensätze sind, und auch, was geschehen muss, damit sich das nachhaltig ändert – damit dieses antisoziale System durch eines ersetzt wird, welches der Masse der Menschen dient, nicht einer kleinen Elite von Menschen, die den Großteil des Kapitals besitzt.

Die Gegenüberstellung von Corona-Krise und Börsenentwicklung liefert nur das eingängigste Anschauungsmaterial dafür, dass das Wohlergehen der produzierenden Wirtschaft, die für die Menschen lebenswichtig und täglich erlebbar ist, kaum Bedeutung hat für die Finanzsphäre, die um Börsen- und Anleihekurse, Managerboni und Dividenden kreist und in der mit Unternehmen gehandelt wird wie mit Kartoffeln. Erkennbar war das schon vorher, nur nicht so deutlich. Das Konzept für dieses Buch ist älter als die Corona-Krise.

Bei den Recherchen zu meinen 2016 und 2018 veröffentlichten Büchern über die globale Kampagne zur Abschaffung des Bargelds war ich auf ein Geflecht von Stiftungen, Gremien und Vereinigungen gestoßen, mit denen Konzerne und Regierungsstellen gemeinsam dieses Projekt vorantreiben. Dabei wurde mir immer deutlicher, dass die Digitalisierung des Zahlungsverkehrs nur ein Bestandteil einer viel umfassenderen Agenda ist. Ich stieß auf Projekte und Gruppen mit Namen wie ID2020, Gleichschritt, Known Traveller und Great Reset – und immer wieder auf die gleichen Gruppen in unterschiedlichen Zusammensetzungen: Weltwirtschaftsforum, Bill & Melinda Gates Foundation, Rockefeller Foundation, Accenture, Microsoft, Visa und Mastercard, regelmäßig im Verein mit der globalen Führungsmacht USA und den von ihr dominierten Institutionen Weltbank und Internationaler Währungsfonds, aber auch mit der deutschen Bundesregierung und anderen Regierungen. Gemeinsamer Nenner dieser Projekte ist das Ziel der umfassenden, automatisierbaren Sammlung und Speicherung verlässlicher Daten über das Tun und Lassen der Weltbevölkerung. Denn wer die Daten hat, hat die Macht, sowohl in kommerzieller als auch in politischer Hinsicht.

Die Beobachtung, welche Macht die Konzerne ausüben und welche Ziele sie mithilfe dieser Macht augenscheinlich verfolgen, war der eine Grund, dieses Buch zu schreiben, wenn auch noch kein hinreichender. Denn Belege und Beispiele für das Handeln und die Absichten der Konzerne kann ich weniger aufwendig und mit ähnlicher Reichweite auch auf meinem Weblog »Geld und mehr« präsentieren. Hinzu kamen aber die grundlegendere Frage, woher die Konzerne in unserem kapitalistischen Wirtschaftssystem eigentlich ihre zunehmende Macht beziehen, sowie die Erkenntnis, dass dieses Wirtschaftssystem nachhaltig aus den Fugen geraten ist. Seit über einem Jahrzehnt gibt es praktisch keine Zinsen mehr, obwohl doch der Zins als einer der Grundpfeiler des kapitalistischen Systems gilt. Die Zentralbanken pumpen in bislang ungekanntem Ausmaß Geld ins System, aber es erwächst daraus keine

Inflation. Die wirtschaftliche Dynamik ist viel schwächer als in früheren Jahrzehnten, aber die Aktienkurse und Grundstückspreise gehen durch die Decke.

All das verlangt nach einer Zusammenschau, die analysiert, aus welchen Quellen sich die Macht der Konzerne speist und welche Beweggründe hinter ihren Plänen stehen. Diese Zusammenhänge zu erläutern und daraus anschließend eine positive Vision für ein besseres System abzuleiten, ist das Ziel dieses Buches.

Eine Wegbeschreibung

Eine (intellektuelle) Reise ist angenehmer, wenn man Wegmarken erkennt und weiß, wohin man sich bewegt. Deshalb will ich vorab eine kurze Wegbeschreibung geben.

Im ersten Teil zeige ich, wie die Corona-Krise ein System offengelegt hat, in dem alles darauf angelegt ist, die Kapitalbesitzer vor Verlusten zu schützen und ihren Reichtum weiter zu mehren, während die ohnehin Benachteiligten das Nachsehen haben. Die großen Konzerne werden reicher und mächtiger, die kleineren Unternehmen verlieren Marktanteile oder gehen in den Konkurs.

Anhand der Geschichte des Weltwirtschaftsforums, der mächtigen Lobby der großen internationalen Konzerne, lässt sich zeigen, mit welchen Methoden die Konzerne ihre wirtschaftliche Potenz in strukturelle politische Macht umgemünzt haben. Das Forum ist inzwischen sogar ganz offiziell und fest in die sogenannte Global Governance integriert. So werden die Gremien und Institutionen zur Lenkung des Weltgeschehens durch nicht gewählte Technokraten und die Regeln, auf die sich diese fernab der Parlamente geeinigt haben, beschönigend genannt.

Als weitere sehr wichtige Akteure der Global Governance

werden die verschiedenen halboffiziellen internationalen Gremien vorgestellt, in denen diese globale Technokratenelite ihre Gesetze formuliert.

Im zweiten Teil begeben wir uns auf die Suche nach der Quelle der Macht der Konzerne. Dafür ist es notwendig, die Funktionsweise des Kapitalismus zu begreifen, denn aus ihm speist sie sich. Ohne diese Analyse kann man weder die derzeitige untypische Situation verstehen, die ich »Endspiel des Kapitalismus« nenne, noch Reformvorschläge entwickeln, die mehr leisten, als nur Symptome zu bekämpfen.

Ich unterscheide dabei klar zwischen dem, was gemeinhin als »die Wirtschaft« bezeichnet wird, und dem Kapital. Die Wirtschaft ist die Produktions- und Konsumsphäre, in der die Menschen Einkommen erzielen und ihre Bedürfnisse befriedigen, in der die Betriebe investieren, produzieren und ihre Güter oder Dienstleistungen mit Gewinn verkaufen wollen. Das Kapital besteht aus Rechten am Ertrag dieses Wirtschaftens. In der Finanzsphäre wird mit diesen Rechten gehandelt, auch mit ganzen Unternehmen. Da das Kapital die Unternehmen über das Spitzenmanagement kontrolliert, werden diese darauf ausgerichtet, die Erträge des Kapitals zu mehren, anstatt möglichst viele möglichst gute Produkte möglichst preiswert zu produzieren. Entsprechend klafft auch ein Interessengegensatz zwischen kleineren und mittleren Unternehmen und den großen Kapitalgesellschaften. Diese werden immer größer, reicher und mächtiger, indem sie mithilfe des Finanzsektors ihre kleineren Konkurrenten verdrängen, unterordnen oder schlucken. Personengesellschaften und kleine, inhabergeführte Kapitalgesellschaften rechne ich nicht zum Kapital, so wie ich auch Besitzer selbst genutzter Eigenheime und Wohnungen nicht der Gruppe der Kapitalisten zuschlage. In beiden Fällen geht es anders als beim Kapital nicht darum, ohne eigene Leistung Geld zu verdienen.

Im dritten Teil, der dem Buch seinen Namen gegeben hat, untersuchen wir, warum unser aktueller Kapitalismus so anders aussieht, als wir ihn aus früheren Zeiten kennen oder ihn uns vorstellen, und welche Schlüsse wir daraus für die Zukunft ziehen sollten. Warum gibt es insbesondere seit vielen Jahren fast keine Zinsen mehr? Warum lahmt die Wirtschaft, während die Aktienmärkte boomen? Die Antwort auf diese Fragen lautet, dass die Kapitalerträge der letzten Jahrzehnte zunehmend von sinkenden Zinsen und von Umverteilung zulasten der Arbeitnehmer und Konsumenten gespeist wurden. Das lässt sich nicht umkehren, ohne dass das System zusammenbricht. Eine positive Vision für einen Systemwechsel entwickle ich im vierten Teil. Vorher soll es aber um die Frage gehen, wie sich die Konzerne den Systemwechsel vorstellen, nämlich als Abschied vom marktwirtschaftlichen Kapitalismus zugunsten eines Neo-Feudalismus.

Der vierte Teil beantwortet die Frage, wie das Wirtschaftssystem grundlegend geändert werden kann, um den Menschen die Macht zurückzugeben. Damit sich Reformen nicht im Kurieren an Symptomen erschöpfen, greife ich auf die Erkenntnisse zum Wesen des Kapitalismus und der Basis der Konzernmacht aus dem zweiten Teil zurück. Es wird darum gehen, den Kapitalismus heutiger Prägung zu beseitigen, dessen Wesensbestandteil die Abwesenheit von Wettbewerb ist, und ihn zu ersetzen durch eine wettbewerbliche Marktwirtschaft, eingebettet in einen Staat, der sich um die Daseinsvorsorge für die Menschen kümmert.

Abschließend befasse ich mich mit der Frage, was sich im politischen System ändern muss, damit eine solche Reform eine Chance hat.

Lesehinweise

Gestatten Sie mir zur Vermeidung von Missverständnissen und Enttäuschungen noch ein paar Bemerkungen dazu, wie man dieses Buch verstehen und welchen Trugschlüssen man besser nicht aufsitzen sollte.

Weil die US-Regierung und die großen, global dominierenden Konzerne der IT- und Finanzbranche aus den USA in diesem Buch zwangsläufig eine große Rolle spielen, will ich ausdrücklich vor einer national ausgerichteten, moralisierenden Fehlinterpretation warnen. In diesem Buch geht es um Machtstrukturen und die Formen ihrer Ausübung, nicht darum, wer die Macht gerade ausübt. Das Buch analysiert vor allem. Aber man kann es auch als Anklage gegen ein System lesen, das nicht den Menschen dient, jedenfalls nicht mehr und nicht der großen Mehrheit. Seine Defizite treten unabhängig davon auf, welche nationale Regierung gerade die globale Vorherrschaft innehat. Als die Briten die einzige Weltmacht waren, benahmen sich ihre Regierung und ihre Konzerne nicht besser als die der USA heute; wenn China und die chinesischen Konzerne die Vorherrschaft erringen sollten, würde die Welt dadurch ganz sicher nicht eine bessere. Und darüber, dass die schrecklichen deutschen Pläne zur Erringung der Weltherrschaft scheiterten, sind die allermeisten Deutschen aus gutem Grund sehr froh.

Von einer bestimmten Seite wird mir sicher entgegengehalten werden, das sei doch alles schon seit 150 Jahren bekannt. Mir ist bewusst, dass Karl Marx viel und Tiefschürfendes über die Machtverhältnisse und Strukturen des Kapitalismus geschrieben hat. Was er jedoch beschrieb, war der Kapitalismus, wie er bis Mitte des 19. Jahrhunderts vorherrschte. Das war ein völlig anderer Kapitalismus als der heutige. Es ist sogar ein wenig fragwürdig, beide Wirtschafts- und Sozialsysteme und all die anderen, die wir in den letzten 200 Jahren hatten, mit dem gleichen Namen zu bedenken, so als könne es nur noch kleinere Variationen des immergleichen Kapitalismus geben. Ich beschreibe den modernen Kapitalismus und den heraufziehenden Nicht-mehr-Kapitalismus anhand dessen, was wir heute beobachten, mit den Konzepten und Begriffen von heute.

Andere werden mich der Unterwerfung unter den Zeitgeist beschuldigen, weil ich gelegentlich »Aktionärin« schreibe, statt die neutrale, aber von vielen als rein männlich empfundene Form »Aktionär« zu verwenden. Als von Beruf und aus Passion Schreibender und Lesender habe ich Respekt vor sprachlichen Normen. Doch das Unterbewusste kommt mit abstrakten Dingen wie dem generischen Maskulinum und dem »Bäcker« als geschlechtsneutraler Berufsbezeichnung nun einmal nicht gut zurecht. Als Kompromiss verwende ich zwar das generische Maskulinum, nutze aber bei beispielhaften Bezeichnungen bevorzugt die weibliche Form und meine dann beide Geschlechter. An besonders sensiblen Textstellen nenne ich sowohl die weibliche als auch die männliche Form, und an keine dieser Regeln halte ich mich sklavisch.

In diesem Buch konnte ich Entwicklungen bis Mitte Juli 2021 berücksichtigen. Wichtige Ereignisse nach diesem Datum ordne ich auf der Seite *norberthaering.de/endspiel-des-kapitalismus* in den Gesamtzusammenhang dieses Buches ein. Dort finden Sie gegebenenfalls auch Korrekturen, die bei einem Werk dieses Umfangs wohl unvermeidlich sind, ebenso Hinweise auf Kommentare und Rezensionen. Wer möchte, kann dort auch einen eigenen Kommentar zum Buch veröffentlichen. Weiterführende Diskussionsbeiträge sind willkommen.

Teil 1: **Alle Gewalt geht von den Konzernen aus**

Die Corona-Krise hat mit besonderer Schärfe und Klarheit offengelegt, was den Kapitalismus auszeichnet, auch wenn es vielen nicht aufgefallen sein mag: Die Rechte von Kapitalbesitzern haben Vorrang. Kapitalbesitzer sind nach Möglichkeit vor Verlusten zu schützen. Ihre Ertragserwartungen genießen Rechtskraft und Verbindlichkeit. In sie einzugreifen kommt einer Enteignung gleich. Für Beschäftigte oder selbstständig Tätige gilt das nicht: Wenn in deren Ertragserwartungen eingegriffen wird, dann haben sie einfach Pech.

Corona und die Vorrechte des Kapitals

Die Spannbreite der Betroffenheit durch Corona zwischen oben und unten in Deutschland ist enorm. Allein die drei großen deutschen Autobauer schütteten im Frühjahr 2020, mitten in der ersten Corona-Welle, Dividenden in Höhe von rund sechs Milliarden Euro an ihre Aktionäre aus und mehrten damit den Reichtum unter anderem der Familien Quandt/Klatten und Piëch noch weiter. Kurzarbeitergeld und staatliche Absatzhilfen in Milliardenhöhe machten es möglich. Kleine Soloselbstständige, Künstler, Minijobber und viele andere mussten dagegen zusehen, wo sie blieben. Geschäfte wurden monatelang zwangsweise geschlossen, den Menschen brachen die Einkommen weg, aber Mieten und Kreditraten zugunsten der Kapitalbesitzer mussten dennoch weiter bezahlt werden.

In den USA, wo in der Corona-Krise Arbeitslosigkeit, Hunger und Obdachlosigkeit massiv zunahmen, klafft eine noch größere Lücke zwischen den sozialen Schichten. Die Wirtschaftsleistung der USA brach 2020 um 3,5 Prozent ein. Die Arbeitseinkommen der nichtleitenden Beschäftigten, das sind die unteren vier Fünftel der Beschäftigten, sanken von März bis September 2020 ebenfalls um 3,5 Prozent. Fast 62 Millionen US-Amerikaner verloren in diesem Zeitraum eine Arbeit und zwölf Millionen ihren Krankenversicherungsschutz. Fast 100000 Unternehmen schlossen dauerhaft ihre Pforten. In den reichen USA berichteten im September 2020 22 Millionen Erwachsene, dass sie nicht genug zu essen bekämen, davon hatten 14 Millionen Kinder, die im gleichen Haushalt lebten. Ein Sechstel der Mieter gab an, mit ihren Mietzahlungen im Rückstand zu sein.[1]

Gleichzeitig stieg das Vermögen der fünfzehn reichsten US-Amerikaner zwischen dem Beginn der heißen Phase der Corona-Krise Mitte März 2020 und Oktober 2020 um 53 Prozent auf nunmehr 1300 Milliarden Dollar. Der ohnehin reichste Mensch der Welt, Amazon-Chef Jeff Bezos, wurde um kaum vorstellbare 90000 Millionen Dollar reicher und knackte die 200-Milliarden-Marke. Ab Mitte März 2020 durfte er sich alle drei Tage über weitere 1000 Millionen auf seinem Vermögenskonto freuen. Um diese Größenordnung zu illustrieren: Verteilt auf die gut 82 Millionen Einwohner Deutschlands würde allein der Vermögensgewinn von Jeff Bezos genügen, um jedem Mann, jeder Frau und jedem Kind über 1000 Euro auszuhändigen. Er würde auch reichen, um 900 Millionen besonders armen Menschen in Entwicklungsländern mit je 100 Dollar monatelang alle Existenzsorgen zu nehmen. Betrachten wir die letzten vier Jahre, so zeigt sich: Seit 2017 wurde Bezos jede Stunde um vier Millionen Dollar reicher – so viel, wie eine halbe Million Mindestlohnempfänger in den USA in der gleichen Zeit verdienen.[2]

Der bis zu seiner Scheidung 2021 zweitreichste Mensch der Welt, Microsoft-Gründer Bill Gates, wurde während der ersten acht Pandemiemonate um 20 000 Millionen Dollar reicher; die Nachfolgenden, Facebook-Chef Mark Zuckerberg und Tesla-Gründer Elon Musk, steigerten ihr Vermögen um 47 000 Millionen beziehungsweise 68 000 Millionen Dollar.[3] Allein der Vermögenszuwachs aller US-Milliardäre in den ersten acht Pandemie-Monaten um fast ein Drittel oder 931 000 Millionen Dollar würde theoretisch ausreichen, um der ärmeren Hälfte der Weltbevölkerung je 250 Dollar auszuzahlen.

Auslöser dieser Bonanza für die Megareichen war die Entwicklung der Aktienmärkte während der Pandemie. In einem Horrorjahr für die Realwirtschaft legte der amerikanische Nasdaq-100-Aktienindex, in dem vor allem große technologielastige Konzerne gelistet sind, um fast die Hälfte zu, beim S&P-500-Index der 500 größten US-Konzerne waren es immerhin 16 Prozent. Der Börsenwert von Apple, dem wertvollsten Unternehmen der Welt, stieg 2020 um 54 Prozent auf 1000 Milliarden Dollar. Das ist mehr als der Wert aller an der Börse gelisteten deutschen Aktiengesellschaften zusammengenommen. Riesige Wertgewinne konnten auch Microsoft, Amazon, die Google-Mutter Alphabet und Facebook verbuchen.[4]

Alphabet erwirtschaftete im 1. Quartal 2021 einen Umsatz von atemberaubenden 55,3 Milliarden Dollar, ein Plus von 34 Prozent. Sein Gewinn stieg auf 18 Milliarden Dollar. Das Unternehmen benötigte somit nur rund drei Dollar Umsatz für einen Dollar Gewinn. Daher die hohe Bewertung. Bei Microsoft sah es für die Aktionäre ähnlich erfreulich aus. Der Umsatz stieg um 19 Prozent auf 41,7 Milliarden Dollar, der Gewinn um

31 Prozent auf 17 Milliarden Dollar, was ebenfalls einem Drittel des Umsatzes entspricht.[5] Der Umsatz von Facebook legte im Vergleich zum Vorjahresquartal um die Hälfte auf 26,2 Milliarden Dollar zu, der Gewinn verdoppelte sich gleichzeitig auf 9,5 Milliarden, was einer Umsatzrendite von 36 Prozent entsprach. Veränderungen gleicher Größenordnung verbuchte auch Apple, wo allerdings der astronomische Gewinn von 24 Milliarden Euro in einem Quartal »nur« einem Viertel des Umsatzes entsprach. Denn Apple lässt auch noch physische Objekte produzieren. Alle Konzerne zeigten sich zuversichtlich, dass der geschäftsfördernde Trend zur Digitalisierung aller Lebensbereiche sich auch nach dem durch die Corona-Pandemie ausgelösten Schub fortsetzen werde.[6]

Während einer Umfrage zufolge Ende 2020 zwei Drittel der deutschen Innenstadthändler um ihre Existenz fürchteten, boomte der Umsatz des gesamten Einzelhandels mit einem Plus von über fünf Prozent regelrecht. Dafür verantwortlich waren neben vereinzelten Profiteuren im lokalen Handel wie Baumärkte und Lebensmittelhandel ganz vorrangig Amazon und andere Internethändler, deren Geschäft durch die Decke ging.[7] Amazons Umsatz war im ersten Quartal 2021 mit 108 Milliarden Dollar um fast die Hälfte höher als ein Jahr zuvor, sein Gewinn verdoppelte sich auf acht Milliarden Dollar.[8]

Applaus statt Geld für die Systemrelevanten

Während der ersten Welle der Corona-Infektionen im Frühjahr 2020 wurde deutlich, welche Menschen Berufe ausüben, die wichtig für das reibungslose Funktionieren der Gesellschaft sind. Sie wurden folglich als systemrelevant eingestuft: Pflegekräfte, Ärztinnen, Müllleute, Fahrerinnen und Verkäufer. Gleichzeitig wurde offensichtlich, dass die Systemrelevanz eines Berufs oft im umgekehrten Verhältnis zur Bezahlung steht. Je eher es sich um Bullshit-Jobs handelt, deren Verlust kaum auffallen würde, wie Investmentbankerin oder Marketingstratege, desto wahrscheinlicher ist es, dass die entsprechende Person ein hohes Gehalt bezieht. Am anderen Ende der Skala stehen die besonders wichtigen, besonders geforderten und besonders gefährdeten Reinigungs- und Pflegekräfte, die im Niedriglohnbereich beheimatet sind. Der Mindestlohn in der Pflege wurde im Laufe der Pandemie zwar etwas angehoben, aber auch mit dem seit April 2021 geltenden Mindestlohn gelingt es ungelernten oder gering qualifizierten Altenpflegekräften in einem ganzen Berufsleben nicht, sich eine Rente in Höhe der Grundsicherung zu erarbeiten. Sie müssten zum Mindestlohn von 11,80 Euro pro Stunde 53 Jahre lang ununterbrochen arbeiten, um das zu erreichen. Selbst Pflegehilfskräfte mit einjähriger Ausbildung und neuem Mindeststundenlohn von 12,50 Euro bräuchten dafür 50 Arbeitsjahre. Nur examinierte Pflegefachkräfte könnten mit mindestens 15 Euro pro Stunde bei durchgängiger Beschäftigung hoffen, den regelmäßigen Gang zum Sozialamt im Alter zu vermeiden.[9]

Zum Ausgleich hat irgendjemand während der ersten Corona-Welle 2020 mithilfe der sozialen Medien dafür gesorgt, dass fast überall in Deutschland und Europa abends für die Pflegekräfte und das medizinische Personal an Fenstern und auf Balkonen Beifall geklatscht wurde.

Wem nutzt es?

Eine der Leitfragen, wenn man die erstaunlichen Auswirkungen krisenhafter Entwicklungen verstehen will, ist seit den alten Römern die Frage: »Cui bono?« – Wem nutzt es?

Die Hauptnutznießer der Corona-Krise sind die global dominierenden IT-Konzerne und Plattformen der USA und deren Hauptaktionäre, ebenso die großen chinesischen IT-Konzerne wie Tencent und Alibaba. Diese rangierten Ende 2020 hinter ihren US-Konkurrenten nach Zugewinnen von 42 Prozent und 14 Prozent auf den Rängen sieben und acht der wertvollsten Unternehmen der Welt. Hinzu kommen kleinere IT-Unternehmen aus verschiedenen Ländern, deren Aktionäre nun darauf hoffen dürfen, ein noch lukrativeres Übernahmeangebot seitens der US-amerikanischen Beinahe-Monopolisten zu erhalten.

In der zweiten Reihe der Krisenprofiteure stehen viele große Konzerne der übrigen Branchen. Diese kommen – auch dank staatlicher Hilfen – besser durch die Krise als ihre kleineren Konkurrenten, die um ihr Überleben kämpfen müssen, und können nach der Krise deren Marktanteile ganz oder teilweise aufsaugen. Hilfen für die Einzelhandelsgeschäfte, Hotels und Restaurants wurden zwar jeweils schnell und in großzügiger Höhe versprochen, aber eingehalten wurde davon wenig. Die Novemberhilfen, die Ende Oktober 2020 als Kompensationsleistung für den November-Lockdown versprochen wurden, der dann über sechs Monate dauerte, waren auch Mitte Februar 2021 erst zu rund zwei Dritteln ausgezahlt. Mit den Dezember-Hilfen lief es ebenso schlecht. Und die Ende November schnell und unbürokratisch versprochenen »Überbrückungshilfen III« verdienten sich ihren Namen dadurch, dass man drei Monate überbrücken musste, bevor man überhaupt einen Antrag stellen durfte. Die Inhaber der Betriebe, die kein Geld mehr verdienen durften, mussten gleichzeitig all ihre monatlichen Zahlungen an die Kapitalbesitzer, sei es für Miete oder zur Bedienung von Krediten, in voller Höhe leisten.[10]

Eine wichtige Gruppe aus der Finanzwirtschaft wartete dagegen begierig darauf, groß zu profitieren, »wenn das Blut richtig fließt«, wie es in dieser Branche so schön hässlich heißt. Das Blut fließt, wenn rückständige Pächter, Mieter und Hauseigentümer aus ihren Geschäftsräumen, Wohnungen und Häusern geworfen werden und kleine Unternehmen sowie Selbstständige massenhaft Konkurs anmelden oder still und leise ihre Geschäftstätigkeit einstellen. Dann schlägt die Stunde der Private-Equity-Fonds und ähnlicher Finanzheuschrecken, die die Wohnungen, Häuser und Betriebsvermögen zu Schleuderpreisen aufkaufen.

Beispiel Blackstone: Die Investmentgesellschaft mit Sitz in New York ist einer der weltweit größten Investoren im Bereich »Alternative Investments«. Dazu zählen große Immobiliendeals, Private-Equity- und Hedgefonds-Strategien, die nur Menschen und Institutionen mit viel Geld offenstehen. Blackstone-Chef Stephen Schwarzman antwortete auf einer von der Investmentbank Goldman Sachs ausgerichteten Konferenz am 9. Dezember 2020 auf die Frage, ob große Investoren wie Blackstone wieder zu den Krisengewinnern gehören würden, wie schon bei der großen Finanzkrise ab 2007:

> »Es gibt immer Gewinner und Verlierer. Blackstone war ein ganz großer Gewinner nach dem Ende der globalen Finanzkrise. Und ich glaube, etwas Ähnliches wird wieder passieren. (…) Wenn die Innenstädte billig genug werden, dann tut man das wieder. Also, es gibt viele interessante Investitionen, und jeder Teil der Firma ist wirklich im Hochbetrieb. Wenn Sie mich im April gefragt hätten, ob so etwas möglich wäre, hätte ich Nein sagen müssen.«[11]

Nach dem Ende der Finanzkrise hatte Blackstone zwangsversteigerte oder an die kreditgebenden Banken gefallene Häuser billig aufgekauft und sie dann in Mietobjekte umgewandelt. Auch damals hatte die Regierung zwar mit Milliardensummen den Banken geholfen, als sie in Schieflage gerieten, weil die Kredite, die sie an nicht kreditwürdige Hauskäufer vergeben hatten, massenhaft notleidend wurden. Aber man hatte ihnen dafür nicht abverlangt, die Kreditschulden zu reduzieren, damit die Menschen in ihren Häusern bleiben konnten. In kürzester Zeit wurde Blackstone so zur größten Eigentümerin von Einfamilienhäusern in den Vereinigten Staaten. Auch in Europa kaufte das Unternehmen in großem Stil Wohnungen auf, gern in großen Paketen und von öffentlichen Eigentümern, die sich durch Privatisierungserlöse zeitweise aus der Zwangsjacke strikter Haushaltsregeln befreien wollten.[12]

Das gleiche Prinzip gilt auch außerhalb der Finanzbranche. Wer gut durch die Krise kommt, kann sich danach an der Konkursmasse der Übrigen schadlos halten. Mit ihrem kräftig gestiegenen Aktienkapital können die großen Konzerne kleinere Konkurrenten und Unternehmen aus anderen Branchen, denen die Krise stärker zusetzt und die vom Staat weniger großzügig unterstützt werden, billig aufkaufen. So funktioniert Kapitalismus.

Das deutsche Großkapital kam wie sein Pendant in den USA erheblich besser durch die Corona-Krise als die übrige Wirtschaft und die Normalbevölkerung. Die Bezeichnung »deutsch« ist dabei relativ. Das Aktienkapital der 30 DAX-Unternehmen befindet sich zu mehr als der Hälfte in ausländischem Besitz. Der Aktienindex der 30 größten deutschen Konzerne überwand am 7. Januar 2021 zum ersten Mal die Marke von 14 000 Punkten, kurz nachdem der Corona-Lockdown noch einmal verlängert und verschärft worden war. Über das Katastrophenjahr 2020 hinweg legte er um 3,5 Prozent zu. Am 30. März, als der sogenannte November-Lockdown seinen fünften Monat vollendete und Angela Merkel gerade ihre aus Panik vor der »dritten Welle« verfügte »Osterruhe« zurückgenommen und die deutsche Corona-Politik in einen Scherbenhaufen verwandelt hatte, als die Warnungen vor Masseninsolvenzen es schon nicht mehr in die Zeitungen schafften, schloss das Börsenbarometer zum ersten Mal über 15 000 Punkten. Nicht schlecht, wenn man bedenkt, dass die deutsche Wirtschaftsleistung 2020 um rund fünf Prozent einbrach und im ersten Quartal des Jahres 2021 nochmals um knapp zwei Prozent gegenüber dem vorangegangenen Quartal zurückging.

Perioden mit kräftigen Marktbewegungen bescheren den Managern von Hedgefonds und deren Kunden große Bereicherungsmöglichkeiten. Hedgefonds sind Investmentfonds für Reiche und institutionelle Investoren, die sich auf besonders riskante und ertragreiche Strategien spezialisieren. Nicht selten werden dabei die Grenzen des Legalen ausgetestet, was etwa die Nutzung von Insiderwissen oder Marktmanipulation angeht. Schon zu normalen Zeiten dürfen sich die erfolgreichsten Hedgefonds-Manager bisweilen über Milliardengehälter freuen. Das schreibt sich so leicht hin. Eine Milliarde sind eintausend Millionen, und wir sprechen vom Einkommen eines einzelnen Menschen in einem einzigen Jahr. Das Corona-Jahr 2020 war in dieser Hinsicht ein besonders gutes: Das Vermögen der 25 bestverdienenden Hedgefonds-Manager stieg um insgesamt 32 Milliarden Dollar. Ein Rekord.[13] Das ist kein zusätzlicher Wohlstand, sondern reine Umverteilung. Wenn jemand mit Finanzjonglage in einem Jahr eine Milliarde verdient, dann bezahlt das jemand. Um die 32 Milliarden Dollar für diese zwei Dutzend Menschen zusammenzubringen, müssen 32 Millionen Menschen je 1000 Dollar in den Topf tun.

Die staatliche Rettungspolitik in der Corona-Krise folgte einer unausgesprochenen, als selbstverständlich vorausgesetzten Maxime: *Die Ansprüche des Kapitals sind unantastbar.* Es gab fast keine Bemühungen, eine faire Verteilung der Pandemie-Lasten zwischen denen mit Ansprüchen auf Kapitaleinkommen und der produzierenden Wirtschaft sowie der Bevölkerung herbeizuführen. Das Äußerste, zu dem man sich durchrang, war ein zeitlich begrenztes Moratorium für Räumungsklagen gegen gewerbliche oder private Mieter, die aufgrund von Einkommensausfällen mit der Miete in Rückstand gerieten. Doch die Mietschulden summierten sich weiter auf. Unternehmen, die ihre Schulden wegen der Corona-Krise und der verordneten Schließungen nicht mehr fristgerecht bedienen konnten, wurden vorübergehend von der eigentlich fälligen Erklärung der Zahlungsunfähigkeit befreit. Aber die Schulden bestehen fort und wachsen samt Zinsen und Vertragsstrafen zu stolzen Summen an.

Viele – wenn auch bei Weitem nicht alle – Mieter und Unternehmen wurden durch diesen Aufschub und staatliche Finanzhilfen, die irgendwann eintrafen, tatsächlich gerettet – und mit ihnen die Ansprüche der Kapitalbesitzer.

Vergleicht man die Krisenreaktion der Politik mit möglichen Alternativen, so zeigt sich, dass sie günstiger für das Kapital kaum hätte ausfallen können. Hätte sich der Staat ganz herausgehalten, so hätten Kapitalbesitzer hohe Ausfälle bei Zins- und Mieteinnahmen verkraften müssen. Hätte der Staat verfügt, dass Menschen und Unternehmen mit pandemiebedingten Einkommensausfällen für den betreffenden Zeitraum von Zins- und Mietzahlungen befreit werden, hätte das Kapital die Hauptlast geschultert und der Staat wäre mit viel kleineren Hilfszahlungen davongekommen. Als Kompromisslösung wäre auch denkbar gewesen, dass Corona-Opfern ein Teil ihrer Zahlungsverpflichtungen an das Kapital erlassen wird, gleichzeitig aber der Staat durch Finanzhilfen dafür sorgt, dass sie die verbleibenden Verpflichtungen mehrheitlich begleichen können. Stattdessen wurde den Schuldnern von Mieten und Zinsen viel Geld gegeben, das dann überwiegend direkt an das Kapital weiterfloss – eine indirekte Subvention ohne jegliche Gegenleistung. Das ging sogar so weit, dass bei den ersten Hilfspaketen für Selbstständige ausdrücklich ausgeschlossen wurde, dass diese damit ihren Lebensunterhalt bestreiten. Die Funktionsweise einer solchen Krisenpolitik verdeutlicht ein

Zitat aus einem Bericht des *Handelsblatt* über die Geschäfts-
ergebnisse der US-Banken im vierten Quartal 2020:

> »In der ersten Jahreshälfte hatten die Banken noch viele Milliarden
> Dollar zur Abdeckung von drohenden Kreditausfällen zurückgelegt.
> Die Aussicht auf ein billionenschweres Hilfsprogramm der US-Regie-
> rung für Privatleute und kleine Firmen macht die Banken aber zu-
> versichtlich, dass sie die Coronakrise ohne größere Probleme über-
> stehen werden.«[14]

Und tatsächlich kam es auch so, wie im gleichen Bericht zu
erfahren ist. Dank der Auflösung der Rückstellungen für befürchtete Kreditverluste erzielte JP Morgan im Schlussquartal
einen Rekordgewinn von zwölf Milliarden Dollar, bei Wells
Fargo stieg der Gewinn auf drei Milliarden Dollar, und auch
Citi verhalf eine Rückstellungsauflösung von 1,5 Milliarden
Dollar dank der staatlichen Hilfen zu einem Quartalsgewinn
von 4,6 Milliarden Dollar.

Hätte man tatsächlich den notleidenden Haushalten und
Unternehmen helfen wollen und nicht ihren Kreditgebern,
wäre neben viel schnelleren Finanzhilfen ein entscheidender
und relativ leicht umzusetzender Schritt gewesen, die Ansprüche des Kapitals einzufrieren und später im Rahmen eines an-
gepassten Insolvenzverfahrens zusammen mit anderen Forderungen teilweise abzuschreiben. Wie die an der New Yorker
Columbia Universität lehrende deutsche Rechtswissenschaftlerin Katharina Pistor ausführte, hätte man damit juristisch
kein Neuland betreten. Mit umgekehrtem Vorzeichen hatte
1923 das Reichsgericht festgestellt, dass Verträge dann nicht
einzuhalten seien, wenn radikale Veränderungen der Um-
stände, die niemand vorhersehen konnte, einen Vertrag nachträglich für eine der beteiligten Parteien widersinnig machten.
Dann verstoße die Durchsetzung gegen Treu und Glauben.

Damals hatte der Schuldner seine Hypothekenschuld mitten in der Hyperinflation durch Rückzahlung des im Vertrag festgelegten, völlig entwerteten Betrags ablösen wollen. Diesem falschen Beharren auf dem Vertrag trat das Reichsgericht entgegen. Inzwischen ist das Prinzip des Wegfalls der Geschäftsgrundlage mit Paragraf 313 in das Bürgerliche Gesetzbuch aufgenommen worden. Es müssten sich nur ein Gesetzgeber oder Gerichte finden, die davon auch einmal zugunsten statt nur zulasten von Schuldnern Gebrauch machen.[15]

Die Insolvenzrechtsexperten Gerrit Hölzle und Stephan Madaus nannten das, was betroffene Unternehmen im Lockdown gebraucht hätten, einen »Dornröschenschlaf«, formaler ausgedrückt: einen »ruhenden Geschäftsbetrieb« als Sonderfall der Zahlungsunfähigkeit. Diese Unternehmen sollten Insolvenz erklären und damit ihre Zahlungen einstellen können, ohne dass es deshalb gleich zur Abwicklung kommen würde. Nach Ende der Pandemie, wenn einigermaßen absehbar wäre, welche Geschäftsmodelle und Geschäfte sich weiterführen lassen, sollte es dann Verhandlungen mit den Gläubigern über eine teilweise Abschreibung der Forderungen geben.[16]

Die Hauptleidtragenden einer solcher Lösung wären die Grundbesitzer und die Banken. Sie wurden dadurch geschont, dass solche für den Staat billigen Maßnahmen des Interessenausgleichs nicht einmal in Erwägung gezogen wurden.

Subventionen für Steuerflüchtlinge

Besonders schön sind die Erträge für die Krisengewinner, weil sie darauf nur wenig Steuern zahlen müssen, jedenfalls viel weniger als Normalsterbliche, die von der eigenen Arbeit leben müssen. Denn die Steuern auf Kapitaleinkommen sind erheblich niedriger als die auf Arbeitseinkommen. Der megareiche Warren Buffett bezeichnete es zu Recht als Skandal, dass seine Sekretärin einen höheren Steuersatz habe als er. Die Körperschaftssteuersätze wurden in den letzten Jahrzehnten international immer weiter gesenkt. Der durchschnittliche Unternehmenssteuersatz in den Mitgliedsländern des Industrieländerclubs OECD sank zwischen 1995 und 2016 um mehr als ein Drittel, von 37,3 Prozent auf 24,5 Prozent. Der Anteil des Unternehmenssteueraufkommens am Bruttoinlandsprodukt betrug 2016 mickrige drei Prozent. Man ahnt, dass selbst der niedrige Steuersatz für Kapitalerträge nur auf dem Papier steht.[17]

Lange bevor Unternehmensgewinne sich in Kapitaleinkommen individueller Investoren verwandeln, werden sie im Unternehmen steuergünstig und oft sogar steuerfrei vermehrt – und dann zu einem großen Anteil in Steueroasen verschoben. Anhand der geleakten Kundendaten der Schweizer Tochter der Großbank HSBC hat ein Ökonomen-Team geschätzt, dass Haushalte mit einem Vermögen von mehr als 45 Millionen Dollar durchschnittlich 30 Prozent ihrer Steuerschuld hinterziehen. Nach aktuellen Schätzungen wurden in der jüngeren Vergangenheit rund 55 Prozent der ausländischen Gewinne von US-Unternehmen in Steueroasen verbucht, wo sie nicht oder nur gering besteuert werden.[18]

Während es sich bei Unternehmen oft um zwar anrüchige, aber legale Steuerverkürzung handelt, ist es bei Privatleuten meist Steuerhinterziehung, denn die geleakten Kundendaten zeigten, dass kaum jemand das in den Steueroasen geparkte Geld dem Fiskus angegeben hatte.

Die Unternehmen mit den größten Gewinnen entrichten prozentual betrachtet die niedrigsten Steuern. Der effektive Steuersatz der gewinnstärksten zehn Prozent der US-Unternehmen von 2015 bis 2018 betrug etwa 28 Prozent, derjenige der übrigen 90 Prozent lag dagegen bei 41 Prozent. Da Steuern für normale Unternehmen ein sehr großer Kostenfaktor sind, bedeutet dies, dass das Steuersystem den großen, gewinnstarken Unternehmen einen großen Wettbewerbsvorteil gegenüber ihren kleineren Konkurrenten verschafft.[19]

Der mit normalen Taxibetrieben konkurrierende Fahrdienstvermittler Uber nutzte 2020 rund 50 niederländische Holdinggesellschaften, um bei einem globalen Gewinn (ohne USA und China) von knapp sechs Milliarden Dollar steuerliche Verluste von 4,5 Milliarden Dollar geltend zu machen.[20]

Auf der Ebene der privaten Haushalte spielt sich Ähnliches ab: Im Jahr 2018 lag der kombinierte Satz der kommunalen, bundesstaatlichen und nationalen Steuern auf das Einkommen der 400 reichsten US-Familien mit 23 Prozent erstmals niedriger als der Steuersatz der 50 Prozent mit den niedrigsten Einkommen. Letzterer ist seit 1960 leicht gestiegen, während derjenige der Reichen heute deutlich weniger als halb so hoch ist wie in jenem Jahr.[21]

Die UN hat im Frühjahr 2021 die Kosten des Steuermissbrauchs den globalen Herausforderungen gegenübergestellt. Allein durch die Verschiebung von Firmengewinnen in Steueroasen und die Ausnutzung von Steuerschlupflöchern gingen Staatshaushalten Einnahmen in der Größenordnung von 500 bis 650 Milliarden Dollar pro Jahr verloren, heißt es in ihrem Bericht. Nach Einschätzung der Organisation Tax Justice Network sind für zwei Drittel der Steuerausfälle Regelungen in reichen OECD-Ländern verantwortlich.[22]

Wie gering die Bereitschaft nach wie vor ist, bestehende Möglichkeiten zu nutzen, um der Steuerflucht des Kapitals einen Riegel vorzuschieben, zeigte sich wieder einmal besonders deutlich, als viele der Steuervermeider milliardenschwere Hilfen vom Staat in Anspruch nahmen, um zu überleben. Weder wurden Steuerflüchtlinge von derartigen Hilfszahlungen ausgeschlossen, noch wurde von ihnen verlangt, ihre Büros und Briefkästen in Steueroasen zu schließen. Laut einer Untersuchung der Bürgerbewegung Finanzwende haben von 16 größeren Unternehmen, die staatliche Hilfen bekommen haben, 13 Verbindungen zu Schattenfinanzzentren und nutzen das in der Regel, um Steuern zu sparen. Zwei der 138 000 Lufthansa-Mitarbeiter arbeiten im Steuerparadies Malta und fuhren dort fast 200 Millionen Euro Gewinn für ihr Unternehmen ein. Die Lufthansa kommt auf rund 100 Tochtergesellschaften, von denen viele in steuergünstigen Ländern gemeldet sind. Es ist nicht bekannt, dass die Regierung als Bedingung für die Auszahlung ihrer Milliardenhilfen verlangt hätte, diese Praxis wenigstens für die Zukunft abzustellen. Man will dem Unternehmen ja keinen Wettbewerbsnachteil aufbürden, indem man es nötigt, Steuern auf die tatsächlich erzielten Gewinne zu zahlen.[23]

Neben der steuerlichen Vorzugsbehandlung für die großen Konzerne, die wiederum ganz überwiegend den Wohlhabenden, Reichen und Megareichen gehören, gibt es noch vielfältige strukturelle und spezielle Begünstigungen, gerade in Krisenzeiten. Als die großen deutschen Automobilkonzerne im Frühjahr 2020 ihre Milliarden-Dividendenauszahlungen beschlossen, war die Covid-Krise bereits im Gange, und es bestand kein Zweifel mehr daran, dass 2020 ein Krisenjahr werden würde. Es wurde sogar schon über notwendige Hilfen für die Autokonzerne diskutiert. Dennoch entschieden Volkswagen, Daimler und BMW, Dividenden in Höhe von zusammengenommen knapp sechs Milliarden Euro an ihre Aktionäre auszuschütten. Eines deutlicheren Zeichens hätte es eigentlich nicht bedurft, dass man entweder keine Hilfen brauchte oder sich viel zu sicher war, dass der Staat schon helfen würde.

Er tat es: Im Juli kam die kräftige Erhöhung der Absatzförderung für E-Autos auf bis zu 9000 Euro. Im November wurde die Förderung noch einmal aufgestockt und um eine Abwrackprämie für Lkw ergänzt. Mit den knapp 6000 Millionen Euro, die als Dividenden ausgeschüttet wurden, hätten die Auto-konzerne diese Prämien größtenteils auch selbst finanzieren können. Aber warum die Aktionäre knapphalten, wenn man doch den Staat hat? Der Jahresabschluss 2020 erbrachte dann für Daimler einen Gewinnsprung um knapp 50 Prozent auf vier Milliarden Euro. Vorstandschef Ola Källenius wurde mit einem kräftigen Gehaltsanstieg auf nunmehr 5,9 Millionen Euro belohnt.[24] BMW erzielte im ersten Jahr der Corona-Krise einen Gewinn von 3,8 Milliarden Euro. Im März 2021 lagen die Aktienkurse der drei großen Autobauer Daimler, BMW und VW alle wieder höher als vor Beginn der Krise, bei Daimler sogar sehr deutlich. All das dank großzügiger Hilfen der Steuerzahler.

Auch der Reisekonzern TUI schüttete im Corona-Verlust-jahr noch eine Dividende aus, die den Aktionären eine satte Dividendenrendite von über fünf Prozent einbrachte. Aufgrund eines Verlusts von drei Milliarden im Gesamtjahr 2020 ließ man sich dann in mehreren Rettungspaketen mit insgesamt 4,3 Milliarden Euro (Stand Anfang 2021) vom deutschen Steuerzahler retten, umgerechnet etwa 60 000 Euro je Mitarbeiter. Bezogen allein auf die Mitarbeiter in Deutschland waren es noch deutlich mehr. Das Kurzarbeitergeld für die ganz oder teilweise freigestellten Beschäftigten ist dabei noch gar nicht mitgerechnet. Offenbar ist Tourismus systemrelevant. Im Gegenzug dafür, dass der Staat sich mit einem Mehrfachen des Unternehmenswerts in dem eigentlich bankrotten Unternehmen engagierte, wurden die Anteilswerte der Aktionäre teilweise entwertet, aber bei Weitem nicht auf null gesetzt. Musiker, Künstler und Soloselbstständige wurden massenhaft auf Hartz IV verwiesen, aber Aktionäre wurden geschont.[25]

Der Lufthansa wurde eine Staatshilfe in Höhe von neun Milliarden Euro zugesagt, überwiegend in Form einer »Stillen Einlage«. Eine solche Einlage bedeutet: Man gibt Eigenkapital, ohne dafür das sonst übliche Mitspracherecht zu erhalten. Das *Handelsblatt* schrieb dazu im März 2021, als ein Rekordverlust der Fluggesellschaft für das Jahr 2020 bekannt gegeben wurde:

> »Das Eigenkapital des Unternehmens schrumpfte von gut zehn Milliarden Euro auf nur noch 1,4 Milliarden Euro. Die Eigenkapital-quote sackte von 20 Prozent auf 3,5 Prozent ab. Weder Aktionäre noch Mitarbeiter müssen sich aber deshalb große Sorgen machen. Ein Teil der Staatshilfe in Höhe von neun Milliarden Euro ist eine Stille Einlage über 5,7 Milliarden Euro. Davon können 4,7 Milliarden Euro als »Equity« gewertet werden. Der Anteil des Staates, der bei 20 Prozent liegt, würde dadurch nicht erhöht. Eine gute Nachricht für die anderen Aktionäre: Ihre Anteile würden bei einer solchen Maßnahme nicht verwässert.«[26]

Schön für die Aktionärinnen. Wenn es wieder aufwärtsgehen sollte, profitiert davon nicht zuerst der Staat, der das Unternehmen teuer gerettet hat, sondern zuerst und ohne Abschläge der private Kapitalbesitz. Und auf Stimmrechte für seine Anteile hat der helfende Staat großzügig verzichtet.

Das *Handelsblatt* zählte Mitte April 2020, mitten in der tiefsten Corona-Krise, die Dividenden-Ausschüttungspläne der börsennotierten deutschen Konzerne zusammen und kam auf sage und schreibe 44 Milliarden Euro.[27] Im April 2021 summierten sich die Dividenden-Ausschüttungspläne nochmals auf 40 Milliarden Euro. Damit wurden Gewinne des Jahres 2020 ausgeschüttet. 20 Milliarden Euro hatte der Staat 2020 allein an Kurzarbeitergeld bezahlt, damit die Konzerne ihre Arbeitskräfte behalten konnten, ohne sie selbst bezahlen zu müssen. Viele Milliarden Hilfsgelder kamen hinzu. Zwar durften viele der Empfänger dieser Hilfsgelder keine Dividenden ausschütten. Aber die anderen profitierten natürlich mit. Und sie sahen keinen Grund oder keine Möglichkeit, den Aktionären eine Dividende in einem Krisenjahr vorzuenthalten, um das Unternehmen widerstandsfähiger gegen mögliche krisenbedingte Rückschläge zu machen.[28] Das Kapital will bedient werden, notfalls mithilfe staatlicher Subventionen. So funktioniert Kapitalismus. Als Daimler am 31. März 2021 eine erhöhte Dividende für das Pandemiejahr 2020 verkündete und damit Absatzsubventionen und Kurzarbeitergeld an die Aktionäre weiterreichte, zeigte die »Tagesschau« Demonstranten vor der Hauptverwaltung, die für einen »Lockdown für Dividenden« demonstrierten. Dem durfte der Analyst Stephan Pilz entgegentreten, der erklärte, dass Daimler gezwungen sei, seinen Aktionären mittels einer hohen Dividende Zuversicht zu demonstrieren. Anderenfalls würde der Aktienkurs leiden, und dann stiege die Gefahr einer feindlichen Übernahme.

Luxus boomt in der Krise

Unter den europäischen Unternehmen war der französische Luxuskonzern LVMH mit einem Anstieg des Börsenwerts um über 40 Milliarden Euro im Jahr 2020 der größte Krisenprofiteur in absoluten Zahlen. Luxusgüterkonzernen geht es immer dann gut, wenn die Einkommensungleichheit zunimmt und die Reichen reicher werden. Die Aktie des Lederwaren- und Modelabels Hermès legte 2020 prozentual mit 32 Prozent sogar noch stärker zu und war damit Gewinner im französischen Aktienindex der 40 größten Konzerne CAC40.[29]

Analysten der Citigroup sagten 2005 in einer Reihe von Berichten und Konferenzen zur »Plutonomie« – der Ökonomie der Reichen – voraus, dass sich der Trend zur Vermögenskonzentration noch längere Zeit fortsetzen werde, unter anderem weil die Regierungen entgegen dem Interesse ihrer Wähler weiterhin auf kapitalfreundliche Wirtschafts- und Steuerpolitik setzen würden – zu Recht, wie sich in den seither vergangenen 15 Jahren herausgestellt hat.[30] In ihren Plutonomie-Berichten empfahlen sie den Unternehmen, auf die Produktion von Luxusgütern zu setzen, und den Investoren, Aktien von Luxusgüterproduzenten zu kaufen. Wer sich daran hielt, hat blendend verdient. Der internationale Aktienindex für Luxusgüterproduzenten legte von Mitte 2006 bis Juni 2014 um 145 Prozent zu, trotz Finanzkrise. Der allgemeine Aktienindex MSCI World stieg im gleichen Zeitraum nur um 30 Prozent.[31] Danach ging es nur ein bisschen weniger stürmisch weiter. Von Juni 2014 bis Ende 2020 legte der S&P-Index der 80 weltweit wichtigsten Luxusgüterproduzenten um 75 Prozent zu. Besonders gut meinte es das Corona-Krisenjahr 2020 mit den Luxusgüterkonzernen. Der Index stieg um 36 Prozent und damit ähnlich stark wie die Werte der großen US-Technologiekonzerne.

Einer der Plutonomie-Experten heuerte bei der Bank of America an und veröffentlichte 2014 einen neuen Plutonomie-Bericht. Dieser begründet recht anschaulich, weshalb Kapitalbesitzer gerade in Krisenzeiten ihre Vermögen besonders stark mehren können. Es war das Jahr, in dem die US-Notenbank beschlossen hatte, keine weiteren Staatsanleihen mehr anzukaufen und somit kein Geld mehr in die Finanzmärkte zu pumpen. Die Strategen der Vermögenden bis Superreichen, darunter unser Plutonomie-Experte, blickten daher Anfang November hoffnungsvoll auf die Europäische Zentralbank (EZB) und die Bank von Japan. Sie sollten die Lücke im Geldnachschub füllen. Denn täten sie es nicht, drohe den großen Vermögen Ungemach. Die Wertpapierkäufe der Federal Reserve hätten nämlich »wie eine Pumpe« gewirkt, mit der die Preise von Aktien, Anleihen und Immobilien aufgebläht wurden. Etwa 200 Milliarden Dollar neues Notenbankgeld pro Quartal würden gebraucht, damit den Wertpapiermärkten nicht die Luft ausgeht, hatte Citigroup-Analyst Matt King ausgerechnet. Wenn es kein neues Geld gäbe, so seine Schätzung, würden Aktien zehn Prozent ihres Werts verlieren. Star-Investor Carl Icahn bestätigte: »Der S&P-Aktienindex wäre ohne die Fed-Maßnahmen signifikant niedriger.«[32] Die Analysten wurden nicht enttäuscht. Beide Notenbanken warfen die »Pumpe« für die Wertpapiermärkte an.

Dabei ist den Notenbankerinnen und -bankern die Diskussion um die wachsende Ungleichheit nicht entgangen. Die damalige US-Notenbankchefin Janet Yellen hielt im Oktober 2014 eine flammende Rede, in der sie beklagte, dass »diejenigen ganz an der Spitze« hohe Vermögenszuwächse verzeichneten, während der Lebensstandard für die Mehrheit stagniere. »Das Ausmaß und die fortgesetzte Zunahme der Ungleichheit erfüllen mich mit großer Sorge«, sagte sie. Eine Verbindung zur eigenen Geldpolitik zog sie nicht.

»Es ist wichtig, sich klarzumachen: Vermögenspreisblasen sind nicht Nebenwirkung, sondern Instrument der Geldpolitik«, brachte dagegen Patrick Artus, Chefökonom der französischen Bank Natixis, diesen Zusammenhang auf den Punkt. Auch die Bank von England hat unumwunden erläutert, dass ihre Politik der »quantitativen Lockerung« darauf abziele, die Preise von Vermögenswerten nach oben zu treiben. Das geschehe in der Erwartung oder Hoffnung, dass davon indirekt auch die Realwirtschaft profitiere, unter anderem, weil die sich reicher fühlenden Vermögensbesitzer mehr konsumieren würden.[33]

Auch bei der EZB ist man sich der zunehmenden Ungleichheit bewusst, die mit der Inflation der Vermögenswerte einhergeht. So veröffentlichte die Notenbank 2014 eine Studie ihrer volkswirtschaftlichen Abteilung, welche die Forbes-Liste der Superreichen nutzt, um bessere Daten zur Ungleichheit zu generieren. Viele der üblichen Statistiken erfassen nämlich die richtig Reichen gar nicht. EZB-Volkswirt Philip Vermeulen stellt darin fest, dass Deutschland von den zehn untersuchten

Ländern hinter den USA und dem Steuerasyl Österreich die drittstärkste Konzentration der Vermögen bei den Reichen und Superreichen aufweist. Das reichste Prozent der Deutschen besitzt demnach ein Drittel aller Vermögen. Die »untersten« 95 Prozent der Bevölkerung bescheiden sich hingegen mit weniger als der Hälfte.[34] Das bedeutet: Wenn die Vermögenspreise aufgeblasen werden, weil immer mehr Geld in die Finanzmärkte gedrückt wird, dann profitieren mit großem Abstand die Reichsten am meisten davon. Im Zuge der Corona-Krise haben die Wertpapierkäufe der Zentralbanken, die diese Geldpumpe antreiben, neue Höchststände erreicht, und mit ihnen die Inflation der Vermögenswerte. Zum Ende des ersten Quartals 2021 lagen die Preise für die Vermögenswerte, die sich im Besitz privater deutscher Haushalte befinden, um 11,9 Prozent höher als ein Jahr zuvor. Das war der höchste Preisanstieg seit Beginn der entsprechenden Erhebung im Jahr 2005.[35]

In den USA stieg der Anteil des obersten Prozent an den Einkommen vor Steuern in den fünf Jahrzehnten bis 2019 von zehn Prozent auf 19 Prozent. Der Anteil der gesamten unteren Hälfte der Einkommensbezieher vor Steuern fiel von 20 Prozent auf 13 Prozent.[36] Vom Gesamtvermögen vereinigte das reichste Prozent in den USA 2017 mit 35 Prozent mehr als ein Drittel auf sich. In Europa war es mit 32 Prozent nicht viel weniger.[37]

Was sich auf nationaler Ebene abspielt, ist auch auf internationaler Ebene zu beobachten. Vom weltweiten Wirtschaftswachstum seit 1980 hat das einkommensstärkste Prozent etwas mehr als ein Viertel in Form von Einkommenszuwächsen für sich reklamiert. Das sind etwa 75 Millionen Menschen. Wer zum einkommensstärksten Zehntel eines Industrielands gehört, ist dabei. Aber es ist vor allem das oberste Prozent der Einkommensstärksten in den einzelnen Ländern, bei denen das meiste Geld hängen blieb.[38] Und am allerstärksten stiegen die Einkommen der obersten 0,1 Prozent und hier wiederum die Einkommen des obersten Zehntels dieser 0,1 Prozent, und immer so weiter. Bei der unteren Einkommenshälfte, also bei 50-mal so vielen Menschen wie dem obersten Prozent, blieben nur zwölf Prozent des Einkommenszuwachses hängen, gegenüber 27 Prozent beim obersten Prozent.

Die Macht der Konzernlobbys

Die Gründe für die Begünstigung des Kapitals und damit der Reichen sind kein Geheimnis. Die Mitglieder dieser Gruppe lassen sich ihre Interessenvertretung sehr viel kosten – mit Erfolg. Allein die deutsche Finanzbranche unterhält einer Untersuchung der Bürgerinitiative »Finanzwende« zufolge 290 Organisationen mit mindestens 1500 Beschäftigten, von denen die meisten zumindest auch Lobbyfunktionen wahrnehmen dürften, und einem jährlichen Budget von mindestens 250 Millionen Euro pro Jahr.[39]

In Brüssel sind 12 000 Organisationen und Verbände mit 40 000 Mitarbeitern in das dortige Lobbyregister eingetragen. Die weitaus meisten werden für das Kapital arbeiten.[40] Die Spitzenbeamten der EU haben in den Jahren 2008 bis 2010 die Hälfte ihrer Gespräche mit Unternehmensverbänden geführt, ein weiteres Viertel mit Einzelunternehmen.[41] In den letzten Jahren blieb der gemeinsame Anteil der Unternehmen und Unternehmensverbände fast unverändert bei drei Vierteln der Gespräche, aber der Anteil der Einzelunternehmen ist zulasten der Verbände deutlich gestiegen. Das dürfte daran liegen, dass mächtige Einzelunternehmen wie Microsoft, Google, Facebook und Amazon es nicht mehr nötig haben, den Weg über Verbände zu beschreiten, und ihre spezifischen Interessen lieber direkt vorbringen. Das Gleiche ist in anderen Ländern und transnationalen Institutionen zu beobachten. Laut einer Datenbank von Transparency International gehören zu den zehn häufigsten Gesprächspartnern der oberen Führungsebene der EU-Kommission Google, Airbus, Microsoft und Facebook sowie vier Unternehmensverbände, ein Verbraucherverband und der World Wildlife Fund.[42] Google, Amazon, Microsoft, Facebook und Apple geben gemeinsam über 20 Millionen Euro pro Jahr für ihre Lobbyarbeit in Brüssel aus.[43]

Politiker und Parteien sind von Spenden abhängig, und Spender erwarten etwas für ihr Geld. Immobilienunternehmer Christoph Gröner etwa, der die Wahlkampfkassen der Berliner CDU 2020 mit 800 000 Euro füllte, erwartete dafür sicherlich, dass die CDU ihm bei einem dadurch begünstigten Wahlerfolg das verhasste Mietendeckelgesetz des rot-rot-grünen Berliner Senats vom Hals schaffen würde. Die CDU bedankte sich artig und öffentlich für den »Vertrauensbeweis«.[44]

Leitende Verwaltungs- und Regierungsmitglieder hoffen auf lukrative Jobs, Berater- und Redeverträge nach dem Ausscheiden aus dem Amt. Diese winken vor allem dort, wo viel Geld verdient wird. Wer darauf spekuliert, verärgert tunlichst nicht während der Amtszeit seine möglichen späteren Cash-Kühe, sondern stimmt sie wohlwollend. Die ehemalige US-Notenbankpräsidentin und jetzige Finanzministerin Janet Yellen ist nur ein Beispiel von vielen. Sie wurde nach einer zweijährigen Pause Finanzministerin, und Ministerinnen in den USA müssen vor Amtsantritt ihre Einnahmen offenlegen. In den beiden Jahren zwischen ihren öffentlichen Ämtern, in denen sie jeweils eine Aufsichtsfunktion über die Finanzbranche ausübte, nahm sie allein für Vorträge bei Finanzinstituten mehr als sieben Millionen Dollar ein.[45]

Eine nicht untypische berufliche Funktion ehemaliger europäischer und deutscher Spitzenbeamter ist die des Lobbyisten. Das gilt etwa für die Büroleiterin von Digital-Staatsministerin Dorothee Bär, die kündigte, um die Position der Public-Policy-

Direktorin für Zentraleuropa bei Facebook zu übernehmen, jenem Konzern, dessen (Nicht-)Regulierung in Deutschland sie vorher mit koordiniert hatte.[46] Im Europa-Wahljahr 2014 wechselten sage und schreibe 185 Abgeordnete vom EU-Parlament auf einen Lobbyposten, und auch 13 der 27 ausscheidenden Kommissare taten es ihnen gleich und heuerten bei Lobbyagenturen und Unternehmen an. Ex-Kommissionspräsident José Barroso ging zum Finanzkonzern Goldman Sachs. Mit seinen Offenlegungspflichten hatte er es vorher hinsichtlich seiner Treffen mit Goldman nicht so genau genommen. Die zweijährige Abkühlungs-Karenzzeit, die als Reaktion auf diesen Fall eingeführt wurde, wird ebenfalls eher großzügig gehandhabt. Ex-Kommissar Günther Oettinger erhielt von Parteifreundin und Kommissionspräsidentin Ursula von der Leyen noch während seiner Abkühlungszeit Sondergenehmigungen für gleich 13 Engagements bei Firmen und Verbänden.[47]

Am Beispiel des Weltwirtschaftsforums will ich etwas detaillierter belegen, wie dominierend der Einfluss der Konzerne auf die Politik geworden ist, vor allem auch auf der viel zu wenig beachteten internationalen Ebene, und wie diese dominante Stellung erreicht wurde.

Weltregierung zum Anfassen: Das Weltwirtschaftsforum

Am Aufstieg des Weltwirtschaftsforums zu der überaus mächtigen Organisation, die es heute ist, lässt sich beispielhaft zeigen, wie das Kapital seine Macht ausbaut und systematisch einsetzt, um auf globaler Ebene die Politik zu beeinflussen – in Symbiose mit den Regierungen der Führungsnation USA und anderer global dominanter Länder.

Das Weltwirtschaftsforum ist dank eines Abkommens mit der Schweiz seit 2015 als internationale Organisation anerkannt. Das Forum und seine Beschäftigten sind von Schweizer Steuern befreit und können bei Bedarf die Unterstützung der schweizerischen diplomatischen Vertretungen im Ausland in Anspruch nehmen. In seiner Begründung für dieses Privileg verweist der Bundesrat auf die große Beachtung, die dem Forum vonseiten von Staaten und internationalen Organisationen geschenkt werde, und auf die »Neutralität, Unparteilichkeit und Integrität«, mit der das Forum das Ziel verfolge, Privatwirtschaft, Regierungen und Wissenschaftler zu einer Gemeinschaft zusammenzuführen, die sich für die Verbesserung der Lage der Welt einsetzt. Alles ganz ohne Ironie. Nirgends wird der »neutrale und integre« Wille der Großkonzerne, die Welt zu verbessern, so gewürdigt wie in der Schweiz.[48]

Das Budget des Forums ist größer als das jeder anderen Lobbyorganisation: Im Berichtsjahr 2019/20 betrug es 367 Millionen Schweizer Franken. 152 Millionen Franken gab das Forum für Personalkosten aus, 214 Millionen für seine Aktivitäten. Sein Vermögen belief sich Mitte 2020 auf 658 Millionen Franken.[49] Das Budget speist sich aus Mitgliedsbeiträgen, die die Verwaltungskosten decken. Die sehr teuren Veranstaltungen des Forums werden über Teilnehmerbeiträge finanziert. Darüber hinaus gibt es Partnerschaftsprogramme, bei denen das Forum als Mittler zwischen Unternehmen und Regierungen auftritt und etwas vom Kuchen abbekommt. Außerdem nimmt das Forum Zuschüsse und Spenden an.[50]

Hilfreich bei der Verwaltung des Forum-Vermögens ist der Umstand, dass die größten und mächtigsten Finanzinstitutionen Mitglied sind. Die erfahren manches etwas früher als andere. So habe man – schreibt das Forum – 2007 die Meinungen von Insidern gehört, darunter von Star-Investor George Soros und dem Vorstandschef der Citibank, William Rhodes, und daraufhin wegen zunehmender Sorgen über die Wahrscheinlichkeit einer globalen Rezession fast das gesamte Vermögen des Forums in Schweizer Staatsanleihen umgeschichtet. Wer sollte besser wissen als die Citibank, dass die Kreditblase, die sie selbst mit aufgepumpt hatte, kurz vor dem Platzen stand. So sei man »dem Schicksal vieler anderer Stiftungen entgangen, die einen großen Teil ihrer Vermögen im Aktienmarktcrash von 2008 verloren«, schreibt das Weltwirtschaftsforum.

Das Forum ist ein Kind von Klaus Schwab, einem Wirtschaftswissenschaftler aus Ravensburg, der es auch nach einem halben Jahrhundert, mit über 80 Jahren, noch leitet. Es begann mit einem zweiwöchigen »Europäischen Management-Symposium«, das Schwab 1970 organisierte und Ende Januar 1971 in der Schweiz abhielt. In der Festschrift zum 40. Jubiläum heißt es, Schwab habe die Veranstaltung auf eigene Rechnung und eigenes Risiko organisiert. Wie teuer das war, ist unbekannt, aber es dürften nach heutiger Kaufkraft Hunderttausende Franken gewesen sein, wenn man bedenkt, dass es galt, einige der renommiertesten Harvard-Wissenschaftler und weitere Prominente aus den USA anzulocken.

Elitenlenkung aus den USA

Das Symposium sollte eine Gelegenheit für führende europäische Manager sein, »von den charismatischsten Vordenkern etwas über die neuesten Management-Techniken und Konzepte zu lernen, darunter von prominenten Professoren der besten Business Schools der USA«. Von dort erhielt der frischgebackene junge Harvard-Absolvent Schwab ein ungewöhnlich großes Maß an Unterstützung. Der langjährige Dekan der Harvard Business School leitete das erste Symposium. John K. Galbraith, damals einer der einflussreichsten Ökonomen der Welt, hielt eine Rede. Weitere Harvard-Professoren beteiligten sich, außerdem der einflussreiche Futurist und Militärstratege Herman Kahn. Ein weiterer Stargast war Jacques Maisonrouge, Präsident der IBM Corporation, damals eines der wichtigsten Unternehmen der Welt. So gelang es Schwab auf Anhieb, 450 Manager aus 31 Ländern nebst 50 Professoren und Journalisten für zwei Wochen nach Davos zu locken und dafür so viel bezahlen zu lassen, dass am Ende ein Überschuss von 25 000 Franken verblieb, den Schwab in das Projekt European Business Forum steckte – so hieß das Weltwirtschaftsforum ursprünglich.

Nicht nur der Inhalt, auch die Motivation, wie sie das Weltwirtschaftsforum selbst beschreibt, war von US-Themen dominiert. Schwab wollte helfen, Unsicherheiten über Positionen und Rolle der USA in der Welt zu beseitigen:

> »Es war eine Zeit großer technologischer, politischer, sozialer und wirtschaftlicher Umwälzungen. Der Mensch war gerade auf dem Mond gelandet, der Konflikt in Vietnam verschärfte den Kalten Krieg und warf Fragen über die Rolle der Vereinigten Staaten in der Welt auf.«

Zwanzig Jahre lang hielt das Forum neben den vielbeachteten Treffen in Davos auch jährliche Treffen in Washington abseits der Öffentlichkeit ab. Sie dienten dazu, Teilnehmern »privilegiertes Wissen darüber zu geben, was von der jeweiligen Regierung im Weißen Haus und vom Kongress zu erwarten war«. Dank dieser regelmäßigen Treffen mit Regierungsmitgliedern, Abgeordneten und Senatoren habe das Forum »ein herzliches und produktives Verhältnis mit der politischen Führung der USA etabliert«, schreibt das Weltwirtschaftsforum. Später wurde das jährliche US-Treffen eingestellt, weil man zu der Einschätzung gekommen war, dass es inzwischen genügend

Möglichkeiten gab, sich mit Vertretern der US-Regierung im Rahmen der regulären Treffen auszutauschen.

Tatsächlich zeigte die US-Regierung, die sich während der ersten zehn Jahre in Davos im Hintergrund gehalten hatte, immer stärker offiziell Flagge. Sie nutzte Davos nicht mehr nur als Forum zur Vermittlung amerikanischer Prinzipien der Unternehmensführung nach Europa, sondern zunehmend offen auch, um die Erwartungen der westlichen Führungsnation an die internationalen Eliten zu kommunizieren. Den Auftakt machte 1980 Schwabs Mentor Henry Kissinger mit einer Eröffnungsrede. 1982 wandte sich US-Präsident Ronald Reagan per Satellitenschaltung mit einer Aufforderung zu angebotsorientierten Wirtschaftsreformen an die europäische Kapitalelite. Angebotsorientierte Wirtschaftspolitik, das heißt Wirtschaftsreformen zum Vorteil von Investoren, hatten Reagan in den USA und Thatcher in Großbritannien bereits in Gang gesetzt, in Kontinentaleuropa stand dieser Prozess noch am Anfang. Reagan stellte derartige Reformen in seiner Rede als patriotische Bündnispflicht zur Verteidigung westlicher Werte gegen die östliche Bedrohung dar.

Im Folgejahr versicherte US-Handelsminister Malcolm Baldrige den Davosern, dass sie keinen Rückzug der USA in den Isolationismus befürchten müssten, im Gegenteil. Also lud das Weltwirtschaftsforum die zuständigen Minister der zwölf wichtigsten Handelsnationen und den Vorsitzenden des globalen Handelsabkommens GATT zu einem informellen Treffen nach Lausanne in der Schweiz ein. Dort sei die Idee einer neuen Handelsrunde geboren worden, die nach einem weiteren Treffen der Dreizehner-Runde in Uruguay zur Uruguay-Verhandlungsrunde und schließlich zum GATT-Nachfolger Welthandelsorganisation geführt habe.

Beim Davoser Treffen von 1992 war gerade der erste USA-Irak-Krieg im Gange. US-Präsident George H. W. Bush appellierte aus dem Weißen Haus an die in Davos vertretenen Nationen, die schwierigen Entscheidungen zu treffen und die Opfer zu bringen, die nötig seien, »wenn sie die Vorteile einer demokratischen Regierung und der marktbefreienden Reformen nutzen wollen«. Im Jahr 2002, als zu besprechen war, welche Regierungen sich finanziell am Wiederaufbau des nach einem neuen Angriff der USA zerstörten Irak beteiligen würden und wessen Unternehmen im Gegenzug mit daran verdienen durften, kam US-Vizepräsident Dick Cheney mit vier weiteren Ministern der Bush-Regierung und 15 Senatoren nach Davos.

Während die erste offizielle chinesische Delegation schon 1979 nach Davos reiste, war die einzige sowjetische Teilnahme lange Zeit die des Dissidenten Vladimir Bukovsky im Jahr 1977. Als ihn die Sowjets im Austausch gegen einen inhaftierten chilenischen Kommunisten freiließen und er in Handschellen in der Schweiz landete, wurde er direkt vom Flughafen nach Davos gebracht, wo er einen flammenden Appell an die Kapitalelite richtete, keine Geschäfte mit dem »Sowjetregime« zu machen.

Sowjetische Regierungsvertreter wurden erst 1986 im Zuge der von Michail Gorbatschow eingeleiteten Perestroika eingeladen, dann aber ohne jeden Verzug. Als außerhalb des Davoser Zirkels noch kaum jemand ahnte, wo seine Politik hinführen würde, lieh Schwab 1987 dem deutschen Außenminister Hans-Dietrich Genscher die große Bühne, um intensiv dafür zu werben, Gorbatschows Perestroika und Glasnost ernst zu nehmen und der Sowjetunion beim Umbau zu helfen. Der Historiker Christian Hacke nannte Genscher in einem Nachruf einen Visionär, der ahnte, was anderen noch lange verschlossen blieb, und führt dafür unter anderem an:

»Bestes Beispiel: seine große Rede in Davos Anfang 1987, als er als Erster die Skeptiker im Westen aufrüttelte. ›Sitzen wir nicht mit verschränkten Armen da und warten, was uns Gorbatschow bringt! Versuchen wir vielmehr, die Entwicklung von unserer Seite aus zu beeinflussen und zu gestalten!‹«[51]

Ein wichtiger Teil dieser Botschaft war, dass Genscher Gelegenheit bekam, das in Davos zu sagen, auf Einladung von Klaus Schwab und somit für alle erkennbar mit Unterstützung der US-Regierung. Das hieß für das versammelte Großkapital: Es kann losgehen mit der wirtschaftlichen Eroberung des Ostens. Außerhalb dieser privilegierten Kreise wusste man das erst deutlich später.

Schwab ist der Sohn des kaufmännischen Direktors einer deutschen Tochtergesellschaft des Zürcher Maschinenbauers Escher Wyss.[52] Er verbrachte das akademische Jahr 1966/67 an der Harvard School of Government, wo es dem gerade einmal 28-Jährigen gelungen sein soll, binnen kurzer Zeit eine »enge Freundschaft« mit Dekan George Baker zu schließen und von Henry Kissinger und Ken Galbraith nicht nur unterrichtet zu werden, sondern auch eine private Verbindung mit ihnen aufzubauen. Die beiden sollten später häufige Davos-Besucher werden. Von Harvard zurückgekehrt, sammelte Schwab noch kurz ein paar Manager-Meriten für den Lebenslauf. Der Akademiker mit zwei Doktorhüten, aber ohne nennenswerte Berufserfahrung, wirkte als Assistent des Vorstandschefs des Unternehmens, für das sein Vater gearbeitet hatte. Dann widmete er sich seinem Projekt, europäische Vorstandschefs und US-Wirtschaftsexperten an einen Tisch zu bringen.

Schon beim zweiten Treffen in Davos im Jahre 1972 kam der erste Regierungschef: Luxemburgs Präsident Pierre Werner stellte seinen »Werner-Plan« für eine europäische Währungsunion vor. Außerdem trat der weltberühmte Raketenwissenschaftler Wernher von Braun auf. Die EU-Kommission übernahm die Schirmherrschaft über die Tagung und auch über die des Folgejahres. Geleitet wurde diese vom äußerst zwielichtigen Prinz Bernhard der Niederlande, einem ehemaligen Mitglied von NSDAP und Reiter-SS, der wenige Jahre später wegen seiner Verwicklung in den Lockheed-Bestechungsskandal von allen öffentlichen Ämtern zurücktrat. Prinz Bernhard war von 1954 bis zu seinem unrühmlichen Abgang Vorsitzender der Bilderberg-Konferenz, einem lange im Geheimen agierenden Forum für den transatlantischen Austausch unter den politischen und wirtschaftlichen Eliten. Schwab war zeitweise Mitglied des Lenkungsgremiums der Bilderberg-Konferenzen.

Schon 1975 schloss das Weltwirtschaftsforum das erste offizielle Kooperationsabkommen mit einer UN-Organisation, der UNIDO (United Nations Industrial Development Organization), die sich um die industrielle Entwicklung von gering entwickelten Ländern kümmern sollte. Dieses Abkommen war die Keimzelle für die Einbeziehung von Regierungen in die Davoser Agenda. Sie war so erfolgreich, dass heute fast alle wichtigen Regierungschefs einmal im Jahr nach Davos pilgern, um den Vertretern des internationalen Großkapitals ihre Aufwartung zu machen.

Schönheitswettbewerb vor Investorenjury

Klugerweise richtete das Forum seine Einladungen zunächst an die schwächsten Mitglieder der Staatengemeinschaft. Im Rahmen des UNIDO-Abkommens waren ab 1976 die Regierungsmitglieder der armen Länder eingeladen, mit ihren Delegationen nach Davos zu kommen und den versammelten Konzernmanagern darzulegen, warum es sich lohnen würde, in ihren Ländern zu investieren – und was sie bereit waren, dafür zu tun. Der Industrieländerclub OECD wurde im Folgejahr 1977 zahlendes Mitglied des Weltwirtschaftsforums.

Als 1997 der Politikwissenschaftler Samuel Huntington den Begriff »Davos Man« für eine globale Elite prägte, die »wenig Bedarf an nationaler Loyalität hat, nationale Grenzen als Hindernisse betrachtet und nationale Regierungen als Rückstände aus der Vergangenheit sieht, deren einzige nützliche Funktion darin besteht, die globalen Operationen der Elite zu erleichtern«, hielt der britische *Economist* mit einem Leitartikel dagegen, den das Forum bemerkenswerterweise in seiner Festschrift zum 40. Jahrestag stolz wiedergibt. Unter dem Titel »In Praise of Davos Man« (Ein Lob auf den Davos-Menschen) ist dort zu lesen, auf welche Weise das Kapital Macht über die Regierungen ausübt:

> »Es kommt nicht jeden Tag vor, dass sich 1000 Menschen, die die Welt regieren, unter einem Dach versammeln. Aber jedes Jahr versammeln sich 1000 Menschen, die denken, dass sie die Welt regieren, in Davos, zum jährlichen Treffen einer Stiftung, die als Weltwirtschaftsforum bekannt ist. (...) Samuel Huntington, ein amerikanischer Akademiker, hat Davos in den Mittelpunkt einer Diskussion über die Zivilisation und ihre Zukunft gestellt. Er hat den Davos-Menschen angegriffen. Und ob er nun selbstherrlich ist oder nicht, der Davos-Mensch muss verteidigt werden. Obwohl rund 40 Staatsoberhäupter an diesem Wochenende nach Davos strömen, wird die Veranstaltung von Unternehmen bezahlt und in deren Interesse durchgeführt. Sie gehen nicht hin, um den Politikern Honig ums Maul zu schmieren, es ist genau umgekehrt.«[53]

1997 war auch das Jahr, in dem das Forum beschloss, seinem Logo den Slogan »Committed to improving the state of the world« hinzuzufügen, auf Deutsch etwa: entschlossen, den Zustand der Welt zu verbessern – »... für das internationale Kapital«, ist man nach der entlarvenden Verteidigungsrede des *Economist* geneigt, im Geiste zu vervollständigen.

Das riesige Potenzial eines Schönheitswettbewerbs der Nationen vor einer Jury des investitionsbereiten, aber skeptischen globalen Kapitals blieb Schwab nicht verborgen. 1979 veröffentlichte das Weltwirtschaftsforum zum ersten Mal seinen »Global Competitiveness Report«. Bis heute stellt das Forum in diesen Berichten über die Wettbewerbsfähigkeit Ranglisten von Staaten auf, geordnet nach ihrer Attraktivität für internationale Investoren. Neben einigen offiziellen Statistiken ist Grundlage des Rankings, wie zufrieden Manager den Umfragen des Forums zufolge mit den Verhältnissen im Land sind. Was es angeblich bedeutet, wenn eine Nation bei diesem Index einen hohen Wert erzielt, erklärt das Forum in seinem Wettbewerbsfähigkeits-Bericht 2019, in dem Deutschland von Platz 3 auf Platz 7 zurückgestuft wurde, wie folgt:

»Der Wettbewerbsfähigkeits-Index misst die Faktoren, die langfristiges Wachstum und Wohlstand antreiben. Er bietet unparteiische Informationen, die es Führungskräften des öffentlichen und privaten Sektors erlaubt, die wichtigsten Treiber des Wachstums besser zu verstehen.«

Als prognostisches Instrument für langfristiges Wachstum hat der Index des Forums allerdings noch nie getaugt. China und Indien etwa, die 2012 beim Wettbewerbsfähigkeits-Index weit hinten lagen, stellten seither in Sachen Wirtschaftswachstum Länder weit in den Schatten, die dem Index zufolge ein viel höheres Wachstumspotenzial hatten wie etwa die Schweiz, die USA und Deutschland. Bei genauer Betrachtung der Methodik stellt man fest, dass der Index etwas ganz anderes misst und auch alles andere als objektiv und unparteiisch ist. Er setzt sich aus Teilindizes zusammen, die zum Beispiel die Güte des Rechtssystems und das Ausmaß der Arbeitsmarktregulierung messen (jeweils aus der Sicht des Kapitals) oder die Höhe der

Steuern. Diese Faktoren beeinflussen laut Forum das Wachstum, allerdings nicht direkt, sondern indirekt, indem sie die Renditen von Investitionen erhöhen, »die die grundlegenden Treiber des Wachstums sind«. Das Profitinteresse der Unternehmen deckt sich also angeblich vollständig mit dem Ziel der Steigerung des Wachstums. Alles, was die Gewinne international mobiler Kapitalgesellschaften und Finanzinvestoren erhöht, ist gut für die Wettbewerbsfähigkeit und treibt dadurch das Wachstum an. Ein hoher Indexwert zeigt demnach an, dass Konzerne, die in diesem Land aktiv sind, sich wenig mit lästigen Regulierungen herumzuschlagen haben und einen hohen Ertrag erzielen können, von dem sie nicht viel an Arbeitnehmer und das Finanzamt abgeben müssen.

Zu dieser Interpretation passt auch die ausgeprägte Überschneidung der oberen Rangplätze mit dem Schattenfinanzindex der Organisation Tax Justice Network. Dort liegt die Schweiz, lange Jahre auch Spitzenreiter im Wettbewerbsfähigkeits-Ranking, stabil auf Rang 1 und sehr »wettbewerbsfähige« Länder wie die USA, Singapur, Luxemburg, Deutschland und Niederlande nicht weit dahinter. Schattenfinanzzentren stellen die notwendige Infrastruktur bereit, mit der Unternehmen Steuergesetze und Transparenzregeln unterlaufen können. Die bedeutendsten Schattenfinanzzentren sind auch die »wettbewerbsfähigsten« Länder.

Aus dieser Perspektive erklärt sich auch, warum seit vielen Jahren das Weltwirtschaftsforum betont, dass Kündigungsschutz und andere Regulierungen des Arbeitsmarktes in Deutschland ein wichtiges Wettbewerbsfähigkeitsproblem für das Land darstellen, also ein großes Wachstumshindernis. »Flexibilität bei der Lohnfindung« lautet ein Teilindikator, bei dem Deutschland 2012 gerade einmal Platz 139 von 144 erreichte. Einen niedrigen Wert erhält ein Land, wenn es dort einen zentralisierten Lohnfindungsprozess mit Tariflöhnen gibt, einen hohen, wenn jedes Unternehmen den Lohn für sich festlegen kann. Auch die Möglichkeit zu freien Kündigungen ohne Abfindungen erhöht den Wert. Trotz dieser schlechten Bewertung ist die Arbeitslosigkeit in Deutschland nach 2012 massiv gesunken, und allseits lautete bis zum Beginn der Corona-Krise die Klage, dass Arbeitskräftemangel ein wichtiges Wachstumshindernis darstelle.

Nach Einschätzung des Weltwirtschaftsforums erfüllt der Index in hervorragender Weise seine Funktion, Regierungen zu einer kapitalfreundlichen Politik zu bewegen. »Der Bericht ist ein unersetzliches Instrument geworden, das viele Regierungen verwenden, um ihre Reformprioritäten zu identifizieren«, heißt es in der Jubiläumsbroschüre des Forums. Die regelmäßig prominente und ganz überwiegend unkritische Berichterstattung in den Medien macht diese Einschätzung plausibel. So schrieb, als ein Beispiel von vielen, der leitende Wirtschaftsredakteur der *Welt* zum Ranking 2019 im Ton eines Formel-1-Berichts:

> »Es war die Sensation im vergangenen Jahr. Deutschland steigt im Ranking der wettbewerbsfähigsten Staaten um zwei Plätze auf und holt sich im globalen Rennen die Bronze-Medaille. Doch schon ein Jahr später geht der größten Wirtschaftsnation Europas offensichtlich die Puste aus. Deutschland ist in der viel beachteten Rennliste des World Economic Forum gleich um vier Ränge auf den siebten Platz abgestürzt. Es ist die schwächste Positionierung des Landes seit der Finanzkrise vor einer Dekade.«[54]

Exklusiver Club des Großkapitals

Anfangs freute sich Schwab noch über jedes Unternehmen, das gegen Entrichtung des Eintrittsgelds nach Davos kommen wollte. Aber schon 1977 führte er, um die »intime und exklusive

Atmosphäre des Forums« zu betonen, einen speziellen Status für Unternehmen ein, deren Manager regelmäßig teilnahmen. Das waren zunächst 71 Firmen, 1980 bereits 300, zunehmend auch von außerhalb Europas. Deshalb wurde das »European Management Forum« 1987 in »World Economic Forum« umgetauft. 1994 erreichte die Mitgliederzahl die Tausendermarke. Schwab verwandelte sie in eine Obergrenze, »um Exklusivität zu wahren«. Mehr Mitglieder sollten es nicht werden.

Zur weiteren Steigerung der Exklusivität schuf Schwab 1997 den Status des Strategischen Partners, »um tiefere Beziehungen mit bestimmten Mitgliedsunternehmen zu formen, die spezialisiertes Wissen und kritische Expertise beitragen können« – und mehr Geld. Die Liste der strategischen Partner war zunächst stark angelsächsisch geprägt, mit einem Übergewicht bei Wirtschaftsberatungsgesellschaften. Aus Deutschland wurden DHL Worldwide Express und Volkswagen aufgenommen. Die exklusive Liste der strategischen Partner wuchs bis 2009 auf 100 Mitglieder an und wurde bei dieser Obergrenze eingefroren. Es gibt eine Warteliste von Unternehmen, die diesen Status gerne bekommen würden, auch wenn er einige Hunderttausend Franken im Jahr kostet. Volkswagen ist weiterhin in der exklusiven Kerngruppe dabei, außerdem Allianz, Siemens, Deutsche Bank, Deutsche Post, Hubert Burda Medien und, relativ neu, Schneider Electric und SAP. Stark vertreten sind neben den Silicon-Valley-Firmen wie Microsoft vor allem die US-amerikanischen Großkonzerne des Finanzwesens wie Citi, Blackrock, Visa und Mastercard.

Die Organisation für öffentlich-private Partnerschaft

Mit zunehmendem Gewicht und wachsender Anzahl seiner Mitglieder intensivierte und systematisierte das Forum seine Lobbytätigkeiten für das Großkapital. Das Weltwirtschafts-

forum bezeichnet sich selbst als »*die* Organisation für öffentlich-private Partnerschaft«. Es schloss eine Reihe von Abkommen mit UN-Organisationen. Deren Kern läuft meist darauf
hinaus, dass die klammen UN-Organisationen sich verpflichten, sich bei ihrer eigenen Tätigkeit des Know-hows und der
tatkräftigen Unterstützung »der Privaten« zu bedienen, und
zwar auf (ökonomisch) nachhaltige Weise, nämlich so, dass
dabei Gewinne erzielt werden. Im Gegenzug winkt die Mitfinanzierung der Projekte durch die begünstigten Mitglieder des
Forums.

Damit die Interessen der Großkonzerne der verschiedenen
Branchen gegenüber der UN und gegenüber globalen Regulie-
rungsgremien und -organisationen effektiv vertreten werden
können, organisiert das Forum seit den Achtzigerjahren bran-
chenspezifische Spezialclubs. In deren Rahmen können sich
die größten Unternehmen der Finanzbranche oder der Auto-
mobilbranche über ihre Interessen und Strategien verständi-
gen und in Davos gleich die anwesenden Regierungsvertreter
und Regulierer dafür gewinnen, diese Interessen zu fördern.
Zur Anfangszeit dieser Einrichtung 1985 heißt es in der Jubiläumsschrift des Forums:

> »Auf dem diesjährigen European Management Symposium hielten
> die Vorstandschefs der führenden Unternehmen der Telekommuni-
> kations- und IT-Branchen getrennte Sitzungen mit den relevanten
> Ministern und Regulierern ab. Es war die erste branchenspezifische
> Veranstaltung des Forums und der Beginn einer Entwicklung, die
> schließlich zur Einrichtung der Gouverneurs-Meetings und Bran-
> chen-Partnerschaften (Industry Partnerships) führte.«

Bis 1991 weitete man dieses erfolgreiche Format auf die besonders von staatlicher Protektion, Hilfen und Regulierungen abhängigen Branchen aus, darunter Luft- und Raum-

fahrt, Automobil, Energie, Bau, Finanzwesen, Landwirtschaft, Gesundheitswesen, IT, Medien und Textilien. Einbezogen wurden Wissenschaftler, Politiker und sonstige Experten für bestimmte Themen. Diese zunächst 300 »Forum Fellows« fungierten als dauerhafte Berater und Teilnehmer an den Aktivitäten des Forums zu Themen, die für die verschiedenen Branchen relevant waren. Aus den Forum Fellows wurden später die heutigen Global Agenda Councils, also »Weltagenda-Räte«, ein Begriff, der vom Weltregentschaftsanspruch des Forums zeugt. Nach Auskunft des Forums wird die Mitgliedschaft in den Global Agenda Councils nicht vergütet.

Als guter Partner der Regierungen strukturierte das Forum das Programm seines Jahrestreffen 2005 zum ersten Mal so, dass es »zielgenaue Unterstützung für das Vereinigte Königreich geben konnte, das den Vorsitz der G8-Gruppe der Industrienationen übernommen hatte und im zweiten Halbjahr die EU-Ratspräsidentschaft innehaben würde«. In den Folgejahren verfolgte das Forum den erfolgreichen Ansatz weiter, bei der Gestaltung des Davoser Programms eng mit der jeweiligen Gastgeber-Regierung von G8 oder G20 zusammenzuarbeiten. Das dient nach Darstellung des Forums dazu, dass sich der Input der interessierten Gruppen und Branchen des Großkapitals im Arbeitsprogramm der betreffenden Regierung niederschlagen kann.

Der lenkende Einfluss des Weltwirtschaftsforums auf die rotierende Präsidentschaft von G8 und G20 scheint so groß geworden zu sein, dass man in Washington sicherstellen wollte, dass hier nicht etwa chinesische, russische oder indische Interessen in Konkurrenz zu den amerikanischen treten. Darin jedenfalls vermute ich den Grund dafür, dass das Weltwirtschaftsforum 2005 einen Ableger in den USA gründete, das »World Economic Forum USA Inc.«. Dieses bildete das globale Hauptquartier des Centre for Global Industries, dem die Ausgestaltung und Durchführung der Branchenpartnerschaften übertragen wurde. Der US-Ableger des Forums wurde als rechtlich selbstständige Einheit gegründet, mit eigenem, vom Forum unabhängigen Vorstand und eigenem Personal. So blieb sichergestellt, dass die USA die Kontrolle über die wichtigen Branchenpartnerschaften behalten würden.

Die Erfolge sind fast spektakulär zu nennen. Während der Corona-Pandemie durften die IT- und Telekom-Konzerne im Weltwirtschaftsforum für die G20-Gruppe der wichtigsten Wirtschaftsnationen eine Selbstverpflichtung zur Förderung der nicht gerade notleidenden IT- und Telekommunikationsbranche vorformulieren, die dann von den Mitgliedsregierungen verabschiedet wurde – als Strategie zum Umgang mit Corona. Die EU und europäische Regierungen sammelten Anfang Mai 2020 auf Anregung der Bill & Melinda Gates Foundation und der WHO auf einer Geberkonferenz über sieben Milliarden Euro an staatlichen Geldern für die Pharmaindustrie ein, die sie Organisationen zur Nutzung und Weiterleitung gaben, die von Gates-Stiftung und Weltwirtschaftsforum finanziert werden. Weder die genaue Mittelverteilung noch die Mittelverwendung oder etwaige Auflagen wurden transparent gemacht.[55]

Das Beispiel Digital Divide

Für das erfolgreiche Wirken der Branchenpartnerschaften des Forums im Sinne des Großkapitals gibt es zahlreiche Beispiele. Eines davon wollen wir uns näher ansehen, weil es das Prinzip der öffentlich-privaten Partnerschaften gut beleuchtet: die Digital-Divide-Initiative, die die digitale Spaltung der Welt in digital entwickelte Industrieländer und unterdigitalisierte arme Länder (in denen IT-Firmen kein gutes Geschäft machen können) überwinden will. Diese Initiative wurde im Jahr 2000 vom IT- und Telekom-Branchenclub des Forums, »den Vorstandschefs von etwa 100 führenden Informations- und Telekommunikations-Unternehmen«, ins Leben gerufen. Durch geschickte Lobbyarbeit und Geldbeutel-Diplomatie bei UN und Regierungen wurde sie zu einer uneigennützigen Großaktion der Weltgemeinschaft verklärt.

Und das ging so: Schwab und eine Delegation des IT-Clubs legten das Konzept dem japanischen Premierminister Yoshiro Mori vor, mit der Bitte, es als Gastgeber des nächsten G8-Treffens der wichtigsten Industrienationen dort auf die Agenda zu nehmen. Wie so oft wurde das Bitten erhört. Auf einer ganzen Reihe von nachfolgenden Gipfeltreffen wurde die Schließung der digitalen Kluft zur Priorität erklärt, auch die UN nahm dieses Ziel in ihren Katalog mit auf. Seither darf sich jede kommerzielle Aktivität von IT- und Telekom-Multis in Entwicklungsländern ein gemeinnütziges Mäntelchen umhängen und verstärkt auf staatliche Unterstützung hoffen. Das gilt unabhängig davon, ob lokale Anbieter dadurch kleingehalten oder an ihrer Neugründung gehindert werden. Es gilt auch, wenn alle Daten aus den jeweiligen Ländern ins Silicon Valley fließen, um dort kommerziell und nachrichtendienstlich verwertet zu werden. Wenig überraschend fanden sich in dem Konzept der IT- und Telekomkonzerne, das zum Ziel der Weltentwicklungspolitik gemacht wurde, keine Hinweise darauf, wie man die zunehmende Abhängigkeit der armen Länder von ausländischen Konzernen reduzieren und groß angelegten Datenraub vermeiden könnte. Digitaler Kolonialismus ist für diese Gruppe kein Problem, sondern Geschäftspolitik.

»Microsoft stellte im Kontext der Digital-Divide-Initiative des Forums kostenlose Software für alle 32 000 öffentlichen Schulen in Südafrika zur Verfügung«, preist das Weltwirtschaftsforum in einer langen Lobeshymne auf die Bill & Melinda Gates Foundation in seiner Jubiläumsschrift eine

Großzügigkeit besonderer Art. Wenn die Software im Internet heruntergeladen wurde, hat diese Großzügigkeit Microsoft kaum etwas gekostet, aber sie hat dafür gesorgt, dass eine ganze Generation von Südafrikanern nichts anderes als Microsoft-Programme kennt.

Das »Data-Mining« aus der Ferne, das Schürfen und Verarbeiten von Daten aus Entwicklungsländern, ist – befördert durch die Initiative des Forums – zu einer wichtigen Säule der Entwicklungszusammenarbeit geworden. »Die Kommission unterstützt entschieden die Entwicklung und Nutzung digitaler Technologien für die Entwicklungspolitik der EU«, heißt es etwa in einer Pressemitteilung der EU-Kommission von Mai 2017. Die Vereinten Nationen haben 2009 im Rahmen der Digital-Divide-Initiative als öffentlich-private Partnerschaft das Projekt Global Pulse aus der Taufe gehoben. Unterstützer sind unter anderem Microsoft, Amazon und das Weltwirtschaftsforum. Global Pulse erhielt direkten Zugang zu Social-Media-Daten von Firmen wie Facebook und Twitter, zu Mobilfunkdaten und zu Daten des mobilen Zahlungsverkehrs.

Genutzt wurden diese zum Beispiel, um in Indonesien Schwankungen von Nahrungsmittelpreisen besser zu verstehen, in Uganda Bevölkerungswanderungen zu verfolgen oder in verschiedenen Ländern die öffentliche Meinung zu UN-Entwicklungszielen zu eruieren. Teams an Universitäten in den USA, Großbritannien und anderen zumeist entwickelten Ländern nutzen digitale Daten, um das Ausbrechen von Konflikten oder die Umsetzung von Friedensvereinbarungen in Afrika zu analysieren oder die Ausbreitung von Krankheiten zu erforschen. Im Zuge der massiven Zuwanderung nach Europa um 2015 untersuchte das New Yorker Datenlabor von Global Pulse zusammen mit dem UN-Hochkommissariat für Flüchtlinge, wie man Twitter-Daten nutzen kann, um »Trends in der Europäischen Flüchtlingskrise« besser und früher zu verstehen. Dabei wurden Interaktionen der Migranten untereinander und mit »Dienstleistern« entlang der Route nach Europa analysiert. Aus dem Pilotprojekt sollte ein Monitoring-System erwachsen, das die sozialen Medien in Echtzeit auswertet.

Regierungen werden im Rahmen von Global Pulse aufgefordert, dafür zu sorgen, dass von ihren Bürgern möglichst viele Daten produziert werden, und diese Daten Unternehmen, Forschern und Hilfsorganisationen zur Verfügung zu stellen. So forderte das Weltwirtschaftsforum etwa, dass die Regierungen Regeln zur SIM-Karten-Registrierung erlassen, die sicherstellen, dass man Telefonnummern zuverlässig bestimmten Individuen zuordnen kann. Auch sollten die Regierungen und Behörden grundsätzlich Daten frei zugänglich machen. Datenrechtler wie Linnet Taylor von der Universität Tilburg kritisieren, dass es sehr oft selbst an den elementarsten Schutzbestimmungen für die Privatsphäre fehle. Kritik daran werde unter Hinweis auf den guten Zweck schnell beiseite gewischt. Laura Mann von der London School of Economics kritisiert, dass es Oppositionelle, Flüchtlinge und andere Gruppen in autoritären Regimen einem beträchtlichen Risiko aussetze, wenn derart freizügig mit ihren Daten umgegangen werde.[56] »Es gibt praktisch keine Diskussion über die Verteilung der Vorteile der Nutzung der von Afrika freigegebenen eigenen Daten«, moniert Mann. Die großen internationalen Datenkonzerne erhielten Zugang zu einem Datenschatz, mit dem sie ihr Geschäft ausweiten und sich zu unentbehrlichen Partnern machen könnten. Anstatt die Regierungen in den Stand zu versetzen, sich selbst zu helfen, gerieten sie immer mehr in Abhängigkeit: »Das gegenwärtige Rahmenwerk stellt eine Art Industriepolitik dar, bei der afrikanische Regierungen und Hilfsorganisationen das Lernen und die Innovation von privaten Unternehmen in anderen Ländern befördern.«[57]

Aber was richtet solche Kritik schon aus? Arme Länder können kaum nein sagen, wenn die Einbeziehung aller wichtigen Institutionen der »Weltgemeinschaft« in die Agenda des Großkapitals dafür sorgt, dass nur noch diese Form von »Entwicklungshilfe« im Angebot ist.

Kleines Bilderberg im großen Forum

In den Achtzigerjahren wurde für die nach Davos anreisenden Regierungsvertreter ein sogenanntes Informelles Treffen der Wirtschaftsführer der Welt eingerichtet, bei dem sie sich ohne offizielle Agenda und Protokoll untereinander und mit ausgewählten Wirtschaftsgrößen vernetzen und austauschen konnten. Insidern ist es unter der englischen Abkürzung IGWEL (Informal Gathering of World Economic Leaders) bekannt. Das Forum schrieb 2010 darüber:

> »Auch heute noch ist das IGWEL als einziger globaler Rahmen für einen interdisziplinären Ideen- und Meinungsaustausch von Regierungschefs für die Teilnehmer enorm attraktiv. In den letzten Jahren wurden die G20-Länder in der Regel durch ihre Regierungschefs sowie durch Minister vertreten, die für Außenpolitik, Finanzen, Wirtschaft, Handel, Umwelt, Technologie, Gesundheit oder andere Ressorts zuständig sind. Das IGWEL fungiert als informelles System zur Konsensbildung und als Katalysator für die Lancierung neuer Ideen und Initiativen.«

Die »neuen Ideen und Initiativen«, die dort lanciert werden, kommen natürlich häufig von interessierter Kapitalseite. Das Forum schreibt:

> »Viele Initiativen, die später offiziell von internationalen Organisationen oder Regierungen unternommen wurden, wurden tatsächlich in Davos ›geboren‹. Zum Beispiel sagte der mexikanische Präsident Car-

los Salinas de Gortari, der das Nordamerikanische Freihandelsabkommen (NAFTA) mit den USA und Kanada anführte und aushandelte, dass die Idee des Handelsblocks auf einem IGWEL entstanden sei.«

Von der Politik wird das Angebot, sich vom Kapital inspirieren zu lassen, gern angenommen. EU-Kommissionspräsidentin Ursula von der Leyen, die als Kandidatin 2019 dem Parlament versprochen hatte, ihr Ziel sei eine demokratischere und bürgernahe EU, sagte beim virtuellen Treffen des Weltwirtschaftsforums 2021, es gäbe keinen besseren Ort als das Weltwirtschaftsforum, »um sich über die wichtigsten Trends in unserer Gesellschaft zu informieren, um zu erfahren, was die Unternehmer und Philanthropen oder Manager und die NGO-Gemeinschaft nachts wachhält«.[58]

Man lernt sicherlich vieles in Davos, aber Bürgernähe und wichtige Trends in der Gesellschaft gehören nicht dazu.

Die Liste der Beispiele von in Davos geborenen oder verkündeten prominenten Initiativen ist lang. Da war nicht nur die berühmte Genscher-Rede. Das erste Treffen von Helmut Kohl mit Hans Modrow nach dem Mauerfall fand am 3. Februar 1990 auf der Bühne von Davos statt. Dieses Davoser Treffen wurde »eine wichtige Plattform für den Prozess der deutschen Vereinigung«, wie es das Weltwirtschaftsforum unbescheiden, aber treffend formuliert, entscheidend für die Festlegung des Vereinigungskurses. Wieder einmal erfuhr das internationale Großkapital zuerst, was geschehen und wo es etwas zu holen geben würde.

Im Sommer 1991 hielt das Weltwirtschaftsforum ein großes Regionaltreffen in Moskau ab. Es begann nur Stunden nachdem der Kongress der Volksdelegierten in einer historischen Sitzung die Macht an die Republiken abgegeben und die politischen Institutionen umgekrempelt hatte. Direkt danach begaben sich viele der wichtigsten sowjetischen Politiker auf die andere Straßenseite, um den Vertretern des westlichen Großkapitals im eleganten Hotel Metropol Rede und Antwort zu stehen. Am Ende des Regionaltreffens verabschiedeten die anwesenden Kapitalvertreter einen Zwölf-Punkte-Plan für Reformen, den sie in Briefform an den sowjetischen Präsidenten Michail Gorbatschow und den russischen Präsidenten Boris Jelzin übergaben.

Das IGWEL als kleines Bilderberg hat gegenüber dem Original den großen Vorteil, dass ihm wegen des Rahmens, den das Weltwirtschaftsforum bietet, nicht der Ruch des Geheimen anhaftet, der es für Politiker zunehmend riskant machte, an den Bilderberg-Treffen teilzunehmen. In Davos gilt dasselbe vielmehr als Ausweis von staatsmännischem Geschick. Ob man dabei auch zu dem der Öffentlichkeit bisher völlig unbekannten IGWEL-Treffen und anderen Sonderveranstaltungen geht, interessiert niemanden. Dabei geschieht da so einiges hinter den verschneiten Kulissen des Schweizer Skiorts. 1996 etwa, als die Chance für eine Wiederwahl Boris Jelzins als russischer Präsident sehr gering schien, weil die vom Westen konzipierte Schocktherapie für die Wirtschaft große Teile der Bevölkerung in Armut und Verzweiflung gestürzt hatte. Die Lebenserwartung war dramatisch gesunken und das Alkoholproblem zu einer Seuche geworden, die auch Jelzin erfasst zu haben schien. Umfragen wiesen den Chef der wieder aus der Versenkung auferstandenen kommunistischen Partei, Gennadi Sjuganow, als Favoriten aus. Fast alle führenden russischen Politiker kamen nach Davos, einschließlich Sjuganow, der versprach, die Korruption zu bekämpfen und die Bedingungen für ausländische Investitionen zu verbessern. Das machte die Oligarchen sehr nervös, »und sie beschlossen zu handeln und ihr Gewicht für Jelzin in die Waagschale zu werfen«. Das alles ist in der Festschrift des Weltwirtschaftsforums nachzulesen, und weiter:

»Ihr informelles kollektives Versprechen wurde als ›Pakt von Davos‹ bekannt. Zurück in Moskau verlangten die sogenannten Oligarchen ein Treffen mit Präsident Jelzin, um dessen Wahlkampfstrategie zu diskutieren. Sie wollten, dass Anatoli Tschubais, der den Davoser Pakt eingefädelt hatte, Wahlkampfmanager wird. In seinen Memoiren bestätigte Jelzin später dieses Treffen und zitierte die Oligarchen mit den Worten: ›Was in Ihren Wahlkampfzentralen und Ihrer Umgebung vorgeht, bedeutet fast sicheres Scheitern. Die Situation zwingt einige Geschäftsleute, ihre Sachen zu packen oder ein Abkommen mit den Kommunisten zu schließen. Wir haben niemanden, mit dem wir einen Deal machen könnten. Die Kommunisten werden uns an die Laternenpfähle knüpfen. Wenn wir diese Situation nicht radikal umkehren, wird es in einem Monat zu spät sein.‹ (…) Der Pakt von Davos sollte das entscheidende Element für die Wiederwahl von Boris Jelzin sein. Jelzin verkündete seine offizielle Kandidatur am 15. Februar. Mit der Unterstützung eines starken Teams und dem Geld der Oligarchen machte er sich auf, die Wähler zurückzugewinnen und die Gefahr einer Rückkehr zum Kommunismus abzuwenden.«

Von 1992 bis 1996 war Tschubais als Vize-Ministerpräsident ein Architekt der Schocktherapie gewesen, bis ihn Jelzin wegen deren großer Ablehnung im Volk entließ. Trotzdem machte ihn Jelzin, wie von den Oligarchen gewünscht, zu seinem Wahlkampfmanager. Im Juli 1996 wurde Jelzin mit großem Vorsprung wiedergewählt. »In gewissem Umfang könnte Russlands politische Zukunft auf den Korridoren des Jahrestreffens in Davos entschieden worden sein«, schreibt das Forum dazu. Nach Jelzins Wahlsieg stieg Tschubais zum zweitmächtigsten Mann im Staat auf. Unter seiner Aufsicht wurde sehr viel auf sehr windige Weise privatisiert, was einigen der Oligarchen, die Jelzins Wahlkampf finanziert hatten, große Reichtümer bescherte.

Auswahl und Vernetzung des Elitenachwuchses

Anfang der Neunzigerjahre ging es beim Forum schon nicht mehr nur darum, die bestehenden Eliten zu beeinflussen, vielmehr machte man sich systematisch daran, die künftigen Eliten auszuwählen, aufzubauen und zu vernetzen. Beim Treffen von 1992 wurde eine neue Davoser Gemeinschaft aus der Taufe gehoben: die »Global Leaders for Tomorrow«, 200 vielversprechende Personen unter 43 Jahren aus Politik, Kapital, Medien, Kunst und Kultur. Entweder hatte man ein sehr gutes Gespür für Durchsetzungsvermögen oder aber die Unterstützung des Großkapitals hilft erheblich, um im Politbetrieb in die Führungsetagen aufzusteigen. Zur ersten Runde der Global Leaders for Tomorrow gehörten der spätere spanische Ministerpräsident Aznar, der spätere EU-Kommissionschef Barroso, die späteren britischen Regierungschefs Blair und Brown sowie Angela Merkel, seinerzeit noch relativ frischgebackene Ministerin für Frauen und Jugend und damit Chefin eines kleinen und eher unbedeutenden Ministeriums. Auch der spätere französische Regierungschef Sarkozy war 1992 bei der ersten Runde der Eliteauswahl des Forums dabei.

Angela Merkel scheint ein gutes Dutzend Jahre später nicht vergessen zu haben, dass sie als Global Leader von der Vernetzung und Protektion durch das Forum profitieren durfte. Unmittelbar nachdem sie ihre erste Regierung gebildet hatte, empfing sie eine große Delegation des Weltwirtschaftsforums im Kanzleramt, »um ihr Reformprogramm, die anstehende deutsche EU-Ratspräsidentschaft und ihre Prioritäten für den anstehenden G8-Vorsitz zu diskutieren«, wie das Weltwirtschaftsforum schreibt.[59]

Im Jahr 2004 wurden die »Globalen Führer für morgen« in Young Global Leaders umbenannt. Schwab spendierte einer Stiftung der Young Leaders eine Million Dollar aus einem Preisgeld, damit sie die attraktiven Reisen und Veranstaltungen des Programms finanzieren konnten, ohne sich oder ihre Arbeitgeber allzu sehr finanziell zu verausgaben. Die Auserwählten, die zum Zeitpunkt der Nominierung nicht älter als 38 Jahre sein dürfen, absolvieren ein fünfjähriges Ausbildungsprogramm zur Führungskraft. Sie erhalten unter anderem exklusive zehntägige Executive-Education-Kurse an der John F. Kennedy School of Government der Harvard University, damit sie, »während sie sich bereit machen, noch größere Verantwortung zu übernehmen, Zugang zum aktuellen Wissen und Denken über globale Themen bekommen« – und natürlich Kontakt mit der in Harvard ein und aus gehenden US-Elite. Das Jahresbudget der Stiftung für die Young Global Leaders, das zusätzlich von Sponsoren aufgefüllt wird, betrug im Finanzjahr 2018/19 stolze 4,5 Millionen Franken.[60]

Im Sommer wird der Elitenachwuchs auf eigene Forumstreffen eingeladen. 2019 fand dieses in China statt. Außerdem darf der Elitenachwuchs auf regelmäßige Treffen mit den Regierungen der USA und der EU-Kommission sowie auf exklusive Treffen mit Staats- und Regierungschefs aller Herren Länder hoffen. So reisten etwa im Jahr 2007 rund einhundert Young Leaders nach Washington und erhielten dort Audienzen bei Außenministerin Rice, Außenstaatssekretär Burns, Finanzminister Paulson, Handelsminister Gutierrez und führenden Kongressmitgliedern.

Zu den Auserwählten des Jahres 2020 gehörte Annalena Baerbock, Co-Vorsitzende der Grünen. Schon 2016 war neben dem heutigen französischen Präsidenten Emmanuel Macron auch der heutige Gesundheitsminister Jens Spahn in das Elite-Nachwuchsprogramm aufgenommen worden.[61] Da die Welt groß ist und viele Eliten zu besetzen hat, gibt es entsprechend viele Young Leaders des Forums. Zu den über 1300 Mitgliedern und Absolventen des Programms zählen Vorstandschefs von

Unternehmen, Regierungschefs, Minister und leitende Führungskräfte wichtiger gemeinnütziger Organisationen. Auch Gregor Hackmack, Mitbegründer und Geschäftsführer von abgeordnetenwatch.de und Deutschland-Chef von change.org, der weltweit größten Plattform für Online-Petitionen, gehört dazu. Er durchlief das Elite-Nachwuchsprogramm des Forums ab 2010.[62]

Seit 2012 setzt das Forum beim Auskundschaften und dem späteren Aufbau der künftigen Weltelite noch früher an: bei Leuten, die hohes Potenzial schon in ihren Zwanzigern zeigen. Sie werden zu »Global Shapers« ernannt. Das Forum unterhält ein riesiges Netzwerk von rund 10 000 dieser Global Shapers, das in 428 Städten (sogenannten Hubs) und 148 Ländern aktiv ist. Wenn sie sich dabei als hinreichend ehrgeizig und lenkbar erweisen, werden ihre Karrieren gefördert. Auch für diesen Nachwuchs des Nachwuchses gibt es eine eigene Trägerstiftung.

Mit kirchlichem Segen und akademischen Weihen

Schwab kümmerte sich nicht nur um die Beziehungen zu Regierungsmitgliedern und sonstigen wichtigen Politikern, sondern auch intensiv um jene zu den Kirchen. Schon 1974 lud er den Befreiungstheologen Don Hélder Camara nach Davos ein, 1977 den Erzbischof von Wien, Kardinal König, der dem Großkapital von seinen Sorgen über das egoistische Streben der Menschen nach materiellem Reichtum und Vergnügungen berichtete. Im Jahr 2000 sandte Papst Johannes Paul II. eine Segensbotschaft nach Davos, wo unter anderem US-Präsident Clinton und sein britischer Kollege Blair mit dem Großkapital tagten. Blair verkündete dort sein Konzept des »dritten Weges« neoliberaler Wirtschaftsreformen, mit denen man für soziale Gerechtigkeit sorgen könne. Der Papst nahm das Motto des

Forums – »Unternehmertum im globalen öffentlichen Interesse« – auf und schrieb:

> »Mit einem tiefen Verständnis von gemeinsamem Interesse grüße ich die vielen in Davos für das 30. Jahrestreffen des Weltwirtschaftsforums versammelten Führer aus Wirtschaft und Politik, und ich versichere Ihnen allen, dass ich für den Erfolg Ihrer Beratungen bete. Das Forum bringt zu einer kritischen Zeit wichtige Entscheidungsträger zusammen, wie Ihr Thema ›Neue Anfänge: Den Unterschied machen‹ anerkennt. (…) Im Vertrauen darauf, dass das Weltwirtschaftsforum die Globalisierung der Solidarität wirksam vorantreiben und daher ein heller Leuchtturm der Hoffnung auf unserem Weg in die Zukunft sein wird, erflehe ich für alle in Davos Versammelten die göttlichen Gaben der Weisheit und Stärke, während sie nach den neuen Anfängen suchen, die einen wahrhaft positiven Beitrag leisten werden.«

Es ist nicht bekannt, wie Klaus Schwab den Pontifex zu dieser seelsorgerischen Premium-Behandlung des Großkapitals bewegen konnte. Die Käuflichkeit des Segens der katholischen Kirche scheint jedenfalls mit dem Ende der Ablassbriefe nicht aufgehört zu haben. 2002 setzte das Forum ein groß angelegtes Projekt zur Kommunikation zwischen dem Westen und dem Islam auf. Daraus wurde die »Gemeinschaft der globalen Religionsführer«. Hinzu kam 2008 noch der Global Agenda Council of Faith (Globaler Agendarat des Glaubens).

Seit 2020 unterhält der Vatikan einen Council for Inclusive Capitalism with The Vatican – einen Rat für inklusiven Kapitalismus beim Vatikan. Dessen dominierende Mitglieder, die »Wächter« (Guardians), rekrutieren sich aus dem Führungspersonal von wichtigen Mitgliedskonzernen des Weltwirtschaftsforums, darunter Allianz-Chef Oliver Bäte und Spitzenmanager von Mastercard, Visa, Ford-Stiftung, Rockefeller-Stiftung und Rothschild-Familie, Salesforce, Merck und Johnson & Johnson. Die Webseite dieses Kapitalistenrats empfängt Interessenten mit dem Slogan »Die Welt fairer, inklusiver und nachhaltiger machen« und der Aufforderung, gemeinsam mit anderen Vorstandschefs, Führungskräften und (reichen) Individuen »unter der spirituellen Anleitung von Papst Franziskus die Macht des Unternehmertums für das Gute einzuspannen« und an der Umformung der Volkswirtschaften und Gesellschaften mitzuwirken. Mit allerhöchstem Segen dürfen die Kapitalvertreter dort interessengeleitete Glaubenssätze verbreiten wie: »Kapitalismus hebt Menschen aus der Armut und treibt weltweit Innovation und Wachstum an.« Durch ihre Selbstverpflichtungen, Aktionen und Lösungen versprechen die frommen Kapitalisten, »das Leben unzähliger Millionen von Menschen rund um den Globus zu verbessern«.

Hat der Papst tatsächlich dem Anspruch des globalen Großkapitals seinen Segen gegeben, die Gesellschaften nach dessen Vorlieben umzugestalten? Offenbar. Sonst würde er ja nicht zulassen, dass man sich dabei ausdrücklich auf den Vatikan und seine eigene spirituelle Lenkung beruft.

Neben dem Segen der Kirchen hat sich das Weltwirtschaftsforum auch die Unterstützung der führenden Universitäten gesichert. Über ein Global University Leaders Forum integrierte das Weltwirtschaftsforum die Präsidenten oder Kanzler der 25 aus Sicht des Kapitals wichtigsten Universitäten der Welt, darunter insbesondere die US-Eliteuniversitäten und ihre britischen Pendants, garniert mit ein paar Top-Unis in der Schweiz, Indien, China, Mexiko und Japan. Zusammen mit Dutzenden Global Agenda Councils des Weltwirtschaftsforums, denen jeweils 15 bis 30 weltweit führende Experten angehören, wird so sichergestellt, dass kaum ein führender akademischer Experte zu einem halbwegs bedeutsamen Thema den Umarmungsversuchen des Forums entgehen kann.

Das Weltregierungssystem der Konzerne

Das Ziel dieser breiten Vernetzung mit allen gesellschaftlich wichtigen Gruppen hat Forumsgründer Schwab unter anderem 2016 in einem Video-Interview zu seinem Buch über die vierte industrielle Revolution dargelegt: »Es gibt keine Weltregierung, und ich will auch keine haben«, sagte er. Die Regierungen seien zu sehr mit Krisenbewältigung beschäftigt und dächten in Silos, in Einzelthemen. Auch Organisationen wie die WHO oder die Internationale Telekommunikationsunion ICT, auf die er von seinem Büro aus über den Genfer See blicke, beschäftigten sich jeweils eng mit den eigenen Themen, obwohl diese doch zusammenhingen. Das Weltwirtschaftsforum kümmere sich um eine systemische Sichtweise – darum, die Zukunft der Welt im Gesamtzusammenhang zu formen. In welchem bunten Strauß von ineinandergreifenden dystopischen Programmen sich das niederschlägt, werden wir im dritten Teil dieses Buches sehen.

»Wir arbeiten an der Software, der Architektur für die globale Kooperation«, sagte Schwab. Man biete allen wichtigen Organisationen an, auf der Plattform des Weltwirtschaftsforums miteinander und mit dem Forum zu kooperieren. So sei man bereits in Gesprächen mit Weltbank und Internationalem Währungsfonds, damit diese die Plattform des Forums für ihre Projekte nutzten.[63]

Der Ausverkauf der UN

Das Weltwirtschaftsforum betreibt seine Lobbyarbeit für das Großkapital überwiegend auf internationaler Ebene. Sie ist für die Macht der Multis besonders wichtig, denn hier werden die

Regeln und Standards der Global Governance gesetzt, die den Rahmen für das bilden, was es in den nationalen Regierungen und Parlamenten entschieden wird.

Die UN wurde von den Regierungen der Mitgliedsländer, allen voran der US-Regierung, systematisch finanziell ausgetrocknet und darauf verwiesen, mit privaten Geldgebern, also großen Konzernen und deren Stiftungen und Lobbys wie dem Weltwirtschaftsforum, Partnerschaften einzugehen. Auf diese Weise sind viele UN-Organisationen heute auf Gedeih und Verderb von privaten Geldgebern abhängig und müssen bei der Mittelverwendung deren Vorgaben beachten. Gleichzeitig bemänteln sie das gewinnorientierte Tun der Konzerne mit dem Anschein der Gemeinnützigkeit.

Am 11. Juli 2019 unterzeichneten Weltwirtschaftsforum und UN fast heimlich eine gemeinsame Absichtserklärung (Memorandum of Understanding) zur Intensivierung ihrer Zusammenarbeit, die den Namen »The United Nations World Economic Forum Strategic Partnership Framework for the 2030 Agenda« trägt. Diese Erklärung war der UN erkennbar peinlich – aus gutem Grund, denn sie war ein weiterer Schritt der Selbstentmachtung und ein weiterer Meilenstein für den Club der Multis auf dem Weg zu seinem Ziel, die globale Governance zu dominieren.

Um diese Kooperationserklärung einordnen zu können, muss man zehn Jahre zurückgehen, ins Jahr 2009. Damals, es war das Jahr der von den großen US-Finanzkonzernen herbeigeführten Finanzkrise der westlichen Welt, veröffentlichte das Weltwirtschaftsforum im Rahmen seiner »Global Redesign Initiative« (GRI) einen Bericht mit seinen Vorstellungen über das künftige System der globalen Governance.

Der GRI-Abschlussbericht hörte auf den Namen »Everybody's Business: Strengthening International Cooperation in a More Interdependent World« und war 600 Seiten lang. Man kann »Everybody's Business« lesen als »Es geht jeden an«, aber auch als »Geschäftsmöglichkeit für jeden«. Eine Kurzfassung in Form eines Readers' Guide ist auf der Webseite der University of Massachusetts in Boston einsehbar.[64] Den Bericht selbst findet man zwar nicht beim Weltwirtschaftsforum, aber auf der Webseite der Harvard-Universität.[65]

Es hat seinen Grund, dass es einen Readers' Guide gibt. Im eigentlichen Bericht haben Klaus Schwab und seine Leute den gepfefferten Inhalt in Floskelwatte gepackt. Der Nachteil ist, dass ihn so auch die Adressaten im globalen Jetset kaum noch verstehen. Ein kleines Beispiel mag illustrieren, was im Bericht steht und wie der sehr viel deutlichere Readers' Guide das übersetzt. Man verlässt sich wohl darauf, dass sich niemand freiwillig auf der Webseite einer Uni einen Lese-Leitfaden zu einem drögen Bericht mit einem langweiligen Namen antun wird. Hier also zunächst »Everybody's Business«, wo vorgeschlagen wird,

> »… den staatenbasierten Teil des Systems zu stärken, wo seine Regeln und Kapazitäten unzureichend sind, während man gleichzeitig die Geometrie der Kooperation erweitert, um die breitere Verfügbarkeit nichtstaatlicher Expertisen und Ressourcen zu kapitalisieren. (…) Die Globalen Neuordnungsvorschläge gehen davon aus, dass die Anstrengungen zur Stärkung der internationalen Kooperation zunehmend einen breiteren Fokus brauchen und vielfältige Werkzeuge anwenden müssen, (darunter) die Integration von Nichtregierungsexpertise in die Formulierung des Politikrahmens, sowohl formal (legal) als auch informell (freiwillig oder öffentlich-privat), und die Integration von Nichtregierungsressourcen in die Umsetzung der Politik.«

Das bedeutet jeweils, wie uns der Lese-Leitfaden gleich erklären wird, dass die Konzerne mitmachen und ihrer Investition entsprechend auch das Sagen haben wollen. Im Leitfaden heißt es, dass die Konzerne schon lange mächtiger seien als die UN. Das wollten diese anerkannt und in formelle Mitregierungsrechte transformiert sehen. Im O-Ton:

»Im Fall der multinationalen Konzerne hat ihre effektive Reichweite als De-facto-Institutionen der globalen Governance schon lange die Tätigkeit des UN-Systems überflügelt. (…) Multinationale Konzerne und zivilgesellschaftliche Organisationen müssen als vollwertige Akteure im globalen Governance-System anerkannt werden, nicht nur als Lobbyisten.«[66]

Spätestens mit der Anerkennung des Weltwirtschaftsforums als internationale Organisation im Jahr 2015 ist das geschehen. Die Idee ist, dass die Konzerne die Entscheidungen treffen und die UN und die Regierungen diese dann den Völkern verkaufen und sie nachträglich legitimieren. Hierzu der Leitfaden:

»Der Ansatz des Forums besteht darin, das Davos-Modell in den Status einer neuen expliziten Form der globalen Governance zu erheben. ›Multi-Stakeholder-Gruppen‹, ›öffentlich-private-Partnerschaften‹ oder ›Koalitionen der Willigen und Fähigen‹, wie sie im Report Everybody's Business genannt werden, sollten die Führungsrolle bei der Bewältigung ungelöster globaler Probleme übernehmen. Es ist hierfür nicht erforderlich zu warten, bis das Interregierungssystem allgemein konsensfähig ist. Das offizielle Interregierungssystem kann dem Multi-Stakeholder-Prozess eine De-facto-Anerkennung verschaffen und die Ergebnisse einer bestimmten öffentlich-privaten-Partnerschaft nachträglich mit juristischer Legitimation ausstatten.«[67]

Diejenigen, die willens sind, mit den Konzernvertretungen und Konzernen zusammenzuarbeiten, treffen mit diesen die

Entscheidungen, und das Interregierungssystem darf diese nachträglich legitimieren, so die Idee. Das sei besser als das bisherige System, weil »ohne zögerliche Regierungen, altmodische, engstirnige Manager und abweichende Meinungen in der Zivilgesellschaft« identifizierte Probleme schneller angegangen werden könnten. Diejenigen, die die richtige Kombination von Partnern fänden, gingen einfach voran, solange die anderen Schlüsselinstitutionen der internationalen Governance nicht allzu sehr aufbegehrten.

Das kommt dem Gegenteil von Demokratie schon ziemlich nahe. Es ist die Definition von Technokratie. Und wenn die Technokraten gleichzeitig die Reichsten der Welt sind, nennt man es auch Plutokratie, Herrschaft der Reichen. Die Rolle, die für die Vereinten Nationen verbleiben soll, hat das Forum noch etwas genauer ausformuliert. Es sieht vier »essenzielle neue Rollen« für die UN vor:

- »Sie kann in verschiedenen Rollen an Multi-Stakeholder-Koalitionen außerhalb des UN-Systems [also ohne jegliche demokratische Kontrolle und Aufsicht, N. H.] teilnehmen.
- Sie kann globalen öffentlich-privaten Partnerschaften und deren Ergebnissen ihren Segen oder ihr Einverständnis geben.
- Sie kann sich um diejenigen globalen Angelegenheiten kümmern, die nicht von Multi-Stakeholder-Koalitionen oder den G20 in Angriff genommen werden.
- Und sie kann ihre Türen für nichtstaatliche Akteure öffnen, insbesondere betroffene multinationale Konzerne, damit diese die UN dabei unterstützen, ihre eigenen Politiken zu entwickeln, und um bei der Umsetzung von UN-Programmen in Entwicklungsländern zu helfen. (…) Wenn man Manager multinationaler Konzerne und ausgewählte Führer der Zivilgesellschaft in die formelle Leitung globaler Institutionen aufnimmt, steigert das die Effektivität dieser globalen Organisationen und die Legitimität der Globalisierung.«[68]

Der letzte Satz zeugt von überbordendem Selbstbewusstsein der Reichenkaste und einem sehr eigenwilligen Verständnis von Legitimität. »Geld verschafft Legitimität« heißt dieses Verständnis; sehr viel Geld verschafft so viel Legitimität, dass man sogar der UN davon abgeben kann.

Wenn immer wieder »zivilgesellschaftliche Organisationen« neben den Konzernen genannt werden, dann soll das den Eindruck erwecken, es gehe den Konzernen nicht ausschließlich darum, die eigene Macht zu mehren. Aber das täuscht, wie man schnell feststellt, wenn man sich dem Kapitel zuwendet, das die Rolle beschreibt, die das Forum diesen Organisationen zugedacht hat. Sie besteht zum einen darin, dass sie den Topmanagern der Multis Informationen aus ihrem Aktionsbereich zukommen lassen, und zum anderen »können sie wichtige Kanäle sein, um internationalen Eliten zu helfen, wichtige ideologische Botschaften an unterschiedlichste Gemeinschaften auf der ganzen Welt zu senden«.[69]

Das folgende Zitat verdeutlicht, worin die Vorteile der Konzerne bei der Zusammenarbeit mit der UN bestehen, und deutet gleichzeitig an, dass man langfristig mit einer gleichberechtigten Rolle nicht zufrieden ist, sondern die Führung übernehmen will:

> »Die Vorteile des Zusammenführens des informellen, marktbasierten Systems mit dem offiziellen, staatenzentrierten System wären, dass Multis nicht länger außerhalb der Tore stünden, sondern als gleichberechtigte oder gar mehr als gleichberechtigte Partner in ein transformiertes UN-System eintreten würden.«

Die Unterwerfung der UN unter die Konzerne hat keine gute Presse und wird von vielen der weniger mächtigen Länder kritisch gesehen und kommentiert. Deshalb ist es kein Wunder, dass die UN einen Mantel des Schweigens über die gemeinsame Absichtserklärung, die sie mit der Konzernlobby abgeschlossen hatte, ausbreitete. Für Informationen zum Inhalt muss man sich auf die Webseite des Weltwirtschaftsforums begeben,[70] wo man aus gutem Grund stolz auf das Abkommen ist. Darin steht, verklausuliert, dass die UN ohne Hilfe der Konzerne ihre Ziele nicht erreichen kann. Man verspricht – als gleichberechtigte Partner – sich miteinander abzustimmen, auszutauschen und einzubinden, alles, damit die Konzerne weiterhin helfen, die Projekte der klammen UN zu finanzieren. Die UN verspricht ihren privaten Geldgebern, sie nicht mehr nur projektbezogen, sondern bei allen ihren Aktivitäten mitreden zu lassen. UN-Generalsekretär António Guterres verzichtete vorsorglich darauf, das Abkommen vorab den Mitgliedsländern zur Diskussion und Abstimmung zur Verfügung zu stellen. Das wäre durchaus angezeigt gewesen, da die immer engere Einbindung der Konzerne in die Arbeit und Entscheidungsfindung der UN der Charta der Vereinten Nationen zuwiderläuft. Zumindest sieht es selbst das Weltwirtschaftsforum so. So heißt es im Readers' Guide zur Studie »Everybody's Business«: »Die Vereinten Nationen spielen eine Rolle – wenn auch eine, die nicht in der UN-Charta vorgesehen ist – bei der Umgestaltung der globalen Governance im Sinne des Weltwirtschaftsforums.« Das Memorandum zwischen UN und Forum setzt das um. Es wird auch mit Leben gefüllt. Wir werden noch sehen, wie UN-Generalsekretär Guterres zum Beispiel 2020 bei der Vorstellung der Great-Reset-Kampagne des Weltwirtschaftsforums eine prominente Rolle spielte. Wo immer das Forum groß auftritt, ist Guterres nicht weit.

Im Oktober 2019 taten sich über 200 internationale Initiativen, Organisationen und Gruppen zusammen und schrieben dem Generalsekretär einen offenen Brief, um gegen die Unterordnung der UN-Arbeit unter die Interessen der Konzerne zu protestieren. Der Brief bringt das Problem auf den Punkt:

»Dieses strategische Partnerschaftsabkommen sorgt dafür, dass Konzernlenker zu Einflüsterern der UN-Abteilungen werden. Sie werden ihren privilegierten Zugang nutzen, um für marktbasierte, gewinnträchtige ›Lösungen‹ globaler Probleme zu werben, während sie gleichzeitig wirkliche Lösungen untergraben, die im öffentlichen Interesse wären und transparenten demokratischen Verfahren folgen.«[71]

Ein Blick in die Studie »The UN Foundation – A Foundation for the UN?« von April 2018 könnte manch eine Internationalistin von der Illusion befreien, die Welt würde eine bessere, wenn man die Nationalregierungen entmachten und die Verantwortung für das Weltgeschehen auf eine supranationale Organisation wie die UN verlagern würde.[72] Man erfährt, dass das Geld und die UN-Stiftung des Medienmoguls Ted Turner eine wesentliche Rolle dabei gespielt haben, dass die UN immer mehr Partnerschaften mit Großkonzernen, deren Lobbys wie dem Weltwirtschaftsforum und deren Stiftungen eingegangen ist. Diese geben Geld und bekommen dafür Einfluss. Seit sie genug Einfluss haben, geben sie immer weniger Geld, schmücken ihr Tun aber mit dem UN-Banner oder UN-Zielen. Diese Ziele sind nebulös genug, dass die Konzerne und ihre Stiftungen auch Aktionen, die allein ihrem Geschäftsinteresse dienen, mit einem UN-Mäntelchen der Wohltätigkeit umhüllen können. Der Kampf von Visa, Mastercard und verschiedenen internationalen Organisationen und Regierungen gegen das Bargeld unter dem Vorwand der »finanziellen Inklusion« und die Förderung der Arbeitskräftemigration zum Drücken der Löhne und zur Sprengung der Sozialstaatsfesseln sind nur zwei besonders krasse Beispiele.

Ende 1997 versprach Turner, Gründer von CNN und Co-Chairman von Time Warner, der UN eine Milliarde Dollar in Time-Warner-Aktien zu schenken. Er reagierte damit auf die

Weigerung des US-Kongresses, die aufgelaufenen Rückstände der US-Regierung aus nicht überwiesenen Beiträgen zu begleichen. Da die UN keine gemeinnützige Organisation im steuerlichen Sinne ist, gründete Turner für den Transfer des Geldes die UN Foundation. Die UN gründete ihrerseits zur Entgegennahme den United Nations Fund for International Partnerships (UNFIP). Deren Grundgedanken hat die bei Turners UN Foundation angesiedelte Organisation UN Association of the USA wie folgt ausgedrückt: Die UN finanziell auszutrocknen könne nicht nur die nationale Sicherheit der USA untergraben, sondern auch »unsere Fähigkeit, die UN für die Unterstützung vitaler US-Interessen einzuspannen«. Die UN-Stiftung selbst schreibt über Turners Motivation: »Teds Ziel bei der Gründung der Stiftung war es, den Wert von Investitionen in die UN zu zeigen, neue Partner zu motivieren, mit der UN zusammenzuarbeiten, und eine starke Führungsrolle der USA bei der UN zu fördern.«[73]

Anfangs flossen noch fast alle Zahlungen der UN Foundation an die UN. Im Gegenzug durfte der Vorstand von Turners Stiftung die damit geförderten UN-Projekte absegnen oder blockieren. Im Laufe der Jahre sank der Anteil der Ausgaben, der der UN zugutekam, immer stärker. Stattdessen wurden immer mehr Aktivitäten von (überwiegend US-amerikanischen) Organisationen außerhalb der Regie der UN finanziert. Es gab noch eine zweite Veränderung: Anstatt der UN nur eigenes Geld zu überweisen, betätigte sich die Stiftung bald vorrangig als Durchleitungsstation für UN-Unterstützungsgelder. Von den 52 Millionen Dollar, die die Stiftung 2013 an das Kinderhilfswerk UNICEF und die Weltgesundheitsorganisation WHO überwies, stammten nur noch zwei Millionen aus Turner-Geld, der Rest von externen Geldgebern. 2015 und 2016 kam gar kein Geld mehr von der Turner-Stiftung.

Nach zehn Jahren waren 650 Millionen Dollar an die UN geflossen. Die Stiftung entschied mit Zustimmung der UN (die sich kaum weigern konnte), das restliche Drittel aus Turners Milliardenversprechen dafür einzusetzen, die Stiftung dauerhaft zu etablieren, das Geld also nicht der UN zu geben, sondern es für die Lenkung der UN einzusetzen. Viel von dem extern beigesteuerten Geld wäre sicherlich sonst direkt an die UN geflossen. Das gilt insbesondere für die 200 Millionen Dollar, die Regierungen bis 2016 über Turners Stiftung an die UN leiteten. Man muss sich das verdeutlichen: Regierungen leiten Geld an die UN mithilfe einer privaten, unternehmensnahen Stiftung, damit diese dafür sorgt, dass die UN sich beim Geldausgeben nach den Vorlieben dieser privaten Stiftung und deren privater Partner richtet. 2016 war der mit Abstand größte Geldgeber der UN-Stiftung die Bill & Melinda Gates Foundation.

Eine UN-interne Prüfung für die Jahre 2008 bis 2012 bemängelte, dass der UN-Fonds UNFIP, der das Geld der UN-Stiftung entgegennahm, bei der Auswahl und Prüfung der zu fördernden Programme fast nichts zu sagen hatte und oft auch über die Geldgeber im Dunkeln gelassen wurde. Als Konsequenz wurde die Vereinbarung über die gegenseitigen Beziehungen zwischen der Stiftung und dem UN-Fonds revidiert und ein Gemeinsamer Koordinationsausschuss (Joint Coordination Committee) geschaffen. Die Verhandlungen fanden ohne Aufsicht von UN-Mitgliedsregierungen hinter verschlossenen Türen statt. Das geänderte Abkommen wird geheim gehalten. Wer Mitglied im Ausschuss ist, ist ebenfalls geheim, ebenso wie die Protokolle der Sitzungen.

Von Anfang an betätigte sich die UN-Stiftung als Türöffner für die Privatwirtschaft bei den Vereinten Nationen, sei es als Werber für und Financier von gemeinsamen öffentlich-privaten Programmen, sei es durch die Förderung von Lobbyeinrichtungen der Privatwirtschaft bei der UN. Seit 2010 betreibt die Stiftung einen Rat der Konzerne (Business Council for the

United Nations). Er wirbt damit, genau über Geschäftsgelegen-heiten für Mitgliedsunternehmen bei und mit der UN infor-miert zu sein.

Mit der Zeit wurden diese Umtriebe vielen UN-Mitglieds-ländern zu bunt. Im Jahr 2015 verabschiedete die UN-General-versammlung eine Resolution mit der Forderung, für alle rele-vanten Partnerschaften die jeweiligen Partner, deren Beiträge und die offiziellen Kofinanzierungen offenzulegen. Außerdem müsse die Rechnungslegung und das Risikomanagement ge-stärkt werden, um die Reputation der UN zu wahren. 2016 legte die Gruppe der Entwicklungsländer in der UN, G77, mit einer Erklärung nach. Sie forderte, den Mitgliedsstaaten die Mög-lichkeit einzuräumen, die Aktivitäten von öffentlich-privaten UN-Partnerschaften zu untersuchen und zu beaufsichtigen. Dass dies nicht gegeben ist, bedeutet: Wenn die Konzerne in Partnerschaft mit der UN oder in eigener Regie sogenannte UN-Ziele in armen Ländern fördern, geschieht das nach dem Prinzip »Vogel friss oder stirb«. Mitwirkung oder Kontrolle durch die Regierungen der betroffenen Länder ist nicht vor-gesehen – mit einer Ausnahme: Sie sollen einen förderlichen regulatorischen Rahmen schaffen.

Die Mehrung der Gewinnchancen und des Einflusses der (US-amerikanischen) Konzerne stand früh auf der Agenda der UN-Stiftung. 2002 und 2003 veranstaltete sie gemeinsam mit dem Weltwirtschaftsforum einen runden Tisch zu öffentlich-privaten Partnerschaften, mit Führungspersönlichkeiten aus Privatwirtschaft, Stiftungen und Regierungen. Der Abschluss-bericht betont, dass Konzerne keine wohltätigen Organisatio-nen seien, sondern sich nur beteiligten, wenn sie einen Vorteil sähen, etwa in Form von neuen Märkten oder Reputationsge-winnen. Partnerschaften mit der UN erlaubten es ihnen, Er-wartungen der Öffentlichkeit zu erfüllen, ohne ihre Mission, also die Gewinnmaximierung, zu beeinträchtigen.

Governance statt Regierung –
Plutokratie statt Demokratie

Den Führungsanspruch der Konzerne in Sachen Global Governance machte Bill Gates auf dem Jahrestreffen des Weltwirtschaftsforums 2009 deutlich. Dafür hatte ihm Klaus Schwab eigens eine überlange Redezeit gewährt. Gates verglich sein Konzept des »kreativen Kapitalismus« mit Schwabs Konzept der »Weltbürgerschaft der Konzerne« (global corporate citizenship) und sagte über beide, dass sie den Konzernen die Verantwortung zuwiesen, zusammen mit den durch Globalisierung entmachteten Regierungen für die Wohlfahrt der Welt zu sorgen und dabei als Nebeneffekt dafür zu sorgen, dass die Gewinne nachhaltig fließen:

> »Beide beinhalten einen Fokus auf den globalen Raum, der zunehmend von Kräften geformt wird, die jenseits der Kontrolle von Nationalstaaten liegen. Globale Konzerne haben nicht nur das Recht, sondern sogar die Pflicht, auf diesem Feld tätig zu werden, aber auch eine Bürgerpflicht, dazu beizutragen, die Wohlfahrt der Welt in Zusammenarbeit mit den Regierungen und der Zivilgesellschaft aufrechtzuerhalten. Weltbürgerschaft der Konzerne trägt dazu bei, die Nachhaltigkeit des globalen Marktplatzes zu verbessern.«[74]

Der kreative Kapitalismus von Gates und der Stakeholder-Kapitalismus von Schwab haben ein gemeinsames Konzept, das unter anderem dazu dient, Machtstrukturen unsichtbar zu machen. Es heißt Global Governance. Die US-amerikanische Politologin Wendy Brown hat dieses Konzept in ihrem Buch »Die schleichende Revolution: Wie der Neoliberalismus die Demokratie zerstört« eindrucksvoll demaskiert.[75] Sie zeichnet nach, wie sich der Begriff »Governance« ausgebreitet hat.

Er wird inzwischen für die Politik ebenso genutzt wie für Behörden, Unternehmen, nichtstaatliche und gemeinnützige Organisationen. Alle werden unter dem Blickwinkel des Geschäftsmodells betrachtet und optimiert. Ziel ist die Übertragung der Managementmethoden des Privatsektors auf öffentliche Dienste und der Einsatz ökonomischer Techniken wie die Schaffung von Anreizen, Outsourcing und Wettbewerb. Für Pflichtbewusstsein, Daseinsvorsorge und Aufgabenerfüllung nach bestem Wissen und Gewissen ist darin kein Platz mehr.

Wie breit sich dieses ökonomistische Denken durchgesetzt hat, macht das Impulspapier des Rates der Evangelischen Kirche Deutschlands »Perspektiven für die evangelische Kirche im 21. Jahrhundert« überdeutlich. Darin heißt es über die richtige Planung und Priorisierung kirchlicher Aufgaben: »Zu den zentralen Begriffen dieses Steuerungsmodells gehören Zielvereinbarungen, Dienstleistungsdefinitionen, Kosten- und Leistungsrechnungen sowie Controlling.«[76] Nicht nur der Vatikan hat eine Liebesaffäre mit dem Kapitalismus, auch die Evangelische Kirche.

Eine allgemein akzeptierte Definition von Governance gibt es nicht. Aber ob damit nun weniger Staatsmacht, Unternehmensführung oder Steuerung durch selbstorganisierende Netzwerke gemeint ist, immer gilt: Die Frage, was gerecht ist, sowie der Streit über Werte und Ziele werden ausgeblendet, als bestünde darüber Einigkeit oder als werde das auf einer höheren Ebene vorentschieden. Und tatsächlich: Wenn Bill Gates von einer Pflicht der Konzerne spricht, die Wohlfahrt der Welt zu fördern, tut er so, als könne es gar keinen Zweifel darüber geben, worin diese besteht. Dabei dürfte ziemlich deutlich sein, dass das, was die Milliardäre und Konzernchefs im Weltwirtschaftsforum meinen, wenn sie von ihrer »Entschlossenheit, den Zustand der Welt zu verbessern«, reden, nicht unbedingt den Vorstellungen ihrer Beschäftigten oder Kunden entspricht.

Ganz zweifellos gilt das für den reichsten Menschen der Welt, Jeff Bezos, und seine Firma Amazon, das viertwertvollste Unternehmen weltweit. Es ist berüchtigt für sein hartnäckiges Beharren darauf, die Beschäftigten möglichst umfassend und sekundengenau zu überwachen und unter beständigen Zeitstress zu setzen, schlecht zu bezahlen und an der Gründung von Gewerkschaften zu hindern. Auch Amazon ist als Top-Mitglied des Weltwirtschaftsforums »entschlossen, den Zustand der Welt zu verbessern«. Die Beschäftigten können sich nichts dafür kaufen. Als der Firmensitz Seattle eine Sondersteuer auf Großunternehmen einführen wollte, um mit dem Geld etwas für die Obdachlosen zu tun, die sich im Schatten von Amazon keine Bleibe mehr leisten können, drohte Amazon mit Wegzug und wehrte die Steuer damit ab. So stellt sich ein führendes Mitglied des Weltwirtschaftsforums die Verbesserung des Zustands der Welt vor.

Das öffentliche Leben wird nach dem Governance-Konzept auf Problemlösen und die Implementierung von Programmen reduziert, erklärt Wendy Brown. Wenn Problemlösen und scheinbarer Konsens die Auseinandersetzung zwischen unterschiedlichen Perspektiven ersetzt, wird Politik beseitigt, gibt es kein Austarieren unterschiedlicher politischer Positionen und Wünsche mehr. Der britische Politikwissenschaftler R.A.W. Rhodes hat dafür den Ausdruck »Regieren ohne Regierung« geprägt.[77] Das ist eine gute Kurzformel für Governance. Dort, wo es Regierungen gibt, dient Governance dazu, deren Macht auszuhöhlen und zurückzudrängen, durch scheinbar kooperatives Lenken in öffentlich-privaten Partnerschaften zum Beispiel. Dort, wo es keine etablierte zentrale Regierung gibt, wie auf globaler Ebene, ist Global Governance hervorragend geeignet, Lenkung ohne Verantwortung und frei von Kontrolle zu ermöglichen.

Governance verwendet die Sprache und Symbole der Demokratie und wendet sie gegen die Regierten, um ihnen Sand in die Augen zu streuen. Die Rede ist von Partizipation, Konsens, Inklusivität und der Befolgung der Rechtsstaatlichkeit. Sicherlich sind Teilnahme und Teilhabe wichtige Elemente der Demokratie, und Rechtsstaatlichkeit ist eine schöne Sache. Aber wenn Teilnahme und Teilhabe sich nicht auf die zugrunde liegenden Werte und Ziele erstrecken, hat das nichts mit Demokratie zu tun, ebenso wenig, wie es – in Browns drastischen Worten – mit Freiheit zu tun hat, wenn eine Todeskandidatin die Wahl der Exekutionsmethode hat.

Wer die Standards setzt, hat die Macht

Eine wichtige Rolle beim Verbergen der in der Global Governance herrschenden Machtstrukturen und bei deren Abschirmen gegen Kontrolle und Verantwortung spielt ein Netz von informellen Gruppen, die nach dem Konsensprinzip funktionieren. Dazu gehört die Gruppe der sieben mächtigsten Nationen des Westens, allgemein als G7 bekannt, die zeitweise um Russland erweitert wurde und dann als G8 firmierte. Daneben gibt es auch noch die G20, die Gruppe der 20 wirtschafts- und bevölkerungsstärksten Nationen, zu denen unter anderem China, Indien, Brasilien und Südafrika zählen. Die G20 haben die G7 als bedeutende Schaltstelle der Global Governance weitgehend abgelöst. Ein wichtiges Detail: Zwar kommen in der G20-Runde Regierungschefs oder Minister zusammen. Es handelt sich aber, genauso wie bei den G7 oder der Industrieländergruppe OECD, um einen informellen Club ohne offizielle Protokolle oder formale Entscheidungsbefugnis. Das ist ungemein praktisch. Denn wenn man offiziell nichts zu sagen hat, kann man sich jeder Kontrolle und Rechenschaftspflicht entziehen.

Das Weltwirtschaftsforum beteiligt sich, wie oben erläutert, ebenfalls an der Global Governance, indem es Einfluss auf die G20 nimmt – entweder über die jeweilige Regierung, die turnusmäßig den Vorsitz innehat, oder über die US-Regierung, die in fast allen dieser Gruppen eine informelle Führungsrolle hat. Das Forum nimmt sogar für sich in Anspruch, an der Gründung der G20 mitgewirkt zu haben. In der Broschüre zum 40. Jubiläum heißt es:

> »Eine der Ideen, die während des IGWEL diskutiert wurden, war die Gründung eines Gremiums, das 20 Länder zusammenbringt, davon zur Hälfte entwickelte, zur anderen Hälfte Entwicklungsländer. Ein ebensolches Treffen, das später als G20 bekannt werden sollte, wurde 1998 zum ersten Mal in Bonn abgehalten.«

Bei G20-Treffen einigt man sich auf etwas, und die teilnehmenden Regierungschefs oder Minister geben Selbstverpflichtungen ab, das Vereinbarte auch umzusetzen. Weder werden die Parlamente vorab konsultiert, noch stellen die Regierungen ihre Selbstverpflichtungen unter Parlamentsvorbehalt. So regiert man an den Parlamenten vorbei und setzt diese unter Druck: Bis die in den G20 vereinbarten Regeln das EU-Parlament oder den Bundestag erreichen, haben sie längst den Status allgemeingültiger internationaler Standards erlangt, über die gute Weltbürger oder Europäer nicht mehr diskutieren. Doch dem Weltwirtschaftsforum ist die sehr schwach ausgeprägte Rechenschaftspflicht nationaler G20-Regierungen gegenüber ihren Nationen immer noch zu weitgehend. Im Bericht »Everybody's Business« von 2010 über die Zukunft der Global Governance schlägt das Forum vor:

> »Die G20 ist eine informelle Gruppe und sollte es auch bleiben, um ihre Intimität zu bewahren, der sie viel von ihrem Potenzial, die systemweite Effektivität zu verbessern, verdankt. Aber sie sollte explizit

in das formale multilaterale System eingebunden werden, um klarer ihre Entschlossenheit zu zeigen, im allgemeinen Interesse zu handeln und der ganzen internationalen Gemeinschaft Rechenschaft zu schulden, statt nur den nationalen Bevölkerungen ihrer Mitgliedsländer.«

Man darf raten, wer mit der Formulierung »internationale Gemeinschaft« wohl gemeint ist – vermutlich vor allem die UN, die bereits weitgehend nach der Pfeife der Konzerne tanzt.

Seinen großen Einfluss übt der G20-Club weniger über gelegentliche Minister- oder Gipfeltreffen mit ihren wolkigen Kommuniqués aus. Er resultiert vielmehr daraus, dass die G20 zusammen mit der OECD und der Dachorganisation der Notenbanken, der Bank für Internationalen Zahlungsausgleich (BIZ), eine Art Steuerungszentrale für ein Geflecht einflussreicherer transnationaler Regulierungsgruppen im Finanzbereich sind. Dort wimmelt es von unverständlichen Abkürzungen wie FATF, BSBS, CPMI, G30, BTCA, AFI und GPFI. Die dahinterstehenden Organisationen sind es, die die Regeln unserer globalisierten Welt auf hoher Ebene bestimmen. Auch diese Gruppen sind in aller Regel informell, das heißt, sie sind der demokratischen Kontrolle und Rechenschaftslegung weitgehend entzogen.

Manche dieser Clubs bestehen nur aus Regierungsvertretern, aber oft sind es gemischte öffentlich-private Regulierungspartnerschaften, in denen Konzerne oder deren Verbände mitbestimmen dürfen, wie sie reguliert werden möchten. Man einigt sich auf sogenannte Standards. Diese sind formal unverbindlich, aber die normative Kraft des Faktischen und die Selbstverpflichtungen der teilnehmenden Regierungen führen dazu, dass so gut wie alle Parlamente diese Standards verbindlich machen. Denn wer will schon beschließen, um ein harmloses Beispiel zu nennen, dass im eigenen Land die

Bremslichter weiß bleiben, wenn sie überall sonst rot sein sollen. Vieles, was diese Regulierungsgruppen vereinbaren, ist langweilige und harmlose Standardisierung nach Art der roten Bremslichter. Aber es werden auch viele Regeln beschlossen, die kontrovers wären, würden sie in einem nationalen Parlament verhandelt. Für die Konzerne ist es relativ leicht, diese in Hinterzimmern agierenden Gruppen für ihre Agenda einzuspannen.

Eine an die OECD in Paris angebundene Gruppe ist die FATF, ausführlich und übersetzt »Finanzbehördliche Arbeitsgruppe gegen Geldwäsche und Terrorfinanzierung«. Hier werden »informelle« schwarze und graue Listen von Ländern geführt, die es sich mit den USA verscherzt haben, wie Iran und Nordkorea. Die Listen sind aber formell genug, dass der Internationale Währungsfonds, die Weltbank und die Bankenaufsicht sie für die Entscheidung heranziehen, ob man mit den Finanzinstituten eines bestimmten Landes Geschäfte machen darf. Die FATF ist auch der Ort, wo die absurd bargeldfeindlichen Anti-Geldwäsche-Standards verabredet wurden, die dazu führen, dass bei jeder Bank alle Alarmglocken schrillen müssen, wenn jemand mit 50 Euro Bargeld eine Filiale betritt. Bargeld steht auf der Liste von Geldwäscherisiken, die die FATF erstellt, oft ganz oben. Verantwortlich dafür ist eine andere öffentlich-private G20-Gruppe, die Globale Partnerschaft für Finanzielle Inklusion (GPFI). Finanzielle Inklusion ist, wie ich in meinem Buch *Schönes neues Geld* gezeigt habe, ein schönfärbender Ausdruck für Bargeldbeseitigung. Teil dieser Partnerschaft gegen das Bargeld sind die führenden Kreditkartenunternehmen Visa und Mastercard sowie große Digitalkonzerne, die zusammen mit der US-Regierung die Better Than Cash Alliance gegründet haben, eine informelle Gruppe, die die weltweite Bargeldbeseitigung anstrebt. Internationale Finanzregulierungsclubs wie die FATF haben sich gegenüber der Anti-Bargeld-Partnerschaft GPFI verpflichtet, ihre Standards so auszugestalten, dass Bargeld teurer und unhandlicher wird, während digitales Bezahlen attraktiver gemacht wird.

Die BIZ ist als Leitstelle der Banken- und Marktregulierung sehr wichtig und sehr mächtig. Verantwortlich ist sie nur einem Aufsichtsgremium von zumeist politisch unabhängigen Zentralbankchefs. Bei ihr ist der wichtigste Regulierungsclub der globalen Finanz-Governance angesiedelt, der Basler Ausschuss für Bankenaufsicht (BCBS) – jener Club, der am dramatischsten und hartnäckigsten immer wieder versagt hat, weil sich die Interessen der Aufseher allzu sehr mit denen der Banker vermischt haben. Er ist verantwortlich für die untauglichen, hochkomplexen Werke Basel I, Basel II, Basel III und Basel IV. Sie legten nach jeder großen Bankenkrise neu fest, wie viel Eigenkapital Banken für ihr riskantes Geschäft vorhalten müssen und was als Eigenkapital zählt. Um das Geschäft der Banken nicht allzu sehr zu behindern, wurden diese Eigenkapitalquoten sehr niedrig angesetzt; gleichzeitig war man sehr großzügig bei der Festlegung dessen, was man als Eigenkapital anerkannte. Die Banken, insbesondere die großen Institute, dürfen die Modelle, mithilfe derer sie ausrechnen, ob sie die Eigenkapitalauflagen erfüllen, selbst entwickeln. Das alles führte zu einer Serie von Blasen an den Aktien- und Immobilienmärkten, die die Banken durch übermäßige Kreditvergabe verursachten, jeweils gefolgt von einem Crash und einer Bankenkrise. Zu nennen wären die Savings-and-Loan-Krise in den USA in den Achtzigerjahren, der japanische Aktiencrash Anfang der Neunzigerjahre, die Mexiko-Krise, die Dotcom-Blase, die Subprime-Krise am US-Immobilienmarkt und die daraus resultierende, bis heute anhaltende Eurokrise.

Der Finanzsektor ist nur ein – wenn auch besonders wichtiger – Sektor, in dem die Global Governance an den Parlamenten vorbei umgesetzt wird. Auch in anderen Branchen ist das typisch. Beispielhaft erwähnt sei hier nur aus dem Pharmabereich der International Council for Harmonisation of Technical Requirements for Pharmaceuticals for Human Use (ICH). Dieser Rat, der 1990 von den USA, der EU und Japan gegründet wurde, harmonisiert die Zulassungsvoraussetzungen für Medikamente. Mitglied sind neben den drei Zulassungsbehörden die Interessenverbände der in den USA, der EU und Japan ansässigen Arzneimittelhersteller. Hier ist das institutionalisiert, was in der Wissenschaft als »regulatory capture« bezeichnet wird: Der Regulierer wird vom zu Regulierenden gekapert.

In der Praxis gestaltet sich das wie folgt: Drei Interessenvertretungen gewinnorientierter Pharmakonzerne arbeiten gleichberechtigt und »im Konsens« mit Regulierern, die ihnen an Ressourcen massiv unterlegen sind, Standards dafür aus, was als hinreichend wirksames und sicheres Medikament auf die Menschheit und die Steuerzahler losgelassen werden soll. Die Pharmaverbände werden von den größten Konzernen dominiert. Diese haben ein Interesse, die Entwicklung neuer Medikamente zu verteuern, um sich die Konkurrenz in Form kleiner Anbieter vom Hals zu halten. Gleichzeitig wollen sie allerdings möglichst leicht die Zulassung für ihre Medikamente bekommen, also die teuren Zulassungshürden überspringen. Das Regulierungsergebnis entspricht den Wünschen der Großkonzerne ziemlich genau. Es werden sehr teure Studien verlangt, aber die Regeln dafür, was als medizinischer Fortschritt durch ein Medikament anerkannt wird, sind recht lax.

Eine Drehtür zwischen Konzernen oder deren Lobbyverbänden und Regulierern sorgt für eine Durchmischung der Interessen. Beispielhaft dafür steht die Chefin der europäischen medizinischen Zulassungsbehörde EMA, Emer Cooke. Sie war zunächst in der irischen Pharmaindustrie tätig, ging dann zur irischen Arzneimittelregulierungsbehörde, wechselte später als Lobbyistin zum europäischen Pharmazieverband EFPIA

und anschließend wieder in den öffentlichen Regulierungs-
bereich.

In neu entstehenden Branchen und Geschäftsfeldern sorgt
das Weltwirtschaftsforum dafür, dass von den Konzernen aus-
gearbeitete Standards und Regulierungsvorschläge schon auf
dem Tisch liegen, bevor die zuständigen Regierungen überhaupt anfangen, sich darüber nähere Gedanken zu machen.
Wenn sie sich dann schließlich in Governance-Gremien zu-
sammenfinden, um einheitliche Standards zu beschließen,
entwickeln die schon vorliegenden Entwürfe aus dem Kon-
zernlager große Anziehungskraft. Der Status des Forums als
internationaler Organisation und die große Nähe zur UN, die
sich die Konzerne erkauft haben, helfen dabei natürlich. So
schrieb das Weltwirtschaftsforum Ende 2019 in einem Beitrag
zum 50. Jubiläum, sein Netzwerk »Zentrum für die Vierte Industrielle Revolution« aus über hundert Unternehmen und
Regierungen habe dabei geholfen, in nur zwei Jahren die weltweit erste »agile« Luftraumregulierung zur Integration von
Drohnen zu entwickeln, ebenso Richtlinien für die Beschaf-
fung von künstlicher Intelligenz durch die öffentliche Hand.
Auch eine »agile« Politik für den Umgang mit persönlichen
Daten habe man entwickelt. 45 weitere derartige Regulierungs-
projekte seien in Arbeit.[78]

Was die globale Regulierung der Digitaltechnologie anbelangt, verhält sich UN-Generalsekretär Guterres wie ein
Agent der Tech-Konzerne, der deren Agenda gegen den Willen der UN-Vollversammlung zur Umsetzung verhilft. Die
Vollversammlung hatte 2003 und 2005 einen Weltgipfel zur
Informationsgesellschaft (WSIS) abgehalten. Dieser hatte beschlossen, dass ein nur aus Regierungsvertretern bestehendes
Regulierungsgremium geschaffen werden solle und daneben,
als Beratungsorgan, ein öffentlich-privates Dialogforum namens Multi-Stakeholder Internet Governance Forum (IGF),

ausdrücklich ohne Entscheidungskompetenz. Letzteres Gremium wurde bald darauf ins Leben gerufen, ersteres bis heute nicht. Entgegen dem erklärten Willen des Gipfels und der UN-Vollversammlung versuchte Guterres nun, ein erweitertes, von Konzernvertretern durchsetztes IGF-Gremium mit immer mehr Kompetenzen auszustatten und dieses auf kaltem Wege zum weltweiten De-facto-Regulierungsgremium für alles Digitale aufzuwerten. Dafür schlug er im Mai 2020 der UN-Generalversammlung in einem Bericht vor, einen öffentlich-privaten High Level Multi-Stakeholder Body (HLMB) zu schaffen, als »strategisches und mit Befugnissen ausgestattetes« Gremium. Er folgte damit Empfehlungen einer von Vertretern von Google und Co. dominierten Arbeitsgruppe.[79] Dieser HLMB soll mit dem Geld der großen IT-Konzerne finanziert werden, die teilnehmen wollen und dürfen.

Eine Gruppe von Bürgerrechtsorganisationen bezeichnete dieses vorgeschlagene Arrangement in einem öffentlichen Protestbrief an den UN-Generalsekretär als »neuen Tiefpunkt für die UN und eine unvorstellbar gefährliche Richtung für die Zukunft der Global Governance«.[80] Aber es entspricht ziemlich genau den Vorstellungen des Weltwirtschaftsforums zur Übernahme der Global Governance durch die Konzerne, wie sie in dem oben erwähnten Reader's Guide zur Global Redesign Initiative niedergelegt sind. Dort heißt es, die »Multi-Stakeholder-Konsultationen« sollten sich zu globalen »Multi-Stakeholder-Governance-Arrangements« weiterentwickeln. Diese Transformation würde im Sinne des Weltwirtschaftsforums bedeuten, dass nichtstaatliche Akteure nicht mehr nur Input für Entscheidungsträger lieferten, »sondern tatsächlich für globale politische Entscheidungen verantwortlich wären«. Dieses Verfahren soll, so das Weltwirtschaftsforum, von digitalen Themen später auf alle globalen Angelegenheiten ausgeweitet werden. Denn »da immer mehr Probleme eine Online-

Dimension bekommen, würde das Multi-Stakeholder-Modell zum Standard in der internationalen Zusammenarbeit werden«. Dank Guterres sind sie auf bestem Wege, das zu erreichen.

Die Handschrift des Silicon Valley

Das Konzept der Global Governance verträgt sich hervorragend mit der Ideologie des Silicon Valley und wird von dieser immer stärker durchdrungen. Denn die kapitalkräftigsten – und damit die den Kapitalismus dominierenden – Unternehmen der Welt sind inzwischen fast ausnahmslos solche aus der Digitalbranche. Die Ideologie des Silicon Valley ist antiautoritär, libertär, staatsfeindlich und modernistisch. Hierarchie und zentrale Instanzen werden dort als Übel betrachtet, Vernetzung und Partizipation sind das A und O. Man beschäftigt sich nicht mit gegensätzlichen Werten und Zielen, sondern mit Win-win-Situationen: »Das Silicon Valley, die Informationstechnologiebranche, schafft idealerweise eine Situation, in der jeder ein Gewinner sein kann«, brachte das Peter Thiel auf den Punkt, der als Silicon-Valley-Investor zum Milliardär geworden ist, unter anderem mit PayPal und der Überwachungsfirma Palantir.[81]

Das Wort »disruptiv« gilt in dieser Branche als das höchste Lob. Ein Geschäftsmodell ist gut, wenn es disruptiv ist, das heißt, wenn es möglichst viel vom Bestehenden zerstört, denn das Bestehende ist unvollkommen. Ruppige Überwindung von sozialen und politischen Widerständen gilt als Muss, bis hin zur Stilisierung des Gesetzesbruchs zum Akt zivilen Ungehorsams. »Move fast and break things« war die Art und Weise, wie Uber, Amazon, Google und Facebook sich ihre dominierende Stellung sicherten. Erst einmal sich nicht um die Regeln scheren, wenn sie im Weg sind, und dann abwarten, was passiert.

Oliver Nachtwey und Timo Seidl nennen diese Einstellung »Solutionismus«, auch bekannt als »kalifornische Ideologie«.[82] »Technokratisch« wäre ein ebenso gut passender Begriff. Sie sprechen von einer Mischung aus gegenkulturellem Hipstertum und militärisch-industrieller Forschungskultur, von Entfaltungsidealismus und Technologiegläubigkeit. Für kalifornische Technokraten ist die Welt voller Programmierfehler, die zu beheben ihnen obliegt. Dabei unterstellt der Solutionismus – sehr zum eigenen Vorteil –, dass die Verbesserung der Welt ganz natürlich mit Geschäftsmöglichkeiten einhergeht. »Wer würde in einer Welt, in der die größten Probleme des Planeten die größten Geschäftsmöglichkeiten sind, sich nicht auf diese konzentrieren wollen«, fragt Peter Diamandis, Bestseller-Autor und Gründer verschiedener Weltraumtourismus-Unternehmen.[83]

Seinen Niederschlag findet diese Haltung sprachlich darin, dass das Weltwirtschaftsforum den Auftrag zur Weltverbesserung doppeldeutig »Everybody's Business« nennt und regelmäßig von Geschäftsmodellen in der Philanthropie und für das Erreichen der UN-Entwicklungsziele spricht. UN-Generalsekretär Guterres hat diese Sprachregelung schon vor Jahren übernommen und macht rege davon Gebrauch. Umweltprobleme werden nicht als Nebenwirkung des Wirtschaftssystems und des Wirtschaftens betrachtet, sondern als Probleme, die als Geschäftsgelegenheiten der Lösungsfähigkeit des ungehinderten Kapitalismus zugeführt werden sollten. Machtfragen werden nie angesprochen, aber ein Machtgefälle ist zentraler Bestandteil dieser Philosophie. Denn das Wegdefinieren von Zielkonflikten und Meinungsverschiedenheiten beruht auf der Macht der Technokratinnen, Ziele zu wählen und als gegeben zu setzen, bevor die nachgeordneten Ebenen scheindemokratisch beteiligt werden.

Teil 2: **Das Wesen des heutigen Kapitalismus**

Wer die tieferen Ursachen der Macht der Konzerne verstehen und ihnen wirksam entgegentreten möchte, muss sich eingehend mit dem Wesen und der Funktionsweise des Kapitalismus beschäftigen. Anderenfalls bleiben alle Reformbemühungen oberflächlich und führen bestenfalls zu kurzfristigen Erfolgen.

Kapitalismus zu definieren ist kein leichtes Unterfangen, weil das, was wir so nennen, äußerst wandlungsfähig ist. Schließlich belegen wir all die unterschiedlichen Wirtschafts- und Gesellschaftsformen, die sich seit den Zeiten von Karl Marx in den westlichen Industrieländern herausgebildet haben, mit diesem einen Begriff. Zur Unterscheidung behelfen wir uns damit, ihn mit plakativen Zusätzen zu versehen, und erhalten so schillernde Begriffe wie Rheinischer Kapitalismus, Industriekapitalismus, angelsächsischer Kapitalismus, Raubtierkapitalismus, Monopol- und Staatsmonopolkapitalismus, neoliberaler Kapitalismus, Frühkapitalismus und Spätkapitalismus, um nur einige zu nennen. Ganz aktuelle Varianten sind Plattform-Kapitalismus und Überwachungskapitalismus.

Offenbart ein Vergleich all dieser Varianten, welches das verbindende Grundelement ist, das all diese Systeme zu »kapitalistischen« macht? Leider nein, wie schon ein Blick in den Wikipedia-Eintrag zeigt. Dort erfährt man, dass es sich um einen umstrittenen Begriff handelt. Die einen betrachteten abhängige Lohnarbeit und Privateigentum an Produktionsmitteln als Kernmerkmale des Kapitalismus, die anderen setzten Marktwirtschaft und die private Aneignung von Gewinnen mit diesem Begriff gleich. Ich will gar nicht erst versuchen, die Essenz des Kapitalismus über die Zeitläufte hinweg zu beschreiben, sondern den Blick auf das derzeitige Wirtschaftssystem richten, und zwar mithilfe der Konzepte und Begriffe der Gegenwart. So wie es der Kultur- und Medienwissenschaftler McKenzie Wark jüngst vorgeschlagen hat, als er sich darüber mokierte, dass Konzepte und Sprache, mit denen Karl Marx den Kapitalismus der ersten Hälfte des 19. Jahrhunderts analysierte, bis heute verwendet werden, um das jeweils aktuelle Wirtschaftssystem zu beschreiben. Ich gehe stattdessen, so wie Marx damals, von dem aus, was ich heute sehe, und richte nur gelegentlich den vergleichenden Blick in die Vergangenheit.[84]

Es sind vor allem zwei Bücher, die mir dabei geholfen haben, den Wesenskern des heutigen Wirtschaftssystems zu verstehen. Das eine heißt *Der Code des Kapitals* und stammt aus der Feder der an der New Yorker Columbia University lehrenden deutschen Rechtswissenschaftlerin Katharina Pistor.[85] Offenbar tun sich Juristinnen leichter mit Macht als Ökonomen, die darin geschult werden, in machtfreien Marktbegriffen zu denken. Das Buch trägt den Untertitel »Wie das Recht Reichtum und Ungleichheit schafft«. Pistor zeigt darin, dass freie Märkte wertlos sind ohne einen Rechtsrahmen, der die (Vor-)Rechte und Pflichten aller Beteiligten genau definiert, und einen Staat, der sie durchsetzt. Der Verweis auf Eigentumsrechte ist viel zu pauschal, um zu erfassen, wie es um die genaue Ausgestaltung dieser Rechte und Pflichten bestellt ist, genauer: wie sie manche Marktteilnehmer privilegieren, andere hingegen benachteiligen und wie sie damit das Marktergebnis in starkem Maße vorherbestimmen.

Den größten Einfluss auf mein Verständnis von Kapitalismus und damit auch auf dieses Buch hatten die beiden Ökonomen Jonathan Nitzan und Shimshon Bichler mit ihrem 2009 erschienenen Werk *Capital as Power* und einigen Aufsätzen, die sie seither veröffentlichten. Sie haben das Buch frei zugänglich ins Internet gestellt.[86] Ihr gedanklicher Ansatz ähnelt jenem von Pistor, jedoch ist ihre Perspektive stärker ökonomisch geprägt.[87]

Die heute vorherrschende ökonomische Denkrichtung der Neoklassik behandelt Kapital als Produktionsfaktor, der als solcher nicht nur eine Rentabilität hat, sondern auch eine Produktivität. Zusammen mit dem Produktionsfaktor Arbeit, mit dem es kombiniert wird, schafft Kapital etwas – wie viel, errechnen neoklassische Ökonomen mithilfe einer sogenannten Produktionsfunktion. Diese gibt an, wie viel Produktwert resultiert, wenn man eine bestimmte Menge Arbeit mit einer bestimmten Menge Kapital kombiniert. Dafür wird eine Funktion gewählt, mit der sich leicht rechnen lässt, ohne Rücksicht auf irgendwelche realen Gegebenheiten. So bleibt etwa völlig offen, wie man die Arbeit eines Putzmanns und einer Investmentbankerin auf einen gemeinsamen Nenner bringt und addiert; ebenso, wie man einen Roboter, ein Fabrikgebäude und ein Bankkonto zusammenzählt, alles Dinge, die unter den Begriff »Kapital« gefasst werden.

Mit dem Marktwert natürlich, könnten Sie einwenden, und genauso geht die Neoklassik auch vor. Das Problem ist nur, dass die Theorie den Anspruch hat, diesen Marktwert zu erklären. Sie kann ihn daher nicht als gegeben voraussetzen. Da beißt sich die Katze in den Schwanz. Im Rahmen der sogenannten Cambridge-Kapital-Kontroversen in den Fünfziger- und Sechzigerjahren zogen die Neoklassiker in Cambridge, USA den Kürzeren gegen ihre Kritiker um Joan Robinson in Cambridge, England. Letztere wiesen nach, dass die relativen

Werte unterschiedlich langlebiger Kapitalgüter sich je nach Zinssatz unterscheiden. Da der Zinssatz gemäß der neoklassischen Theorie aber wiederum von der vorhandenen Kapitalmenge abhängt, kann man Kapital nicht objektiv aufsummieren. Die Neoklassiker hielten trotzdem unbeirrt an ihrer Lehre fest und gaben die Kontroverse dem Vergessen anheim. In den Lehrbüchern wird sie entweder verschwiegen oder als Kuriosität abgetan. Die neoklassische Kapitaltheorie ist einfach zu schön, als dass man sie nur wegen eines Zirkelschlusses im intellektuellen Fundament verwerfen würde. Immerhin rechtfertigt sie die (hohen) Einkommen der Kapitalbesitzer mit der angeblich produktiven Leistung des Kapitals.

In diesem Buch definieren wir Kapital als Wert aller Rechte, die sich bewerten und in eine Bilanz schreiben lassen. Wir behandeln es nicht als Produktionsfaktor, der zusammen mit Arbeit etwas produziert. Ein Bagger ist kein Kapital. Das Eigentum am Bagger – das exklusive Recht, ihn gegen Geld zu vermieten oder zum eigenen Gewinn im eigenen Unternehmen einzusetzen –, das ist Kapital. Ein Bagger ist nur eine produktiv einsetzbare Ware, »vorgetane Arbeit«, wie Piero Sraffa das nannte.[88] Er wurde durch menschliche Arbeit produziert, mithilfe von Werkzeugen, die wiederum durch menschliche Arbeit produziert wurden, und hilft nun Menschen, mit ihrer Arbeit etwas zu produzieren.

Die produktive Kraft eines Baggers zusammen mit der Arbeit der Baggerfahrerin und der sonstigen erforderlichen Arbeitskräfte hängt in keiner Weise vom Kapitaleinsatz ab, also davon, wem er gehört, wer Miete dafür kassieren darf oder gleich den ganzen Gewinn der Unternehmung erhält. Es entscheidet lediglich darüber, wer die Erlöse aus der Produktionstätigkeit vereinnahmt. Das Kapital, also das Eigentumsrecht am Bagger, produziert nichts.

Hier drängt sich der Einwand auf, Kapital sei doch zwingend

für die Produktion erforderlich. Eine Unternehmerin brauche erst einmal Kapital, sprich Geld, um die nötigen Betriebsmittel und Maschinen einzukaufen und die Arbeitskräfte zu bezahlen, bis sie irgendwann genug produziert und verkauft hat, um diese Vorlaufkosten zu decken. Entweder hat sie selbst dieses Geld und setzt es ein, oder sie muss es sich leihen. Wenn ohne dieses Startkapital nichts produziert werden kann, dann ist das Kapital doch produktiv und hat einen Anteil am Ertrag verdient, oder nicht?

Die Antwort lautet Nein. Kapital in Form des Rechts, einen Bagger zu nutzen, beseitigt eine durch Machtausübung der Kapitalbesitzer zu deren Vorteil selbst geschaffene Knappheit an Finanzkapital. Im Kapitalismus ist die Zuteilung dieses Rechts dank der in Gesetze gegossenen Macht der Kapitalbesitzer so geregelt, dass die Reichen als Kapitalbesitzer und die Finanzinstitute hierüber bestimmen dürfen. Daran verdienen sie. Stellt man sich eine Wirtschaftsform vor, in der die Zuteilung des Rechts, Produktionsmittel einzusetzen, auf andere Weise erfolgt, etwa indem öffentliche Banken günstige Investitionskredite zum Kauf von Baggern ausreichen, dann hat das Kapital keinen Vergütungsanspruch und es käme auch niemand auf die Idee zu behaupten, dass das Kapital etwas produziert. Wie ein Wirtschaftssystem beschaffen sein könnte, in dem die Unternehmen sich selbst und nicht den Kapitalbesitzern gehören, betrachten wir im vierten Teil.

Um Eigenschaften und Funktion von Kapital besser zu verstehen, hilft Verfremdung. Wir wollen uns deshalb die sehr einfache Ökonomie einer einsamen Insel mit nur zwei Akteuren aus dem 1719 veröffentlichten Roman *Robinson Crusoe* von Daniel Defoe anschauen.

Das Kapital des Robinson Crusoe

Robinson Crusoe strandete als Schiffbrüchiger auf einer einsamen Insel. Nehmen wir an, er hat in seinem Rettungsboot ein Netz gefunden, mit dem er Fische fangen kann, um seinen Nahrungsbedarf zu decken. Für Mainstream-Ökonomen ist das Netz ein Produktionsmittel, auch Kapitalgut oder kurz Kapital genannt. Gegen die Bezeichnung als Produktionsmittel ist nichts einzuwenden, gegen die Bezeichnung als Kapital allerdings schon. Denn Kapital, so wie der Begriff gemeinhin verwendet wird, hat einen Vergütungsanspruch, der demjenigen zusteht, der das Kapital bereitstellt. Nach der vorherrschenden neoklassischen Kapitaltheorie bemisst sich dieser Vergütungsanspruch nach dem Anteil des Kapitals am Produktionsergebnis, sprich: nach seiner »Produktivität«.

Was heißt das für Robinson? Es ist nicht möglich zu ermitteln, welcher Anteil am Fang auf seine (direkte) Arbeit zurückgeht und welcher auf den Einsatz des Netzes. Ohne Arbeit ist der Ertrag des Netzes null, ohne Netz ist der Ertrag des Fischfangs sehr niedrig. Es ist auch müßig für Robinson, diese Anteile zu ermitteln. Das wird erst interessant, wenn eine zweite Person ins Spiel kommt, zum Beispiel Freitag, den Robinson im Roman aus der Gewalt von Kannibalen befreit und zu seinem Diener macht. Von nun an stellt Freitag die Arbeit und Robinson das Netz für den gemeinsamen Lebensunterhalt. Freitag fängt Fische, Robinson ist Kapitalist und lässt sich versorgen. Nun kann man von Kapital sprechen. Zwar lässt sich immer noch nicht bestimmen, welcher Teil des Fischfangs auf das Netz zurückgeht und welcher auf die Arbeit von Freitag. Aber dem Grundsatz nach kann man sagen: Robinson steuert das produktive Netz bei, Freitag die Arbeit, und jeder sollte deshalb fairerweise einen Teil des Ertrags bekommen.

Aber nicht das Netz ist Robinsons Kapital, das einen Vergütungsanspruch hat, sondern vielmehr Robinsons ausschließliches Recht, über die Nutzung des Netzes zu bestimmen. Für den Vergütungsanspruch und damit den Wert von Robinsons Kapital ist die Machtfrage allentscheidend. Im Roman ist Robinson ein vormaliger Sklavenhändler, Freitag wird sein Sklave. Niemand macht sich die Mühe zu ermitteln, welche Anteile des Fischfangs auf das Netz beziehungsweise auf Freitags Arbeit zurückgehen. Robinson teilt einfach Freitag so viele Fische zu, wie er für angemessen hält.

Es könnte aber auch andersherum sein. Wäre Freitag der physisch Stärkere und selbstbewusst genug, könnte er sich das Netz einfach nehmen und Robinson verhungern oder für sich arbeiten lassen. Wenn Robinson nicht durch geistige oder körperliche Überlegenheit, also Macht, ein Eigentumsrecht am Netz durchsetzen kann, hat er kein Kapital, auch wenn das Netz unverändert produktiv ist. In einer komplexeren, kapitalistischen Gesellschaft übernehmen Polizei und Gerichte die Aufgabe, das Eigentumsrecht der Kapitalisten durchzusetzen. Die Machtfrage verschwindet dann hinter einem Schleier von als selbstverständlich hingenommenen institutionellen Regeln. Diese sind aber nichts weiter als die in Institutionen geronnene Macht des Robinson, sein Kapitalisteninteresse gegen das Arbeitnehmerinteresse Freitags durchzusetzen. Das zeigt Katharina Pistor in *Code des Kapitals* anhand vieler Entwicklungen und Beispiele der Rechts- und Wirtschaftsgeschichte.

Mithilfe dieses Schleiers verbergen die neoklassischen ökonomischen Lehrbücher die Macht des Kapitals und stellen das Verteilungsergebnis als etwas dar, das sich in einem fairen und objektiven Prozess herausbildet, bei dem alle die gleichen Chancen auf Wohlstand haben.

Es lohnt sich, das jeweilige Arrangement von Robinson und Freitag in den beiden alternativen Machtkonstellationen etwas genauer zu untersuchen, um zu erkennen, wie unproduktiv das Kapital – in Form eines exklusiven Eigentumsrechts am Netz – in Wahrheit ist. Betrachten wir zuerst den Fall, dass Freitag stärker ist und sich das Netz einfach nimmt. Er fischt damit, so viel er kann, und behält alles. Weil er nicht mehr seine gesamte Arbeitszeit mit Fischen zubringen muss, kann er sich Tage freinehmen, an denen er von seinen Vorräten lebt und an anderen Dingen arbeitet, zum Beispiel am Bau eines besseren Boots, an Werkzeugen, mit denen er ein besseres Haus errichten und bessere Kleidung nähen kann, oder an verbesserten Ackerbaugeräten. So steigt die Produktion immer weiter. Falls die beiden das Netz gleichberechtigt nutzen, können sie – jeder für sich oder gemeinschaftlich – die gleiche positive Entwicklung ihres Lebensstandards erreichen. Denn immer dann, wenn Robinson mit dem Netz arbeitet, hat Freitag Zeit, etwas anderes Produktives zu tun.

Vergleichen wir das mit der Situation, in der Robinson das Recht am Netz hat und von der Arbeit Freitags lebt. Hier ist die Unterscheidung wichtig, ob er ein arbeitender Unternehmer ist, der die freie Zeit nutzt, den Fischfang und die sonstige Arbeit effizient zu organisieren und vielleicht selbst an neuen Werkzeugen zu tüfteln. Dann ist er im Kern auch ein Arbeitender, kein Kapitalist. Diese Unterscheidung wird für unsere Reformüberlegungen noch wichtig werden. Doch im Kapitalismus ist der Fall, dass die Kapitalbesitzer selbst arbeiten, vergleichsweise selten anzutreffen. Eigentumsrechte von Betriebsinhabern, deren eigene Arbeit für den Erfolg des Betriebs entscheidend ist, bewerte ich völlig anders als die leistungslosen Renditen, die ein lediglich besitzender Kapitalist erwartet.

Beschränken wir uns also auf den Fall des abwesenden Eigentümers, der nicht selbst arbeitet, sondern nur einen Teil der Früchte der Arbeit Freitags für sich vereinnahmt. Nehmen wir beispielsweise an, dass Freitag die Hälfte der Fische, die er fängt, und die Hälfte der Nahrungsmittel, die er sammelt, an Robinson abgeben muss. Er hat deshalb keinen oder nur einen geringen Überschuss, den er dafür verwenden könnte, bessere Werkzeuge zu bauen. Volkswirtschaftlich gesprochen wird in dieser Zweipersonenökonomie weniger gearbeitet und investiert. Die Produktion und der Wohlstand wachsen weniger oder gar nicht. Womöglich hat Robinson sogar ein Interesse, einen Produktivitätszuwachs zu verhindern, damit Freitag nicht auf dumme Ideen und an die Mittel kommt, diese umzusetzen.

Zusammenfassend können wir festhalten, dass das Kapital in Form des exklusiven Eigentumsrechts am Netz nichts zur Produktion beiträgt, sondern diese im Vergleich zu einer gleichberechtigten kooperativen Nutzung drückt. Es gibt natürlich auch Fälle ohne klares Eigentumsrecht am Kapitalgut, die schlechter abschneiden als die kapitalistische Lösung, etwa weil unklare Eigentumsrechte zu ständigem Streit führen.

Bisher haben wir das Netz einfach als vorhanden vorausgesetzt. Was aber, wenn bestimmte Kenntnisse und Fähigkeiten erforderlich sind, um ein Netz zu flechten? Sagen wir, Robinson ist es – in dem Wissen, dass es Netze gibt – gelungen, ein erstes Netz zu flechten. Er hat also seine Zeit und Rohstoffe in das Netz investiert. Freitag könnte nun, falls er halbwegs geschickt und schlau ist, das Netz, mit dem ihn Robinson jeden Tag zum Fischfang schickt, einfach nachbauen. Dann hätte er sein eigenes und müsste den faulen Robinson nicht mit durchfüttern. Es sei denn, Robinson ist mächtiger und verbietet Freitag den Netzbau. In der Zivilisation übernimmt diese Aufgabe das Patentrecht. Es schafft solche exklusiven Rechte, die zu Kapital werden. Robinson kann sein Netz zum Patent anmelden, und dann darf es niemand nachbauen. Wenn er Glück hat, kann er sogar den Bau von Reusen verbieten oder lizenzpflichtig machen, weil diese als eine Weiterentwicklung des Netzes interpretiert werden können. Hier hat das Kapital die Form von geistigem Eigentum und drückt die Produktivität der Robinson-Freitag-Ökonomie ganz massiv. Denn statt mit zwei Netzen fischen Robinson und Freitag nur mit einem, damit Robinson sich weiter von Freitag durchfüttern lassen kann.

Die Quellen des Profits

Wir haben uns dem Patentrecht und dem Recht auf geistiges Eigentum in der Robinson-Freitag-Ökonomie so ausgiebig gewidmet, weil leistungslose Einkommen dieser Art ein Kernbestandteil des heutigen Kapitalismus sind. Es sind extraktive Einkommen, die etwas herausholen, ohne im Gegenzug etwas einzubringen. Ökonomen nennen Einkommen, die man vereinnahmt, ohne dass man den Kuchen der verfügbaren Werte vergrößert, Renten.

Zur Klarstellung und Abgrenzung sei betont: Vielleicht hat man wie bei der Altersrente früher etwas eingebracht und bekommt dafür später wieder etwas heraus. Dabei handelt es sich in diesem Umfang nicht um ökonomische Renten, denn in einem etwas weiteren Sinne sind diese Einkommen ja nicht leistungslos. Auch Patente und andere Formen geistigen Eigentums, die nur den Anteil an eigener Leistung vergüten, sind in diesem Umfang keine ökonomischen Renten. Diese Anteile sind natürlich schwer zu bestimmen, aber konzeptionell dürfte klar sein, worin sie bestehen. Ein Exklusivrecht im erforderlichen Umfang, um den eigenen Entwicklungsaufwand sowie das Risiko eines Fehlschlags abzudecken, ist nicht als leistungslos zu betrachten. Es erfüllt eine Funktion. Hohe Millionen- bis hin zu Milliardengewinnen, wie sie das heutige

Patentrecht regelmäßig hervorbringt, sind damit nur in den seltensten Fällen zu rechtfertigen.

Exklusive Nutzungsrechte auf Wissen und Schöpfungen beinhalten immer auch die private Aneignung gesellschaftlichen Wissens. Denn mit Erfindungen und wissenschaftlichen Erkenntnissen, ebenso wie mit geistigen Schöpfungen, steht man immer auf den Schultern unzähliger anderer, ohne deren Vorarbeit man das nie geschafft hätte. Katharina Pistor beschreibt, wie reiche Leute sich in vergangenen Jahrhunderten dank hochbezahlter Anwälte, wohlwollender Richter und gewogen gemachter Gesetzgeber gemeinschaftlich genutztes Land in ihr Privateigentum überführt und die Bauern von diesem Land vertrieben haben. Analog dazu dürfen sich heute private Unternehmen mit Exklusivrechten auf geistiges Eigentum den gesellschaftlichen Wissensstand aneignen und dauerhaft Gewinn daraus ziehen, nur weil sie ein bisschen Wissen hinzugefügt haben.

Kapitalismus nach Peter Thiel: Wettbewerb ist etwas für Verlierer

Wer den Kern des modernen Kapitalismus zu begreifen sucht, hört am besten einem Großkapitalisten zu. Zum Beispiel Peter Thiel, dem Gründer von PayPal und Palantir sowie frühen Investor in vielen späteren Silicon-Valley-Giganten wie Facebook. Thiel hat sehr erfolgreich in Unternehmen investiert, von denen er annahm, dass sie irgendwann hohe Gewinne erzielen würden, und zwar dauerhaft, ohne dass marktwirtschaftlicher Wettbewerb dem Einhalt gebieten würde. Und er hat 2014 sein Erfolgsrezept in einer Vorlesung erläutert. Von ihm lernen wir, dass moderner Kapitalismus und wettbewerbliche Marktwirtschaft nicht etwa austauschbare Begriffe sind, sondern Gegensätze. Seine Vorlesung trug den Titel: »Wettbewerb ist etwas für Verlierer«. Denn wo scharfer Wettbewerb herrsche, könne sich Kapital kaum vermehren. Thiel erklärt:

> »Wenn Sie ein Unternehmer sind, der ein Unternehmen gründet, sollten Sie immer darauf abzielen, ein Monopol zu erreichen und Wettbewerb zu vermeiden. Deshalb ist Wettbewerb etwas für Verlierer.«[89]

Thiel behauptet, es gebe im Wesentlichen zwei Arten von Unternehmen: die Verlierer, die sich dem Wettbewerb stellen, und Monopole, die den Wettbewerb erfolgreich vermeiden. Diese Zweiteilung werde nicht gut verstanden, denn diejenigen mit einem Monopol behaupteten, dass sie in scharfer Konkurrenz stünden, weil sie nicht reguliert werden wollten, während diejenigen, die tatsächlich in scharfer Konkurrenz stünden, behaupteten, dass sie etwas Einzigartiges täten, das tatsächlich weniger dem Wettbewerb ausgesetzt sei, als es aussehe. Man wolle ja schließlich Kapital und Mitarbeiter anlocken und so weiter.

Die Zweiteilung mag extrem klingen, aber es genügt zu wissen, dass Apple mehr wert ist als alle börsennotierten deutschen Unternehmen zusammen, um zu erahnen, dass Thiel im Großen und Ganzen doch recht haben dürfte. Wer das verstanden hat, begreift auch, warum die Aktienmärkte boomen, während die Wirtschaft im Corona-Koma liegt. Die Vormachtstellung der Quasi-Monopolisten des Silicon Valley wurde dank der Pandemie gefestigt. Auch die anderen börsengelisteten Großkonzerne konnten ihre dominierende Position gegenüber den viel stärker unter der Krise leidenden (nicht börsennotierten) kleineren Unternehmen ausbauen. Und Marktmacht ist das A und O im Kapitalismus. Thiels Rat an Unternehmensgründer lautet deshalb, sich zuerst in überschaubaren Märkten eine Marktmacht aufzubauen und von dort aus größere, benachbarte oder übergeordnete Märkte zu erobern. Wichtigste Bestandteile dafür seien eine überlegene und patentierte Technologie, die es einem ermöglicht, in einem Teilmarkt dominant zu werden, Skaleneffekte, Netzwerkeffekte und die Nutzung einer starken Marke.

»Skaleneffekte« bedeutet, dass die durchschnittlichen Kosten pro Produkteinheit mit zunehmendem Umsatz kräftig sinken. Das gilt in besonders hohem Maße für Software, die sich fast kostenlos vervielfältigen lässt, aber auch überall, wo hohe Entwicklungskosten anfallen und teure Maschinen und Anlagen für die Fertigung gebraucht werden.

»Netzwerkeffekte« liegen vor, wenn ein Produkt für die Kunden umso nützlicher ist, je mehr andere es verwenden. Das gilt wiederum für viele Softwareprodukte, weil für Kunden der Datenaustausch leichter ist, wenn man die gleiche Software verwendet wie die meisten anderen. Auch soziale Medien weisen sehr starke Netzwerkeffekte auf.

Ökonominnen und Ökonomen haben nachgewiesen, dass die Marktmacht der größten Unternehmen in den letzten Jahrzehnten stark zugenommen hat. Sie können höhere Margen durchsetzen und sehr hohe Gewinne erzielen, oft bei relativ geringem Arbeitseinsatz. Die Weltmarktführer der IT-Branche – Alphabet, Amazon, Apple, Facebook und Microsoft – sind hierfür Musterbeispiele. Durch die hohen Gewinnmargen der großen Konzerne steigen die Kapitaleinkommen relativ zu den Arbeitseinkommen. Die Ungleichheit nimmt zu, und auch die wirtschaftliche Macht konzentriert sich immer stärker.

Die extrem hohe Börsenbewertung dieser Konzerne, sowohl absolut als auch relativ zu den derzeitigen jährlichen Gewinnen, signalisiert die Erwartung der Investoren, dass sie auf sehr lange Zeit kräftig steigende Monopolgewinne werden realisieren können. Das hat viel damit zu tun, dass der Patent- und Markenschutz in den letzten Jahrzehnten immer weiter verstärkt und verlängert und auf zusätzliche Wirtschaftsgüter ausgeweitet wurde. Seine Durchsetzung wurde durch verschärfte Strafandrohungen stringenter gemacht. Auch wurden viele Länder durch Druck, zum Beispiel die Drohung des Entzugs von Entwicklungshilfe oder Handelsvorteilen, dazu genötigt, geistiges Eigentum ausländischer Unternehmen stärker zu respektieren und zu schützen. Gleichzeitig wurde die Wettbewerbspolitik immer zahmer: Sie strebte nicht mehr an, marktbeherrschende Stellungen zu verhindern, sondern nur noch, deren Missbrauch im Einzelfall zu ahnden, was notorisch schwierig ist.

Branchen, in denen Netzwerk- und Skaleneffekte eine dominante Rolle spielen, werden als »natürliche Monopole« bezeichnet, weil aufgrund der Eigenschaften der Produkte und des Produktionsprozesses die Produktion durch ein einziges Unternehmen am effizientesten ist. Ob sich tatsächlich ein Monopol oder ein Quasi-Monopol herausbildet, hängt noch von weiteren Faktoren ab, wie der Regulierung, der Marktstruktur und der Möglichkeit, sich Kostenvorteile zunutze zu machen. Einmal errungene Monopolstellungen können ausgenutzt werden, um hohe Monopolgewinne zu erzielen. Momentan lässt die Wirtschaftspolitik das oft zu. Früher war es dagegen üblich, natürliche Monopole wie Energieversorgung, Wasserversorgung, Post und Telekommunikation in öffentlicher Regie zu betreiben oder wenigstens durch Fusionskontrolle dafür zu sorgen, dass Konzerne mit Monopolgewinnen sich nicht in immer mehr und immer größere Märkte ausbreiten konnten. So wie derzeit bei Amazon zu beobachten – einem Konzern, der als Buchhändler begonnen hat, inzwischen aber mit praktisch allem handelt, sehr vieles davon selbst herstellen lässt, Überwachungssoftware für die Polizei vertreibt, daneben unter anderem im Cloud-Computing-Geschäft dominierend ist und gerade erste Schritte ins Friseurgeschäft unternimmt.

Ein weiterer wichtiger Gewinnturbo sind Marktzutritts-schranken. Das können regulatorische Hemmnisse sein, wie in der Pharmabranche oder in der Finanzbranche, wo bei Weitem nicht jeder eine Bank betreiben kann und darf. Ebenso können Produktionsgegebenheiten oder die Organisation der betreffenden Branche dafür sorgen, dass der Markteintritt für Neulinge sehr teuer und hochriskant ist. So dominieren beispielsweise in der Ölbranche vertikal integrierte Konzerne, die von der Erforschung der Lagerstätten bis zu den Tankstellen alle Wertschöpfungsstufen in sich vereinigen. Da kann sich kaum ein Neuzugang hineindrängen.

Die IT-Giganten weisen fast alles gleichzeitig auf: Patente, Skaleneffekte, Netzwerkeffekte, starke Marken und manchmal auch die Integration vorgelagerter und nachgelagerter Produktionsstufen des Hauptprodukts. Nur die Marktzugangsbarrieren sind niedrig. Aber dafür haben die Marktführer so viel Geld, dass sie problemlos alle Newcomer aufkaufen können, die ihnen gefährlich werden könnten, und sie tun das auch sehr eifrig. Es ist sogar Teil der Strategie, kleine selbstständige Start-ups einen Teil der Entwicklungsarbeit machen zu lassen, diese zu beobachten und diejenigen zu kaufen, deren Produkt Potenzial zeigt.

Auch Pharmafirmen haben sehr hohe Gewinnspannen. Hier ist es vor allem der starke Schutz geistigen Eigentums, kombiniert mit hohen Marktzutrittsschranken aufgrund der von den großen Konzernen mitgestalteten Regulierung, die das ermöglichen.

Monopole dank geistigen Eigentums

Es würde hier zu weit führen, alle Quellen von Monopolgewinnen im Einzelnen durchzudeklinieren. Mit dem geistigen Eigentum wollen wir uns aber erneut etwas näher befassen, weil es für die heute wertvollsten und damit mächtigsten Konzerne eine dominierende Rolle spielt. Bichler und Nitzan veranschaulichen die Bedeutung des geistigen Eigentums in *Capital as Power* anhand des Beispiels Microsoft. Dort standen 2005 Gebäude und Anlagen im Wert von 2,3 Milliarden Dollar in der Bilanz, bei einem Börsenwert von 283 Milliarden Dollar. Der Börsenwert, auch Marktkapitalisierung genannt, ist der Kurs einer Aktie multipliziert mit der Anzahl der Aktien des Unternehmens. Er ist der auf den Stichtag abgezinste Wert aller erwarteten künftigen Gewinne. Fremdkapitalzinsen sind dabei als Kosten abgezogen. Fremdkapital ist aber auch Teil des Unternehmenskapitals. Addiert man also zum Börsenwert die Schulden (Fremdkapital), belief sich der Gesamtkapitalwert auf 306 Milliarden Dollar.

Kaum mehr als ein halbes Prozent davon ging auf den Marktwert der Produktionsmittel zurück. Der Rest bestand aus immateriellen Produktionsgütern, was man zu einem Großteil mit Rechten an geistigem Eigentum gleichsetzen kann. Niemand hat das Recht, die Software von Microsoft zu kopieren oder sie anzuwenden, ohne dafür hohe Lizenzgebühren an Microsoft zu bezahlen. Die Programme sind nicht oder nur wenig besser als andere, oft sogar weniger sicher. Aber sie sind der Standard, was einen gewaltigen Netzwerkvorteil mit sich bringt. Alle wollen das Programm, das alle anderen auch haben, weil sie dann Arbeitsergebnisse problemlos mit allen anderen austauschen können.

Das Ausmaß der eigenen Leistung von Bill Gates und seiner Partner bei der Entwicklung der ersten Microsoft-Programme ist recht umstritten. Riesig war es jedenfalls nicht. Vieles wurde von frei verfügbarer Software übernommen, verfeinert und konsumentengerecht verpackt. Der Wert, den der Patentschutz in Zusammenhang mit den Netzwerkeffekten für die Eigentümer von Microsoft darstellt, ist dagegen fast unermesslich groß. Ein Musterbeispiel von leistungslosem Einkommen zulasten der übrigen Wirtschaft.

Massiv überzogener Patentschutz

Zu den schwierigsten Aspekten des ausufernden Schutzes geistigen Eigentums zählen Patentdickichte. Das sind Minenfelder aus strategischen Patenten für technische Detaillösungen, die vor allem deshalb angemeldet werden, weil Konkurrenten im betreffenden Gebiet dann auf Schritt und Tritt der Gefahr ausgesetzt sind, ein Patent zu verletzen oder sich zumindest einer teuren Patentklage erwehren zu müssen. Die großen Unternehmen besitzen so viele Patente, dass sie sich gegenseitig mit Klagen überziehen könnten, weshalb sie ihren Disput meist auf dem Verhandlungsweg lösen. Für kleine und mittlere Unternehmen sind Branchen mit solchen Patentdickichten dagegen ein kaum noch betretbares Minenfeld. Sie können sich hier allenfalls noch als mehr oder weniger abhängige Zulieferer oder Technikentwickler für die Großen betätigen. Zwei IWF-Ökonomen haben ein Modell des Innovationswettbewerbs entwickelt, in dem die Marktführer versuchen, durch schnelle patentgeschützte Innovation ihren Vorsprung so weit auszubauen, bis ein Schutzwall von Patenten dafür sorgt, dass Konkurrenten sie technologisch nicht mehr überholen können. Danach können die Marktführer das Innovationstempo abfallen lassen. Das scheint keine ganz unzutreffende Beschreibung dessen zu sein, was man in der Praxis beobachten kann.[90]

Wo nur noch die größten Unternehmen es sich leisten können, tätig zu sein, sind die Gewinnmargen hoch. Der Börsenwert von Apple stieg im Jahr 2020 binnen Monaten von einer auf zwei Billionen Euro. Dieser Anstieg spiegelt die Erwartung der Anleger wider, dass Apple den Konsumenten und anderen

Unternehmen entsprechende Zusatzkosten in Form von überhöhten Preisen für seine Produkte aufhalsen kann.

Patente lassen sich auch gut dafür verwenden, den Einsatz einer Technik zu verzögern oder sogar zu verhindern. Das ist dort interessant, wo Unternehmen eine dominierende Stellung haben und viele teure Maschinen und Anlagen betreiben, die durch eine neue Erfindung entwertet würden. Anstatt in großem Umfang zu investieren, um den ganzen Maschinenpark auf die neue Technik umzurüsten, ist es manchmal einfacher, ein gekauftes oder selbst angemeldetes Patent einfach stillzulegen. Dann kann auch kein Konkurrent die bessere Technik nutzen, und man kann weiter Gewinne einfahren, ohne investieren zu müssen.

So undurchdringlich sind die Patentdickichte inzwischen, dass sogar die vier großen deutschen Autokonzerne sich genötigt sahen, ein Gutachten zu den »Auswirkungen von Patenten der Telekommunikation auf die Innovationsfähigkeit der Automobilindustrie« in Auftrag zu geben. »Wir benötigen endlich auch in Deutschland ein Patentrecht, das gemeinschaftliche Innovation belohnt, statt sie durch Einzelne willkürlich blockieren zu lassen«, sagte dazu Kai Brandt, Leiter Patente von Audi, im Februar 2021 dem *Handelsblatt*.[91] Für Anbieter von komplexen Produkten seien die Risiken durch Patentklagen fast unüberschaubar. So verklagte etwa der Chipkonzern Broadcom VW wegen vermeintlicher Patentverletzungen bei der drahtlosen Kommunikation in Fahrzeugen auf Zahlung von einer Milliarde Dollar.

Verheerend waren die Konsequenzen des unbedingten Patentschutzes bei der Entwicklung von Impfstoffen gegen Covid-19. Als die WHO am 11. Februar 2020 Hunderte Experten für öffentliche Gesundheit und Infektionskrankheiten in Genf versammelte, arbeiteten diese zwei Tage lang an einer Blaupause für die Erforschung von Impfstoffen gegen Covid-19, jene Krankheit, die wenig später zur Pandemie erklärt werden sollte. Im Abschlussdokument erläuterten sie mögliche Wege zur Beschleunigung der Impfstoffentwicklung. Sie beschrieben einen Prozess, bei dem die Welt sich gegen das Virus vereinigt. Dabei würde die weltweite Gemeinschaft der Forscher Informationen austauschen und die WHO in öffentlicher Regie vergleichende medizinische Studien organisieren, um die Wirksamkeit der Impfstoffe zu testen.

Im Nachgang gab es von Seiten der Vereinten Nationen die Bestrebungen, die Patentrechte für Impfstoffe auf freiwilliger Basis bei der WHO in einen gemeinsamen Topf zu legen und allen qualifizierten Produzenten für die Dauer der Pandemie zur Verfügung zu stellen. Dafür wurde im Mai der WHO Covid-19 Technology Access Pool gegründet. Dem war allerdings ein paar Wochen vorher schon Bill Gates mit seinem Gegenmodell zuvorgekommen, dem Covid-19 ACT-Accelerator, in Kooperation mit Mastercard und Wellcome Trust. Gates tritt regelmäßig offensiv für einen starken Patentschutz ein, was kein Wunder ist, hängt doch davon sowohl sein großes Privatvermögen als auch das seiner Stiftung ab und damit seine Macht. Sein Vorschlag war, dass die Patentrechte privat bleiben und im Gegenzug Impfstofflieferungen an ärmere Länder für die ersten 20 Prozent der jeweiligen Bevölkerung subventioniert werden sollten.[92]

Daraus wurde nichts, jedenfalls nicht rechtzeitig. Da die Patentinhaber nicht schnell genug produzieren konnten und die USA keinen Impfstoff aus dem Land ließen, erhielten die Entwicklungsländer ein halbes Jahr lang fast keine Impfstoffe aus dem Westen, während ihre Wirtschaft litt und extreme Armut und Unterernährung stark zunahmen. Die ersten 600 000 Impfdosen für Afrika aus dem Covax-Kontingent der Impfallianz Gavi und der WHO, eine bescheidene Menge, kamen Ende Februar 2021 aus Indien in Ghana an.[93] Die Impfstoffentwickler Moderna und Pfizer/Biontech durften sich dagegen aufgrund des Patentschutzes ihrer Impfstoffe über hohe Milliardengewinne freuen. So verzehnfachte sich der Aktienkurs von Moderna von April 2020 bis Januar 2021 auf rund 180 US-Dollar. Allein das Vermögen von Vorstandschef Stéphane Bancel wuchs dadurch um rund fünf Milliarden US-Dollar an. Beim Biontech-Gründer Ugur Sahin soll es nicht viel weniger gewesen sein.[94]

Südafrika und Indien beantragten im Oktober 2020 bei der Welthandelsorganisation (WTO) die Aussetzung des Patentschutzes für Impfstoffe gegen Covid-19 für die Dauer der Pandemie. Rund 80 Länder schlossen sich dem Vorstoß an. Der WTO-Vertrag über handelsbezogene geistige Eigentumsrechte sieht diese Möglichkeit in Notlagen ausdrücklich vor. Zu den Armeen von Lobbyisten, die ihren Teil dazu beitrugen, die Politiker entsprechend einzuschwören, gesellte sich auch ein Bataillon aus Hollywood. Die dortigen Firmen, deren Gewinne von extrem langlebigen und intensiv durchgesetzten Monopolrechten auf geistiges Eigentum abhängen, bekämpfen jegliche Aufweichung mit Zähnen und Klauen, und wenn es Millionen Menschen das Leben kosten sollte.[95] »Man muss sehr fanatisch und radikal sein, um so etwas gerade jetzt zu verlangen«, sagte Pfizer-Chef Albert Bourla dem US-Magazin *Barron's*. Die Impfungen seien das Verdienst der Firmen. Diese Behauptung hat die Schweizer Wochenzeitung WOZ überprüft, mit folgendem Ergebnis:

> »Erstens beruhen die Impfungen auf jahrzehntelanger öffentlich finanzierter Forschung. Zweitens haben die Firmen letztes Jahr nochmals Milliarden an Finanzspritzen zur Entwicklung der Impfstoffe erhalten. Und drittens haben Regierungen weltweit den Firmen Absatzgarantien gegeben – bevor sie die jeweilige Wirksamkeit der Impfstoffe kannten.«[96]

Die wichtigsten wissenschaftlichen Errungenschaften aus der Grundlagenforschung der vier vorangegangenen Jahrzehnte sind öffentlich finanzierter Forschung zu verdanken. Gegenüber den Milliardengewinnen der Impfstoffentwickler durch die Nutzung staatlich finanzierter Forschungsergebnisse nehmen sich ihre Ausgaben bescheiden aus. Die Organisation Ärzte ohne Grenzen schätzte im November 2020 das Ausmaß der öffentlichen Subventionen für die sechs damals bei der Impfstoffentwicklung führenden Unternehmen auf zwölf Milliarden Dollar.[97] Anders als Privatinvestoren haben die beteiligten Regierungen dafür keine Aktien bekommen. Nur bei dem Tübinger Impfstoffentwickler Curevac, der bis Juni 2021 noch keinen zugelassenen Impfstoff hatte, stieg der Staat im Juni 2020 mit 300 Millionen Euro als Anteilseigner ein, allerdings ohne Einfluss auf die Geschäftspolitik nehmen zu wollen, wie die Regierung betonte. Die Verträge mit den Impfstoffherstellern wurden geheim gehalten. Aus den vielfältigen Versprechungen der Politiker, die Impfstoffe würden der ganzen Welt zugutekommen, wurde nichts. Vielmehr stritten sich zunächst die Industrieländer, insbesondere die USA, Großbritannien und EU, erbittert darum, wer wie schnell wie viel Impfstoff bekommen sollte. Für den Rest der Welt blieben allenfalls Impfstoffe aus China und Russland übrig. Analysten von Großbanken schätzten der WOZ zufolge, dass Pfizer, Biontech und Moderna allein 2021 je zehn bis 20 Milliarden US-Dollar einnehmen werden, was Pfizer für sich bestätigt hat. Die Aktionäre können Kasse machen.

Anfang Mai 2021 schickte US-Präsident Joe Biden die Aktien der Impfstoffhersteller kurz mit der Aussage auf Talfahrt, er könne sich eine Aussetzung der Impfstoffpatente vorstellen. Das Verhältnis zum wichtigen Verbündeten Indien drohte wohl zu großen Schaden zu nehmen. Doch die Europäer verteidigten die Interessen ihrer Pharmafirmen mit Zähnen und

Klauen und blockierten ein Aufweichen des Patentschutzes. Bei allem Schrecken der Pandemie: Das Recht der Konzerne auf geistiges Eigentum war wichtiger.

Selbst die Yale-Professoren Sunil Kanwar und Robert Evenson, zwei Befürworter eines starken Patentschutzes, räumten in einem viel zitierten Aufsatz von 2003 ein, dass die deutliche Intensivierung des Schutzes geistigen Eigentums, die damals bereits in vollem Gange war, sich nicht auf gesicherte wissenschaftliche Erkenntnisse stützen könne. Vielmehr gebe es eine intensive Diskussion darüber, ob der Schutz nicht bereits so stark sei, dass er Innovation eher behindere als fördere. »Die Erkenntnislage ist gemischt, um es freundlich auszudrücken«, schrieben die beiden Koryphäen.[98] Das war vor knapp 20 Jahren, als der Schutz noch nicht so ausgeprägt war wie heute.

In einer wirtschaftshistorischen Studie kamen Jörg Baten, Nicola Bianchi und Petra Moser jüngst zu dem Ergebnis, dass deutsche Unternehmen, deren Patente die USA während des Ersten Weltkriegs nicht mehr respektierten, ihre Forschungsanstrengungen stärker ausweiteten als Unternehmen, die von diesen Sanktionen nicht betroffen waren. Offenbar sahen sich die nicht mehr vor Nachahmern Geschützten genötigt, ihre Technologieführerschaft durch schnellere Innovation zu verteidigen.

Wenn es starke Anzeichen dafür gibt, dass der Schutz geistigen Eigentums sogar unter dem Aspekt der Innovationsförderung zu weit geht, lässt er sich nur noch mit dem Gewinninteresse der Kapitalisten begründen. Denn darüber, dass er sich ausgesprochen negativ auf die Einkommensverteilung auswirkt, gibt es keinen Zweifel. Die Einkommensungleichheit würde durch ein deutlich verringertes Schutzniveau für geistiges Eigentum erheblich reduziert. Aber Entscheidungen über den Schutz geistigen Eigentums werden nahezu ohne öffentliche Diskussion in den Hinterzimmern der Global Governance getroffen, wo die globalen Konzerne und die Regierungen ihrer Heimatländer das Sagen haben.

Exkurs: Ein Blick zurück auf den Frühkapitalismus

Es gab auch einmal einen anderen Kapitalismus, den selbst sein Kritiker Karl Marx für seine Innovationskraft und seine Fähigkeit, rapide Produktivitätssteigerungen zu bewirken, bewunderte. Aus Sicht eines heutigen Kapitalisten wie Peter Thiel war das eine furchtbare Zeit, denn es herrschte oft scharfer Wettbewerb. Einen Patentschutz im heutigen Sinne gibt es in Deutschland erst seit Ende des 19. Jahrhunderts. Erlassen wurde das Reichspatentgesetz auf Initiative von Werner von Siemens, dem Verein Deutscher Ingenieure und dem Oberbürgermeister der Industriestadt Chemnitz, um sich selbst beziehungsweise die heimischen Erfinder von Konkurrenz abzuschirmen. Der damalige Patentschutz war allerdings weit weniger umfassend und wurde weniger extensiv durchgesetzt als heute. Thiel berichtet in der schon zitierten Vorlesung abfällig:

>»Wir hatten 300 Jahre lang unglaublichen technologischen Fortschritt. Dampfmaschinen, Eisenbahn, Telefon, Kühlaggregate, Haushaltsgeräte, die Computer-Revolution, Flugzeuge. (…) Es gab großartige Innovationen, die einen enormen Mehrwert für die Gesellschaft schufen, aber die Leute konnten nicht viel von diesem Wert für sich reklamieren. Die Eisenbahnen waren unglaublich wertvoll, aber die meisten gingen bankrott, weil es einfach zu viel Konkurrenz gab. Oder die Gebrüder Wright: Du fliegst das erste Flugzeug, aber du verdienst kein Geld damit. Im späten 18. und frühen 19. Jahrhundert gab es die industrielle Revolution mit Mühlen-Webstühlen, dann die Dampfmaschine, die Sache wurde automatisiert. Es gab diesen unerbittlichen Effizienzfortschritt in Textilfabriken, allgemein

in der Industrie, von fünf bis sieben Prozent pro Jahr, Jahrzehnt nach Jahrzehnt. (…) Die Arbeiter verdienten wenig, und auch die Kapitalisten verdienten nicht allzu viel. Es wurde alles wegkonkurriert. Es gab Hunderte Betreiber von Textilfabriken. Es war eine Branche, in der die Wettbewerbsstruktur verhinderte, dass man viel Geld verdiente.«

Diese Kapitalismusgeschichte ist überspitzt. Viele der Industriellen waren für damalige Verhältnisse sehr reich. Aber aus Sicht eines Peter Thiel oder gar eines Jeff Bezos oder Bill Gates waren es arme Schlucker, die in einem viel zu wettbewerblichen Umfeld ihr kärgliches Kapitalistenbrot verdienen mussten. Der damalige Kapitalismus bescherte den Konsumenten mehr Wohlstandsgewinn, weniger blieb bei den Kapitalisten selbst hängen. Die Märkte waren völlig ungesättigt, der Wettbewerb scharf. Das Kapital hatte damals noch das Interesse, die Fabriken so viel produzieren zu lassen wie nur möglich. An der Spitze der Unternehmen waren Ingenieure gefragt, nicht Buchhalter. Kein Vergleich mit der heutigen Situation, wo sehr viele Märkte gesättigt sind und Gewinn vor allem mit Markenprodukten, dem Erzeugen neuer Bedürfnisse und in Branchen mit natürlichen Monopolen erwirtschaftet wird.[99]

Der Einfluss der Bodenrenten

Ein Sonderfall von leistungslosem Einkommen, und zwar ein ausgesprochen wichtiger, sind Bodenrenten. Jedes Grundstück ist aufgrund seiner jeweiligen Lage in gewissem Sinne einzigartig. Und wenn es nicht auf genau diese Lage ankommt, so gibt es zu jedem Zeitpunkt doch immer nur eine sehr begrenzte Anzahl von Grundstücken, die für einen bestimmten Zweck infrage kommen und auf dem Markt sind. Wer als normales Mitglied der Gesellschaft leben will, braucht zumindest einen Mitnutzungsanteil an einem Grundstück, um dort wohnen zu können; wer etwas produzieren will, braucht dafür in aller Regel ein Grundstück.

Außerdem haben Grundstücke die besondere Eigenschaft, dass sie einfach da sind. Sie müssen und können nicht produziert werden. Ihre Lage ist vorgegeben und kann von der Eigentümerin nicht verändert werden. Boden nutzt sich nicht ab und wird anders als Maschinen und Anlagen nicht abgeschrieben. Er wird vielmehr in der Regel immer teurer, weil er im Zuge des Bevölkerungs- und Wirtschaftswachstums immer knapper und wertvoller wird. Schon der klassische Ökonom Adam Smith wusste:

>>Die Grundrente ist natürlicherweise ein Monopolpreis. Sie richtet sich nicht danach, was der Besitzer dafür ausgegeben hat oder was er mindestens an Einnahmen braucht, sondern danach, was der Farmer sich leisten kann zu zahlen.«[100]

Die Besitzerin eines gewerblich nutzbaren Grundstücks vergibt dieses an denjenigen, der bereit ist, ihr den größten Teil des Gewinns zu überlassen, den er durch die Bewirtschaftung dieses Grundstücks erzielen kann. Preis oder Pacht richten sich heutzutage vor allem nach der Lage und danach, welche Nutzungsformen erlaubt sind. Mit Investitionen der Besitzer haben sie meist sehr wenig zu tun. Deshalb heißt es »Grundrente« im Sinne von leistungslosem Einkommen. Wenn eine neue Straße oder S-Bahn gebaut wird, können die Besitzer der dadurch erschlossenen Grundstücke den größten Teil des Vorteils in Form höherer Grundstückspreise an sich ziehen. Die Kosten trägt die Allgemeinheit. Wenn die Wirtschaftskraft und die Einkommen in einer Region steigen und dadurch die Nachfrage nach Grundstücken in dieser Region zunimmt, profitieren ebenfalls in starkem Umfang die Grundbesitzer. An den Kosten der wertsteigernden Maßnahmen – zum Beispiel des S-Bahn-Baus – müssen sie sich zumeist kaum beteiligen.

Das hat zur Folge, dass die Grundbesitzer im Zuge der wirtschaftlichen Entwicklung immer zu den Profiteuren gehören, auch wenn sie nichts tun, als die Pacht zu kassieren. Peter Thiel ätzte in seinem Vortrag über »Wettbewerb für Verlierer«, dass noch 1850 das meiste Vermögen in Großbritannien in den Händen des landbesitzenden Erbadels gelegen habe, trotz vieler Jahrzehnte industrieller Revolution. Das ist kein Zufall. Wer das Land besitzt, kann immer einen großen Teil des Gewinns aus neuen Aktivitäten vereinnahmen, auch wenn er selbst diese überhaupt nicht betreibt. Noch heute hat der Adel in Großbritannien ein Erbrecht auf einen Sitz im gesetzgebenden Oberhaus.

Grundbesitz ist kein Nebenaspekt des Kapitalismus. Der Kapitalstock der deutschen Volkswirtschaft im Jahr 2019 von 20 000 Milliarden Euro bestand laut Statistischem Bundesamt nur zu einem Zehntel aus »Fahrzeugen, Maschinen und sonstigen Ausrüstungen«. Knapp die Hälfte, nämlich 9300 Milliarden Euro, entfiel auf Wohn- und Gewerbeimmobilien. Der große Rest bestand im Wesentlichen aus geistigem Eigentum und militärischen Waffensystemen.[101] Das bestätigt noch einmal, dass den Produktionsmitteln, an die wir denken sollen, wenn von Kapital die Rede ist, ein ganz geringer Anteil am Reichtum und der Macht der (großen) Kapitalbesitzer zukommt. Der Löwenanteil entfällt auf geistiges Eigentum und Immobilien.

Was die Erträge aus Grundbesitz, die Bodenrenten, anbelangt, ist die offizielle Statistik leider gar nicht hilfreich. So wie die Ökonomie den Blick vom Boden abgelenkt hat, indem sie ihn aus der Liste der »Produktionsfaktoren« gestrichen und mit Kapital zusammengelegt hat, ist auch die Statistik verfahren. Das Volkseinkommen wird in nur zwei Teile gegliedert: das Arbeitnehmerentgelt sowie das Unternehmens- und Vermögens-einkommen. Bodenrenten gehen in Letzteren auf.

Seit 2015 ist der Preis für Bauland laut Statistischem Bundesamt deutschlandweit im Durchschnitt jährlich um rund zehn Prozent, der für Wohnimmobilien um rund fünf bis sieben Prozent gestiegen. Das sind enorme Zuwächse, mit denen keine Einkommensentwicklung mithalten kann.[102]

Vonovia ist der größte deutsche Mietwohnungskonzern. Ihr gehören über 400 000 Wohnungen in allen größeren deutschen Städten und in Österreich. Verschiedene Private-Equity-Firmen schmiedeten den Konzern zusammen, dessen Portfolio aus dem Staat abgekauften Wohnungsbeständen oder ehemaligen Werkswohnungen von staatlichen, halbstaatlichen oder privaten Unternehmen besteht. Nach dem Börsengang 2015 wurde Blackrock der größte Vonovia-Aktionär, gefolgt von weiteren Kapitalanlageunternehmen.[103] Zu den guten Nachrichten für die Vonovia-Aktionäre im Jahresabschluss 2020 schreibt das *Handelsblatt*:[104] »Die überwiegende Mehrheit der Mieter zahlte trotz Corona ihre Miete weiter und wegen der steigenden Preise an den Immobilienmärkten erhöhte sich der Wert des eigenen Immobilienportfolios.« Die Börsenkurse des Konzerns hätten sich 2020 gut entwickelt, sobald den Anlegern klar geworden sei, dass sie die Kosten der Pandemie nicht zu schultern haben würden. Vonovia machte 2020 stolze 3,3 Milliarden Euro Gewinn, nach 1,3 Milliarden im Vorjahr. Gemessen am Mittelwert von 2,3 Milliarden errechnet sich bei 416 000 Wohnungen ein Gewinn von sage und schreibe 460 Euro pro Monat und Wohnung.[105]

Im Mai 2021 verkündeten Vonovia und der zweitgrößte Wohnungskonzern Deutsche Wohnen ihre Absicht, sich zum größten europäischen Wohnungskonzern mit mehr als 500 000 Wohnungen zusammenzuschließen. Ende Juli sah es nach einem Scheitern der Fusionspläne aus.

Schon klassische Ökonomen wie Adam Smith und Karl Marx erwarteten und befürchteten, dass ein immer größerer Anteil der Wachstumsdividende an die Grundbesitzer fließen würde. Steigende Mieten und Pachten würden die Löhne und Produktionskosten nach oben treiben und die wirtschaftliche Entwicklung bremsen.

Steigende Grundrenten und damit höhere Grundstückspreise sind ein Hemmnis für die Produktion, weil sie diese unnötig verteuern. Unmittelbar sichtbar ist dieser Effekt bei betriebsnotwendigen Grundstücken. Aber auch wenn die Wohnkosten steigen, wird die Produktion teurer. Wer in einer Stadt produzieren will, in der das Wohnen teuer ist, muss hohe Löhne und Gehälter zahlen, sonst können oder wollen es sich seine Arbeiter und Angestellten nicht leisten, dort zu leben. Hohe Grundstückspreise, die in der Statistik aufgrund einseitiger Erfassung als Wohlstandsgewinn für die Nation, als Kapitalstock, daherkommen, sind in Wahrheit nur Umverteilung, ein Maß für die Macht der Kapitalisten, sich Werte anderer anzueignen. Die höheren Grundstückswerte werden statistisch registriert, die höheren Kosten für die Mieter und Pächter jedoch nicht. So wird die Illusion genährt, die Gesellschaft sei reicher geworden, wenn ein Teil von ihr dem Rest der Gesellschaft mehr Geld für die Nutzung der vorhandenen Grundstücke abnimmt.

Für Marx war die Lösung klar: Verstaatlichung. Smith plädierte, deutlich moderater, für eine Besteuerung von Bodenwertsteigerungen. Die staatliche Steuerlast sollte so weit wie möglich auf den Schultern der Bezieher von Grundrenten lasten – statt auf Arbeitseinkommen oder Einkommen aus Unternehmertätigkeit. Denn Monopolrenten zu besteuern, beschädigt Leistungsanreize nicht.

Um dem Protest von Hausbesitzerinnen zuvorzukommen, die ihr Eigenheim teuer und mit einer hohen Hypothek erworben haben, sei klargestellt: Die Aussage, dass Grundbesitzer von den besonderen Eigenschaften des Bodens profitieren, ist unpräzise. Die Banken und der übrige Finanzsektor haben Mechanismen entwickelt, um sich einen Großteil der Bodenrenten anzueignen, auch und gerade dann, wenn sie selbst nicht die Grundbesitzer sind. Wer mit einem hohen Bankkredit eine Immobilie gekauft hat, zahlt bis zur Tilgung des Kredits oft in Form von Zinsen und Zinseszinsen noch mal ebenso viel an die Bank wie den ursprünglichen Kaufpreis oder gar mehr – Näheres dazu später, wenn es um die Rolle der Banken geht.

Besitzerinnen einer selbst genutzten Wohnung oder eines selbst genutzten Hauses sind auch keine Kapitalanleger, sondern Menschen, die sich ihre Wohnstätte gekauft (oder sie ererbt) haben, entweder mangels Alternative oder weil sie sich so eine selbstbestimmte Lebensführung ermöglichen wollten. Das ist etwas völlig anderes als eine Kapitalanlage. Idealerweise sollten die Verhältnisse und Gesetze auf dem Mietwohnungsmarkt allerdings so beschaffen sein, dass man nicht kaufen muss, um gesichert und nach eigenen Vorstellungen leben zu können.

Kapital als Maß für Marktmacht

Wenn Microsoft ein riesiges Vermögen in Form von »Rechten an geistigem Eigentum« in die Kapitalstockrechnung einbringt, so ist das nichts anderes als eine Zahlungsverpflichtung aller derzeitigen und künftigen Nutzer von Software. Sie verteuert die Produktion und macht private Endkunden ärmer. Die Betriebswirtschaftslehre bezeichnet den Teil des Unternehmenswertes, der vor allem auf exklusiven, staatlich geschützten Rechten beruht, als *intangibles,* zu Deutsch »immaterielle Vermögenswerte«. Es ist ein Maß für die Marktmacht eines Unternehmens. In der ökonomischen Theorie gibt es zudem eine Kennziffer, die den Anteil von Marktmacht am Kapitalwert eines Unternehmens beschreibt: das Tobinsche Q. Dieses misst das Verhältnis zwischen dem gesamten Kapitalwert eines Unternehmens und dem Wiederbeschaffungswert seiner physischen Anlagen. Der gesamte Kapitalwert ist dabei der Marktwert eines Unternehmens, zum Beispiel an der Börse, zuzüglich seiner Schulden (dem Fremdkapital).

Bichler und Nitzan zeigen in *Capital as Power*, dass das Tobinsche Q auf gesamtwirtschaftlicher Ebene im letzten Jahrhundert lange und starke Wellenbewegungen aufwies, bei denen der Wert von Q in den USA zwischen 0,7 und 2,8 schwankte. Die Bewertung des Kapitals aller Unternehmen variierte also zwischen nur 70 Prozent des Wertes ihrer physischen Anlagen und dem nahezu Dreifachen davon.

Bei den größten Unternehmen ist das Tobinsche Q höher, denn sie haben deutlich mehr Monopolmacht als die kleineren. Laut einer Studie aus dem Jahr 2006 ist das Verhältnis zwischen Marktwert und dem Wert der Anlagegüter bei den 500 größten US-Aktiengesellschaften vom 1,2-Fachen im Jahr 1975 auf das Fünffache im Jahr 2005 gestiegen.[106] Das heißt: Die »intangiblen« Werte machen bei den größten Unternehmen inzwischen vier Fünftel des Marktwertes aus. Der von Ökonomen nicht weiter erklärte immaterielle »Rest« stellt also den mit Abstand größten Anteil des Unternehmenswertes dar, die materielle Basis erklärt ihn nur zu 20 Prozent. »Intellektuelles Kapital ist zur wichtigsten Klasse von Vermögenswerten in allen Industrieländern geworden«, resümieren die Autoren. Eine Studie aus dem Jahr 2015 bestätigt den Anteil von 20 Prozent der materiellen Basis am Kapitalwert der Großkonzerne.[107]

Kapital als Hemmschuh für die Produktion

Auf der Suche nach den Ursachen für die oben erwähnten starken Schwankungen des Tobinschen Q stellen Bichler und Nitzan fest, dass ausgerechnet zu Zeiten, wenn viel investiert wurde und der Wert der physischen Anlagen entsprechend stark stieg, die Bewertung der Unternehmen am Kapitalmarkt sank. Wenn dagegen wenig investiert wurde, stieg der Unternehmenswert. Zum gleichen überraschenden Ergebnis kamen auch drei US-Ökonomen, die in einem Fachaufsatz untersuchten, welche Faktoren in den jeweils knapp drei Jahrzehnten vor und nach 1988 den Börsenwert US-amerikanischer Aktiengesellschaften nach oben getrieben haben. In der früheren Periode standen hohe Produktionssteigerungsraten einem geringen Anstieg der Aktienwerte gegenüber. In der zweiten Periode wurde die Produktion viel weniger ausgeweitet, aber die Börsenwerte der Unternehmen schossen in die Höhe. In Zahlen ausgedrückt: Vor 1988 stieg die Wertschöpfung aller US-Unternehmen außerhalb des Finanzgewerbes inflationsbereinigt um durchschnittlich 4,5 Prozent pro Jahr, im Gleichschritt mit ihrer Wertentwicklung. Demgegenüber stieg die Wertschöpfung in den folgenden 29 Jahren nur noch um durchschnittlich 2,5 Prozent pro Jahr, der Börsenwert der Unternehmen legte mit 8,4 Prozent aber sehr viel schneller zu.[108]

Die drei Ökonomen stellen fest, dass mehr als die Hälfte des Wertzuwachses in der jüngeren Periode durch Umverteilung »geschaffen« worden ist: Die Konsumenten müssen höhere Gewinnspannen der Unternehmen finanzieren, und die Arbeitnehmer erhalten einen geringeren Anteil an der Wertschöpfung als früher. Diese Ergebnisse passen zu einer Reihe von aktuellen Studien, die einen starken Anstieg der Gewinnmargen großer Kapitalgesellschaften dokumentieren, vor allem in den USA, aber auch in Europa.

Zwei andere US-Ökonominnen haben gezeigt, dass Treiber dieser Entwicklung vor allem die größten Konzerne sind. Deren Gewinne seien unter anderem wegen sinkender Steuerlast, sinkender Zinsausgaben und einer sinkenden Lohnquote gestiegen. Da die Kapitaleinkommen viel stärker konzentriert sind als die Arbeitseinkommen und die Sparquote der Reichen hoch ist, sei es nicht erstaunlich, dass die Nachfrage der Haushalte eher lahmte. Bei geringer Nachfrage sind typischerweise auch die Investitionen gering.[109] Man kann es auch einfacher herleiten: Um Monopolgewinne einzufahren, muss man die Produktion beschränken und die Preise hochsetzen. Im Ergebnis erhält man das, was in der Statistik als Absatzschwäche erscheint.

Ein weiteres illustres Forscherteam hat jüngst gezeigt, dass »Superstar-Unternehmen« mit sehr hohen Gewinnquoten immer größere Marktanteile auf sich vereinen. Sie verdrängen dabei Unternehmen, in denen den Beschäftigten ein höherer Anteil an der Wertschöpfung zufließt. Deshalb sinkt die Lohnquote.[110] Je stärker sich in einer Branche die Marktanteile konzentrieren, desto stärker geht die Lohnquote zurück. Das ist das Gegenteil dessen, was früher normal war. Traditionell haben Branchen und Unternehmen mit hohen Gewinnen besonders hohe Löhne gezahlt. Im Zuge der Globalisierung, der Entmachtung der Gewerkschaften und der Deregulierung des Arbeitsmarktes hat sich das geändert. Die Konzerne lagern nun zunehmend die arbeitsintensiven Tätigkeiten an Zulieferer im billigen Ausland aus, nutzen Zeitarbeitsfirmen oder schließen Werkverträge mit Scheinselbstständigen ab. So gelingt es ihnen, trotz hoher Gewinne und Gewinnzuwächse die Löhne zu drücken.

Zum großen Hemmschuh für die Produktion wird das Kapital dadurch, dass es die Manager der Unternehmen dazu anhält, zugunsten der Gewinnmaximierung weniger zu produzieren, als technisch optimal und kostendeckend absetzbar wäre. Deshalb sind in Spitzenpositionen fast keine Ingenieure mehr zu finden, sondern nur noch Finanzfachleute, also Fachleute im Ausquetschen von Unternehmen zugunsten des Kapitals. Wir wurden so sehr an die Sichtweise der Kapitalmärkte gewöhnt, der zufolge Konzerne stets hohe Gewinne erwirtschaften sollen, dass wir es als Versagen bewerten, wenn das nicht gelingt oder gar absichtlich unterbleibt. Dann schütten die Medien Kritik und Häme über dem Management aus, weil es seine Arbeit nicht gut mache. Stichwortgeber sind die Analysten, die bezahlten Applaudierer des Kapitals.

Das Kapital hat es geschafft, uns völlig den Kopf zu verdrehen. Gesellschaftsschädigendes Verhalten zugunsten der Kapitalbesitzer gilt inzwischen als Norm. Wer davon abweicht, wird bezichtigt, sich an hilflosen Anlegern zu versündigen. Aber wäre es nicht der Idealfall, wenn ein Unternehmen, das zum Beispiel die beliebtesten Mobiltelefone und Apps herstellt, die Spitzenmodelle nicht zu 1200 Dollar, sondern für 700 Dollar das Stück verkaufen würde und eine einfachere Version für, sagen wir, 100 Dollar? Wenn das Unternehmen doppelt so viele Handys verkaufen, seine Beschäftigten weiterhin gut bezahlen, seine Schulden bedienen, in Innovation und Produktionsausweitung investieren, aber darüber hinaus keine exorbitanten Gewinne erzielen würde, wäre das nicht perfekt? Oder wenn die führende Software-Schmiede von Schulen, Verwaltungen, Unternehmen und Privatkunden nur halb so viele Milliarden einsammeln würde und entsprechend weniger Gewinn machte? Software lässt sich praktisch kostenlos kopieren. Ohne das Kapital von Microsoft beziehungsweise seiner Eigentümer würde sehr viel mehr Software produziert und angewendet, denn dank niedrigerer Preise könnten sich sehr viel mehr Menschen und Unternehmen die Softwarepakete leisten oder hätten nach dem Kauf noch Geld für andere Anschaffungen übrig.

Auch die Manager von Automobilunternehmen haben als Agenten der Kapitaleigner den Auftrag, die Produktion unter die technisch kosteneffiziente Menge zu drücken, damit die Autos zu gewinnmaximierenden Preisen verkauft werden können. Die Arbeiter arbeiten zwar rund um die Uhr, um die Maschinen auszulasten. Aber wenn nicht jedes verkaufte Auto einige Tausend Euro Gewinn abwerfen müsste, könnten einige Fertigungsstraßen mehr betrieben werden.

Arbeit und Arbeitslosigkeit

Die Arbeitslosenquote ist ein recht gutes, wenn auch zunehmend untertreibendes Maß für die Produktionsbeschränkung zur Renditesteigerung. Die Produktion wird einerseits beschränkt, um mehr für die Produkte verlangen zu können. Andererseits hilft die Beschränkung bei dem Bestreben, die Arbeitskräfte schlechter zu bezahlen, weil man weniger von ihnen anwerben muss und weil sich die Gewerkschaften bei hoher Arbeitslosigkeit mit ihren Lohnforderungen eher zurückhalten.

Die vorherrschenden neoklassischen Ökonomie-Modelle verschleiern diesen Mechanismus, denn sie nehmen vollkommenen Wettbewerb auf den Gütermärkten an. Das Kapital erwirtschaftet hier keinen Gewinn, außer demjenigen, den man zum Entgelt für die angebliche Produktionsleistung des Kapitals erklärt und zu Kosten umdefiniert hat (dazu weiter unten mehr). Arbeitslosigkeit ist diesem Modell zufolge entweder freiwillig, weil manche Menschen lieber mit Sozialhilfe auf der faulen Haut liegen, oder die Folge zu hoher Löhne, die die Gewerkschaften durchgesetzt haben. Ausgeblendet wird dabei, dass auf dem freien Arbeitsmarkt die Arbeitgeber in der weitaus besseren Position sind. Denn die meisten Arbeitnehmer haben wegen Pendel- und Umzugskosten, familiärer Bindungen und mangelnder Information über freie Arbeitsplätze viel weniger Auswahl als die Arbeitgeber, und sie brauchen den Abschluss eines Arbeitsvertrags dringender als die Gegenseite. Durch die Hartz-Gesetze, mit denen die Lohnersatz- und Sozialhilfeleistungen gekürzt oder an strenge Bedingungen geknüpft wurden und der Zwang zur Annahme jeglicher Job-Angebote verschärft wurde, haben sich die Machtunterschiede erheblich verstärkt. Denn die Alternative, länger zu suchen, wurde unattraktiver gemacht oder gar versperrt.

In den USA lag die Arbeitslosenquote seit 1890 durchschnittlich bei etwa sieben Prozent. Dabei werden alle Menschen als in Arbeit befindlich gezählt, die in der Erhebungswoche mindestens eine Stunde lang bezahlter Arbeit nachgingen. In Westdeutschland lag die Arbeitslosenquote im Jahrzehnt vor der Wiedervereinigung im Durchschnitt um die 7,5 Prozent, in Ostdeutschland nahe null. Nach der Wiedervereinigung betrug sie in Gesamtdeutschland bis 2006 um die zehn Prozent. Dann fingen die Hartz-Reformen an zu wirken, und ein großer Niedriglohnsektor entstand. Der Anteil der Beschäftigten, die weniger als zwei Drittel des mittleren Stundenlohns erhalten, stieg von 17 Prozent im Jahr 1998 auf einen Höchststand von gut 24 Prozent im Jahr 2011 und sank seither leicht auf 22 Prozent.[III] Die Drohung, bei Nichterfüllung der Anforderungen des kapitalistischen Arbeitsmarktes in die Arbeitslosigkeit geschickt zu werden, wurde teilweise ersetzt durch die Drohung, einen schlecht bezahlten, unattraktiven Job annehmen zu müssen. Die Arbeitslosenquote sank bis 2019 auf fünf Prozent.

Angelsächsische Ökonomen bezeichnen eine Arbeitslosigkeit in dieser Größenordnung gern in schönstem Orwellschen Neusprech als »natürliche Arbeitslosigkeit« oder sogar, ganz ohne Ironie und Anführungszeichen, als »Vollbeschäftigungs-Arbeitslosenquote«. Eine ehrlichere Bezeichnung ist dagegen NAIRU (non-accelerating inflation rate of unemployment), die englische Abkürzung für eine Arbeitslosenquote, bei der sich die Inflation nicht erhöht. Da sich die Wirkung der Arbeitslosigkeit auf die Inflation über die Lohnsteigerungen vollzieht, verwendet die EU-Kommission stattdessen bemerkenswert ehrlich den Ausdruck NAWRU (non-accelerating wage rate of unemployment), der die Arbeitslosenquote bezeichnet, die hoch genug ist, dass der Lohnanstieg sich nicht beschleunigt. Die Fachausdrücke NAIRU und NAWRU beinhalten das Eingeständnis, dass es bei der modernen Inflations-Steuerungspolitik der Zentralbanken darum geht, den Arbeitgebern im Machtkampf gegen höhere Löhne zu helfen. Die EZB selbst würde das kaum jemals so offen einräumen, weil sie die Illusion wahren will, sie sei eine unpolitische Institution, die man schadlos ohne politische Aufsicht ihr gutes Werk verrichten lassen kann.

Seit einiger Zeit scheint der Zusammenhang zwischen Arbeitslosigkeit und Inflation allerdings nicht mehr dem altbekannten Muster zu folgen. Trotz deutlich gesunkener Arbeitslosigkeit stiegen in den Jahren nach der Finanzkrise überall die inflationsbereinigten Löhne viel weniger, als man nach früheren Erfahrungen erwartet hätte. Das dürfte daran liegen, dass das Ausmaß an unfreiwilliger Arbeitslosigkeit viel größer ist, als es in der offiziellen Arbeitslosenquote abgebildet wird, wie ein britisch-amerikanisches Ökonomenduo mit dem sogenannten Bell-Blanchflower-Index der Unterbeschäftigung nachgewiesen hat. Zwar ist die offizielle Arbeitslosigkeit in vielen Ländern bis 2016 wieder auf das Niveau vor der Finanzkrise gefallen, die Unterbeschäftigung aber nicht. Fast überall überwiegen demnach unter den Beschäftigten diejenigen deutlich, die gerne mehr arbeiten würden. Das Ausmaß der

Unterbeschäftigung, umgerechnet in Arbeitsstellen, addieren die Ökonomen für ihren Unterbeschäftigungsindex zur offiziellen Arbeitslosigkeit.[112]

Nach der Finanzkrise weitete sich der Abstand zwischen der Arbeitslosigkeit einschließlich Unterbeschäftigung und der offiziellen Arbeitslosenquote in vielen Ländern deutlich aus, in Portugal auf fast neun Prozentpunkte, in Frankreich auf 6,5 Prozentpunkte. In Spanien betrug die Unterbeschäftigung 2016 noch 23 Prozent. Der Herausgeber der renommierten Fachzeitschrift, in der der Aufsatz erschien, drückte es ungeschminkt aus: »Die Unterbeschäftigten kann man als Reservearmee betrachten, die es Unternehmen ermöglicht, Lohnforderungen der voll Beschäftigten zu widerstehen.«

Eine gewichtige Ausnahme von der beschriebenen Entwicklung war Deutschland. Hier ging die umfassende Rate der Unterbeschäftigung von 2004 bis 2016 von mehr als 13 Prozent auf 5,8 Prozent zurück. Trotz der im Vergleich mit vielen anderen Ländern der Währungsunion erheblich besseren wirtschaftlichen Entwicklung in Deutschland war der Vorsprung bei den Lohnzuwächsen aber sehr gering. Das dürfte mit dem in gute und schlechte Jobs gespaltenen Arbeitsmarkt zu tun haben. Der Beschäftigungsaufbau fand vor allem im Niedriglohnbereich statt, wo oft Arbeitskräftemangel herrscht und die Beschäftigten deshalb so viel arbeiten dürfen, wie sie möchten.

Fast überall in der westlichen Welt gab es in den letzten Jahrzehnten ähnliche politische Bestrebungen wie die Hartz-Reformen in Deutschland: Der Arbeitsmarkt wurde dereguliert, die Gewerkschaften entmachtet. Den Unternehmen wurden Entlassungen erleichtert; sie können nun leichter Arbeiten an Subunternehmer auslagern, die sie oft selbst gründen, um Teile der Belegschaft aus den Tarifverträgen herausfallen zu lassen. Im Zuge der Globalisierung können sie Vorprodukte im

Niedriglohn-Ausland fertigen lassen. Gewerkschaften und Betriebsräte sehen sich so regelmäßig vor die Wahl gestellt, entweder nachzugeben oder Ausgliederungen von Betriebsteilen in Kauf zu nehmen.

Die Zentralbanken mit ihrer seit etwa 30 Jahren verfolgten Strategie der Inflationssteuerung, die in Wahrheit eine Strategie der Lohnbegrenzung ist, verstärken diese Entwicklung noch. Den Gewerkschaften wurde ein direkter Zusammenhang von erfolgreichen Lohnverhandlungen, höheren Notenbankzinsen und nachfolgend steigender Arbeitslosigkeit immer wieder vorgehalten. Im Ergebnis konnten sie in vielen Ländern kaum mehr als den Inflationsausgleich durchsetzen. Den Gewinn aus Produktivitätsfortschritten mussten sie weitgehend den Kapitalbesitzern überlassen. Der Sachverständigenrat zur Begutachtung der gesamtwirtschaftlichen Entwicklung vertrat früher einmal die Leitlinie der produktivitätsorientierten Lohnpolitik, wonach die Löhne mit der Inflationsrate plus der Rate der Effizienzsteigerung der Produktion steigen sollten. In diesem Fall würde sich die Verteilung des Unternehmensertrags auf Arbeitnehmer und Kapital nicht ändern. Die »Fünf Weisen« haben diese Leitlinie jedoch der Vergessenheit anheimfallen lassen, meines Wissens ohne jemals zu begründen, warum sie nicht mehr gelten soll. Der Grund dürfte sein, dass man die Gewerkschaften, anders als früher, mit einer solchen Leitlinie heute zu höheren Forderungen anstacheln würde.[113]

In Deutschland stieg der durchschnittliche vereinbarte Bruttostundenlohn von Mitte der Neunzigerjahre bis 2018 gerade einmal um vier Prozent. In der unteren Hälfte der Lohnverteilung waren die Löhne in dieser Zeit kaufkraftbereinigt sogar rückläufig.[114]

Die zunehmende Disziplinierung der Beschäftigten durch den Arbeitsmarkt und dessen Druck, sich zwischen Arbeitslosigkeit und schlechtem Job zu entscheiden, erzwingt, dass die Beschäftigten immer öfter die Gewinnmaximierung des Betriebs zu ihrer Handlungsmaxime machen müssen. Arbeitslose werden vom Jobcenter gezwungen, in Callcentern anzuheuern, wo sie die Menschen mit illegalen oder halblegalen Anrufen belästigen und sich dafür den ganzen Tag beschimpfen lassen müssen. Eine Bankangestellte darf ihre Kundinnen nur so gut beraten, wie das mit dem Ziel der Gewinnmaximierung vereinbar ist. Wenn es sich für die Bank rentiert, den Kundinnen Produkte anzudrehen, für deren Verkauf sie eine Provision bekommt, so muss die Bankangestellte das tun, auch wenn sie weiß, dass diese Produkte für die Kundinnen ungeeignet sind. Ingenieurinnen werden durch die Zwänge des Arbeitsmarktes genötigt, ihre Fähigkeiten dafür einzusetzen, Produkte nicht möglichst gut und langlebig zu machen, sondern Teile so zu konstruieren, dass das Produkt bald nach Ablauf der Garantiefrist unbrauchbar wird.

Das sind Handlungsmaximen, die der sozialen Natur des Menschen zuwiderlaufen und Millionen Beschäftigte in innere Konflikte stürzen, die sie unzufrieden oder gar krank machen. Die meisten Menschen möchten nicht nur arbeiten, weil sie Geld dafür bekommen. Sie möchten etwas Nützliches tun und das so gut, dass sie stolz darauf sein können. Nur wenige, in der Regel weit oben in der Unternehmenshierarchie stehende Menschen können diese fehlende Befriedigung durch den Stolz kompensieren, dass sie den Aktionären ihres Unternehmens – und sich selbst – eine höhere Dividende beschert haben.

Während sie die Fahne des Wettbewerbs am Arbeitsmarkt in den meisten Belangen hochhalten, ziehen die Vertreter des Kapitals dort eine Grenze, wo dessen Gesetze erzwingen würden, dass man deutlich höhere Löhne bezahlt. Jahr für Jahr, Jahrzehnt für Jahrzehnt beklagen sie den angeblichen Fachkräftemangel, der darin besteht, dass zu den angebotenen Löhnen oder Gehältern nicht genug Menschen bereit seien, bestimmte Berufe zu erlernen und zu ergreifen. Das gilt besonders für den Niedriglohnsektor, insbesondere bei Pflegeberufen und in der Hotellerie, oder in Berufen mit unattraktiven Arbeitsbedingungen wie Koch, Bäcker und Metzger, aber auch bei Ingenieuren, deren Anfangsgehälter im Verhältnis zum schweren Studium oft ziemlich bescheiden ausfallen.

Da wird dann geklagt und gefordert, die Politik müsse die Grenzen öffnen und es den Unternehmen erleichtern, im Ausland ausgebildete Fachkräfte ins Land zu holen. Alles nur, um keine höheren Löhne und Gehälter anbieten zu müssen.

Das Geld im Kapitalismus

Es ist nicht selbstverständlich, dass die ganze Wirtschaft sich dem Diktat des Mindestgewinns des Kapitals unterwirft. Es ist der Finanzsektor im weiten Sinne, der hierfür sorgt. Wie, das wollen wir uns etwas näher ansehen. Dafür müssen wir uns zunächst über den Charakter des modernen Geldsystems Klarheit verschaffen. Denn es trägt erheblich zur Machtsteigerung des Finanzsektors bei, die ich danach beschreiben will.

Kreditvergabe gegen Zinsen ist wohl die älteste Art, andere für sich arbeiten zu lassen und so aus Geld mehr Geld zu machen. Das war bis zur Renaissance ein Privileg der reichen Kaufleute, die durch ihre Handelsgeschäfte mehr Geld verdient hatten, als sie für ihr Geschäft und ihren Lebensunterhalt brauchten. Nur wer Geld übrig hatte, konnte es gegen Zinsen verleihen. Das begrenzte den Umfang des Finanzsektors beträchtlich. Heute stellt sich das ganz anders dar. Neben diejenigen, die Geld angesammelt haben, das sie zur Vermehrung einsetzen können, treten in unserem heutigen Geldsystem jene, die das Geld einfach schaffen können, das sie verleihen.

Wo kommt das Geld her?

Die Dienstleistungen des Finanzsektors für das Kapital beschränken sich heute nicht mehr darauf, Geld und Vermögenswerte zu verschieben. Die Banken dürfen selbst das Geld in die Welt bringen, das der Finanzsektor dann gewinnbringend und zur Mehrung seiner Macht einsetzt. Spätestens seit man nicht mehr mit Edelmetall bezahlt, ist Geld keine Ware mehr, sondern ein verbriefter Anspruch, auf die käuflichen Ressourcen der Gesellschaft zugreifen zu dürfen. Der Unterschied für den Einzelnen scheint gering. Ob man mit einer Goldmünze bezahlt, mit einem Geldschein oder einer Kreditkarte: Man erhält jeweils Waren oder Arbeitsleistungen im Gegenwert des Geldbetrags. Doch der Unterschied für die Wirkungsweise des Systems ist riesig. Denn niemand konnte Edelmetall einfach so zuteilen. Man musste es erst aus der Erde holen oder kaufen oder kriegerisch an sich reißen. Heute hingegen bestehen die Ansprüche auf Nutzung der gesellschaftlichen Ressourcen entweder aus Papiergeld, das sehr billig herzustellen ist, oder aus Guthaben auf Bankkonten, die man am Computer schaffen kann. Diejenigen, die in großem Umfang Geld erzeugen, entscheiden damit darüber, wer für welchen Zweck auf die Ressourcen der Gesellschaft zugreifen darf.

Der Vorgang der Geldschöpfung ist eigentlich ganz simpel. Er wurde aber lange Zeit verschleiert. Denn wer ihn versteht und nicht zu den Begünstigten gehört, wird dieses System kaum akzeptabel finden. Erst seit die Notenbanken nach der Finanzkrise von 2008/09 im Zuge ihrer »unkonventionellen Geldpolitik« dazu übergingen, große Mengen Geld in die Finanzmärkte zu pumpen, fingen sie an, das Geldsystem korrekt zu erklären. Denn sie wollten der verbreiteten Sorge entgegenwirken, dass diese Geldmengenausweitung notwendigerweise zu Inflation führen müsse. Den Anfang machte im Frühjahr 2014 die Bank von England. Sie schrieb an prominenter Stelle:

>»Dieser Artikel erklärt, dass das meiste Geld in der modernen Ökonomie von kommerziellen Banken geschaffen wird, die Kredit vergeben. Die Geldschöpfung in der Praxis unterscheidet sich von populären Falschannahmen – Banken sind nicht einfach Vermittler, die Geld verleihen, welches Sparer bei ihnen angelegt haben, sie vervielfältigen auch nicht Zentralbankgeld, um neue Kredite und Einlagen zu schaffen.«[115]

Bis 2014 und zum Teil noch danach wurden diejenigen, die solches behaupteten, zu Verschwörungstheoretikern erklärt. Schließlich stand in fast allen Lehrbüchern, dass die Banken lediglich das Geld der Sparer an die Kreditnehmer weitervermittelten. Die Bundesbank brauchte etwas länger, veröffentlichte aber 2017 einen ganz ähnlichen Aufsatz, in dem sie zusätzlich klarstellte: »Zwischen dem Anstieg der Zentralbankguthaben und der breiten Geldmenge besteht kein mechanischer Zusammenhang. Die Vervielfachung der Zentralbankguthaben hat sich dementsprechend nicht in einer proportionalen Ausweitung der Geldmenge niedergeschlagen.«[116]

Zentralbankgeld sind die Guthaben der Banken bei der Zentralbank. Davon gibt es derzeit extrem viel, weil die Europäische Zentralbank und andere Notenbanken damit die Anleihen bezahlen, die sie massenhaft den Finanzinstituten abkaufen. Mit Zentralbankgeld erfüllen die Banken ihre Zahlungsverpflichtungen untereinander. In den Wirtschaftskreislauf gelangt es allenfalls in kleinen Dosen, in Form von Bargeld. Die Banken können ihre Zentralbankguthaben nämlich auch in Bargeld umtauschen.

Die »Geldmenge«, von der die Bundesbank schreibt, ist das Geld, mit dem wir bezahlen. Zu einem geringen Teil besteht sie aus Bargeld. Ganz überwiegend ist es Buchgeld der Banken, also unsere Guthaben auf Bankkonten. Die Bundesbank erklärt, dass die Banken Buchgeld schaffen, wenn sie Kredite ausreichen oder wenn sie etwas kaufen, zum Beispiel Wertpapiere. Sie schreiben dann der Kreditnehmerin neues Geld auf dem Girokonto gut. Auf die Gegenseite der Bilanz kommt entweder eine verzinsliche Forderung an die Kreditnehmerin oder der Vermögenswert, den die Bank gekauft hat.

Es kann aber doch nicht sein, dass die Banken und Sparkassen alles, was sie möchten, mit selbst geschaffenem Geld kaufen können, werden Sie sagen. Der Einwand trifft zu, allerdings nur im Hinblick auf die einzelne Bank. Das Bankensystem hat Mechanismen geschaffen, damit die einzelnen Banken nicht über die Stränge schlagen, sondern Geld nur in maßvollem Gleichschritt schaffen können. Solange die Banken diesen Gleichschritt beachten, haben sie tatsächlich eine Lizenz zum Gelddrucken, die ähnlich wertvoll ist wie die Fähigkeit, aus Stroh Gold zu spinnen. Sie haben aus dem Märchen vom Rumpelstilzchen gelernt, dass es nicht weise ist, eine solche Fähigkeit an die große Glocke zu hängen. Denn der König steckte die Müllerstochter, von der er glaubte, sie habe diese Fähigkeit, mit einem Haufen Stroh ins Verlies, das sie nicht mehr verlassen sollte, bis sie ihre Fähigkeit für ihn eingesetzt hätte.

Ein Beispiel: Angenommen, ich nehme bei meiner Bank einen Kredit von 1000 Euro auf, um eine Rechnung zu bezahlen. Handwerkerin Müller soll 1000 Euro von mir bekommen. In ihrem online verfügbaren Schulbuch *Geld und Geldpolitik* erklärt die Bundesbank: »Wird einem Kunden ein Kredit über 1000 Euro gewährt, erhöht sich die Sichteinlage des Kunden auf seinem Girokonto um 1000 Euro. Es wurden 1000 Euro Buchgeld geschaffen.« Ich habe nach der Kreditaufnahme

1000 Euro Guthaben auf der Bank und Kreditschulden von 1000 Euro bei der Bank.

Mein Guthaben auf der Bank ist rechtlich ein Anspruch auf Auszahlung von Bargeld. Aber anstatt das Bargeld abzuheben und Frau Müller zu bringen, kann ich ihr einfach mein Guthaben auf der Bank überweisen. Mein Anspruch auf Bargeld an meine Bank wird dabei gestrichen, dafür erhält die Handwerkerin einen Anspruch auf Bargeld an ihre Bank, ein Giroguthaben. Das hat allerdings einen Haken. Für meine Bank ist es toll, dass mein Guthaben dort gestrichen wird. Meine Kreditschuld bleibt ja bestehen. Aber die Bank der Handwerkerin muss dieser nun 1000 Euro gutschreiben. Dafür will sie von meiner Bank eine Gegenleistung haben. Meine Bank könnte der anderen Bank einfach 1000 Euro auf einem Girokonto bei sich gutschreiben, aber das wäre zu einfach. Denn dieses Geld könnte sie ja wiederum selbst erzeugen. Ein Bankensystem, in dem das möglich wäre, würde die Geldmenge sehr schnell explodieren lassen.

Früher glichen die Banken deshalb ihre gegenseitigen Ansprüche aus Überweisungen in Intervallen aus, indem sie Münzgeld oder Goldbarren übergaben. Heute könnte das mithilfe von Bargeld funktionieren. Das können die Banken auch nicht selbst drucken. Und im Prinzip funktioniert es auch so, nur effizienter – digitalisiert. Statt sich von der Zentralbank – auf Kredit – Bargeld zu holen und dieses Bargeld zur Bank der Handwerkerin zu transportieren, veranlasst meine Bank eine Zentralbanküberweisung. Beide Banken haben ein Guthaben bei der Zentralbank. Die Guthaben werden geschaffen, indem die Zentralbank der jeweiligen Geschäftsbank Kredit gibt oder ein Wertpapier abkauft. Auch diese Guthaben stellen Ansprüche auf Auszahlung von Bargeld dar.

Meine Bank braucht für die Überweisung 1000 Euro Bargeld oder Zentralbankguthaben. Sie nimmt bei der Zentralbank einen Kredit über 1000 Euro zum Leitzins auf und überweist das entstandene Guthaben bei der Zentralbank sofort an die Bank der Handwerkerin. Der große Unterschied zwischen Zentralbankgeld und Gold als Zahlungsmittel unter Banken ist, dass Zentralbankgeld in der Menge nicht begrenzt ist. Wenn es knapp wird, kann die Zentralbank beliebig mehr davon schaffen.

Im Ergebnis habe ich 1000 Euro Schulden bei meiner Bank und diese hat dafür 1000 Euro Schulden bei der Zentralbank. Ihr Vorteil besteht darin, dass sie von mir mehr Zinsen bekommt, als sie der Zentralbank bezahlt. Die Handwerkerin hingegen hat für ihre Arbeit ein Giroguthaben von 1000 Euro bei ihrer Bank erhalten. Die Bank hat zum Ausgleich nun 1000 Euro weniger Schulden bei der Zentralbank. Ihr Vorteil besteht darin, dass es auf ein Giroguthaben normalerweise keinen Zins gibt, sie aber die üblichen Kreditzinsen der Zentralbank spart.

Insgesamt sind durch meinen Kredit 1000 Euro an zusätzlichem Giralgeld in Umlauf gekommen, für das die Banken netto Zinsen kassieren. Außerdem befinden sich 1000 Euro an zusätzlichem Zentralbankgeld auf den Konten der Banken, für das die Zentralbank – im Normalfall – niedrigere Zinsen kassiert.

Es gibt also drei Arten von Geld: (1) das staatliche Bargeld als gesetzliches Zahlungsmittel, (2) das Bankengeld oder Giralgeld, das einen Anspruch auf Auszahlung von Bargeld darstellt, mit dem man aber auch statt mit Bargeld bezahlen kann, und (3) das Zentralbankgeld, das den Anspruch einer Geschäftsbank auf Auszahlung von Bargeld darstellt, mit dem sie aber auch eine andere Bank direkt bezahlen kann. Giralgeld wird durch Überweisung genutzt, um Bargeldtransfers überflüssig zu machen. Im Hintergrund wird bei jeder Giralgeldüberweisung Zentralbankgeld in Gegenrichtung umgebucht.

Zentralbankgeld kommt ebenso wie Giralgeld auf zweierlei Weise in die Welt: Kauft eine Zentralbank einer Bank zum Beispiel eine Bundesanleihe ab, so bezahlt sie diese, indem sie der Bank Zentralbankgeld gutschreibt. Alternativ kann sie der Bank Kredit geben und dafür Zentralbankgeld gutschreiben. Die erste Variante war schon immer in den USA üblich, die zweite bis zur Finanzkrise in Europa. Aufgrund des massenhaften Ankaufs von Wertpapieren durch die EZB in den letzten Jahren spielt heute die Kreditvergabe an Geschäftsbanken auch in Europa nur noch eine untergeordnete Rolle.

Warum gründet nicht jeder eine Bank?

Aber warum gründet nicht jeder seine eigene Bank, wenn das einer Lizenz zum Gelddrucken gleichkommt? Warum explodiert die private Geldschöpfung nicht und mündet rasch in einer Hyperinflation?

Eine Bank darf nur gründen, wer viel Geld hat und schon Banker ist oder solche an seiner Seite hat. Sie und ich bestehen den Zuverlässigkeits- und Vermögenstest nicht und bekommen keine Genehmigung. Und selbst wenn wir sie bekämen, hieße das noch lange nicht, dass wir beim Geldschöpfungsspiel mitspielen dürften. Für die Banken sind Disziplin und die Begrenzung des Privilegs auf wenige Mitspieler das A und O. Schließlich steckt jede Bank für sich den Gewinn ein, den sie daraus zieht, dass sie neues Geld in Umlauf bringt. Die Kosten in Form von entwertetem Geld tragen die anderen Banken und die Gesellschaft mit. Gefragt sind daher geeignete Mechanismen, die für Disziplin und Gleichschritt sorgen, damit alle, die mitmachen dürfen, zufrieden sind und die Branche ihren Gewinn maximiert. Dafür sorgen Zentralbanken und die Regeln der Bankenaufsicht. Diese Rolle hatten sie schon, als sie noch keine staatlichen Einrichtungen, sondern Einrichtungen der privaten Bankbranche waren, und daran hat sich wenig geändert.

Wie funktioniert nun die Disziplinierung? Angenommen, wir könnten die geforderten fünf Millionen Euro Eigenkapital aufbringen und hätten auch genügend erfahrene Banker, um den Vorstand unserer Bank vorschriftsgemäß zu besetzen, sodass wir unsere Bank gründen und mit dem »Drucken« von Geld loslegen könnten. Mit ihrem Eigenkapital von fünf Millionen Euro kauft die Häring-Bank spanische Staatsanleihen, die zwei Prozent Zinsen abwerfen sollen. Mit diesen Staatsanleihen als Sicherheit bekommt die Bank bei der EZB einen Kredit von fünf Millionen Euro zu, sagen wir, null Prozent Zinsen.

Nun hat sie ein Guthaben von fünf Millionen Euro auf ihrem EZB-Konto. Beim aktuellen Mindestreservesatz der EZB von einem Prozent darf die Häring-Bank das Hundertfache davon als Einlagen verwalten, also 500 Millionen Euro. Am liebsten würde die Häring-Bank auf einen Schlag einem Unternehmen einen Kredit in dieser Höhe zum Zins von beispielsweise zwei Prozent geben. Den Gegenwert würde sie dem Unternehmen auf einem Einlagenkonto bei ihr gutschreiben. In diesem Moment wären 500 Millionen Euro an neuem Giralgeld entstanden und die Häring-Bank würde auf den Gegenwert zwei Prozent Zinsen erhalten.

Aber das ist leider nicht möglich, aus mindestens drei Gründen. Erstens: Die Bankenaufsicht lässt ein solches »Klumpenrisiko« nicht zu. Denn wenn das Unternehmen zahlungsunfähig wird, ist die Bank pleite. Und zweitens: Das Unternehmen würde ja mit dem Kredit etwas bezahlen wollen. Es würde das Geld an eine andere Bank überweisen. Dafür müsste die Häring-Bank im Hintergrund 500 Millionen Euro an Zentralbankgeld an die Empfängerbank überweisen. Diese 500 Millionen an Zentralbankgeld hat die Häring-Bank aber nicht. Von der Zentralbank kann sie sie nicht leihen, weil sie nicht genügend

Sicherheiten besitzt. Also muss die Häring-Bank notgedrungen ganz klein anfangen und viele Unternehmen oder private Haushalte finden, die Kredit bei ihr aufnehmen möchten.

Gleichzeitig muss sie versuchen, Unternehmen und Privatleute zu finden, die Giroguthaben bei ihr halten wollen. Denn wenn das Geld, das die Häring-Bank schafft, immer nur auf andere Girokonten überwiesen wird, aber ihr nichts im Zahlungsverkehr zufließt, braucht die Bank immer mehr Kredit von der Zentralbank, und den wird sie irgendwann nicht mehr bekommen.

Ein dritter Hemmschuh liegt in den Eigenkapitalregeln nach dem Basler Akkord, die ein bestimmtes Eigenkapital im Verhältnis zu den vergebenen Krediten vorschreiben. Auch sie erzwingen, dass es die Bank mit ihrer Kreditvergabe langsam angehen lässt, wenn die Inhaber keine tiefen Taschen haben.

Diese Regeln sorgen gemeinsam dafür, dass die einzelnen Banken in etwa im gleichen Tempo neues Geld schaffen, wobei die großen und alten Banken vorneweg marschieren. Was aber für die einzelne Bank Begrenzungen sind, ist für die Gesamtheit der Banken kein Hemmnis. Denn Geldabfluss der einen Bank im Zahlungsverkehr ist immer Geldzufluss einer anderen Bank. Auch die Kapitalregeln begrenzen die gemeinschaftliche Kreditausdehnung nicht ernsthaft. Denn in guten Zeiten, wenn die Wirtschaft brummt und die Banken viel Kredit geben, schaffen sie damit viel zusätzliches Geld. Und dieses zusätzliche Geld können sie in solchen Zeiten leicht in Eigenkapital transformieren, zum Beispiel indem sie zusätzliche Aktien ausgeben.

Wohin fließt das Geld?

Damit die Kreditnehmer ihre Kredite dauerhaft mit Zinsen zurückzahlen können, müssen sie diese produktiv verwenden und Einkommen schaffen. Das ist jedoch nicht immer gegeben. Denn die Kriterien, an denen die einzelne Bank ihre Kreditvergabe ausrichtet, unterscheiden sich von dem, worauf es für die Sicherheit des Bankensystems insgesamt und für die Wohlstandsmehrung der Gesellschaft ankommt. Die einzelne Bank ist zufrieden, wenn ihre Kreditnehmer ihr Sicherheiten bieten. Das funktioniert ausgerechnet dann besonders gut, wenn ein Kredit nicht einkommenssteigernd verwendet wird, sondern um etwas Handfestes zu kaufen. Ein Haus ist eine sehr solide Sicherheit. Eine Fabrik, in die investiert werden soll, hat eine viel weniger sichere Werthaltigkeit. Wenn die Investition schiefgeht, ist die Fabrik oft nicht viel wert. Und für die Löhne, die eine Unternehmerin vorstrecken muss, um etwas Neues zu produzieren, kann sie gar keine Sicherheiten bieten, sofern sie nicht schon reich ist. Wenn aber alle Banken Kredite nur für Haus- oder Wertpapierkäufe ausreichen und nicht für Investitionen in produktive Anlagen, dann kann es passieren, dass irgendwann in der Breite das nötige Einkommen fehlt, um die Kredite zurückzuzahlen. Dann brechen am Ende auch die Häuserwerte und Aktienkurse ein.

Problemfall 1: Kredite für Aktienspekulation

Nehmen wir an, die Aktienkurse steigen eine Weile lang recht kräftig, vielleicht sogar aus gutem Grund. Immer mehr professionelle und private Investoren springen auf den fahrenden Zug auf. Viele setzen dabei nicht nur eigenes oder anvertrautes Kundengeld ein, sondern spekulieren zusätzlich auf Kredit. Die Kredit- und damit die Geldmenge steigt. Das zusätzliche Geld fließt in den Aktienmarkt und treibt dort die Preise weiter an, was die Spekulation und die Kreditaufnahme zu spekulativen Zwecken zusätzlich anheizt. Eine solche Entwicklung kann leicht zu zweistelligen Wachstumsraten des Kreditvolumens führen. Das Fusions- und Übernahmekarussell dreht sich schneller, wenn die Aktienkurse steigen. Unternehmen, deren Aktien kräftig gestiegen sind, kaufen andere Unternehmen, deren Aktien weniger stark zugelegt haben, und zahlen ganz oder teilweise mit eigenen Aktien und zusätzlichen Krediten. So wächst der Verschuldungsgrad der Wirtschaft, ohne dass in gleichem Maße zusätzliche Produktionskapazitäten geschaffen würden. Das geht nur so lange gut, wie die Aktienkurse weiter steigen. Hören sie auf zu steigen, bekommen die hoch verschuldeten Investoren kalte Füße und verkaufen. Die Kurse fallen, und die Werte, mit denen kalkuliert wurde, haben sich in Luft aufgelöst. Die Schulden sind aber noch da. Die Überschuldungskrise beginnt.

Das beschreibt, was in der Dotcom-Aktienblase um die Jahrtausendwende geschah. Die Blase platzte, doch die Krise war relativ kurzlebig, da die Notenbanken zielsicher für die Entwicklung einer neuen Blase sorgten, diesmal im Immobiliensektor.

Problemfall 2: Kredite für Immobilienspekulation

Immobilienkredite sind regelmäßig eine der größten Kreditklassen. Typischerweise kommt also ein großer Teil des neu geschaffenen Geldes über eine Ausweitung der Immobilienkredite in Umlauf. In Deutschland sind nach Bundesbankangaben 70 Prozent der Bankkredite an Haushalte und Unternehmen Immobilienkredite. Der Grad der Ausdehnung richtet sich nach dem Ausmaß der Immobilienspekulation. Damit es nicht zu einer Blase kommt, die irgendwann platzt, dürfen die Immobilienkredite nur so stark zunehmen, wie Preise und Menge der Immobilien nachhaltig steigen können. Während der Immobilienblase in den USA, Spanien, Griechenland und anderen Ländern Anfang der 2000er-Jahre war für kritische Beobachter relativ leicht zu erkennen, dass das nicht mehr galt: Das Verhältnis von Immobilienpreisen zu Mieteinnahmen stieg weit über das normale Maß hinaus. Die Käufer, die viel Kredit einsetzten, kauften also nicht wegen der durch Mieten erzielbaren Rendite, sondern allein in der Erwartung von Wertsteigerungen. Da die Immobilien immer mehr an Wert gewannen, gaben die Banken großzügig Kredit, denn sie hatten ja die – vermeintlich – sehr wertvollen Immobilien als Sicherheit. In Spanien, Irland und Griechenland stieg das Volumen der ausstehenden Immobilienkredite über eine Reihe von Jahren hinweg mit hohen zweistelligen Raten.

Wenn die Immobilienspekulation heiß läuft, kurbelt das auch die Wirtschaft an. Es werden neue Häuser gebaut, die Löhne der Bauarbeiter steigen, die Beschäftigung nimmt zu, und es werden mehr Möbel und andere Einrichtungen gekauft. Auch wer kein Haus kauft, sondern schon eins besitzt, fühlt sich reicher, gibt mehr von seinem Einkommen aus und kann zusätzlich Kredit aufnehmen, um noch mehr auszugeben. Die Wirtschaft wächst also mit, wenn auch nicht unbedingt in gleichem Maße. Aber das Wirtschaftswachstum ist auf den Immobiliensektor ausgerichtet und von dessen Entwicklung abhängig. Wenn die Blase platzt, legt die Wirtschaft den Rückwärtsgang ein und die zusätzlichen Produktionskapazitäten, die im Boom geschaffen wurden, werden teilweise wertlos. Dann können die massenhaft ausgereichten Immobilienkredite nicht alle bedient werden, schon gar nicht mit Zinsen. Und schon ist die Bankenkrise da – und die Krise der Immobilienkäufer, die ihre Häuser verlieren.

Fall 3: Konsumentenkredite

Konsumentenkredite sind weniger problematisch, weil sie weniger von selbstverstärkenden, spekulativen Prozessen betroffen sind. Wenn die Banken aus irgendeinem Grund die Kredite an Konsumenten stark ausdehnen, dann führt das zu steigender Nachfrage. Wenn die Unternehmen genügend ungenutzte Kapazitäten haben, was fast immer der Fall ist, steigt die Beschäftigung. Es wird mehr produziert und in der Folge auch mehr investiert.

Anders als bei Immobilienkrediten kommt es nicht zu einem überproportionalen Anstieg der Sicherheiten, die die Kreditnehmer bieten können, und nicht zu sich selbst verstärkenden Spekulationszyklen.

Fall 4: Investitionskredite

Der aus gesellschaftlicher Sicht mit Abstand vorteilhafteste Kredit ist der Investitionskredit an Unternehmen und Selbstständige. Diese Art von Kredit sät eine Saat, aus deren Ernte er mit Zins zurückgezahlt werden kann. Als Investitionen gelten in diesem Sinne allerdings nur Ausgaben in die Erweiterung der Produktionskapazitäten, also Ausgaben für Maschinen und Betriebsgebäude oder die Vorfinanzierung von Löhnen, Pachten und sonstigen Kosten der Produktion. Nicht dazu zählen Kredite für »Investitionen« in nicht selbst genutzte Immobilien, in den Kauf anderer Unternehmen oder sonstige »Finanzinvestitionen«.

Leider sind ausgerechnet die aus gesellschaftlicher Sicht wichtigsten Kredite die für die einzelnen Banken riskantesten, weshalb sie mit deren Ausreichung auch zögerlicher sind, als es gesellschaftlich sinnvoll wäre. Deshalb war bis in die 1970er-Jahre hinein eine Kreditlenkung durch die Zentralbank üblich. Die Bundesbank ging so vor, die Bank von Japan ebenso. Danach wurde der Finanzsektor mit dem Argument der angeblichen Effizienz unregulierter Finanzmärkte von solchen staatlichen Einflüssen und Begrenzungen befreit. Tatsächlich gibt es aber kaum Mechanismen, die ohne regulierendes Eingreifen einer zentralen Instanz dafür sorgen würden, dass Kredite für Spekulationszwecke, ob mit Aktien, Immobilien oder Unternehmensanteilen, in dem Rahmen bleiben, der durch langfristig tragfähige Wertsteigerungen der Investitionsobjekte gerechtfertigt ist.

Und in der Praxis wissen die Banker sehr genau, dass Staat und Zentralbank sie nicht fallen lassen können, wenn eine Spekulationsblase platzt, die sie gemeinsam aufgepumpt haben. Denn wenn alle Banken gleichzeitig pleitegehen, funktioniert der Zahlungsverkehr nicht mehr, jedenfalls nicht, ohne dass der ganze Sektor verstaatlicht wird. Selbst wenn sie es besser wissen, werden sie daher auf das Geschäft mit der Spekulation nicht verzichten wollen.

Die Zentralbanken versagten bei der Aufgabe, gefährliche Spekulationsblasen zu verhindern, weil die Inflationssteuerung, auf die sie sich als Strategie geeinigt hatten, kein passendes Instrument dafür bereithielt. Im Fall einer kreditgetriebenen Spekulationsblase am Aktien- oder Immobilienmarkt steigen vor allem die Kurse der Vermögenswerte, weniger die Verbraucherpreise. Weil die Zentralbanken aber allein auf die Verbraucherpreise achteten, handelten sie nicht. Dabei nahmen sie Preisblasen bei den Vermögenswerten billigend in Kauf. Und das tun sie bis heute.

Geldschöpfung und Zins als wichtige Säule der Kapitalmacht

Das Privileg der Banken, mit staatlichem Segen allgemein anerkanntes Geld zu »drucken«, ist grundlegend für die außerordentlich wichtige Rolle, die der Finanzsektor im modernen Kapitalismus spielt. Wo zu Zeiten des Edelmetall-Geldes reiche Kaufleute ihren Reichtum mehrten, indem sie Geld gegen Zins verliehen und sich dafür von kriegführenden Monarchen zusätzliche Privilegien und Monopolrechte gewähren ließen, tritt nun neben die Reichen als weiteres Machtzentrum ein Sektor, der das Geld, das er zuteilt, selbst schaffen kann. Dieses Privileg strahlt auf die ganze Finanzbranche aus, denn die Nichtbanken des Sektors können sich das Geld, mit dem sie Aktien, Derivate und ganze Unternehmen kaufen, leicht bei Banken besorgen. Diese sind oft direkt oder indirekt mit ihnen rechtlich verbunden. Die einzelne Bank ist dabei zwar der disziplinierenden Notwendigkeit unterworfen, Zuflüsse und Abflüsse von Geld in der Balance zu halten. Aber für den Sektor insgesamt gilt das nicht, denn das Geld, das von der einen Bank abfließt, fließt immer einer anderen zu.

Die Zentralbanken ziehen dabei keine Begrenzungslinie ein. Sie könnten zwar theoretisch die Kreditvergabe einstellen, auf die die Banken angewiesen sind, um genügend Zentralbankgeld für eine weitere Kreditexpansion vorzuhalten. Aber hier bleibt es bei der Theorie, denn wenn sie nicht ausreichend Zentralbankgeld bereitstellen, hakt es beim Zahlungsverkehr. Eine kritische Situation: Wenn manche Banken mangels Zentralbankgeld nicht mehr in der Lage wären, eine Überweisung auszuführen, würde das Vertrauen in das Bankensystem zusammenbrechen. Jeder Kunde würde dann sofort versuchen, sein Geld abzuheben oder auf eine sichere Bank zu transferieren. Die Zentralbanken können zwar ihre Zinssätze anheben. Damit bremsen sie allerdings Wirtschaft und Kreditvergabe. Das tun sie nur, wenn die Löhne steigen und es zu einer Inflation bei Waren und Dienstleistungen kommt, nicht dagegen, wenn das Geld in Spekulation mit Aktien, Immobilien, Gold, Bitcoin und Unternehmen fließt.

Das Beispiel des Hedgefonds Archegos Capital, der Ende März 2021 pleiteging und dabei den großen Banken an der Wall Street Milliardenverluste bescherte, ist lehrreich dafür, wie die relativ strikt regulierten Banken und die kaum regulierten sonstigen Finanzinstitute zusammenarbeiten. Inhaber

Bill Hwang ging kreditfinanzierte, hochriskante Großwetten auf amerikanische und chinesische Aktien ein. Als er Forderungen der Banken nach neuen Sicherheitsleistungen nicht nachkommen konnte, begannen diese, sein Portfolio zu liquidieren, das sie als Sicherheit bekommen hatten. Das führte wegen der großen Menge der auf den Markt geworfenen Aktien zu heftigen Kurseinbrüchen und zu Milliardenverlusten bei einigen der größten Banken. Das Ausmaß der Beteiligung der Banken an diesen wilden Spekulationen wird daran deutlich, dass die Schweizer UBS auf diese Weise zehn Milliarden Euro verlor. Betroffen waren Credit Suisse mit mehreren Milliarden, Nomura, Goldman Sachs, Morgan Stanley und auch die Deutsche Bank.

Dabei war Hwang bereits 2012 in den USA wegen illegalen Insiderhandels zu einer Strafe von 44 Millionen Dollar verdonnert worden und hatte seinen Hedgefonds schließen müssen. In Hongkong wurde ihm 2014 der Handel mit Wertpapieren für vier Jahre verboten. Hwang deklarierte seine Aktivitäten fortan als sogenanntes Family Office, das ausschließlich eigenes Geld verwaltet und daher kaum reguliert ist. Die bescheidene Regulierung, die ihn betraf, umging er mit Derivategeschäften, die seine wahren Positionen verschleierten. Goldman Sachs hatte ihn noch 2018 als Kunden abgelehnt, weil er ein zu großes »Compliance Risiko« darstellte, zu Deutsch: weil er bekanntermaßen ein zwielichtiger Geselle war. Man darf davon ausgehen, dass er den Banken hohe Zinsen für ihre Kredite bezahlte, um deren Zurückhaltung zu überwinden. So beteiligte er sie an den vorübergehenden Erfolgen seiner riskanten Geschäfte – Geschäfte, die die Banken selbst niemals hätten tätigen dürfen. Aber sie durften das Geld dafür drucken.[117]

Geld bedeutet Recht auf Nutzung von Ressourcen

Es lohnt sich, einen Schritt zurückzutreten und sich zu fragen, was Geld und Kredit eigentlich bedeuten. Beschränken wir uns auf die produktive Verwendung. Ein Unternehmen, das seine Produktion starten oder ausweiten will, braucht Kredit, um die Anlaufkosten bis zum Verkauf der Produkte vorfinanzieren zu können. Gesamtwirtschaftlich sind meistens genügend ungenutzte Ressourcen wie Arbeitskräfte und freie Produktionskapazitäten vorhanden: Es herrscht unfreiwillige Arbeitslosigkeit, und die Kapazitätsauslastung in der Industrie liegt in der Regel nur um die 80 Prozent.

Im modernen Kapitalismus gilt die Regel, dass diejenigen, die Geld haben oder es drucken können, direkt oder indirekt darüber bestimmen, wer zum Investieren auf die freien Ressourcen der Gesellschaft zugreifen darf. Sie entscheiden darüber, welchem Unternehmen von der Gesellschaft unbeschäftigte Arbeitskräfte, Rohstoffe und Maschinen zur Verfügung gestellt werden, in der Erwartung, dass das Unternehmen damit einen Mehrwert für die Gesellschaft erzeugen wird. Für dieses Exklusivrecht bekommen die Fremdkapitalgeber eine Verzinsung und die Eigenkapitalbesitzer den gesamten verbleibenden Gewinn, nachdem Fremdkapital, Arbeitskräfte und Lieferanten bezahlt sind. Sie bekommen den Gewinn nicht dafür, dass ihr Kapital zum Produktionsergebnis beiträgt. Sie erhalten ihn dafür, dass sie entscheiden dürfen, wer auf die freien Ressourcen der Gesellschaft zugreifen darf. Das hat unter anderem zur Folge, dass Entscheidungskriterium nicht der gesellschaftliche Mehrwert ist, sondern der Mehrwert, den sich der Investor aneignen kann, unter anderem, um die Kredite zurückzuzahlen. Wir werden später noch sehen, dass es gesellschaftlich vorteilhaftere Möglichkeiten gäbe, diese Entscheidung zu treffen.

Die US-Finanzbranche genießt ein besonderes Privileg. Sie

kann sich die Vermögenswerte der Welt mit selbst geschaffenem Geld kaufen. Denn US-Dollars, die Weltleitwährung, sind überall begehrt. Wer sie hat, legt sie in US-Staatsanleihen an, die ganz wenig Zinsen abwerfen. Die Unternehmen und anderen Vermögenswerte der Welt, die die US-Finanzbranche für sich selbst oder ihre Anleger mit diesen Dollars gekauft hat, haben eine viel höhere Rendite. Und so kommt es, dass die USA zwar jedes Jahr viel mehr Waren und Dienstleistungen importieren als exportieren und so eine immer höhere Nettoschuld an das Ausland anhäufen, aber dennoch Jahr für Jahr positive Netto-Kapitaleinkünfte haben. Die Franzosen haben dafür den Ausdruck »exorbitantes Privileg« geprägt.

Notenbanken im Dienst des Kapitals

Zentralbanken werden als öffentliche Institutionen wahrgenommen, die dem gemeinen Wohl verpflichtet sind. Allerdings haben sie nicht immer offiziell diesen Status. Einige gehören privaten Finanzinstitutionen. Das wird gern als Kuriosität ohne tiefere Bedeutung abgetan – zu Unrecht. So gehört die mächtige Federal Reserve Bank of New York den Wall-Street-Banken, die sie beaufsichtigen soll, und wird von einem von diesen Banken bestellten Aufsichtsrat überwacht. Fragt man sich beispielsweise, wie es zur Subprime-Immobilienkreditblase kommen konnte, ist das durchaus relevant. Auch einige europäische Zentralbanken, die zusammen mit der EZB-Zentrale in Frankfurt das Europäische System der Zentralbanken bilden, gehören den heimischen Finanzinstitutionen, darunter die Bank von Italien. Das hat zum Beispiel zur Folge, dass sich die Bilanzen der italienischen Finanzhäuser verbessern, wenn das Gold der Bank von Italien in der Bilanz höher bewertet wird. Die Gewinnausschüttungen an die privaten Aktionäre sind allerdings meist auf geringe Beträge begrenzt.

Zentralbanken waren historisch betrachtet Einrichtungen zumeist von privaten Finanzinstituten, auf jeden Fall aber für diese. Sie sind als private oder halbstaatliche Spitzeninstitute des privaten Bankwesens entstanden, um dessen Geldschöpfung so zu koordinieren und zu steuern, dass sie halbwegs stabil und gewinnmaximierend vonstattengeht. Im Laufe der Jahrzehnte und zum Teil Jahrhunderte hat sich der Staat Einfluss auf die Notenbanken erkämpft und sie im 20. Jahrhundert teilweise oder ganz unter eigene Regie genommen. Aber mit dem Beistand wohlmeinender Wirtschaftswissenschaftler gelang es dem Finanzsektor ab etwa 1990, die Zentralbanken aus dem Einflussbereich des Staates zu lösen und wieder stärker für die Ziele des Kapitals einzuspannen.

Vorwand war die Behauptung, dass der Staat immer Inflation herbeiführen werde, wenn man ihm Zugriff auf die Notenpresse gäbe. Deshalb müssten die Notenbanken von den politischen Institutionen unabhängig gemacht werden. In den westlichen Ländern ist das fast überall geschehen. Die Notenbanken können dort nun mehr oder weniger frei von parlamentarischer Kontrolle und Regierungseinfluss tun, was immer die Banken wollen. Mit diesen sind sie nicht nur über das Tagesgeschäft verbunden. Die Mehrheit der Präsidentinnen und Präsidenten wichtiger Notenbanken erhält bei Wohlverhalten nach Ablauf ihrer Amtszeit – im Fall von Bundesbankpräsident Axel Weber auch vorher – äußerst hochdotierte Posten im privaten Finanzgewerbe, mindestens aber reichlich Gelegenheit für hochbezahlte Reden und sonstige Auftritte. Der Chefvolkswirt der EZB telefoniert nach geldpolitischen Sitzungen nicht etwa mit Regierungschefs, um diesen die Beschlüsse näher zu erklären und Fragen zu beantworten – das könnte ja die Unabhängigkeit der EZB untergraben. Nein, er gibt den Vertretern der größten und wichtigsten Geldinstitute Privataudienz und erklärt ihnen genau, was sie von der Zentralbank zu erwarten haben. Damit verschafft er diesen einen großen Vorteil gegenüber ihren kleineren Wettbewerbern, die kaum hochdotierte Posten und Rednerverträge anzubieten haben.[118]

Diese Kungelei ist in Form der auf Initiative der Rockefellers gegründeten Group of Thirty (G30) sogar institutionalisiert. Zu ihren Mitgliedern zählen viele ehemalige Zentralbanker, die heute an der Spitze weltweit tätiger privater Finanzinstitute stehen, sowie ehemalige Top-Banker, die heute Zentralbanken leiten. Dazu gehören der Vize-Chef von Blackrock und ehemalige Schweizer Notenbankpräsident, Philipp Hildebrand, sowie der frühere Bundesbankpräsident Axel Weber, heute Vorsitzender der UBS und der Lobby der großen internationalen Finanzhäuser IIF.[119] In der G30 tauscht man sich hinter verschlossenen Türen über die optimale Gestaltung von Geldpolitik und Bankenregulierung aus. Diese Gruppe verbreitet dann unter großem Medienecho eigene Empfehlungspapiere, die etwa Rentenkürzungen und eine verpflichtende private Rentenvorsorge fordern[120] oder begründen, warum die Bankenaufseher zur Betrugsverhinderung auf Wohlverhaltenskodizes der Banken setzen sollten statt auf Regulierung und Kontrolle. Die EU-Bürgerbeauftragte entschied 2018 auf Beschwerden hin, dass es nicht statthaft ist, wenn sich ein EZB-Präsident an solchen Gruppen beteiligt.[121]

Ökonomen der Weltbank und führender US-Universitäten haben nachgewiesen, dass Unabhängigkeit der Zentralbank mit größerer Ungleichheit bei den Vermögen einhergeht. Ein Grund dafür sei, dass den Regierungen das Instrument der geldpolitischen Förderung der Wirtschaft entrissen werde, während sie gleichzeitig in ihren haushaltspolitischen Optionen durch die Zentralbank beschränkt würden. Denn diese drohe bei zusätzlichen Ausgaben für Soziales mit höheren Notenbankzinsen. Außerdem setzten unabhängige Notenbanken durch, dass der Kapitalmarkt – das sind die privaten Finanzinstitute – durch Kauf oder Nichtkauf von Staatsanleihen eine Aufsichtsfunktion über die Finanzpolitik ausüben dürfe. Und in der Tarifpolitik führe Unabhängigkeit der Notenbank dazu, dass eher lohnpolitische Maßhalteabkommen geschlossen würden. Die Notenbank zwinge die Gewerkschaften praktisch dazu, weil sie ihren Auftrag der Inflationsvermeidung so interpretiere, dass sie immer dann, wenn die Löhne stärker stiegen, die Zinsen erhöhe, um mehr Arbeitslosigkeit und damit Lohnmäßigung zu erreichen. Außerdem schüfen unabhängige Zentralbanken einen Anreiz zur Deregulierung der Finanzmärkte. Denn wenn die Regierungen nicht mehr selbst die Möglichkeit hätten, die Zentralbankgeldmenge auszudehnen, versuchten sie eine Ausdehnung der privaten Kreditvergabe zu erreichen. Das habe ebenfalls einen belebenden Effekt auf die Wirtschaft, auch wenn es oft vor allem die Preise von Vermögenswerten wie Aktien und Immobilien nach oben treibe.[122]

Dabei ist die ökonomische Begründung für die politische Unabhängigkeit der Zentralbank sehr wackelig. Sie fußt auf der Behauptung, dass der Zeithorizont von Politikern so kurz sei, dass sie einen Anreiz hätten, für kurzfristig lockere Geldpolitik einzutreten und deren Kosten in Form einer Inflationsspirale zu ignorieren, für deren Beendigung man später eine Rezession herbeiführen müsse. Es wird also unterstellt, dass unser demokratisches System Politikerinnen und Politiker hervorbringt, die nur die nächste Wahl im Blick haben, und keine Staatslenker, die auch an die nächste Generation denken. Konsequenterweise sollte man dann wohl eher die politische Ordnung hinterfragen, als für das enge Ziel der Inflationsvermeidung die Demokratie teilweise außer Kraft zu setzen. Das Argument des kurzen Zeithorizonts der Politiker könnte man nämlich für fast jeden Politikbereich ins Feld führen.

Ein solches Argument verfängt auch nur, wenn man annimmt, die Politik könne sich ein ökonomisches Unwissen der Bevölkerung zunutze machen, die nicht begreife, dass eine allmählich zunehmende Inflation irgendwann auf kostspielige Weise gestoppt werden muss, damit keine Hyperinflation daraus wird. Die Vorstellung, dass die Menschen die Inflationsgefahr systematisch unterschätzen, ist in Anbetracht der starken Abneigung gegen Inflation, die nicht nur in der deutschen Bevölkerung herrscht, ziemlich weit hergeholt.

Unabhängige Zentralbanken wie die EZB sind im Konfliktfall mächtiger als Regierungen, die keine Macht haben, Geld zu drucken. Als die irischen Großbanken während der Finanzkrise 2008/09 zahlungsunfähig wurden, wollte die irische Regierung mit Unterstützung des Internationalen Währungsfonds die Anleihegläubiger dieser Banken leer ausgehen lassen. Die EZB verhinderte das auf rabiate Weise, indem sie drohte, irischen Banken sofort den Zentralbank-Geldhahn zuzudrehen, vermeintlich um die deutschen und französischen Banken vor Verlusten als Anleihegläubiger zu schützen.[123]

Dass in Italien, Spanien und Portugal die Gesundheitssysteme vom Corona-Virus überlastet wurden und dadurch viele Menschen starben, hat einen Grund, der selten genannt wird: mangelnde Behandlungskapazitäten in Krankenhäusern. Und einen tieferen Grund, der fast nie genannt wird: Die EZB hat während der Eurokrise die in Not geratenen Regierungen so lange erpresst, bis diese unter anderem ihre Ausgaben für das Gesundheitswesen drastisch zusammenstrichen. Dazu schrieben der damalige Chef der Bank von Italien, Mario Draghi, sein Kollege in Spanien und der damalige Chef der EZB, Jean-Claude Trichet, Drohbriefe an die Regierungschefs Spaniens[124] und Italiens.[125] Darin forderten sie Einschnitte bei den Sozialleistungen, öffentlichen Dienstleistungen wie Gesundheit und Arbeitnehmerrechten sowie Privatisierungen als Bedingung dafür, dass die EZB die Staatsanleihen dieser Länder kauft und sie so vor dem Bankrott aufgrund des Käuferstreiks der internationalen Finanzinstitute rettet.

Diesen Käuferstreik hatte die EZB vorher selbst angefacht. Denn die Kaufbereitschaft der Banken konnte die EZB leicht durch ihre öffentlichen Äußerungen steuern. Wenn Anleihen keine Käufer finden, muss die Regierung für neue Anleihen viel höhere Zinsen bieten, was den Staatshaushalt noch weiter belastet – ein Teufelskreis, den nur die EZB brechen, aber auch nach Belieben forcieren konnte. Dieses Mittel wurde zum Beispiel eingesetzt, als die portugiesische Regierung sich 2016 einem Spardiktat Brüssels nicht ohne Weiteres unterwerfen wollte. Schon war EZB-Chefvolkswirt Peter Praet mit einem Interview in der portugiesischen Zeitung *Publico* zur Stelle, in dem er der Regierung drohte, keine Anleihen mehr zu kaufen. Er sagte der Zeitung: »Portugal sollte diese Botschaft nicht vergessen: Die Marktdisziplin ist noch da.« Die Anleiheinvestoren seien in Sorge. Der Regierung in Lissabon müsse klar sein, dass die Europäische Zentralbank nur Papiere mit vergleichsweise geringer Ausfallwahrscheinlichkeit kaufe. Prompt fielen die Kurse der portugiesischen Anleihen und stiegen die Zinsen.[126]

Die Geldnot der Regierungen gründete vor allem darin, dass die nationalen Banken gerettet werden mussten. Und zwar deshalb, weil die EZB zuvor nichts gegen eine überbordende Kreditvergabe im Immobiliensektor unternommen hatte, die für die gesamte Finanzbranche sehr einträglich war, bis die Blase schließlich platzte.

Die Rolle des Finanzsektors

Neben den Spitzenmanagern der Kapitalgesellschaften ist es vor allem der Finanzsektor, der dafür zu sorgen hat, dass die Kapitalbesitzer sich einen möglichst großen Teil der Produktionserträge aneignen können. Den Finanzsektor definiere ich hier im weitesten Sinne, einschließlich der angegliederten Zulieferer und Hilfstruppen, etwa Ratingagenturen, Bilanzprüfer und Unternehmensberatungen. Dazu rechne ich auch die vielen Wirtschafts- und Finanzwissenschaftler, die große Teile ihres Einkommens direkt oder indirekt von der Finanzbranche oder den Notenbanken beziehen und die unter anderem passende Ideologien für die Bilanzierung, die Unternehmenspolitik, die Geldpolitik und die Managervergütung entwickeln.

Der Finanzsektor sorgt dafür, dass Kapitalbesitzer als Anleger nichts tun müssen, außer zu besitzen. Alles ist so arrangiert, dass der gesamte Produktionsprozess und die Verteilung der Erträge auf eine Weise stattfindet, die den Kapitalbesitzern ihre Rendite sichert. Der Finanzsektor stellt die Konventionen, Instrumente und Institutionen bereit, die den Kapitalbesitzern helfen, immer größere Bereiche des Wirtschaftslebens der kapitalistischen Logik und damit ihrem Zugriff zu unterwerfen. Er sorgt dafür, eine hohe Renditenorm für das Kapital gesellschaftsfähig zu machen und durchzusetzen. Er gewährleistet, dass laufend möglichst hohe Geldmittel flüssig gemacht und als Kapitalrendite aus den Unternehmen gezogen werden.

Manager, die die Norm nicht erfüllen, zum Beispiel weil sie ihren Mitarbeitern zu viel bezahlen oder zu viel investieren und produzieren, werden schnell aussortiert. Selbst Unternehmen, die keine Kapitalgesellschaften sind, werden von den Banken an der Renditenorm des Kapitalmarktes gemessen. Alle Arten von Unternehmen werden, wenn sie keine hinreichend hohe Rendite erwirtschaften, mit Kapitalentzug bestraft und am Wachstum gehindert, in die Insolvenz getrieben oder aufgekauft und auf Linie gebracht.

Und schließlich liegt eine ganz wichtige Funktion des Finanzsektors darin, alle noch so kleinen Privilegien, ja allgemein alle Unebenheiten und Inkonsistenzen in der Regulierung der Wirtschaft auszunutzen und zu hebeln, um den Reichtum der Kapitalbesitzer zu mehren. Die Methoden, mit denen das geschieht, sind unüberschaubar vielfältig. Das verraten schon die vielen Tausend Klassen von verschiedenen Finanzprodukten, die zu diesen Zwecken erfunden wurden. Auf einige der grundlegenden Techniken wollen wir beispielhaft einen Blick werfen.

Erfundene Werte als Treibstoff der Bereicherung

Eine grundlegende Leistung des Finanzsektors für das Kapital besteht darin, künftigen, unsicheren Ertragsströmen einen heutigen Wert zu geben und sie so handelbar und schon für heutige Zwecke nutzbar zu machen. Ein wichtiges Konzept dafür ist das sogenannte Kapitalisieren, das »Abzinsen« einer künftigen Erlösreihe auf deren »Gegenwartswert«, auch Barwert oder Kapitalwert genannt. Das ist derjenige Geldbetrag auf dem Konto, der uns genauso viel wert wäre wie die fragliche Erlösreihe. Die wichtigsten Bestandteile der Rechnung sind der unterstellte Zins, das Risiko und die Inflationsrate. Dabei werden Inflationsrate und Risiko als Aufschläge auf den anzusetzenden Realzins behandelt. Realzins ist der Zins abzüglich der Inflationsrate. Zur Vereinfachung ignorieren wir Inflation und Risiko und meinen mit »Zins« den Realzins.

Je niedriger der Realzins, desto höher ist der Barwert einer Erlösreihe. Das versteht man am leichtesten, wenn man von einem Barwert von beispielsweise 100 000 Euro ausgeht. Beträgt der (sichere) Zins zehn Prozent, so sind 100 000 Euro auf dem Konto so viel wert wie eine ewige (sichere) Erlösreihe von 10 000 Euro pro Jahr. Denn so viel Zinsertrag würde ich auf meine 100 000 Euro jedes Jahr bekommen. Beträgt der Zins dagegen nur ein Prozent, dann sind 10 000 Euro pro Jahr plötzlich so viel wert wie eine Million Euro heute, also zehnmal so viel. Denn ich bräuchte eine Million Euro, um bei einem Zins von einem Prozent 10 000 Euro Zinsen im Jahr zu vereinnahmen. Niedrige Zinsen steigern also den Marktwert von Anlagen mit weit in die Zukunft reichenden Auszahlungen, etwa von Anleihen, Aktien und Immobilien, ganz erheblich.

Man sollte sich allerdings klarmachen, dass die Auszahlungssumme in beiden Fällen nur 10 000 Euro pro Jahr beträgt, auch wenn der Zins von zehn Prozent auf ein Prozent sinkt. Wenn es die Kapitalisierungsformel der Finanzmärkte nicht gäbe oder wenn die Anleihe nicht handelbar wäre, so wie die früheren Bundesschatzbriefe, dann wäre ich bei sinkenden Zinsen nicht reicher als zuvor, weder auf dem Papier noch tatsächlich. Die Tatsache, dass meine handelbare Anleihe mit dem alten zehnprozentigen Zinsversprechen nach einem Zinsrutsch einem potenziellen Käufer so viel wert wäre wie eine neue Ein-Prozent-Anleihe zum Nominalwert von einer Million Euro, sorgt dafür, dass ich mich nun als Millionär fühlen darf. Wenn ich als Unternehmen bilanziere, bin ich es auch. Aber nicht nur diejenigen Unternehmen, die tatsächlich einen Käufer für ihre Hochzinsanleihen suchen und finden, setzen deren Bilanzwerte hoch, sondern auch all diejenigen, die gar nicht vorhaben, ihre Anleihebestände jemals zu verkaufen. Für sie ändert sich gar nichts, und doch gelten sie plötzlich als viel reicher.

Man ahnt, welcher Werthebel und welches Gewinnpotenzial in sinkenden Zinsen steckt, wenn auf diese Weise verfahren wird. Sinken die Zinsen, steigen die Marktwerte aller handelbaren Vermögenswerte. Denn die Kapitalisierung künftiger Erträge beeinflusst praktisch immer deren Bewertung. In den Bilanzen der Finanzinstitute und sonstigen Unternehmen werden Bewertungsgewinne ausgewiesen, die an die Kapitaleigner und Manager ausgeschüttet werden können. Auch kann man die im Wert gestiegenen Wertpapiere als Sicherheiten bei den Banken und bei den Zentralbanken hinterlegen, um mehr Kredite aufzunehmen.

Man ahnt auch, wie gefährlich das ist. Wenn diese Bewertungsgewinne tatsächlich ausgeschüttet oder für eine höhere Verschuldung genutzt werden, kann jede kräftige Zinserhöhung dazu führen, dass das System wie ein Kartenhaus einstürzt. Denn die Bewertungsgewinne haben die Finanzinstitute und Unternehmen bereits verlassen und liegen nun auf privaten Konten. Gleichzeitig ist die Verschuldung gestiegen. Wenn nun die Marktwerte aller Vermögenswerte den Rückwärtsgang einlegen, fehlt die Substanz, um die Bewertungsverluste auszugleichen. Zuerst droht der gesamten Finanzbranche die Pleite, dann dem Rest der Unternehmenswelt.

Es gibt zwei mögliche Lösungen. Die erste besteht darin, Wertpapiere, die man nicht verkauft, nach Einstandskosten zu bilanzieren statt nach Marktwerten. Dann ist die Substanz zum Ausgleich von Bewertungsverlusten noch vorhanden, wenn die Zinsen wieder steigen. Die zweite Möglichkeit besteht darin, die Zinsen immer nur sinken zu lassen. Das ist die für die Kapitalbesitzer sehr viel einträglichere Möglichkeit. Wenig überraschend wurde die zweite Möglichkeit gewählt.

In Deutschland war es bis vor wenigen Jahrzehnten vorgeschrieben, nach Handelsgesetzbuch zu bilanzieren. Dessen Bilanzregeln sind vom Vorsichtsprinzip geprägt. Sie sollen im Interesse der Gläubiger und der anderen am Wohlergehen des Unternehmens Interessierten dazu beitragen, das langfristige Bestehen des Unternehmens zu gewährleisten. Im Zuge der

Unterordnung der produzierenden Wirtschaft unter die Interessen des Kapitals wurden die Regeln für börsengelistete Unternehmen geändert. Sie müssen nun nach den in den USA entwickelten und verwalteten »International Financial Reporting Standards« (IFRS) bilanzieren. Der wesentliche Unterschied besteht darin, dass statt der Bewertung zu Anschaffungskosten eine Bewertung zu Marktwerten stattfindet. Es gibt also keine sogenannten stillen Reserven mehr, die entstehen, wenn zu Anschaffungskosten bewertete Vermögenswerte im Wert steigen. Die Unternehmen können Wertgewinne nicht mehr so leicht vor ihren Eigentümern verstecken, sondern müssen sie ausschütten. Solange das gut geht, bekommen die Aktionäre so mehr Geld. Geht es aber schief, greift die Haftungsbegrenzung. Der Staat darf die Scherben aufkehren; die Beschäftigten, Lieferanten und sonstigen Gläubiger zahlen die Zeche.

Die Bewertung nach Marktpreisen gilt auch für Schulden. Das hat verrückte Auswirkungen: So kann etwa ein Unternehmen, dem es schlecht geht und dessen Anleihen deshalb im Marktwert sinken, höhere Gewinne ausweisen – gerade weil es ihm schlecht geht. Denn seine Schulden sind ja – gemessen am Marktwert – gesunken. Das ermöglicht es Unternehmen, selbst kurz vor dem Bankrott noch Dividenden auszuschütten. Stärker kann man die Haftungsbegrenzung von Kapitalgesellschaften nicht ausreizen als mit einer solchen Bilanzierungsregel.

Das funktioniert aber nur so lange, wie die Zinsen sinken. Das war in den letzten vier Jahrzehnten tendenziell der Fall, nicht zufällig, sondern weil es gar nicht mehr anders ging. Parallel dazu wurden die Finanzmärkte dereguliert, sodass die Finanzbranche die Bewertungsvorteile sinkender Zinsen maximal ausnutzen und hebeln konnte. Irgendwann führt diese Entwicklung dazu, dass die für die Systemstabilität Verantwortlichen sich überlegen müssen, wie sie traditionelle Untergrenzen für den Zins, etwa bei der Nulllinie, außer Kraft setzen können, damit der Zins immer weiter sinken kann. Wenn das nicht gelingt, beginnt das Endspiel des Kapitalismus.

Die Kapitalisierungsformel, mit der man Erlösströme in Barwerte umrechnen kann, verlangt, dass man die künftigen Erlöse ebenso verlässlich voraussagen kann wie die Zinsen. Das ist aber fast immer unmöglich. Woher soll man wissen, wie sich die Konjunktur und der relative Erfolg von Branchen und einzelnen Unternehmen in zehn oder 20 Jahren entwickelt? Wie soll man prognostizieren, wie sich die Zinsen bis weit in die Zukunft hinein entwickeln?

Die Finanzbranche hat dieses Problem durch allgemein akzeptierte Faustregeln der Bewertung gelöst. Mit diesen kann man aus heute bekannten Preisen, heutigen Zinsen und heutigen Erlösen einen allgemein anerkannten Gegenwartswert als Richtgröße ermitteln. An den Aktienbörsen wird auf diese Weise mit ein paar Vereinfachungen aus dem Gewinn eines Jahres oder dem vom Unternehmen in Aussicht gestellten Gewinn des nächsten Jahres ziemlich direkt ein angemessener Aktienkurs als Referenzwert ermittelt. Dahinter steht die Annahme, dass der Gewinn mit einer gewissen branchenüblichen Rate steigt. Die Analysten und Investoren können dann auf den als angemessen erachteten Aktienkurs etwas aufschlagen oder etwas von ihm abziehen, je nachdem welche Geschichte sie erzählen wollen oder wie ihnen die Unternehmensstrategie und das Management gefallen.

Das funktioniert für alle Arten von verbrieften Rechten. Die US-amerikanischen Banken haben das während der großen Immobilienkreditblase bis 2007 auch mit erwarteten Einnahmen aus Hypothekenkrediten so gemacht. Sie schufen ein Wertpapier, mit dem sie dem Käufer alle Zins- und Tilgungszahlungen aus einem größeren Paket solcher ausgereichten Kredite übereigneten. Kaufpreis war im Wesentlichen der finanzmathematisch ermittelte Barwert dieser Erlöse. Das nennt sich Verbriefung.

Dabei machte man sich die Bewertungsspielräume zunutze, die sich zwangsläufig ergeben, wenn man alle möglichen Annahmen treffen muss. Man teilte die Rechte an den Zahlungsströmen noch einmal in solche »Tranchen« auf, die auf jeden Fall als erste bedient werden würden, und solche, die ein höheres Ausfallrisiko trugen. Dann bezahlte man Ratingagenturen sehr gut dafür, dass sie den privilegierteren Verbriefungstranchen die allerbeste Bonitätsnote gaben, die sie für die großen Kapitalsammelstellen erst kaufbar machte. Dabei wurde durch Fortschreibung in die Zukunft die Tatsache gehebelt, dass es in den Boomjahren am Immobilienmarkt ganz wenige Kreditausfälle gegeben hatte. Denn wer kein Geld mehr hatte, konnte einfach gegen sein Haus als Sicherheitsleistung mehr Kredit bekommen. Auf diese guten Zeiten ohne Kreditausfälle stützten die Ratingagenturen ihre windigen Risikoberechnungen. So erschienen Wertpapiere mit verbrieften Krediten an nicht kreditwürdige Hauskäufer sehr viel sicherer, als sie es bei vernünftiger langfristigerer Betrachtung waren.

Auf diese für sicher erklärten Wertpapiere wurden dann wieder massenhaft sogenannte Derivate verkauft, Wetten auf die Kursentwicklung dieser Wertpapiere. Damit wurde die wundersame Verwandlung von Krediten an Hauskäufer mit sehr schlechter Kreditwürdigkeit in Wertpapiere höchster Kreditwürdigkeit noch weiter gehebelt. Gegen Ende der Aufwärtsbewegung verkauften manche Finanzinstitute noch die Verbriefungen an ihre Kunden, während sie selbst schon in großem Maßstab mit Derivaten auf Kursverluste wetteten.

Solange sich fast alle an die Bewertungskonventionen halten, richten sich auch die Finanzmärkte insgesamt danach und schaffen so eine sich selbst erfüllende Prophezeiung: In Wort und Tat bescheinigt man sich gegenseitig, dass es nur aufwärts gehen kann. Und alle können daran verdienen: Die Käufer der windigen Wertpapiere bekamen eine höhere Rendite als sonst für Wertpapiere mit höchster Bonitätsnote. Damit konnten die Fondsmanager ihre Konkurrenz ausstechen. Die Konventionen der Finanzbranche sind zwar oft falsch, aber das stört kaum, solange alle im Großen und Ganzen ähnlich falschliegen. So bleibt die jederzeitige Handelbarkeit und Nutzbarkeit des einheitlich ermittelten Kapitals gewährleistet.

Wenn das einmal nicht mehr gegeben ist, wie nach dem Platzen der Immobilienpreisblase in den USA und der davon ausgelösten Pleite von Lehman Brothers 2008, dann frieren die Finanzmärkte ein. Es gibt kein Kapital in allgemein anerkannter Höhe mehr, und entsprechend ist es nicht mehr nutzbar. Das ist dann eine existenzielle Krise des Kapitalismus, gegen die mit allen Mitteln angegangen werden musste, angegangen wurde und – mit Bereitstellung von zusätzlichem Geld durch die Notenbanken in Billionenhöhe – immer noch angegangen wird.

Die Gewinne, die durch diese Finanztricks entstehen, werden in Form von Dividenden und Boni an Aktionäre und Spitzenpersonal ausgeschüttet und sind auf deren Konten erst einmal sicher. Diese Guthaben sind Ansprüche an die Gesellschaft, die andere mit ihrer Arbeit erfüllen müssen. Und wenn die Finanzinstitute dann zusammenzubrechen drohen, werden sie mit Steuergeld oder Geldschöpfung seitens der Notenbank gerettet, wieder auf Kosten der Allgemeinheit.

Shareholder-Value: Unternehmen ausquetschen

Ein zentrales Element der modernen Herrschaft des Kapitals über die produzierenden Unternehmen ist die Shareholder-Value-Ideologie, die ab Mitte der Siebzigerjahre propagiert wurde und sich ab Anfang der Achtzigerjahre durchsetzte.

Shareholder sind Aktionäre, Value heißt Wert. Shareholder-Value als Messgröße bezeichnet den Barwert der künftigen Gewinne eines Unternehmens, die den Aktionären zustehen. Als Ideologie besagt der Begriff, dass die einzige Aufgabe des Managements einer Aktiengesellschaft darin bestehe, den Wert der Aktien des Unternehmens zu steigern. Der marktradikale Chicago-Ökonom Milton Friedman propagierte schon früh, ohne den Begriff zu verwenden, das einzige Ziel eines Unternehmens sei es, möglichst hohe Gewinne zu generieren. Andere US-Ökonomen, darunter vor allem Alfred Rappaport und Michael Jensen, verhalfen dem Konzept des Shareholder-Value zum Durchbruch. In die Unternehmenswelt wurde es unter anderem durch den damaligen Vorstandschef von General Electric, Jack Welch, und die US-Beratungsunternehmen McKinsey und Boston Consulting getragen.

Ziel ist es dabei, den »freien Cashflow«, also die Gewinne, die für Ausschüttungen zur Verfügung stehen, im Zeitverlauf zu maximieren. Das Bild einer Zitrone, die ausgequetscht werden soll, kommt einem hier leicht in den Sinn. Der freie Cashflow ist der Saft. Damit das Management sich allein daran orientiere und nicht etwa auch an den Interessen der Beschäftigten und der Kunden, wurde die Vergütung des Spitzenmanagements von Festgehältern auf Aktien und Aktienoptionen umgestellt. Die US-Regierung beförderte das noch dadurch, dass Aktienoptionen nicht auf eine Obergrenze für Managergehälter von einer Million Dollar angerechnet wurden. Die Managergehälter stiegen danach auf ein Vielfaches, wobei die aktienbasierten variablen Vergütungsbestandteile meist viel höher waren als das Festgehalt. Im Ergebnis wurde die Maximierung des Aktienkurses zum Stichtag zum Hauptziel des Spitzenmanagements.

So wie eine Zitrone nicht voller und schöner davon wird, wenn man sie ausquetscht, litt die produzierende Wirtschaft unter dieser Behandlung. Einer Aufstellung von William Lazonick und seinen Koautoren von der University of Massachusetts zufolge haben die im S&P-500-Index der 500 größten US-Aktiengesellschaften enthaltenen Unternehmen von 2006 bis 2015 rund 90 Prozent ihrer Gewinne für Aktienrückkäufe und Dividenden an die Aktionäre ausgeschüttet, zulasten des Investitionsbudgets.[127] Die Investitionen gingen zurück, die Produktionsausweitung erlahmte, aber die Aktienkurse stiegen und steigen noch. Was lange in der Ökonomenzunft als Rätsel gehandelt wurde, lässt sich auf die Shareholder-Value-Lehre zurückführen. Nicht börsengehandelte Unternehmen investierten fast doppelt so viel wie gleich große, börsengehandelte Unternehmen der gleichen Branche.[128] Hier sehen wir die Ursache des weiter oben schon erwähnten Befundes, dass das Wirtschaftswachstum in den letzten Jahrzehnten deutlich niedriger ausfiel als in den Jahrzehnten zuvor, während gleichzeitig die Aktienkurse stärker stiegen.

Man sollte meinen, dass auch die Aktienkurse irgendwann sinken, wenn die Wirtschaft erlahmt. Aber das gilt eben nicht, wenn die Notenbanken und die Regierungen in die Bresche springen und dafür sorgen, dass einerseits immer mehr Geld in die Finanzmärkte gepumpt wird und andererseits die Regeln so umgeschrieben werden, dass sich das Kapital zulasten von Beschäftigten und Kunden einen immer größeren Teil des kaum noch wachsenden Kuchens abschneiden kann. Die geplanten Aktienrückkäufe in den USA haben 2021 ein Rekordniveau erreicht. Bis kurz vor der Jahresmitte haben die Unternehmen angekündigt, für gut 500 Milliarden Dollar eigene Aktien zurückzukaufen und einzuziehen, so viel wie nie und doppelt so viel wie zum selben Zeitpunkt 2020. Die börsennotierten Unternehmen sind mittlerweile die größte Gruppe von Käufern ihrer eigenen Aktien an der Wall Street. Allein Apple und Alphabet kündigten Rückkäufe in Höhe von 140 Milliarden Dollar an. Weil die Firmen die Rückkäufe meist mit Anleihen finanzieren, sind auch die Schulden auf Rekordniveau geklettert. Waren die 500 im Aktienindex S&P 500 gelisteten US-Konzerne vor zehn Jahren mit 6,5 Billionen Dollar verschuldet, sind es aktuell 10,6 Billionen.[129] So werden die niedrigeren Zinsen durch die Anleihekäufe der Notenbank von den Unternehmen umstandslos genutzt, um auf Kredit die eigenen Aktienkurse hochzutreiben.

Kapitalkosten: Gewinne werden zu Kosten

Die Finanzwissenschaftler und Wirtschaftsprüfer übernahmen die Behauptung der Mainstream-Ökonomen, Kapital sei ein Produktionsfaktor, der eine Vergütung verdient, und übersetzten sie in das Konzept der »Kapitalkosten« oder ausführlicher »Eigenkapitalkosten«. Darunter versteht man aus Unternehmenssicht die Rendite, die man den Besitzern des Eigenkapitals bieten muss, damit sie dabeibleiben. So wurde die von den Kapitalisten für angemessen erachtete Verzinsung ihres Kapitals zu unvermeidlichen Kosten der Unternehmen erklärt. Die »normale« Rendite der Aktionäre war somit kein Gewinn mehr, sie deckte fortan nur die »Eigenkapitalkosten«. So viel Gewinn müssen die Unternehmen mindestens erwirtschaften, um nicht als Verlustbringer, als Kapitalvernichter, zu gelten.

Die »Kapitalkosten« setzen sich aus einem für sicher gehaltenen Zins, wie man ihn etwa auf Bundesanleihen bekommt, und einem Risikoaufschlag zusammen. Mit Letzterem sollen die Aktionäre für das Risiko schwankender Kurse entschädigt werden. Dieses wiederum hängt einerseits von der Branche ab, in der das Unternehmen tätig ist, und andererseits von dessen Geschäftsmodell. Fügt man nun noch die heldenhafte Annahme hinzu, dass die Kapitalmärkte vollkommen effizient sind, also alle Preise genau dem tatsächlichen Wert entsprechen, dann kann man für jede Aktiengesellschaft spezifische Kapitalkosten berechnen. Diese können allerdings auch ganz anders ausfallen, wenn man andere Annahmen trifft. In der Praxis orientieren sich die Unternehmen an den Empfehlungen der Wirtschaftsprüferverbände und der großen internationalen Unternehmensberatungen. Am Ende sind die Kapitalkosten also so hoch wie die Rendite, von der einflussreiche Leute sagen, dass Aktionäre sie vernünftigerweise erwarten können.

So wird die Gewinnschwelle nach oben verschoben und dafür gesorgt, dass alle direkt oder indirekt vom Kapitalmarkt abhängigen Unternehmen die Produktion so knapp und die Preise so hoch bemessen, dass mindestens eine Rendite in Höhe der behaupteten Kapitalkosten erzielt wird, eher mehr. Unternehmen, die ausscheren und etwa die Löhne nicht durch Auslagerung und Leiharbeit klein halten, Kunden nicht übervorteilen und mit einer niedrigeren Rendite zufrieden sind, haben es als sogenannte Kapitalvernichter sehr schwer, von Investoren und Banken frisches Geld zu bekommen.

Wer nicht mitmacht, wird gekauft und gewendet

Wer nicht nach den Regeln des Kapitals spielt, wird gekauft und gewendet, lautet die Regel, bis hinauf zu den größten deutschen Konzernen. Selbst Daimler muss – wie wir gesehen haben – nach Meinung der Analysten immer kräftig Dividende ausschütten, wenn das Management eine feindliche Übernahme vermeiden will.

Eine schnelle Eingreiftruppe zur Durchsetzung einer maximal kapitalfreundlichen Unternehmenspolitik sind die Private-Equity-Firmen. »Private Equity« ist ein schönfärberischer Name, den die Branche erfand, nachdem die vorherige Bezeichnung »Leveraged Buyout« aufgrund rüder Geschäftspraktiken diskreditiert war. Leveraged Buyout bedeutet »mit Schulden gehebelter Unternehmenskauf«. Viel hat die Umbenennung nicht genutzt, denn inzwischen ist Private Equity in Deutschland unter dem Schimpfwort »Heuschrecken« bekannt.

Wenn ein Unternehmen aus Sicht des Kapitalmarkts nicht optimal geführt ist, etwa weil es seine Beschäftigten und Kunden zu gut behandelt, zu viel investiert und ein Eigenkapitalpolster für schlechte Zeiten vorhält, dann kommen die Heuschrecken, kaufen es und sorgen für Disziplin. Sie reduzieren die Belegschaft und drücken die Löhne. Um den Kaufpreis aufzubringen, nehmen sie einen Kredit auf. Diesen bedienen sie aber nicht selbst, sondern schreiben ihn dem gekauften Unternehmen in die Bücher. Und schon ist die zuvor gehaltene Kapitalreserve für schlechte Zeiten weg. Grundstücke werden verkauft, um diese Schulden zu bedienen. Darüber hinaus darf das Unternehmen auch noch beträchtliche Gebühren für Beratungsleistungen der Heuschrecke bezahlen. Wenn das Unternehmen diese Rosskur überlebt, wird es nach einigen Jahren wieder verkauft.

Im anderen Fall geht das Unternehmen eben pleite. Normalerweise handelt es sich bei einer Heuschrecke um eine haftungsbeschränkte Kapitalgesellschaft, wie zum Beispiel eine GmbH, bei der der Eigentümer nicht selbst für Schulden haftet. Bisweilen gelingt es der Heuschrecke, die ja wenig eigenes Geld eingesetzt hat, mit Beratungsgebühren und anderen Tricks genug Geld aus ihrem Kaufobjekt zu ziehen, bevor dieses pleitegeht, sodass sich das Geschäft trotzdem für sie gelohnt hat.

In den USA hat sich der Kongress 2019 mit einem »Stop Wall Street Looting Act« (zu Deutsch etwa: »Gesetz zum Stoppen des Raubzugs der Wall Street«) befasst, das derartigen Praktiken einen Riegel vorschieben sollte. Der erfolglose Gesetzentwurf sah unter anderem vor, dass Heuschrecken für die Kredite, die sie den von ihnen gekauften Unternehmen aufhalsen, selbst haften müssen.

Um keine Missverständnisse aufkommen zu lassen: Es gibt durchaus auch Fälle, in denen Private-Equity-Firmen schlecht geführte Unternehmen kaufen und sanieren. Aber es müssen eben auch gut geführte Unternehmen, die nicht den Normen des Kapitalmarktes folgen, damit rechnen, einer solchen Behandlung unterzogen zu werden. Entsprechend viel Druck lastet auf dem Management aller Unternehmen, lieber den Normen des Kapitalmarkts zu folgen als einer auf langfristige Stabilität und nachhaltiges Wachstum ausgelegten Strategie.

Die Effekte von Private-Equity-Übernahmen sind belegt. Sechs Ökonomen, unter anderem der Universitäten Chicago und Harvard, haben in dem Aufsatz »The Economic Effects of Private Equity Buyouts« 6000 Private-Equity-Übernahmen in den USA von 1980 bis 2013 daraufhin untersucht, wie sich Beschäftigung, Löhne und Arbeitsproduktivität in den Folgejahren entwickelt haben. Vergleichsbasis waren ähnliche Unternehmen derselben Branche. Das Ergebnis: Die Beschäftigung in den übernommenen Betrieben ging im Durchschnitt in den zwei Jahren nach der Übernahme um 4,4 Prozent zurück. Früheren Studien zufolge setzten sich die Arbeitsplatzverluste über diese zweijährige Untersuchungsperiode hinaus fort, sodass der gesamte Arbeitsplatzabbau größer sein dürfte. Die Vergütung je Arbeitnehmer sank um durchschnittlich 1,7 Prozent, gleichzeitig stieg der Ertrag je Arbeitnehmer um acht Prozent.[130]

Krankenhäuser und Pflegeheime sind begehrte Übernahmeobjekte, weil sich dort über eine gemeinsame Verwaltung und vor allem durch Herunterfahren von Qualität und Löhnen viel holen lässt. Auch in Deutschland werden mit dem Geld zahlungskräftiger Investoren kleinere Krankenhäuser, Rehabilitationskliniken und vor allem Altenpflegeheime aufgekauft und auf Rendite getrimmt. Diese Entwicklung setzte sich auch im Corona-Jahr 2020 fort.[131]

Ein häufiges Ziel solcher Begehrlichkeiten sind außerdem Einzelhandelsketten wie Toys «R" Us oder Karstadt, weil diese oft über wertvollen Immobilienbestand verfügen, den die Heuschrecken plündern können.

Die Investitionsgelder, mit denen Private-Equity-Firmen inzwischen hantieren, sind so enorm, dass weltweit kaum ein Unternehmen, das für sie interessant sein könnte, vor ihnen sicher ist. Von 2004 bis 2019 sind die von ihnen verwalteten Vermögenswerte pro Jahr um knapp elf Prozent gestiegen, auf zuletzt 4500 Milliarden Dollar. Allein 2019 haben sie 490 Milliarden Dollar an investitionsbereitem Kapital eingesammelt, womit sie bei den üblichen Fremdkapitalquoten Unternehmen im Wert von etwa 1500 Milliarden Dollar kaufen können. Von den 25 größten Private-Equity-Firmen sind 21 in den USA beheimatet, die übrigen vier in Europa. Vor allem die US-Firmen kaufen in der ganzen Welt ein. Blackstone ist die mit Abstand größte Private-Equity-Firma.[132]

Private Equity ist eines von vielen Beispielen für Strategien des Finanzsektors, Regulierungsschwächen oder spezielle Privilegien des Kapitals maximal auszunutzen. Die folgende Strategie gehört in die gleiche Kategorie.

Share Deals: Grunderwerbsteuer zahlen nur die Kleinen

Grundbesitz ist sehr attraktiv für Kapitalbesitzer, denn man kann hier mit langfristigen Wertsteigerungen und großer Sicherheit kalkulieren. Wenn da nur die Steuer nicht wäre. Normale Menschen, die ein Haus kaufen, zahlen bis zu 6,5 Prozent Grunderwerbsteuer – bei jeder Transaktion. Damit sichert sich der Staat einen Teil der Wertsteigerungen. Nicht aber vom Großkapital: Wertvolle Grundstücke, die viele Millionen kosten, werden mithilfe der Produkte eines erfinderischen Finanzsektors als Unternehmen deklariert. Danach wechselt das Unternehmen den Eigentümer und mit ihm auch die Grundstücke. Bei dieser Transaktion fällt keine Grunderwerbsteuer an, wenn die Alteigentümerin fünf Prozent der Anteile behält – ein sogenannter Share Deal. Erst nach fünf Jahren zähen Ringens mit einer CDU/CSU, die befürchtete, eine Reform könnte dazu führen, dass auch Erben oder Käufer herkömmlicher Unternehmen Grunderwerbsteuer würden zahlen müssen, wurde dieses Arrangement 2021 durch eine Gesetzesreform wenigstens etwas erschwert.[133] Allerdings nicht so sehr, dass Vonovia für die beabsichtigte Übernahme der Deutsche Wohnen und die damit gekauften 90 000 Wohnungen in Berlin Grunderwerbsteuer an das Land hätte zahlen müssen. Das klamme Berlin hätte auf rund eine Milliarde Euro Grunderwerbsteuer verzichten müssen, die es gut hätte gebrauchen können, um den beabsichtigten Rückkauf von 20 000 Wohnungen von Deutsche Wohnen zu finanzieren – zu einem Preis, der mehr als doppelt so hoch verhandelt wurde, wie der, zu dem die Wohnungen 2013 an Deutsche Wohnen verkauft worden waren.[134]

Share Deals sind auch ein gern genutztes Mittel, um die Eigentümer von Grundstücken zu verbergen. Denn die Alteigentümer mit ihren fünf Prozent Restanteil bleiben im Grundbuch eingetragen. Wer dahinter steht, erfährt man oft nicht, weil die Spuren sich in Geldwäscheparadiesen in der Karibik oder im US-Bundesstaat Delaware verlieren.

Steuerflucht: Das große Geschäft der Finanzbranche

Überhaupt ist die Verschleierung von Eigentümerstrukturen und der steuervermeidende anonyme Eigentumstransfer in Geldwäscheparadiese einer der einträglichsten Geschäftsbereiche des Finanzsektors. Wenn die UN-Schätzung zutrifft, wonach die Unternehmen weltweit Steuern im Umfang von 500 Milliarden bis 650 Milliarden Dollar pro Jahr durch Nutzung von Steuerschlupflöchern und Finanzoasen vermeiden, würde das bei den geltenden Steuersätzen bedeuten, dass dafür ein Drei- bis Vierfaches an Werten bewegt wird. Diese massiven Finanzbewegungen am Rande der Legalität erledigt die Finanzbranche kaum für weniger als einen dreistelligen Milliardenanteil am Gewinn. Statistiken gibt es darüber naturgemäß nicht. Aber für kleines Geld bekommt man diese Dienstleistungen nicht. Deshalb sind sie auch für einfache Millionäre nicht verfügbar. Für diese wird kein Netz von Zweckgesellschaften in verschiedenen Ländern gegründet, um Besitzverhältnisse zu verschleiern. Denn die Kosten würden kleinere Vermögen weitgehend auffressen. Doch wenn Hunderte Millionen zu verstecken sind, stellt sich das Verhältnis von Kosten, Risiko und Ertrag anders dar.

Beseitigung von Wettbewerb

Mit dem Aufkommen von Indexfonds hat sich der Trend zur Konzentration der Aktienanteile und Stimmrechte bei wenigen Kapitalsammelstellen massiv verstärkt. Indexfonds suchen sich nicht bestimmte Aktien aus, sondern bilden mit dem Geld der Anleger einen Börsenindex nach, das heißt, sie kaufen Aktien verschiedener Unternehmen in genau dem Verhältnis, in dem diese im Index vertreten sind. Das kann zum Beispiel der Deutsche Aktienindex (DAX) sein. Innerhalb der Indexfonds-Branche kam es zu einer starken Konzentration der Anlegergelder bei einer Handvoll Unternehmen. Bei 88 Prozent der 500 größten US-Aktiengesellschaften heißt der größte Anteilseigner entweder Blackrock, Vanguard oder State Street Global Advisors (SSGA). Auch in vielen im DAX gelisteten

Unternehmen ist Blackrock der größte Aktionär, oft gefolgt von Vanguard und SSGA. Im April 2021 erreichte das von Blackrock verwaltete Vermögen nach Angaben der Nachrichtenagentur Bloomberg die atemberaubende Schwelle von 9000 Milliarden Dollar. Der zweitgrößte Vermögensverwalter Vanguard Group kam Ende Januar 2021 auf 6200 Milliarden Dollar.[135] Der Anteil der drei größten Fondsanbieter Blackrock, Vanguard und SSGA an den auf Hauptversammlungen der 500 größten US-Konzerne abgegebenen Stimmen liegt bereits bei etwa 25 Prozent, Tendenz stark steigend.[136]

Im Indexfonds-Kapitalismus geht es den Hauptakteuren nicht mehr darum, den Wert einzelner Unternehmen zu mehren, sondern vielmehr darum, den Wert der von ihnen verwalteten Aktienbestände zu maximieren. Ob Deutsche Post, DHL, Fedex oder UPS: Blackrock und Vanguard ist es gleich, von wem Sie Ihr Paket transportieren lassen. Hauptsache, Sie bezahlen viel dafür. Ob Sie mit Ihrem Smartphone über D1, D2 oder O2 telefonieren, also über Deutsche Telekom, Vodafone oder Telefónica: Den großen Indexfonds ist es egal. Sie sind überall große Anteilseigner.[137] Da liegt die Annahme nahe, dass Großaktionäre aller in einer Branche tätigen Konzerne auf Maximierung der gesamten Gewinnsumme drängen. Sie werden dem Management zum Beispiel signalisieren, dass sie eine aggressive Preispolitik zulasten der Konkurrenten oder das Anwerben von Beschäftigten mit hohen Lohnangeboten nicht gut finden.[138] Ökonominnen und Ökonomen haben nachgewiesen, dass die Wettbewerbsintensität zurückgeht, wo Indexfonds bei allen Aktiengesellschaften einer Branche die größten Aktionäre sind.[139]

Das Dringen der Vermögensverwalter auf Kooperation von Unternehmen einer Branche nimmt viele Formen an. In einem Fall luden Fondsgesellschaften Vertreter von Pharmafirmen und deren Lobbyisten ein und drängten sie, ihre Hochpreis-

politik entschiedener gegen Angriffe aus der Politik zu verteidigen.[140] Allein Blackrock führte 2019 über 2000 Gespräche mit
Managern von rund 1500 Unternehmen. Blackrock ist mächtig
genug, um für derartige Gespräche das Spitzenmanagement an
den Tisch zu bitten.[141] Manchmal arrangieren die Investoren
auch Fusionen und Stillhalteabkommen zwischen Konkurrenten. Der japanische Investor Softbank, größter Aktionär des
südostasiatischen Fahrdienstes Grab, kaufte 2017 über seinen
Private Equity Vision Fund einen Anteil von 15 Prozent an Uber,
dem kalifornischen Konkurrenten, der damals versuchte, Grab
Marktanteile abzunehmen. Softbank-Gründer Masayoshi Son
veranlasste, dass Uber diese Pläne für einen Anteil von 27,5 Prozent an Grab aufgab. Anschließend reiste Son nach Indonesien,
um zu versuchen, den verbleibenden Konkurrenten in der Region, Gojek, zur Fusion mit Grab zu bewegen.[142]

Die Unternehmenschefs tun angesichts des großen Stimm-
rechtsanteils der Fonds gut daran, deren Präferenzen in Sachen
Unternehmens- und Investitionsstrategie zu berücksichtigen.
Denn sonst können sie sich nicht auf deren Unterstützung verlassen, wenn zum Beispiel ein aktivistischer Investor ihre Ab-
lösung oder die Aufspaltung des Unternehmens fordert.[143]

Das unermüdliche Wirken der Investmentbanken, Private-
Equity-Häuser und Investmentfonds in Sachen Fusionen und
Übernahmen hat beträchtliche Folgen: Weil immer wieder
große Unternehmen zusammengehen und große die kleinen
schlucken, ballt sich immer mehr Macht bei immer weniger
Großkonzernen und deren Besitzern. Nitzan und Bichler haben für die jeweils 200 größten Kapitalgesellschaften der USA
nach Börsenwert den durchschnittlichen Gewinn vor Zinsausgaben und Steuern (Ebit) jedes Jahres ausgerechnet und
diesen mit dem Durchschnitt alle US-Kapitalgesellschaften
verglichen, mit folgendem Ergebnis: In den frühen Fünfziger-
jahren war das durchschnittliche Ebit der Top-200 ungefähr

1000-mal größer als das einer durchschnittlichen Kapitalgesellschaft. Bis zum Jahr 2007 stieg dieses Verhältnis auf das
18 000-Fache.[144]

Konzentration der Vermögen

Die Vermögen und damit die Macht im Kapitalismus konzentrieren sich auch auf der Ebene der privaten Haushalte immer
stärker. Das hat mehrere Gründe: Wie oben beschrieben, fand
in den letzten vier Jahrzehnten eine zunehmende Umverteilung der Vermögen von Konsumenten und Arbeitnehmern zu
den großen Kapitalgesellschaften statt. Erstere bezahlten als
Konsumenten mehr und erhielten als Arbeitskräfte weniger,
gleichzeitig mussten sie einen höheren Anteil am gesamten
Steueraufkommen zahlen. Die Konzerne dagegen steigerten
ihre Gewinne und reduzierten ihre Steuerquoten. Innerhalb
der Unternehmenswelt kam es zu einer Umverteilung der
Marktanteile von klein zu groß, von inhaber- und familienge-
führten Unternehmen zu großen Kapitalgesellschaften. Hinzu
kamen in den letzten zwölf Jahren starke Zinssenkungen, die
die Bewertung der typischerweise von Vermögenden gehaltenen Werte wie Aktien, Anleihen, Gold und Immobilien kräftig
nach oben trieben.

Aus diesen Gründen ist der Reichtum der Kapitalbesitzer
relativ zum Vermögen derjenigen, die von Arbeitseinkommen, Renten und Sozialhilfe leben, kräftig gewachsen. Hinzu
kommt, dass die Renditen umso höher sind, je mehr Geld man
hat. In unterschiedlichen Reichtumsklassen dominieren unterschiedliche Anlagegüter. Dabei herrscht in der Bevölkerung
eine völlig verzerrte Vorstellung davon, mit welchen Einkommen und Vermögen man noch in der Mitte der Verteilung liegt

und ab wann man reich ist. Fragt man Deutsche, wo das Reichsein anfängt, setzen sie die Untergrenze etwa bei einem monatlichen Nettoeinkommen zwischen 7000 und 10 000 Euro an. Sie gehen davon aus, dass ein Fünftel der Bevölkerung so viel Geld verdient. Tatsächlich sind es allenfalls drei Prozent.

Die Vermögen sind noch weit stärker konzentriert als die Einkommen. Laut einer Untersuchung des DIW von Juli 2020 reicht ein Nettovermögen nach Abzug der Schulden im Wert eines neuen Mittelklasseautos, um zur vermögenderen Hälfte der Bevölkerung zu gehören: knapp 23 000 Euro. Die ärmere Hälfte der Bevölkerung hat insgesamt betrachtet so viele Schulden wie Vermögenswerte. Mit einem Nettovermögen von 126 000 Euro, also etwa einem halb abbezahlten Haus unterer Preislage, gehört man zum reichsten Viertel der Deutschen. Ein abbezahltes Haus in dieser Preislage (279 000 Euro) reicht für einen Platz unter den reichsten zehn Prozent. Wer ein hypothekenfreies Reihenhaus in der Stadt (438 000 Euro) besitzt, gehört zu den reichsten fünf Prozent.

Diese Beispiele sind nicht zufällig gewählt. Für die unteren Einkommensschichten ist der fahrbare Untersatz meist der wichtigste Vermögenswert. In den mittleren Schichten, bis dorthin, wo der Reichtum beginnt, besteht das Vermögen überwiegend aus selbst genutzten Wohnungen und Häusern. Hinzu kommen bei den Bessergestellten noch in gewissem Umfang vermietete Immobilien, Anleihen und Aktien.

Wer zum reichsten Prozent und insbesondere zu den reichsten 0,1 Prozent gehört, hat dagegen vor allem Betriebsvermögen. 1,3 Millionen Euro muss man netto sein Eigen nennen, um zur erstgenannten Gruppe zu gehören, knapp 5,5 Millionen sind die Eintrittskarte in die Gruppe des reichsten Tausendstels der Deutschen. Typischerweise wirft Betriebsvermögen die höchste Rendite ab, Autos die niedrigste.

Blackstone-Chef Schwarzman ließ auf der schon erwähnten

Goldman-Sachs-Konferenz wissen, was man als Vermögender, der Zugang zu seinen Anlageprodukten hat, an Rendite erwarten darf:

> »In der Vergangenheit haben wir nur in Produkte mit sehr hohen Renditen investiert. Nun gehen wir auch in Produkte mit mittleren und für unsere Verhältnisse niedrigen Renditen, niedrig bedeutet für uns acht Prozent und mehr. Wir expandieren global mit dieser Strategie.«[145]

Normale Anleger können längerfristig nicht annähernd mit acht Prozent Rendite rechnen, für Blackstone und dessen Kunden ist das niedrig. Aber normale Anleger können auch nicht auf spendenabhängige Politiker und wohlmeinende Notenbanken zählen, wenn ein Geschäftsfeld, in das sie investiert haben, notleidend wird. Wie etwa, als durch die Corona-Krise Millionen Mieter mit ihren Mietzahlungen in Rückstand gerieten, darunter sehr viele Mieter von Blackstone. In den USA verabschiedete das Unterhaus des Kongresses ein Gesetz, das ein einjähriges Verbot von Zwangsräumungen vorsah. Doch der von den Republikanern dominierte Senat blockierte das Gesetz. Allein Schwarzman hatte der Partei 40 Millionen Dollar gespendet.[146]

So bekommt man eine gewisse Idee davon, wie sich der jüngst von verschiedenen Ökonominnen-Teams ermittelte Renditevorteil der Vermögenden gegenüber normalsterblichen Anlegern erklärt, der den Reichen hilft, der übrigen Bevölkerung vermögensmäßig immer weiter davonzueilen.

Ein internationales Team stellte fest, dass das obere Viertel der Vermögensverteilung in elf Jahren 60 Prozent mehr aus einem investierten Dollar machte als der Rest der Bevölkerung.[147] Ein Team des Instituts für Sozioökonomie der Universität Duisburg-Essen ermittelte für die oberen fünf Prozent der Vermögensverteilung von 1980 bis 2015 eine Rendite von 7,2 Prozent und für die restlichen 95 Prozent von durchschnittlich 5,6 Prozent.[148] Ein weiteres Team stellte fest, dass von 2005 bis Ende 2020 der Wert der Vermögensgegenstände der unteren Mittelschicht in Deutschland um 18 Prozent zunahm. Der prozentuale Zuwachs stieg für höhere Vermögensklassen kontinuierlich an, bis auf 83 Prozent für das reichste Zehntel.[149]

Für das oberste Prozent, das über ein Drittel des Gesamtvermögens verfügt, gibt es keine entsprechenden Studien. Ihr Renditevorteil gegenüber den weniger Reichen dürfte noch viel ausgeprägter sein. Das gilt insbesondere nach Steuern, denn die interessanten Möglichkeiten zur Steuervermeidung auf Kapitalvermögen werden fast nur noch für sehr große Vermögen angeboten. Und in die spezialisierten, wenig regulierten Fonds von Blackstone und Co., die mit viel Insiderwissen und Tricks gemanagt werden, oft zum Nachteil der Kleinanleger, dürfen nur die Reichen und institutionelle Anleger ihr Geld investieren.

Kapital, Staat und Demokratie

Nach vorherrschender Sichtweise sind Kapital und Staat zwei unterschiedliche oder gar gegensätzliche Sphären oder auch Spieler, die gelegentlich um die Oberhand ringen. Diejenigen, die der Vorherrschaft des Kapitals das Wort reden, sprechen lieber irreführenderweise vom Markt, der das bessere Ordnungsverfahren sei. Die andere Seite plädiert für einen starken Staat, der sich nicht so sehr von Lobbyisten des Kapitals beeinflussen und nicht ganz so viele Lebensbereiche so umfassend »dem Markt« überlassen soll. Stattdessen solle er den Unternehmen im Interesse der Allgemeinheit strenge Regeln auferlegen, viel umverteilen und sich um die Infrastruktur und die Schwächeren kümmern.

Beide Sichtweisen sind nicht falsch, aber schief. Kapitalismus ist ein Gesellschafts-, kein Wirtschaftssystem. Die staatliche Gewalt und staatliches Handeln sind integraler Teil des Kapitalismus. Denn das Kapital ist der Gegenwartswert künftiger Erträge aus staatlich gewährten und durchgesetzten Vorrechten. Ohne staatlich definiertes, gewährtes und garantiertes Eigentumsrecht gäbe es keinen Kapitalismus. Ohne staatlich gewährte und durchgesetzte Patente hätten die Eigentümer von Microsoft kaum Kapital. Ohne die staatliche Industriepolitik, den Straßenbau, staatliche Hochschulen und die staatliche Forschungsförderung, finanziert durch staatliche Schuldenaufnahme, wären Daimler, BMW und VW kaum etwas wert. Ohne das staatliche Gesundheits- und Bildungssystem könnten die Konzerne nicht auf einen flexiblen, gut ausgebildeten und gesunden Pool an Arbeitskräften zählen. Ohne die Armee, die eigene und die der Schutzmacht USA, und ohne die staatliche Außenpolitik gäbe es keinen gesicherten Rohstoffnachschub und keinen gesicherten internationalen Absatz. Ohne Polizei und Gefängnisse wären die staatlich gewährten exklusiven Eigentumsrechte praktisch wertlos oder müssten teuer mithilfe von Privatarmeen verteidigt werden. Es sind staatliche Leistungen, die dafür sorgen, dass die Gesellschaft leistungsfähig und die Vorrechte der Kapitalisten werthaltig bleiben. Charles Wilson, Präsident von General Motors, den US-Präsident Eisenhower 1953 zu seinem »Verteidigungs«-Minister machte, brachte das vor knapp 70 Jahren auf den Punkt. Er musste sich dafür rechtfertigen, dass er sich trotz seines Ministeramtes nicht von seinen GM-Aktien trennen wollte, und sagte den berühmten Satz: »Ich kann mir keinen [Interessenkonflikt] vorstellen, weil ich seit Jahren denke: Was gut für das Land ist, ist auch gut für General Motors, und umgekehrt.«[150]

Kapital und Staat mögen in der Übergangszeit vom Feudalismus zum Kapitalismus zwei getrennte Sphären gewesen sein, als die großbürgerlichen Händler sich immer größere Freiräume erkämpften und erkauften, die dem Zugriff der Feudalherren entzogen waren. Sie bekamen Marktstädte und freie Städte, in denen ihre eigenen Regeln galten. Doch das war nur eine Übergangszeit. Schon lange haben die Gesetze und Denkweisen des Kapitalismus die staatlichen Instanzen und das staatliche Handeln so tief durchdrungen, dass beide eine Einheit bilden – in der Gesellschaftsform des kapitalistischen Staates, in dem die Interessen des Kapitals über allem anderen stehen. Die angemessene Vergütung des Kapitals hat de facto den Rang eines obersten Staatsziels erhalten. Die im ersten Teil dieses Buches beleuchteten öffentlich-privaten Partnerschaften und der dominante Einfluss der Konzernlobbyisten, die Privatisierung der Rente, Sondergerichte zum Schutz erwarteter Gewinne internationaler privater Investoren vor staatlichen Eingriffen, all das sind Ausflüsse einer völligen Durchdringung des Staates mit kapitalistischem Denken.

Damit diese Betrachtungen nicht zu theoretisch bleiben, will ich anhand von ein paar Beispielen für verschiedene staatliche Ebenen zeigen, wie die Kapitalrendite zum Staatsziel geworden ist.

Wir hatten schon an verschiedenen Stellen gesehen, wie die Regeln der EU, insbesondere hinsichtlich der Freizügigkeit des Kapitalverkehrs, den Kapitalbesitzern dabei helfen, ihre Vergütungsansprüche durchzusetzen und vor staatlichem Zugriff zu schützen. Das geschieht indirekt. Zunehmend wird das Gewinninteresse des Kapitals aber auch ganz unmittelbar oder nur noch mit durchsichtigem Schleier zum EU-Ziel erhoben. So forderte der EU-Rat auf Vorschlag der Kommission 2016 alle Regierungen auf, nationale Ausschüsse für Produktivität einzurichten. Im Kommissionsvorschlag hatten sie noch »Ausschüsse für Wettbewerbsfähigkeit« geheißen. Diese Ausschüsse sollen als politisch unabhängige Expertengremien analysieren, wie Produktivität und Wettbewerbsfähigkeit verbessert werden können – verbessert gegenüber dem, was die gewählten Repräsentanten des Volkes beschlossen haben. Darauf berief sich Bundeswirtschaftsminister Peter Altmaier in seinen Erläuterungen zum »Nationalen Reformprogramm 2019«:

> »Die Empfehlungen der Europäischen Kommission zur Erhöhung unserer Wettbewerbsfähigkeit nehmen wir sehr ernst: (…) Wir verbessern die Rahmenbedingungen für private Investitionen und entlasten gezielt Arbeitnehmerinnen und Arbeitnehmer. Aber dabei dürfen wir nicht stehen bleiben: Wir müssen die Sozialausgaben langfristig unter 40 Prozent halten, schneller beim Bürokratieabbau vorankommen und einen konkreten Plan auch für die Abschaffung des Solis für die restlichen zehn Prozent der Steuerzahler beschließen.«[151]

Wettbewerbsfähigkeit und Produktivität sind hier also ganz im Sinne der Wettbewerbsfähigkeitsrankings des Weltwirtschaftsforums zu verstehen. Alles, was die Renditen von privaten Investoren erhöht, ist demnach gut für das Wachstum und damit für die Produktivität. Es war denn 2015 auch nur der Deutsche Gewerkschaftsbund, der gegen die demokratiefeindlichen nationalen Ausschüsse für Wettbewerbsfähigkeit in einem Brandbrief an die Bundeskanzlerin protestierte. Alle anderen fanden es normal.[152]

Im sogenannten Fünfpräsidentenbericht der EU von 2015, auf dem das alles fußt, wird zwar gleich zu Beginn behauptet, die Ziele seien Wohlstand und Fairness für alle. Danach wird aber ausdrücklich unterstellt, dass die Prosperität der Unternehmen, sprich deren Gewinn, mit dem gesellschaftlichen Wohl gleichgesetzt werden kann. Der Finanzbranche wird in dem von Jean-Claude Juncker (Kommission), Donald Tusk

(Rat), Jeroen Dijsselbloem (Eurogruppe), Mario Draghi (EZB) und Martin Schulz (Europaparlament) erstellten Bericht die Aufgabe zugedacht, die Überwachung der staatlichen Haushaltspolitiken zu unterstützen.[153]

Man kann aber auch auf der Ebene der Bundesländer erkennen, wie tief der Geist des Kapitals den Staat durchdrungen hat, einschließlich aller Parteien, bis ganz nach links. So verkaufte eine rot-rote Landesregierung in Berlin in großem Maßstab öffentliche Wohnungen an private Vermietungsgesellschaften, um dann Jahre später panikartig mit einem verfassungswidrigen Mietendeckelgesetz den Mietanstieg bremsen zu wollen. 2020/21 trieb ein rot-rot-grüner Berliner Senat die Privatisierung der S-Bahn voran. Dabei bot schon die verheerende Privatisierung der Londoner U-Bahn ein abschreckendes Beispiel. Sie war in zwei Teile zerschlagen und teilprivatisiert worden. Die Folgen waren betriebliches Chaos und starke Kostensteigerungen, die die Stadt schließlich zur Abwicklung des Projekts und zum Rückkauf der Anteile zwangen, um das System danach teuer zu sanieren.[154] Wenn etwas nicht gut funktioniert, muss man es den Kapitalbesitzern überlassen, lautet dennoch, entgegen aller Erfahrung, das Credo selbst der sich links gebenden Berliner Parteien.

Für die Bundesebene soll als Beispiel die Autobahngesellschaft genügen, die 2015 von drei Ministern aus CDU, CSU und SPD als Projekt zur Subventionierung von Kapitalanlagegesellschaften aus dem Verkehrshaushalt konzipiert wurde. Dafür installierte Wirtschaftsminister Sigmar Gabriel eine »Expertenkommission«, die mit so uneigennützigen Kenntnisträgern besetzt war wie Deutsche-Bank-Chef Jürgen Fitschen, Allianz-Vorstandsmitglied Dr. Helga Jung und Ergo-Vorstandschef Torsten Oletzky. Sie durften ein Konzept erarbeiten, um die deutschen Autobahnen und Fernstraßen in eine neue Gesellschaft zu überführen. Diese sollte gegen eine hohe und garantierte Vergütung anlagesuchende Milliarden von Allianz, Ergo und Deutscher Bank einsammeln. Statt zu Zinskosten von um die null Prozent, für die der Staat sein Geld bekommt, sollten die Fernstraßennutzer den privaten Kapitalgebern Renditen von circa fünf Prozent finanzieren. Das war Allianz und Co. wichtig, weil sie im Niedrigzinsumfeld kaum noch lohnende Anlagemöglichkeiten sahen. »Allianz wittert Chancen bei der Infrastruktur« hatte 2014 passend dazu die *Börsen-Zeitung* getitelt. Privates Kapital könne helfen, die Finanzierungslücke bei staatlichen Infrastrukturmaßnahmen zu schließen, sagte der Investmentchef der Allianz dem Blatt. Das sei sehr attraktiv für die Assekuranz, denn deren Geschäftsmodell erfordere einen langfristigen Anlagehorizont und der Staat garantiere einen stabilen Cashflow.[155] Hohe Rendite, kein Risiko – auf Kosten des Steuerzahlers. 2020 wurde Ex-Minister Sigmar Gabriel wie zur Belohnung für seinen Einsatz in den Aufsichtsrat der Deutschen Bank berufen, obwohl das Projekt in der ursprünglich beabsichtigten Form am Widerstand vor allem der Gewerkschaften scheiterte.

Erfolgreicher war die kapitalfreundliche Staatsbürokratie in größerem Maßstab auf EU-Ebene, wo sie mangels Aufsicht durch die Öffentlichkeit und dank eines willfährigen Parlaments weitgehend freie Hand hat. Dort wurde gemäß dem sogenannten Juncker-Plan ein viele Milliarden Euro schwerer Subventionsfonds für institutionelle Kapitalanleger geschaffen, die sich an Investitionen der Staaten oder von Unternehmen beteiligen. Der Anlageausschuss des Europäischen Fonds für strategische Investitionen (EFSI), der sicherstellen soll, dass Fördermittel gemeinwohlorientiert vergeben werden, bestand 2016 allerdings überwiegend aus Leuten, deren Arbeitgeber die Subventionen entweder selbst erhielten oder die daran verdienten, darunter Royal Bank of Scotland, Meridiam, ein auf öffentlich-private Projekte spezialisierter Asset-Manager, zwei große private Infrastrukturgesellschaften und die kommerzielle UK Green Investment Bank. Viele der geförderten Projekte wären sicherlich auch ohne Förderung durchgeführt worden. Dazu gehören etwa der schon sehr lange geplante Bau eines dritten Terminals am Frankfurter Flughafen und öffentlich-private Projekte zum Autobahnausbau.[156]

Weil es gar so unschön ist, noch ein Beispiel aus der EU. 2020 vergab die Kommission den Auftrag für eine Studie zu möglichen Kriterien dafür, welche Anlageprodukte sich grün und nachhaltig nennen dürfen, ausgerechnet an die weltgrößte Kapitalanlagegesellschaft Blackrock. Selbst vielen der sonst so zahmen EU-Parlamentariern war das einen Protest wert, den die Kommission allerdings mit dem Hinweis auf den günstigen Preis abbügelte. Als dann aber im November auch noch eine scharfe Rüge der EU-Bürgerbeauftragten hinzukam, dachte man im Frühjahr 2021 doch öffentlich darüber nach, ob man vielleicht die Regeln zur Vermeidung von Interessenkonflikten »präziser fassen« könnte.[157]

Jedes mögliche Privileg für das Kapital hat einen heutigen Wert. Ist dieser Wert hoch genug und steht dem kein ähnlich hoher negativer Wert einer anderen Fraktion des Kapitals entgegen, dann spricht alles dafür, dass das Vorrecht früher oder später gewährt wird. Denn die Finanzbranche sorgt dafür, dass selbst der heutige Wert möglicher Privilegien in der Zukunft als Anreiz für Investoren genutzt werden kann. Trotz jährlicher Milliardenverluste bekommt der Fahrdienst Uber ständig neue Milliarden von Investoren, die darauf zählen, dass das Unternehmen – auch mithilfe von Spenden an Politiker und einer Armee von erstklassig vernetzten Lobbyisten – hinderliche Regulierungen aushebeln und ein Quasi-Monopol bei Fahrdiensten in weiten Teilen der Welt erreichen kann.

Während das Wohlergehen der Kapitalbesitzer längst zum Staatsziel geworden ist, ist umgekehrt die Funktionsfähigkeit des Staates für das Kapital von elementarem Wert. So gehört etwa der Chef des konzernfinanzierten Instituts der deutschen Wirtschaft, Michael Hüther, seit einiger Zeit zu den Befürwortern eine Lockerung von haushaltspolitischen Restriktionen wie der Schuldenbremse. Denn er betrachtet den Verfall der staatlichen Infrastruktur aufgrund der dadurch herbeigeführten Investitionszurückhaltung als großes Problem für die Leistungsfähigkeit der deutschen Wirtschaft.

Diese grundsätzliche Interessenharmonie bedeutet nicht, dass es nicht ständige Rangeleien zwischen den staatlichen Instanzen und denen der Konzerne geben könnte, so wie es auch Rangeleien zwischen verschiedenen Kapitalfraktionen gibt. Die Politiker dürfen auch nicht allzu deutlich sichtbar werden lassen, dass angemessene Renditen für das Kapital im Zweifel den Vorrang vor anderen Staatszielen haben. Meinungsverschiedenheiten und Interessengegensätze gibt es auch immer wieder in der Frage, welche Aufgaben im Sinne des Kapitals staatliche Instanzen besser erledigen können als das Kapital selbst.

In den USA konnte man das jüngst sehr schön beim Gesundheitssystem besichtigen, das zur Beute einer privaten, gewinnorientierten Gesundheitsbranche geworden ist. Pharmafirmen, Krankenhausgesellschaften und Versicherer erzielen Traumrenditen, abgesichert dadurch, dass die Branche zu den größten Financiers von Parteien und Politikern gehört. Die Kosten für Versicherte und ihre Arbeitgeber sind extrem hoch, Millionen Menschen sind ohne Versicherung oder erhalten nur die notwendigsten Leistungen. Obwohl das Land mit 11600 Dollar pro Person viel mehr als andere Staaten für Gesundheitsleistungen ausgibt, gehört es zu den ganz wenigen mit sinkender Lebenserwartung. Das ist alles sehr profitabel für einen Teil des Kapitals, aber gleichzeitig ein Problem für andere Teile. Denn die Übergewinne der Gesundheitsbranche bezahlen die Konzerne anderer Branchen mit, und zwar in Form von Versicherungsbeiträgen für ihre Beschäftigten und notwendigen höheren Löhnen. Der Multimilliardär und Chef der Kapitalanlagegesellschaft Berkshire Hathaway, Warren Buffett, beschrieb den US-Gesundheitsmarkt deshalb als »gefräßigen Bandwurm«.

Aus diesem Grund wollten Amazon, Berkshire Hathaway und JP Morgan ein gemeinsames Gesundheitssystem schaffen. Sie planten den Aufbau einer eigenen Krankenversicherung mit einem exklusiven Ärztesystem und direktem Zugang zu günstigen Medikamenten. Gewinn wollten sie damit nicht machen. Nach knapp drei Jahren gaben sie den Versuch allerdings Anfang 2021 aus nur vage erklärten Gründen auf.[158] Vermutlich werden sich diese drei und weitere potente Konzerne künftig stärker darauf verlegen, Lobbyarbeit für eine Kostensenkung im öffentlichen Gesundheitswesen zu betreiben, gegen die Lobbys des Gesundheitssektors.

Soziale Mega-Maschinen

Von dem multidisziplinären US-Wissenschaftler Lewis Mumford, der sich viel mit der gesellschaftlichen Rolle von Technologien beschäftigt hat, stammt der Begriff der sozialen Mega-Maschine, der das Wesen des Kapitalismus recht gut beschreibt.[159] Maschinen sind nach der Definition des deutschen Maschinenbauwissenschaftlers Franz Reuleaux Verbindungen widerstandsfähiger Körper, die so eingerichtet sind, dass durch sie mechanische Naturkräfte genötigt werden können, unter bestimmten Bewegungen zu wirken. Die Verbindung der Körper zu einer Maschine verhindert die für den Zweck der Maschine unnötigen und störenden Bewegungen, sodass die zweckmäßigen Bewegungen als die allein möglichen übrig bleiben.

Der Begriff geht zurück auf ein Denken, das im Zuge der Aufklärung Fuß fasste, mit Philosophen und Naturforschern wie René Descartes, Pierre Gassendi und Thomas Hobbes, die die gesamte lebendige Welt als eine Maschine begriffen. Die Wissenschaftler zerlegten die Natur in immer kleinere Bestandteile, um die Wirkungsweise der Maschine zu verstehen. Nach dem gleichen Muster zerteilen Unternehmer und Staat die Gesellschaft in atomisierte Wirtschaftssubjekte, deren Zusammenwirken so organisiert wird, dass die Maschine wie geschmiert läuft.

Politik im Sinne eines offenen Diskurses über Ziele und Werte hat in der Maschinensichtweise keinen Platz. Das Ziel der Maschine ist festgelegt. Hier herrscht Alternativlosigkeit. Wenn es darum geht, die Funktion einer Maschine aufrechtzuerhalten, dann wird es nach eingehenden Berechnungen auf der Grundlage aller verfügbaren Informationen alternativlos erscheinen, sich für eine Maßnahme zu entscheiden. Es ist verführerisch, diese Denkweise auf das Feld der Politik zu übertragen. Denen, die dafür zuständig sind, die Maschine am Laufen zu halten, verspricht das eine Festigung ihrer Macht: Denn wenn die Diktatur der dem Diskurs entzogenen Ziele errichtet ist, wird es dem politischen Gegner schwerfallen, Widerstand zu leisten – der Raum des Politischen ist dann durch Expertise und Kalkül ersetzt.[160]

Mumford beschrieb als erste soziale Mega-Maschinen diejenigen der ersten Hochkulturen in Mesopotamien und des alten Ägypten unter den Pharaonen. Sie brachten unter anderem gewaltige Bauwerke zustande, als die wenigen Nachkommen von Ötzi noch in kleinen Dörfern ihr beschauliches Leben führten. Diese sozialen Mega-Maschinen bestanden aus einer Arbeitsmaschine aus zur Arbeit verpflichteten Bauern, einer Militärmaschine für die interne Disziplinierung und den Krieg sowie einer Verwaltungsmaschine, die plante und die

Bücher führte. Kontrolliert wurde das Ganze von einer kleinen Kaste von Adligen und Priestern. Die Spezialisierung in Berufe war für damalige Verhältnisse sehr weit fortgeschritten. Jeder Mensch hatte als Rädchen in dieser Maschine genaue Instruktionen, was er zu tun und zu unterlassen hatte. Abweichungen wurden bestraft. Kreativität, eigene Entscheidungen und Flexibilität waren nicht erlaubt.

In der Klassifikation von Mumford, die zwischen autoritären Technologien, die der Kontrolle dienen, und demokratischen Technologien, die dem menschlichen Fortschritt dienen, unterscheidet, war diese soziale Technologie ganz am autoritären Ende verortet. Die extrem hohe Produktivität der Maschine diente so gut wie nicht ihren entmenschlichten Einzelteilen, die reine Mittel zum Zweck waren, sondern allein dazu, die Herrscher der Unsterblichkeit näherzubringen. Das sollte der Ideologie nach allerdings indirekt auch dem Volk dienen, da *sein* Pharao im Jenseits böse Mächte bekämpfen würde.

Der Kapitalismus weist ebenfalls starke Merkmale einer sozialen Maschine auf, wenn auch einer sehr viel flexibleren als der allein auf Befehl, Strafen und strikten religiösen Vorschriften basierenden Maschinen der Pharaonen. Der Kapitalismus arbeitet stark mit Anreizen und lässt mehr Spielraum für Kreativität zu. Wer die Grundregeln des Kapitalismus und das Ziel der Gewinnmehrung akzeptiert, hat einiges an Freiheiten beim Ausfüllen seiner Rolle. Aber das Grundprinzip bleibt, wie es über dem Eingang der Weltausstellung in Chicago 1933 beschrieben stand: »Science Explores: Technology Executes: Mankind Conforms«, zu Deutsch: Die Wissenschaft erforscht, die Technik führt aus, der Mensch fügt sich (ein).

Als Arbeitskraft ist der Mensch im Kapitalismus ein Rädchen im Getriebe der Maschine. Spaß am eigenen Schaffen und Stolz darauf spielen allenfalls eine Rolle, wenn sie es ermöglichen, den Lohn zu senken oder die Produktivität zu steigern. Durch finanzielle Anreize, die Aussicht auf Beförderung und die Drohung mit Arbeitslosigkeit oder dem Absinken auf schlechtere Jobs wird dafür gesorgt, dass alle die ihnen zugedachten Rollen erfüllen.

Die Koordination ist hochkomplex. Innerhalb der großen Konzerne geschieht sie im Wege der administrativen Planung, ganz ähnlich wie zur Zeit der Pharaonen. Über die Einzelunternehmen hinweg sorgt ein eingespieltes System mit Rückkopplungen dafür, dass die Einzelteile sich so verhalten, dass die Rendite für das Kapital maximiert wird. Die Steuerung ist so stark automatisiert, dass die Kapitalbesitzer nichts mehr tun müssen, außer zu besitzen, damit die Menschen fast überall auf der Welt im Dienst der Renditemehrung marschieren. Die normale Rendite des Kapitals, die mindestens erreicht, besser aber übertroffen werden muss, ist der Maßstab allen Handelns – in der Wirtschaft, der Regierung, den Medien, selbst in Glaubensgemeinschaften wie der evangelischen Kirche und auch in der Kultur.

Wenn – unausgesprochen – ein Gemeinwesen sein Oberziel darin gefunden hat, den Profit des Kapitals zu garantieren, dann wird echte Demokratie von kapitalistischer Technokratie verdrängt.

Staatsanleihen als kapitalisierte Regierungsmacht

Kaum etwas symbolisiert das Zusammengehen von Kapital und Staat durch das Kapitalisieren staatlicher Macht so gut wie der Markt für Staatsanleihen. Er entstand in der Renaissance, als die Regierungen der italienischen Stadtstaaten zur schnelleren Kriegsfinanzierung mit der Ausgabe von Anleihen begannen, die durch die staatliche Macht zur Steuererhebung gedeckt waren. Republikanische Staatlichkeit und kapitalistische Wirtschaftsweise entstanden in den norditalienischen Stadtstaaten gemeinsam und waren kaum voneinander zu trennen. Oft stellten die reichsten Kapitalisten auch die Regierungen, wie zum Beispiel jahrhundertelang der Clan der Medici.

Diese Verschmelzung von Kapital und Staat ist keine überkommene Kuriosität vergangener Jahrhunderte. In den USA ist es schon wieder so weit, dass man in aller Regel reich sein muss, um erfolgreiche Wahlkämpfe führen zu können, und folglich erringen die Reichsten zunehmend die hohen und höchsten Staatsämter. Im US-Bundesstaat Nevada will der demokratische Gouverneur per Gesetz Tech-Firmen erlauben, auf eigenem Grund Gemeinwesen zu errichten, in denen die Firma für Aufgaben zuständig ist, die bisher zum Kernbereich staatlicher Kompetenz zählen, bis hin zu Schulwesen, Polizei und Justiz. »Innovationszonen« nennt er das. Dem Staat fehle das Geld, neue Gebiete zu erschließen, die Privaten hätten es, argumentiert er. 250 Millionen Dollar an eigenem Geld muss man haben und insgesamt 1000 Millionen Dollar investieren, um in Nevada ein eigenes Hoheitsgebiet zu erhalten, wie seinerzeit die Medici.[161]

Bis heute ist das Prinzip unverändert geblieben: Mit Staatsanleihen kaufen sich Anleger einen Anteil am Ertrag der staatlichen Steuergewalt. Der Markt für derartige Anleihen bildet den Dreh- und Angelpunkt des Finanzsystems. Er ist der größte und liquideste Markt, und er liefert den universellen Maßstab für die risikolose Rendite, die das Kapital erwarten darf. Mit dem Kauf und Verkauf von Staatsanleihen wird Finanzpolitik und Geldpolitik betrieben. Staatsanleihen sind der Maßstab, an dem sich die Preise von Unternehmensanleihen und mittelbar auch von Aktien ausrichten. »Mit anderen Worten: Ein beträchtlicher Anteil privater Vermögen ist nichts anderes als kapitalisierte Regierungsmacht«, bringen das Jonathan Nitzan und Shimshon Bichler auf den Punkt. In diesem Sinne ist der Staat Teil des Kapitals. Für sie ist Kapital »eine symbolische Kristallisation von Macht, ausgeübt über große menschliche Organisationen, typischerweise von einer kleinen Gruppe mächtiger Kapitalbesitzer, die nicht an der Produktion beteiligt sind, verwoben mit mächtigen Regierungsmitgliedern«. Ziel sei es, die Natur und die Menschen zu kontrollieren.

Es gibt nicht viel, was sich dauerhaft dem Zugriff des Kapitals entziehen kann. Denn jede Macht, die tatsächlich oder potenziell Erträge abwirft, kann kapitalisiert werden. Da Kapital dazu tendiert, alle Formen von organisierter Macht zu absorbieren, ist es schwer von bürokratischen Organisationen und vom Staat zu unterscheiden. Die Bank von England als älteste Notenbank aus dem 17. Jahrhundert war ein privates Unternehmen von reichen Leuten, die einen Deal mit der Regierung aushandelten. Sie erhielten die Lizenz zum Drucken von Geld, das von der Regierung für Steuerzahlungen akzeptiert wurde. Zudem gaben sie der Regierung mit diesem selbst gedruckten Geld Kredit, den diese dringend brauchte. Die Krone und wichtige Parlamentarier erhielten einen Anteil am Gewinn. Kapital oder Staat?

Die ersten großen Aktiengesellschaften des 17. Jahrhunderts, die englische East India Company und die holländische Vereenigde Oostindische Compagnie, waren öffentlich-private Unternehmungen, die mit eigenen Armeen und Statthaltern in den Kolonien alle Regierungsaufgaben übernahmen, soweit diese ihr eigenes Auslandsgeschäft betrafen. Kapital oder Staat?

Heute ist die organisierte Machtausübung des Kapitals nur noch selten so offensichtlich. Private, nicht an der Produktion beteiligte Aktienbesitzer setzen die Preise, die Arbeitnehmer für ihre Arbeit bekommen und die sie als Konsumenten für die Produkte bezahlen müssen. Das geschieht nicht direkt und nicht offen, aber die Norm der normalen Kapitalrendite führt dazu, dass die Unternehmensmanager die Preise und Löhne so setzen, dass am Ende diese Rendite erzielt wird und oft etwas mehr. Die Allgegenwärtigkeit des Glaubens an diese normale Rendite und die Akzeptanz der Mechanismen, die diese Rendite herbeiführen, zeugen von der Macht des Kapitals über die Gesellschaft.

Dass die Neoliberalen, als Interessenwahrer des Kapitals, seit Jahrzehnten die Staatsverschuldung kritisieren, scheint der These von der Verschmelzung von Kapital und Staat über den Anleihemarkt zu widersprechen. Aber die Realität zeigt eben ein völlig anderes Bild: Die Schuldenquoten der großen Industriestaaten sind gerade in der neoliberalen Ära von 1975 bis 2013 sehr kräftig gestiegen, trotz aller Rhetorik gegen die Staatsverschuldung. Das hat System. Wenn nämlich die Staatsverschuldung direkt den Banken zugutekommt, etwa in Form von Bankenrettungsprogrammen, ist es »gute« Staatsverschuldung. Im Rahmen der EU-Haushaltskontrolle werden Staatsausgaben, die hierfür verwendet werden, sogar ausdrücklich bei der Defizitberechnung ignoriert. Auch wenn Schuldenaufnahme zur Steuersenkung beiträgt, ist sie positiv zu bewerten. Nur wenn staatliche Ausgaben dem Kapital nicht nutzen oder gar schaden, werden sie mit Verweis auf die zu hohe Staatsverschuldung bekämpft.

Mohssen Massarrat hat das in seinem Buch *Braucht die Welt den Finanzsektor?* anschaulich dargelegt.[162] Staatsschulden können grundsätzlich als sinnvoller Mechanismus zur Mobilisierung von Ressourcen für gesellschaftliche Ziele dienen. Sie können aber auch zu Knechtschaft führen, wenn die Geldverleiher zu mächtig sind. Eine erfolgreiche Periode für kreditfinanzierte Staatsausgaben war die Nachkriegszeit, als der Finanzsektor weitgehend entmachtet war. Damals finanzierten die Kredite nützliche Ausgaben, die hinreichend

Wachstum generierten, um den Anstieg der Schuldenlast relativ zur Wirtschaftskraft auf ein gesundes Maß zu begrenzen. Nach der neoliberalen Wende wurden unter Verweis auf die angeblich notwendige »Haushaltskonsolidierung« systematische Ausgabenkürzungen im sozialen Bereich beschlossen. Aber gleichzeitig wurden die Steuersätze für die Reichen und insbesondere die Steuern auf Kapitaleinkommen gesenkt und so die Ertragskraft des Staates ausgehöhlt. Die dadurch ausgelöste Zunahme der Verschuldung wurde mit dem falschen Versprechen gerechtfertigt, es werde zusätzliches Wachstum generiert, das später zu steigenden Steuereinnahmen führen werde. Doch statt des versprochenen Anstiegs der Investitionen seitens der begünstigten Kapitalisten sanken die Investitionsquoten.

Das Kapital liebt in Wahrheit die Staatsverschuldung, weil es an ihr verdient und weil sie einen schönen Vorwand bietet, staatliche Ausgaben, die dem Kapital nicht dienlich sind, zu kürzen. So machte der Finanzminister der rot-grünen Bundesregierung, Hans Eichel, ab 1999 den Konzernen große Steuergeschenke und begann gleichzeitig unter dem Slogan, die Staatsverschuldung sei das »Unsozialste«, was es überhaupt gäbe, sozialstaatliche Errungenschaften abzubauen. Der verschuldete Staat ist ein von den Geldgebern kontrollierbarer Staat, jedenfalls wenn dieser sich den Regeln einer politisch unabhängigen Zentralbank unterwirft.

Marktkonforme Demokratie

Otmar Issing, ehemaliger Chefvolkswirt der Bundesbank und später der EZB, der sich nach seinem Ausscheiden als Lobbyist der US-Großbank Goldman Sachs verdingte, war sich mit Rolf-E. Breuer, Ex-Chef der Deutschen Bank, einig, dass die Finanzmärkte die beste Kontrollinstanz für staatliches Handeln seien. In einem Interview mit dem *Handelsblatt* sagte Issing am 21.2.2014:

> »Es bedarf eines von der Politik unabhängigen Wächters. Die Finanzmärkte müssen daher eine wichtige Rolle spielen. (...) Es müssen dringend die Voraussetzungen geschaffen werden, dass die Märkte ihre Wächterfunktion besser erfüllen können. (...) Die Finanzmärkte sind als unpolitischer Kontrolleur unentbehrlich.«[163]

Breuer, damals noch im Amt, hatte im Jahr 2000 die Philosophie hinter dieser Forderung in einem Aufsatz ausgebreitet:

> »Politik muss heute mehr denn je auch mit Blick auf die Finanzmärkte formuliert werden. Wenn man so will, haben die Finanzmärkte quasi als ›fünfte Gewalt‹ neben den Medien eine wichtige Wächterrolle übernommen. Ist die Politik im Schlepptau der Finanzmärkte? (...) Diese Sicht unterstellt einen Interessengegensatz zwischen den Zielen der Finanzmarktteilnehmer und den Zielen der Politik. Doch ist nicht beiden Bereichen der Wunsch nach stabilem Wachstum und der Mehrung von Wohlstand gemein? Ein liberaler Finanzmarkt ist ein wichtiges Instrument, diese Ziele zu erreichen. (...) Aufgrund der Freiheit des Kapitalverkehrs gibt es keinen bevorzugten Zugriff der Staaten auf die jeweiligen nationalen Ersparnisse mehr. Anleger müssen sich nicht mehr nach den Anlagemöglichkeiten richten, die ihnen ihre Regierung einräumt, vielmehr müssen sich die Regierungen nach den Wünschen der Anleger richten.«[164]

Das war harter Tobak, aber Breuer hat er damals nicht geschadet, denn der Zeitgeist war auf seiner Seite. Weiter ging es mit:

> »Zum Problem werden Steuern und sonstige Abgaben, wenn das Verhältnis zwischen staatlichen Leistungen und der Abgabenlast aus Sicht der mobilen Gruppen nicht stimmt. Zustimmung für Um-

verteilungsmaßnahmen zu gewinnen ist bei wachsender Bedeutung mobiler Gruppen schwieriger geworden. (...) Die gegenwärtige Struktur der globalen Finanzmärkte spiegelt den Wertekanon der westlichen Industriestaaten wider. Vertragsfreiheit, das Ziel freien Kapitalverkehrs und der Schutz bestehender Verträge auch im internationalen Rahmen sind Beispiele dafür, wie sich Grundwerte der Demokratien, hier: die Freiheit des Individuums und die Rechtssicherheit, in der Gestaltung der Instrumente niederschlagen.«

Umverteilung also ist nicht markt- und globalisierungskonform, und freier Kapitalverkehr ist Teil des »Wertekanons der Demokratien«, so als hätten wir in den ersten Jahrzehnten nach dem Zweiten Weltkrieg keine Demokratie gehabt, weil der Kapitalverkehr nicht frei war. Man könnte geneigt sein, diese als drastisch erscheinenden Ansichten von Breuer und Issing als die eines Bankenlobbyisten und eines irregeleiteten, marktradikalen Notenbankers abzutun. Aber weit gefehlt. Es ist die herrschende Meinung, von der Bundesbank bis zur Bundeskanzlerin. Bundesbank-Chef Jens Weidmann sagte 2013 ganz im Sinne Breuers vor dem Bundesverfassungsgericht:

»Überdies sollte die Notwendigkeit, sich über die Kapitalmärkte zu finanzieren, Anreize zu soliden Staatsfinanzen schaffen. Es ist unter den Notenbanken des Eurosystems Konsens, dass die Marktzinsen für Staatsanleihen eine zentrale disziplinierende Wirkung haben müssen.«[165]

Es gibt zwar keine vertragliche oder gesetzliche Festlegung in der EU, dass die Staaten sich über die Anleihemärkte finanzieren müssen. Aber die politisch unabhängigen und dadurch mächtigen Notenbanker sind sich darüber einig, dass es so sein sollte, und sie setzen es durch. Und wer sind die Anleger? Die weitaus meisten Staatsanleihen werden von Finanzinstituten gehalten. Die Notenbanker erzwingen also, dass ihre Schützlinge, die Finanzinstitute, über die Regierungen wachen, deren Haushalte sie vorher mit ihrer Zockerei ruiniert haben.

Breuers Aufsatz ist so wichtig, weil er etwas klarstellt, was die ehemaligen und amtierenden Notenbanker und Politiker, die die europäische Finanzintegration vorantreiben, sonst gerne verschweigen: Grundlage der betriebenen Politik ist die Annahme einer Interessenharmonie von Anlegern, Finanzbranche und Politik. Diese Interessenharmonie ist gegeben, wenn man als Aufgabe der Politik die Nutzenmehrung der sogenannten mobilen Faktoren betrachtet, also von Kapitalbesitzern, Finanzbranche und sonstigen mobilen Eliten. Nur unter dieser Annahme ist das Arrangement, bei dem sich die Politik nach den Finanzmärkten zu richten hat, eine gute Sache. Wenn man die Zielbeschreibung für die Regierungen weiter fasst, so weit, dass auch die Interessen der übrigen 90 oder 99 Prozent der Bevölkerung eingeschlossen werden, wird die Dominanz der Finanzmärkte zum Problem. Diese weitere Zielbeschreibung ist aber ganz offenkundig nicht diejenige der deutschen Regierung. Auf Angela Merkel geht der Begriff »marktkonforme Demokratie« zurück, eines der Unwörter des Jahres 2011. Sie hatte im September dieses Jahres gesagt:

»Wir leben ja in einer Demokratie, und das ist eine parlamentarische Demokratie, und deshalb ist das Budgetrecht ein Kernrecht des Parlaments, und insofern werden wir Wege finden, wie die parlamentarische Mitbestimmung so gestaltet wird, dass sie trotzdem auch marktkonform ist.«[166]

Das Kapital bestimmt die Politik

Louis Brandeis, von 1916 bis 1939 Richter am Obersten Gerichtshof der USA und in der damaligen »progressiven Periode« mitverantwortlich für die Entmachtung der Finanzbranche durch scharfe Regulierung, formulierte die Gegenthese zur marktkonformen Demokratie so: »Wir müssen uns entscheiden: Wir können eine Demokratie haben oder konzentrierten Reichtum in den Händen weniger – aber nicht beides.«[167]

Wenn die Sicherung der Renditen für kapitalkräftige Eliten das eigentliche Staatsziel ist, dann wird die Regierung regelmäßig gegen die Interessen der breiten Masse entscheiden. Das haben Forscherinnen und Forscher vom Institut für Sozialwissenschaften der Universität Osnabrück in einer 2016 veröffentlichten, aufwendigen empirischen Untersuchung gezeigt. Arbeitsministerin Andrea Nahles hatte den Auftrag zur Untersuchung des politischen Einflusses der Vermögenden gegeben, als Faktengrundlage für den damals in Vorbereitung befindlichen 5. Armuts- und Reichtumsbericht der Bundesregierung.

Lea Elsässer, Svenja Hense und Armin Schäfer analysierten anhand der regelmäßigen Meinungsumfragen von ARD-Deutschlandtrend die Vorlieben der Bevölkerung bei 250 Sachfragen in den Jahren von 1998 bis 2015, und zwar unterschieden nach Einkommensklassen. Diese Präferenzen glichen sie mit dem Handeln der Regierung ab.[168] Im Jahr 1999 bejahten 70 Prozent der ärmsten zehn Prozent der Bevölkerung und immerhin noch 46 Prozent der reichsten zehn Prozent die Frage, ob Vermögende stärker zum Abbau der öffentlichen Verschuldung herangezogen werden sollten. Die Regierung orientierte sich jedoch an den 54 Prozent der Reicheren, die dagegen waren. Im Jahr 2000 stimmten 43 Prozent der Armen der Aussage zu, dass das Rentenniveau gesenkt werden sollte, jedoch 64 Prozent der Reichen. Das Rentenniveau wurde gesenkt. Als 2012 gefragt wurde, ob die Rente mit 67 rückgängig gemacht werden sollte, wollten das zwei Drittel der Armen, aber nur ein Drittel der Reichen. Es gab keine Rücknahme. Die Frage, ob die Bundeswehr möglichst schnell aus Afghanistan abziehen sollte, bejahten 75 Prozent der Armen, aber nur 43 Prozent der Reichen. Sie blieb noch viele Jahre dort. Ein Abzugsbeschluss wurde erst gefasst, nachdem 2021 die US-Regierung unter Biden den Abzug der US-Truppen bekräftigt hatte.

Armin Laschet sagte 2021 als Kanzlerkandidat der Union zu seiner geringeren Popularität im Vergleich zu seinem Konkurrenten Markus Söder, dass es für Entscheidungen wie Westintegration, Wiederbewaffnung oder Euro-Einführung keine Mehrheit in den Umfragen gegeben habe. Damit begründete er, warum Umfragewerte auch für seine Kanzlerkandidatur keine entscheidende Rolle spielen sollten.[169] Politik gegen den Volkswillen als Handlungsmaxime.

Übersetzte man den statistischen Zusammenhang von Regierungsentscheidung und Präferenzen der Armen in eine Entscheidungsregel für einen Computer, so würde diese lauten: Je mehr Arme dafür sind, desto weniger sollte eine Maßnahme umgesetzt werden. Je höher dagegen das Einkommen, desto eher stimmen Entscheidungen der Regierung mit den Präferenzen der Befragten überein. Etwas besser als den Armen geht es der Mittelschicht. Hier gibt es zwar keinen positiven Zusammenhang zwischen Regierungsentscheidungen und eigenen Präferenzen, aber immerhin auch keinen negativen. Statistisch betrachtet sind die politischen Vorlieben der Mittelschicht irrelevant.

Das Arbeitsministerium übernahm die Erkenntnisse der Studie zunächst zusammengefasst in den Armuts- und Reichtumsbericht. Nachdem es allerdings den Bericht im Oktober 2016 zur Abstimmung ans Bundeskanzleramt gesandt hatte, wurden dort wesentliche Teile gestrichen oder umgeschrieben. Der Verein Lobbycontrol machte im Frühjahr 2017 öffentlich, welche Sätze gelöscht worden waren. Eine der Passagen, die dem Rotstift von Merkels Büro zum Opfer fiel, lautete:

> »Es besteht eine klare Schieflage in den politischen Entscheidungen zulasten der Armen. Damit droht ein sich verstärkender Teufelskreis aus ungleicher Beteiligung und ungleicher Responsivität, bei dem sozial benachteiligte Gruppen merken, dass ihre Anliegen kein Gehör finden, und sich deshalb von der Politik abwenden – die sich in der Folge noch stärker an den Interessen der Bessergestellten orientiert.«[170]

Der Begriff »Krise der Repräsentation« tauchte an mehreren Stellen des Berichtes auf und wurde überall vom Kanzleramt gelöscht.

Die Studie der Osnabrücker Ökonomen orientierte sich eng an einem amerikanischen Vorbild – der 2012 veröffentlichten Untersuchung »Affluence and Influence« (Reichtum und Einfluss) von Martin Gilens von der Princeton University. Er war zum gleichen Ergebnis gekommen: Die Ansichten der Armen und der Mittelschicht sind in den USA irrelevant für die Politik. Die Konzentration von politischem Einfluss an der Spitze der Einkommensskala sei unvereinbar mit dem demokratischen Kernprinzip der politischen Gleichheit, schrieb Gilens und wiederholte damit, was Jahrzehnte vorher schon Richter Louis Brandeis festgestellt hatte.

Die Medien und die Wirtschaftsstatistik tragen offenbar ihren Teil zu diesem Ergebnis bei. Einer Studie aus dem Jahr 2021 zufolge, die die Tonlage von Wirtschaftsberichten über die Jahrzehnte in den USA mit der Einkommensentwicklung nach Schichten verglich, stellte fest, dass lediglich eine gute oder schlechte Einkommensentwicklung des obersten Fünftels der Bevölkerung erkennbar dazu führt, dass die Wirtschaftsberichterstattung eine positive oder negative Tonlage bekommt. Für die anderen Einkommensgruppen gibt es keine entsprechende systematische Beziehung. Die Autoren führen das darauf zurück, dass die oberen Einkommensklassen den Großteil der Einkommensgewinne seit den Achtzigern für sich reklamieren konnten. Dadurch werden die statistischen Durchschnittswerte, auf deren Basis die Journalisten berichten, stark nach oben gezogen. Sie geben nicht die Einkommensentwicklung der Masse der Bevölkerung wieder, und so ist es kein Wunder, dass sich diese auch nicht in der Berichterstattung der Medien wiederfinden. Statistische Daten über die Verteilung der Einkommen werden viel seltener und viel weniger prominent veröffentlicht als die Durchschnittszahlen. Im Ergebnis hat die Wirtschaftsentwicklung, von der die Masse der Menschen in der Zeitung liest und auf deren Basis sie ihre Wahlentscheidungen trifft, nicht allzu viel mit ihrer eigenen wirtschaftlichen Entwicklung zu tun.[171]

Teil 3: **Endspiel des Kapitalismus**

Die aktuelle wirtschaftliche und gesellschaftliche Lage wirkt auf viele Menschen nahezu unwirklich. Die Notenbanken schaffen seit Jahren Unmengen neues Geld, aber die gemessene Inflation bleibt niedrig. Die Wirtschaft lahmt, die privaten wie die staatlichen Investitionen sind seit Langem rückläufig, aber die Aktienmärkte boomen. Seit gut einem Jahrzehnt gibt es praktisch keine Zinsen auf sichere Anlagen mehr. Verwunderung und Sorge sind berechtigt. Die Art und Weise, wie alle, jedenfalls bis zum Beginn der Corona-Pandemie, dennoch ganz normal ihren Geschäften nachgingen, hat etwas vom Spiel der Musikkapelle auf der sinkenden Titanic. Der Anschein von Normalität wird aufrechterhalten.

Tatsächlich scheint der Zusammenbruch des Finanzsystems unausweichlich. Weil die Finanzbranche so viel Spekulation finanziert und so wenig produktive Investitionen, wachsen ihre Ansprüche an das Produktionsergebnis viel stärker als die Produktion. Das ist ein Schneeballsystem. Man kann es lange in Gang halten, indem man immer mehr frisches Geld ins System pumpt und die Zinsen senkt, aber irgendwann gibt es nicht mehr genügend Menschen, Unternehmen und Staaten, die sich noch stärker verschulden wollen und können, nicht mehr genügend Menschen und Institute, die auf Kredit Wertpapiere kaufen, weil sie mit immer weiteren Wertsteigerungen rechnen. Wenn die Vermögen und Einkommen extrem konzentriert sind, fehlt der breiten Masse irgendwann die nötige Verschuldungsfähigkeit und Kaufkraft, um die Wirtschaft am Laufen zu halten.

Es ist nicht das erste Mal, dass sich der kapitalistische Teil der Welt in einer solchen Situation befindet. Es ist eine zyklisch wiederkehrende Problematik, die damit zusammenhängt, dass der Finanzsektor Geld schaffen kann, mit dem er die Wirtschaft befeuert und die Preise von Vermögenswerten nach oben treibt, was sich gegenseitig verstärkt – bis irgendwann der Punkt erreicht ist, an dem es nicht mehr weitergeht. Seit den Neunzigerjahren wurde allerdings keine derartige Krise mehr wirklich bereinigt. Jede Finanzkrise wurde scheinbar bewältigt, indem zum Ausgleich an anderer Stelle im Finanzsystem eine noch größere Blase aufgepumpt wurde.

Eine Krise mit langer Vorgeschichte

Um die verschiedenen Blasen zu identifizieren, nutzen wir den von Blair Fix aktualisierten Machtindex des Kapitals, der ursprünglich von Bichler und Nitzan entwickelt wurde. Er beruht auf der Relation zwischen der Aktienmarktkapitalisierung der größten US-Konzerne und dem durchschnittlichen Lohn der Beschäftigten.[172]

Diese Relation erreichte zwischen etwa 1905 und 1910 ein Hoch, unterbrochen von der großen Bankenpanik von 1907. Es war die Zeit der »Räuberbarone« vom Schlage J. P. Morgans, John D. Rockefellers und Cornelius Vanderbilts, die ihren Reichtum dubiosen Finanzpraktiken und der Ausschaltung von Konkurrenz verdankten. 1907 brachen die Aktienkurse um fast die Hälfte ein, und viele Banken gingen pleite. Schließlich musste der Bankier J. P. Morgan eine Koalition von Bankiers schmieden, die ihre großen Privatvermögen einsetzten, um wieder Vertrauen in das Bankensystem zu schaffen. Das ließ die Kurse zunächst wieder steigen. Es war aber auch die Zeit der großen Arbeitsunruhen. Die bis dahin weitgehend rechtlosen und rücksichtslos ausgebeuteten Arbeiter in den USA erstritten sich Rechte und die Legalisierung von Gewerkschaften. Die Löhne stiegen, die Aktienkurse litten.

Der Erste Weltkrieg sorgte für einen Neustart mit großflächig zerstörten Produktionskapazitäten, an deren Wiederaufbau die Konzerne gut verdienen konnten, insbesondere diejenigen der von Zerstörungen nicht betroffenen USA.

Durch politische Widerstände etwas verzögert, wurde als Reaktion auf die Bankenpanik von 1907 im Jahr 1913 das Federal Reserve System gegründet. Es war ursprünglich als privates Zentralbankensystem konzipiert, doch am Ende wurde dennoch ein in Washington ansässiges und von der Politik besetztes Federal Reserve Board berufen, das den privaten regionalen Zentralbanken vorgesetzt war. Allerdings gab es Vorkehrungen, die verhindern sollten, dass ein Präsident innerhalb einer einzigen Amtszeit die Mehrheit der Board-Mitglieder ernennen konnte.

Nach dem Ende des Ersten Weltkriegs bildete sich in den Zwanzigerjahren eine neue Spekulationsblase an den Aktienbörsen, bis schließlich am berüchtigten Schwarzen Freitag von 1929 die Kurse massiv einbrachen. Es war der Auftakt zur Weltwirtschaftskrise, die in Deutschland die Nazis an die Macht brachte. In den USA agierten Notenbank und Regierung zunächst zögerlich und richteten nichts gegen das Abgleiten in Depression und Massenarbeitslosigkeit aus. Das gelang erst Präsident Franklin D. Roosevelt ab 1933 recht erfolgreich mit den Wirtschafts- und Sozialreformen seines New Deal. Dazu gehörten Infrastrukturmaßnahmen vor allem in benachteiligten, armen Regionen, die Einführung sozialer Sicherungsprogramme und eine strenge Regulierung des Finanzsektors. Noch 1941 war allerdings die Arbeitslosigkeit deutlich höher als vor Beginn der Krise. Der Zweite Weltkrieg bescherte wie schon sein Vorgänger den USA die Wende zur Vollbeschäftigung dank schuldenfinanzierter Aufrüstung und dem großen Bedarf der Kriegsparteien an Militärgütern, gefolgt von einer hohen Nachfrage nach Industriegütern und Maschinen in der Nachkriegszeit.

In der folgenden Phase herrschte, wie Ökonomen das gern abfällig nennen, finanzielle Repression: Feste Wechselkurse, Beschränkungen für den Kapitalverkehr und eine strenge Bankenregulierung vereitelten kreditgetriebene Finanzspekulation trotz niedrig gehaltener Zinsen. Kredite wurden gezielt in produktive Verwendungen gelenkt. Es war fast überall in den westlichen Industrieländern eine goldene Zeit des Wirtschaftswachstums und der Arbeitnehmer. In den ersten 25 Jahren nach dem Zweiten Weltkrieg stiegen die Aktienkurse nur maßvoll schneller als die Löhne. Das hätte noch länger gut gehen können, aber es kündigten sich Finanzturbulenzen der besonderen Art an.

Der Dollar war im Rahmen des Festkurssystems von Bretton Woods Ankerwährung der westlichen Welt und an Gold gebunden. Die USA hatten sich verpflichtet, allen teilnehmenden Notenbanken ihre Dollarbestände auf Verlangen zum Preis von 35 Dollar je Feinunze in Gold einzutauschen. Aufgrund des Vietnamkriegs und anderer teurer Vorhaben wollte sich die US-Regierung der damit verbundenen Begrenzung des Gelddruckens aber nicht unterwerfen. Sie verlegte sich stattdessen darauf, andere Notenbanken zu nötigen, auf die Einlösung ihrer wachsenden Dollarbestände in Gold zu verzichten. Aber das funktionierte nicht auf Dauer, unter anderem weil die Franzosen sich dem Druck nicht beugten. So brachen die USA eben ihr Versprechen und händigten ganz offiziell kein Gold mehr aus. Damit war auch das System der festen Wechselkurse am Ende, und es kam zu Währungsturbulenzen.

Weil aber auch ohne Golddeckung weltweit der Dollar als fest etablierte Leitwährung begehrt blieb, konnte die US-Regierung beziehungsweise ihre Notenbank von nun an frei von Begrenzungen die Menge an Dollars drucken, die sie brauchte, um international einzukaufen. Auch andere Länder konnten nun ohne Rücksicht auf einen zu verteidigenden Wechselkurs die eigene Währung drucken. Das stellte sich schnell als sehr nützlich heraus, denn bald kam es zu den Ölkrisen der Siebzigerjahre.

Diese offenbarten ein aus Sicht des Kapitals schwerwiegendes Problem: Die Gewerkschaften waren zu mächtig geworden. Sie akzeptierten nicht, dass die starke Teuerung aufgrund des Ölpreisanstiegs die Kaufkraft der Löhne aushöhlen sollte, und setzten daher Lohnerhöhungen durch, die die Inflation ausglichen. Die Notenbanken stellten zunächst das zusätzliche Geld bereit, das erforderlich war, um diese Löhne zu bezahlen. Das führte zu einer Ölpreis-Lohn-Spirale, die die Inflation jahrelang auf hohem Niveau hielt. Für die Kapitalbesitzer war das ein Problem. Die Aktienkurse litten, die Inflation fraß den Zinsertrag von Anleihen auf. Wegen der mächtigen Arbeitnehmervertreter musste das Kapital die Last der höheren Ölpreise schultern. Die damals ergriffenen Gegenmaßnahmen setzten eine Dynamik in Gang, deren Finale wir derzeit erleben. Es war der Beginn der neoliberalen Ära.

Die angelsächsische Wirtschaftswissenschaft ersann die Ideologie der angebotsorientierten Wirtschaftspolitik. Diese besagt im Kern, dass alles, was der Kapitalrendite nutzt – und ausschließlich das, was ihr nutzt –, auch gut für die Gesamtwirtschaft ist, weil hohe Renditen zu hohen Investitionen, Wachstum und in der Folge schließlich auch zu höheren Löhnen führten. Für den Import dieser Ideologie nach Deutschland sorgte der Sachverständigenrat zur Begutachtung der gesamtwirtschaftlichen Entwicklung, auch die »Fünf Weisen«

genannt, damals unter Leitung meines geschätzten Doktor-vaters Olaf Sievert, in enger Abstimmung mit der Bundesbank.

In den USA wurde Paul Volcker als Notenbankpräsident eingesetzt, um die Macht der Arbeitnehmer und damit die Inflation zu brechen. Unterfüttert von der neuen Ideologie der Geldmengensteuerung hob er die Leitzinsen so weit an, dass eine schwere Rezession einsetzte, die zu hoher Arbeits-losigkeit führte und so dabei half, die Gewerkschaften zu ent-machten. Dasselbe geschah auch in Europa; besonders radikal wurde diese Politik von Margaret Thatcher in Großbritannien umgesetzt.

Parallel dazu wurden die Finanzbranche dereguliert und Begrenzungen des internationalen Kapitalverkehrs aufgeho-ben, teils freiwillig, in den ärmeren Ländern aber auch unter massivem Druck von Weltbank und Internationalem Wäh-rungsfonds. Im Zusammenspiel mit der Begrenzung der Zent-ralbankgeldmenge durch die Notenbank wurde damit die Geld-schöpfung weitgehend dem privaten Finanzsektor überlassen. Da die Geldschöpfung für spekulative Zwecke nun nicht mehr gebremst wurde, stand dem Aufpumpen neuer Vermögens-preisblasen nichts mehr im Wege. Seit Anfang der Achtziger-jahre stiegen in der Folge die Kurse von Aktien und anderen Vermögenswerten kräftig, während das Wirtschaftswachstum gegenüber den vorangegangenen Jahrzehnten deutlich nach-ließ. Die Arbeitnehmer mussten zunehmend froh sein, wenn sich ihr Lebensstandard nicht verschlechterte.

Unterbrochen wurde die steile Aufwärtsbewegung der Kurse durch gelegentliche Finanzkrisen, die einsetzten, wenn das Schneeballsystem in einem Markt sein Potenzial ausge-reizt hatte, weil sich bei überhöhten Preisen das Vertrauen in weitere Kurssteigerungen verflüchtigte. Diese Krisen wurden jeweils mit viel frischem Geld von den Notenbanken und mit staatlichen Hilfsleistungen für systemrelevante Finanzinstitute bewältigt. Als um die Jahrtausendwende die Kurse von Technologie- und Internetaktien und von allem, was irgendwie nach New Economy roch, absurde Höhen erklommen hatten und einen scharfen Rückwärtsgang einlegten, war dieses Verfahren schon gut eingespielt. Die Leitzinsen wurden wie immer, wenn die Aktienmärkte unter Druck gerieten, massiv gesenkt. Dafür hatte sich bereits der Name »Greenspan-Put« eingebürgert – die nach dem langjährigen US-Notenbankchef benannte kostenlose Versicherung gegen Kursrückschläge am Aktienmarkt durch die Notenbank.

Gleichzeitig drängten Regierung und Notenbanken in den USA die Geschäftsbanken, mehr Hypothekenkredite an benachteiligte – und damit weniger kreditwürdige – Gruppen zu vergeben, was wie erhofft umgehend die nächste Blase in Gang setzte. Die Verbriefung von Hypothekenforderungen und anderen Kreditforderungen wurde von der Politik massiv propagiert. Die Banken ließen sich das nicht zweimal sagen. Sie vergaben Kredite auf Teufel-komm-raus an alle, die danach fragten. Sie verbrieften und verkauften diese Kredite – ausgestattet mit einem irreführenden Qualitätssiegel der Ratingagenturen – und konnten so umgehend wieder Platz für weitere Kredite in ihren Bilanzen freischaufeln.

Der Geldzustrom in den Immobilienmarkt sorgte dort für das gewünschte Preisfeuerwerk, und der Bausektor trieb die Wirtschaft an – sowohl direkt als auch indirekt, denn die Hausbesitzer konnten auf der Grundlage ihrer im Wert gestiegenen Häuser zusätzliche Kredite aufnehmen, um zum Beispiel die immer teurer werdende Ausbildung ihrer Kinder oder ihre astronomischen Arzt- und Krankenhausrechnungen zu bezahlen. Dank dieser schnell aufgepumpten Ersatzblase mündete das Platzen der Dotcom-Blase nur in einer kurzen Minirezession. Die Immobilienblase wurde ab 2007, als die US-Preise nicht mehr weiter stiegen, zunehmend löchrig und platzte

2008 schließlich lautstark mit der Pleite der Investmentbank Lehman Brothers.

In Deutschland und der gesamten westlichen Welt wurden die Banken unter Einsatz riesiger Summen an Steuergeldern gerettet. Die Notenbanken senkten die Leitzinsen immer weiter. Bald lagen sie nahe null, und inzwischen sind sie negativ. Da das nicht genügte, um die Wirtschaft in Gang und vor allem die Finanzmärkte in Schwung zu halten, schwenkten die Notenbanken um zu einer Politik, die den schönen Orwellschen Namen »mengenmäßige Lockerung« erhielt. Dabei drücken sie neues Zentralbankgeld in Billionenumfang in die Bankbilanzen, indem sie den Banken und deren Kunden in immer größerem Umfang Wertpapiere abkaufen. Dabei handelte es sich zunächst nur um Staatsanleihen, aber zunehmend auch um Unternehmensanleihen und bei manchen Notenbanken auch schon um Aktien.

Auf diese Weise stabilisierten sie den Wert der Papiere in den Bilanzen der Finanzinstitute und der Reichen nicht nur auf hohem Niveau, sondern sorgten sogar für immer weitere Steigerungen, trotz lahmender Volkswirtschaften. Den zugrunde liegenden Mechanismus bezeichnet die Bank von England als »Heiße-Kartoffel-Effekt«.[173] Durch die Wertpapierkäufe haben Banken und Finanzinstitute, die der Notenbank die Papiere verkauft haben, mehr Guthaben auf ihrem Notenbankkonto, als sie haben möchten. Also kaufen sie selbst neue Wertpapiere. Der Gegenwert landet bei den Banken der Verkäufer dieser Wertpapiere. Nun haben wiederum diese Banken mehr Notenbankguthaben, als sie haben wollen, und kaufen ihrerseits Wertpapiere oder vielleicht auch Immobilien. Seit die Banken auf ihre Guthaben bei den Notenbanken Zinsen bezahlen müssen, statt solche zu bekommen, ist die Kartoffel der überschüssigen Liquidität richtig heiß geworden. Sie wird von einer Bank zur anderen gereicht, und jedes Mal werden die Preise von handelbaren Vermögenswerten nach oben getrieben. Für die Banken ist das trotz der Zinsen, die sie zahlen müssen, ein prima Geschäft, solange die Wertpapiere in ihren Bilanzen auf diese Weise im Wert steigen.

Doch trotz negativer Leitzinsen und ungebremstem Ankauf von Wertpapieren durch die Zentralbanken befanden sich die Volkswirtschaften der westlichen Welt bei Ausbruch der Corona-Krise 2020 immer noch in einer sehr labilen Verfassung. Die Inflation der Vermögenswerte und die Konzentration der Vermögen bei einer kleinen Schicht hat mittlerweile ein solches Ausmaß erreicht, dass die in den letzten 40 Jahren angewendete Methode, im Zweifel einfach neues Geld in die Finanzmärkte zu pumpen, nur noch ausreicht, um die Wirtschaft notdürftig am Laufen zu halten. Auf Dauer lässt sich das aber nicht fortsetzen, denn die erforderlichen Summen sind bereits astronomisch hoch. Ende des Jahres 2020 war die Bilanz der EZB auf knapp 7000 Milliarden Euro angeschwollen, rund das Sechsfache ihres Werts vor dem Übergang zu einer unkonventionellen Geldpolitik. 3900 Milliarden Euro davon gingen auf die Wertpapierkäufe zum Zwecke der Geldmengenvermehrung zurück, weitere 1900 Milliarden auf Langfristkredite an Banken, eine andere Krisenmaßnahme, die außergewöhnlich ist, weil Notenbanken normalerweise nur sehr kurzfristige Kredite vergeben.

Die EZB hat sich Obergrenzen für den Kauf von am Markt befindlichen Anleihen der verschiedenen Regierungen gesetzt und stößt schon an diese Grenzen. Sie kann diese zwar anheben, aber bei dem bereits erreichten Niveau an Geldsummen, die nötig sind, um das Schneeballsystem in Gang zu halten, würde die Notenbank irgendwann sämtliche Anleihen halten. Die US Federal Reserve ist bereits mit Abstand die größte Halterin von US-Staatsanleihen.

Kapitalismus ohne Zinsen

Seit 2014 liegt der Referenzzinssatz für sichere Anlagen im Euroraum, die Rendite von zehnjährigen Bundesanleihen, nahe null und ist seit 2019 sogar leicht negativ. Die Rendite der Anleihen mit 30 Jahren Laufzeit ist nur noch minimal positiv. Das heißt, die Marktteilnehmer rechnen für die nächsten etwa 25 Jahre mit Nullzinsen, bei Berücksichtigung der Geldentwertung sogar mit deutlich negativen Zinsen.

Was bedeutet es für ein kapitalistisches System, wenn der sichere Zins – die Normrendite – bei null liegen oder gar negativ sein muss, damit es überhaupt weitergeht und das System nicht zusammenbricht? Und zwar dauerhaft, also länger, als die positiven Wirkungen des Zinsrückgangs auf die Bilanzen anhalten? Das Heimtückische ist ja, dass der Rückgang der Zinsen der Finanzbranche und den Vermögenden anfangs enorm hilft, weil durch den niedrigeren Kalkulationszins der Bilanzwert der Anleihen, Aktien und sonstigen Vermögenswerte steigt. Doch irgendwann sind die alten Anleihen mit den hohen Zinsversprechen ausgelaufen und zurückgezahlt, und für die neuen Anleihen gibt es keine Zinsen mehr. Und auch die Aktien steigen nicht mehr verlässlich im Kurs, wenn die Zinsen nicht dauerhaft weiter sinken.

So erklärt sich, dass die deutsche Finanzbranche die Zinssenkungen der EZB zu Anfang mit großem Wohlwollen begleitet hat, aber seit einigen Jahren immer lautstärker die Rückkehr zu normalen Zinsen fordert. Doch das ist leichter gesagt als getan, ohne die Konjunktur abzuwürgen und einen Kurssturz an den Aktienmärkten herbeizuführen. Denn bei steigenden Zinsen würde umgekehrt gelten, dass zunächst einmal für längere Zeit der Schaden für das Kapital in Form sinkender Wertpapierpreise größer wäre als der Nutzen in Form höherer Zinseinnahmen. Wenn die Wirtschaft nicht nachhaltig in Schwung kommt, ist der Weg für einen Zinsanstieg deshalb nicht offen. Längere Zeit konnten sich die Notenbanken damit behelfen zu signalisieren, dass die Nullzinsen länger gelten würden als erwartet. Aber auch hier gibt es kaum noch Spielraum, wenn inzwischen schon die dreißigjährigen Anleihen fast mit null Prozent rentieren.

Für einen Staat, der den Kapitalismus hinter sich lassen möchte, wäre eine Situation, in der das Kapital im Durchschnitt keinen Zins mehr erwartet, eine blendende Gelegenheit. (Wie das gehen könnte, wollen wir im vierten Teil dieses Buches betrachten.) Aber das entspricht nicht der Absicht der herrschenden Politiker und Parteien und schon gar nicht jener der mächtigen Kapitalbesitzer. Doch sie stehen vor einem Dilemma: Auf Fremdkapital gibt es keine Zinsen mehr, und auch auf Eigenkapital können die Unternehmen im Durchschnitt keine Gewinne ausschütten, wenn die Wirtschaft nur noch mit dauerhaften Nullzinsen halbwegs am Laufen gehalten werden kann.

Was im Durchschnitt gilt, muss allerdings nicht für alle gelten und schon gar nicht für die größten Konzerne. Und tatsächlich: Trotz der schon lange anhaltenden extremen Niedrigzinsphase erwirtschaften die Konzerne weiterhin gute Gewinne und schütten hohe Dividenden aus. Das liegt zum Teil daran, dass viele Konzerne derzeit noch aufgrund des Rückgangs der Zinsen hohe Bewertungsgewinne verzeichnen, weil ihre Immobilien, Unternehmensbeteiligungen und andere Vermögenswerte im Wert gestiegen sind. Dieser Vorteil läuft aber aus, wenn die Zinssenkungen nicht weitergehen.

Dann bleibt nur noch die Möglichkeit der Umverteilung. Das Kapital frisst im unbedingten Streben nach Gewinn zunehmend seinesgleichen und nährt sich von der Basis, die ihn trägt.

Groß frisst Klein und bringt die Schäfchen ins Trockene

»JP Morgan und Goldman steigern Gewinne jeweils um mehr als 450 Prozent« – so lautete am 14. April 2021 eine Überschrift des *Handelsblatts* zu Gewinnmeldungen der US-Großbanken im ersten Quartal. J.P. Morgan meldete einen Quartalsgewinn von 14,3 Milliarden Dollar, bei Goldman Sachs betrug er 6,8 Milliarden. Ein wichtiger Grund war der Abbau von Risikorückstellungen für Kreditausfälle, der dadurch möglich wurde, dass die großzügigen Hilfen der Regierung es den Kreditnehmern ermöglichten, ihre Schulden bei den Banken zuverlässig zu bedienen. Außerdem erzielten die Banken hohe Gewinne im Börsenhandel auf eigene Rechnung und im Investmentbankengeschäft, also grob gesprochen beim Handel mit Unternehmen und Unternehmensteilen. Dieses Geschäft, in dem die US-Großbanken weltweit dominant sind, boomt regelmäßig bei niedrigen Zinsen.[174]

Dagegen musste die Deutsche Bank sich schon darüber freuen, dass sie 2020 zum ersten Mal nach fünf Jahren wieder einen kleinen Gewinn ausweisen konnte. Die Commerzbank verzeichnete knapp drei Milliarden Euro Verlust, nach einem kleinen Gewinn im Jahr 2019. Die europäischen Banken sind überwiegend ertragsschwache Sanierungsfälle geworden, die versuchen, sich durch Personalabbau gesundzuschrumpfen. Der positive Effekt der Zinssenkungen ist vorbei; ihr Privileg, Geld zu drucken, ist bei Null- und Negativzinsen kaum etwas wert. Anders als die großen, international tätigen US-Banken haben sie nicht die Möglichkeit, die Weltleitwährung zu drucken und damit international Wertpapiere und Unternehmen zu kaufen und mit ihnen zu handeln. So schreitet die Konzentration von Marktanteilen und Macht bei den großen US-amerikanischen Finanzinstituten mit großen Schritten voran, zulasten aller anderen. Die Gewinne der US-Häuser sind die fehlenden Gewinne oder Verluste der anderen.

Dasselbe spielt sich in der übrigen Unternehmenswelt ab. Groß frisst Klein, das ist die Basis der bei den großen Konzernen immer noch sprudelnden Gewinne. Zusammengenommen fuhren die 30 deutschen DAX-Konzerne im ersten Quartal 2021, mitten in der tiefsten Corona-Krise und bei stark sinkendem Bruttoinlandsprodukt, Rekordgewinne vor Steuern und Zinsen von knapp 42 Milliarden Euro ein, knapp sechs Milliarden mehr als im bisher besten ersten Quartal im Jahr 2017.[175]

Krisen bieten den Mächtigen immer Möglichkeiten, die Schwierigkeiten der anderen zu nutzen. Das war und ist in der Corona-Krise nicht anders. Und an der Spitze der Machthierarchie stehen nun einmal die USA und ihre Großkonzerne.

Die US-Regierung untersagte bis Ende April 2021 jegliche Impfstoffexporte und sorgte so dafür, dass die US-Bevölkerung schon im April mehrheitlich geimpft war. Mit der Auflage mehrerer umfangreicher Konjunkturprogramme, das letzte im Frühjahr 2021 verkündet und 2000 Milliarden Dollar schwer, kombiniert mit ebenso riesigen Wertpapierkäufen der Notenbank, sorgte die Regierung dafür, dass die Wirtschaft 2021 in bester Ausgangsposition für eine stürmische Erholung war und dass der Finanzbranche genügend frische Dollars zur Verfügung standen, um die Eroberung internationaler Märkte zu finanzieren. Das Haushaltsdefizit im Jahr 2020 von 3100 Milliarden Dollar entsprach 15 Prozent des Bruttoinlandsprodukts, für 2021 wird ein Anstieg der Schuldenquote im Verhältnis zum Bruttoinlandsprodukt auf über 130 Prozent prognostiziert.

Doch das riesige Haushaltsdefizit spielt keine Rolle, solange praktisch garantiert ist, dass die ausgegebenen neuen Dollars, auch wenn sie ins Ausland abfließen, alle wieder zu extrem niedrigen Zinsen in US-Staatsanleihen oder anderen US-Wertpapiere angelegt werden. Der Status der militärischen und politischen Führungsmacht mit der Weltleitwährung gibt ihrer Inhaberin große Handlungsfreiheit und damit die Chance auf noch mehr Macht.

Eine weitere Möglichkeit, die Gewinne und Dividenden trotz schwacher Wirtschaft am Laufen zu halten, ist die fortgesetzte Zinssenkung bis weit in den negativen Bereich hinein. Im Lager der US-Finanzbranche wird das schon seit über fünf Jahren propagiert, oft in Zusammenhang mit der dafür nötigen Beseitigung des Bargelds. So ergäben sich für Wertpapiere und Immobilien immer neue Bewertungsgewinne. Die großen Investmentbanken und Private-Equity-Fonds bekommen in einem solchen Szenario sogar noch Zinsen dafür, wenn sie sich Geld leihen, um Unternehmen und Wertpapiere in aller Welt zu kaufen und mit ihnen zu handeln. Für die kleinen und insbesondere nichtamerikanischen Banken bedeutet es hingegen früher oder später den Ruin, sofern sie kein größeres Institut finden, das sie kauft.

Die gehobene private Mittelschicht, die in größerem Umfang Bankguthaben und verzinsliche Wertpapiere besitzt, muss damit rechnen, dass ihr Vermögen mit der Zeit abschmilzt. Sie können zwar stärker in Aktien investieren, aber deren Kurse werden irgendwann von den sinkenden Zinsen nur noch am Absturz gehindert. Die gehobene Mittelschicht hat – anders als die Reichen und die institutionellen Anleger – nicht die Alternative, in Hedgefonds oder Private-Equity-Fonds zu investieren, mit denen man aus ungewöhnlichen Zinskonstellationen noch Gewinn schlagen kann. Fortdauernde Zinssenkungen in den negativen Bereich hinein sind eine Variante von »Groß frisst Klein«. Das zeigt sich deutlich im Protest von Allianz-Chef Oliver Bäte gegen die Niedrigzinsen, vermeintlich im Namen seiner Lebensversicherungskunden. In einem Interview mit dem *Handelsblatt* sagte er:

»Die Geldpolitik ist dabei, die Sparer zu enteignen. Wer Geld spart, der wird entreichert und dessen Rendite umverteilt. Wir müssen sagen: ›Lieber Kunde, Sie werden hier systematisch übervorteilt, weil jemand angefangen hat, Geld zu drucken.‹ Wir werden noch zehn Jahre Null- oder Negativzinsen haben. Die Sparer werden betrogen, das gilt auch für Lebensversicherungskunden.«[176]

Das war, nur ein paar Monate nachdem die Allianz-Hauptversammlung beschlossen hatte, die Dividende auf 9,60 Euro pro Aktie anzuheben, was einer Dividendenrendite von 5,85 Prozent entsprach.[177] Bäte hätte also auch sagen können: »Leider müssen wir die Verzinsung der Beiträge unserer Lebensversicherungs-Kunden senken, damit wir die Dividende für unsere Aktionäre steigern können.«

Zusätzliche Unterstützung kommt vom Staat, der den Unternehmen und Haushalten hilft, auch in der Krise ihre Verpflichtungen aller Art gegenüber dem Kapital zu bedienen, meist ohne nennenswerte Bedingungen in Richtung einer Verlustbeteiligung des Kapitals. Bezahlen werden es später die Steuerzahler. Einen Beitrag zur Aufrechterhaltung der Kapitalrendite dürfen auch die Beschäftigten leisten, die in die Gelegenheitsjobs der Gig Economy abgedrängt werden, jenem Arbeitsmarkt für selbstständige Kleinstauftragnehmer, wo ihnen höhere Leistung zu geringerer Vergütung abgepresst werden kann. Und schließlich helfen auch die Kunden, deren Zahlungsbereitschaft und Alternativen man dank digitaler Überwachung immer genauer kennt und denen man dank zunehmender Marktmacht immer höhere Gebühren und Kosten zumuten kann.

Wenn das alles bei einer stagnierenden oder schrumpfenden Wirtschaft stattfindet, frisst der Kapitalismus seine eigene Substanz auf. Die zunehmende Konzentration der Einkommen und Vermögen führt dazu, dass die Kaufkraft und Kreditwürdigkeit der Masse der Verbraucher und der Staaten sinkt. Durch Pleiten oder Wegschrumpfen der kleinen oder mittleren Betriebe geht die Basis für weiteres Wirtschaftswachstum verloren. Und Umverteilung von unten nach oben ist zwar ein Modell, das schon seit mehreren Jahrzehnten im Einsatz ist und auch noch eine Weile fortgeführt werden kann. Aber es ist kein Modell, das dauerhaft funktioniert. Irgendwann ist unten nur noch so wenig zu holen, dass man damit die schon riesigen Einkommen und Vermögen an der Spitze prozentual nicht mehr nennenswert steigern kann.

Tatsächlich schien sich vor Corona der Machtgewinn der größten Konzerne bereits deutlich zu verlangsamen. Zwischen dem Jahr 2000 und dem Jahr 2018 stieg das Vielfache, um den die Gewinne der 200 größten US-Konzerne den Durchschnitt aller US-Konzerne übertreffen, nur noch um kaum zehn Prozent: vom 15 000-Fachen auf das 16 300-Fache. Zum Vergleich: Von 1984 bis 2000 stieg dieses Vielfache um mehr als das Dreifache, von 4500 auf 15 000.[178]

Es bleibt natürlich auch den Großkapitalisten nicht verborgen, auf welches Problem sie zusteuern, wenn sie ihre Macht und ihr Vermögen nur noch durch verstärkte Umverteilung von unten nach oben erhalten und mehren können. Ein Ausweg aus dieser Sackgasse des Kapitalismus ist nicht offensichtlich. Einen großen Krieg mit umfassenden Zerstörungen von Produktionspotenzial und von Vermögen aufseiten der Verlierer kann niemand wollen, wenn jeder große Krieg der letzte sein könnte. Die Erschließung großer neuer Märkte und Rohstoffquellen wie durch den Kolonialismus oder andere Formen der Globalisierung ist kaum noch möglich angesichts des schon erreichten Ausmaßes der Einbindung fast aller Weltregionen in die internationale Arbeitsteilung.

Die Strategen in den »Denkfabriken« des Kapitalismus haben mit Sicherheit schon viele Jahre vor mir erkannt, dass schwerste Finanzkrisen und der totale Machtverlust der kapitalistischen Elite drohen, und denken seitdem darüber nach, wie man eine solche Entwicklung vermeiden könnte. Ihnen ist auch einiges eingefallen. Neben individuellen Methoden der Vermögenssicherung gibt es auch systemische Ansätze, ein nachkapitalistisches Gleichgewicht herbeizuführen, in dem die hochprivilegierte Stellung des Geldadels gewahrt bleibt. Schauen wir uns zuerst die individuelle Vermögenssicherung an, bevor wir zur Vermögenssicherung durch Umgestaltung der Gesellschaft kommen.

Rette sich, wer kann

Eine bewährte Methode, sein Vermögen zu sichern, wenn man einen Zusammenbruch des Finanzsystems befürchtet, ist die Verlagerung in Sachwerte. So erklärt sich vielleicht die Meldung des Magazins *Forbes*, wonach Bill Gates, einer der reichsten Menschen der Welt, mit einem Besitz von mindestens knapp 100 000 Hektar Fläche in 18 Bundesstaaten zum größten privaten Eigentümer von Farmland in den USA geworden ist. Wenn alles zusammenbrechen sollte, wäre Gates immer noch einer der mächtigsten Menschen in den USA, jedenfalls solange er nicht enteignet wird. Dazu passen auch Anteile an der Firma Ecolab, die in der Wasserreinigung und -aufbereitung führend ist, dem Gebrauchtwagenhändler Vroom und der kanadischen Eisenbahn, alles Unternehmen des elementaren Bedarfs.

Andere Milliardäre tun es Gates gleich. Der größte Besitzer von Weideland und Wald (eine andere Kategorie als Farmland) ist der Vorsitzende von Liberty Media, John Malone, mit knapp 900 000 Hektar. Ted Turner liegt mit 800 000 Hektar auf Rang drei, und auch Amazon-Chef Jeff Bezos nennt 170 000 Hektar sein Eigen und gehört damit zu den 25 größten privaten Besitzern von Weideland und Wald.[179] Während sie uns einreden, unser ganzes Leben könnte und sollte digitalisiert werden, orientieren sich die Silicon-Valley-Granden in Richtung des Urwüchsigsten, am wenigsten Digitalen, das es gibt.

Vom Kapitalismus zum Neo-Feudalismus

Die soziale Mega-Maschine des Kapitalismus ist in schlechtem Zustand. Der Zusammenbruch ist absehbar, wenn nichts Radikales geschieht. Die Aufgabe, die sich die globale Machtelite mit Schwerpunkt im Silicon Valley gestellt hat, besteht im allmählichen Übergang von der Mega-Maschine Kapitalismus zu einer »Schönen neuen Welt«, in der ihre Macht und Privilegien bewahrt und festgeschrieben sind.

Radikale Veränderung ist eine Herausforderung für Sozialarchitekten, weil sie mit Bewegung verbunden ist. Aus eigener Erfahrung kann ich sagen: Es ist leicht, eine ruhige Rinderherde in Zaum zu halten, dazu genügt ein dünner Stromdraht oder eine Aufsichtsperson. Wenn ein Rind auszuscheren droht, wird es mit dem Anblick eines Stocks oder einem leichten Stromschlag ohne Aufruhr zur Vernunft gebracht. Will man aber eine Herde von A nach B treiben, dann haben auch mehrere Menschen alle Hände voll zu tun. Denn ständig gibt es Turbulenzen, die man schnell korrigieren muss. Sobald man drastisch eingreift, besteht die Gefahr, dass die Herde losrennt, und dann ist erst einmal kein Halten mehr. Auf unsere Mega-Maschine übertragen, bedeutet das: Die Maschine muss für die Umrüstung gedrosselt werden; die unzähligen kleinen und kleinsten Einzelteile müssen mit engeren Spielräumen auf ihre neuen Aufgaben hin kalibriert werden. Und so werden die Führungsschienen, mit denen die Bestandteile der sozialen Maschine in ihre neue Position gebracht werden, immer enger gestellt, die Halteseile unmerklich immer fester gezogen.

Da die Besitzstandswahrung für die megareichen Kapitalbesitzer damit einhergeht, dass für die kleinen Teilnehmer des Systems, die Gammas, Deltas und Epsilons der Schönen neuen Welt, nicht mehr viel übrig bleibt, das sie materiell zufriedenstellen könnte, funktioniert das liberale Modell nicht mehr. Propaganda, Kontrolle und Repression müssen dafür sorgen, dass alle in der Spur bleiben. Die Schöne neue Welt nach dem Kapitalismus ist eine Art neuer Feudalismus.

Auch im mittelalterlichen Feudalismus gab es Märkte, aber sie hatten bis zum Aufkommen größerer Städte keine große Bedeutung, weil das meiste dessen, worauf es ankam und worauf die Macht der Mächtigen beruhte – Land, Gold, Wissen und Waffen –, bei wenigen konzentriert war und auf andere Weise den Besitzer wechselte als durch freien Handel auf Märkten. Die feudale Herrschaftsform war streng hierarchisch organisiert. Die höchste Ebene gewährte der nächsten Ebene Privilegien im Austausch gegen Dienste und so weiter, bis ganz nach unten, wo die große Masse der weitgehend rechtlosen und ungebildeten Untertanen ihr Dasein fristete.

Singularität: Die neue Unsterblichkeit

Die Pharaonen im alten Ägypten wollten Göttlichkeit und Unsterblichkeit erlangen, indem sie ihre soziale Mega-Maschine fantastisch aufwendige Bauwerke errichten ließen. Die Pharaonen aus dem Silicon Valley und ihre Hohepriester, wie Klaus Schwab, denken ähnlich und nennen es Singularität. Singularität ist der Moment, in dem eine künstliche Form von Intelligenz so fortgeschritten ist, dass sie sich von ihren Schöpfern unabhängig macht. Ein eng verwandter Begriff ist der Transhumanismus, der danach strebt, die Grenzen der physischen und psychischen Fähigkeiten des Menschen durch den Einsatz technologischer Verfahren zu erweitern.

Silicon-Valley-Investor Peter Thiel sagt über Singularität dieser Art: »Auch wenn sie nicht ganz unproblematisch ist, ist sie besser als der Tod.«[180] Mit »nicht ganz unproblematisch« meint er unter anderem, dass damit extreme Ungleichheit verbunden sein könnte. Es kann ja nicht jeder ewig leben und Macht ausüben. Aber am meisten Sorge bereitet ihm, dass es zu lange dauern könnte, bis die Singularität erreicht ist. Deshalb unterstützt er Organisationen wie die Singularity University und den Singularity Summit, die die Öffentlichkeit an die zunehmende Verschmelzung von Mensch und Maschine gewöhnen sollen. Er investiert in Unternehmen, die sich auf die Verlängerung des Lebens konzentrieren.

Der Langlebigkeits-Unternehmer Arram Sabeti behauptet, die Annahme, dass wir ewig leben können, sei realistisch: »Sie verletzt nicht die Gesetze der Physik, also können wir es erreichen.«[181] Die Superreichen fänden es eine Schande, wenn Menschen, die Privatjets und die größten Luxusjachten der Welt und Privatinseln in Polynesien ihr Eigen nennen, die so viel Macht und so viel Spaß haben können, auch mit jungen und manchmal jüngsten Frauen und Männern, nach wenigen Jahrzehnten Restlebenszeit sterben sollen. Der russische Internet-Unternehmer und Milliardär Dimitri Itskov hat 10 000 Jahre Lebenszeit als sein privates Ziel angegeben, weil er nur so der Beste, Schnellste, Klügste, Geschickteste und Beeindruckendste in vielen Disziplinen werden kann. Er möchte persönlich alle Erfahrungen machen, die das Leben bietet. Er will alles haben und sein, und dafür braucht er ein fast ewiges Leben. Dafür investiert er in die Initiative »2045«. Sie strebt danach, bis zum Jahr 2045 den menschlichen Körper durch ferngesteuerte holografische oder Roboter-Avatare zu ersetzen.

»Wenn ich mit diesem Mega-Projekt Erfolg habe, werde ich am Ende 10 000 Jahre für meine vielen Hobbys zur Verfügung haben.«[182]

Peter Thiel äußert sich in dieser Hinsicht eher bescheiden. Er möchte 120 Jahre alt werden. Larry Ellison, Mitgründer von Oracle und Bauherr einer der teuersten Motoryachten der Welt, versteht dagegen überhaupt nicht, wie man Sterblichkeit akzeptieren kann. Sergey Brin, Mitgründer von Google, hofft ebenfalls, »eines Tages den Tod zu besiegen«. Die Ellison Medical Foundation fördert Forschung für lebensverlängernde Techniken und Substanzen, ebenso das Projekt Calico von Google, das mit einem milliardenschweren Etat ausgestattet ist.[183]

Die Milliardärinnen denken dabei offenkundig vor allem an sich selbst und ihr Umfeld. Bei mindestens zehn Milliarden Menschen, die bis 2045 auf der Erde leben dürften, wäre eine massive Lebensverlängerung für alle Menschen keine attraktive Option. Die Fortpflanzung müsste auf wenige Privilegierte beschränkt werden. Ebenso wenig, wie man das Versprechen der Pharaonen besonders ernst nehmen musste, aus dem Jenseits die Interessen des zu Lebzeiten geschundenen Volkes zu wahren, muss man die Versprechen der Silicon-Valley-Milliardäre ernst nehmen, sie wollten ihre Errungenschaften allen Menschen zur Verfügung stellen. Was immer die Wissenschaftlerinnen mit dem Geld der Milliardäre an Kuren zur Verhinderung des Alterns und Sterbens finden werden, es wird teuer sein. Die Milliardäre werden kaum den Forscherinnen im Frühstadium eines Projekts sagen: »Lasst das mal, das ist zu aufwendig für die Massen, sucht nach etwas, das billiger umzusetzen ist.« Im Gegenteil: Was gibt es Besseres für einen machtversessenen Menschen, als dass er und sein Umfeld sehr lange in Reichtum leben können, die anderen hingegen viel weniger lange mit viel weniger Geld?[184] Sie wollen Reichtum und Macht, und beides ist etwas Relatives. Man ist so reich und mächtig, wie die anderen arm und ohnmächtig sind.

Man könnte geneigt sein, das Streben einiger Superreicher nach ewigem Leben als größenwahnsinnige Marotte abzutun. Das wäre ein Fehler. Es ist auch das Programm des Weltwirtschaftsforums, wie es Klaus Schwab 2016 in seinem Buch *Die Vierte Industrielle Revolution* beschrieben und 2020 in *Covid-19: Der große Umbruch* bestätigt hat:

> »Wir stehen an der Schwelle zu einem radikalen Systemwandel, der eine kontinuierliche Anpassung der Menschen erfordert. Dies führt zu Ungleichheit, die über bereits beschriebene gesellschaftliche Ungleichheit hinausgeht. Die Gewinner können von einer Form radikaler menschlicher Verbesserung profitieren, die durch Segmente der Vierten industriellen Revolution hervorgerufen und den Verlierern vorenthalten werden. Dies birgt die Gefahr von Klassenkonflikten und anderen Zusammenstößen, wie wir sie noch nie zuvor gesehen haben.«[185]

Das Forum hat auch bereits Regierungen mit dieser Programmatik geimpft. Policy Horizons Canada, ein Regierungsinstitut zur Politikberatung, angegliedert an das kanadische Arbeitsministerium, hat 2020 eine Konzeptstudie mit dem Titel: »Exploring Biodigital Convergence« (Erkundung biodigitaler Konvergenz) veröffentlicht. Seither arbeitet das Institut an dem Projekt. Zu den Teammitgliedern gehört die Direktorin von Horizons Canada, Kristel Van der Elst, eine frühere Chefin für Strategische Voraussicht des Weltwirtschaftsforums. Außer der kanadischen Regierung berät sie auch die US-Regierung, die EU-Kommission und die OECD. Teammitglied ist auch Nicholas Davis, der bis 2019 Mitglied des Vorstands des Weltwirtschaftsforums und Chef von dessen Abteilung für Gesellschaft und Innovation war. Die Arbeitsgruppe kam zu Erkenntnissen wie: »Indem wir die Mechanismen, die der Biologie zugrunde liegen, besser zu kontrollieren lernen, könnten wir die Vorstellung hinter uns lassen, dass lebende und künstliche Organismen etwas fundamental Verschiedenes sind.«

Die Broschüre enthält auch ein als optimistisch bezeichnetes Szenario aus der erdachten biodigitalen Zukunft. Es lautet, in Kurzfassung, so:

> »Ich sende eine Gehirnnachricht, um die App zu öffnen, die meinen Insulinspiegel kontrolliert und dafür sorgt, dass meine Bauchspeicheldrüse optimal unterstützt wird. Ich prüfe die digitale Schnittstelle meines Gehirns, um die Traumdaten zu lesen, die letzte Nacht in Echtzeit aufgezeichnet und verarbeitet wurden. Meine Therapie-App analysiert die emotionalen Reaktionen während meines Schlafs. Während ich mir die Zähne putze, fragt Jamie, meine persönliche KI, ob ich möchte, dass eine Lieferdrohne den Milchzahn meiner Tochter abholt, der vor zwei Tagen ausgefallen ist. Die epigenetischen Marker in den Zähnen der Kinder müssen analysiert und in unserer familiengenetischen Blockchain katalogisiert werden, um sich für den Rabatt der Krankenversicherung zu qualifizieren. Ich nehme Nahrungsmittelergänzungen ein, die gerade aus meinem Bioprinter kommen. Die Rückkopplungsschleife zwischen mir und meinem Bioprinter speichert die täglichen Daten für zukünftige präventive Gesundheitsmetriken in der Cloud.«[186]

Auch über Möglichkeiten, Körper, Geist und Verhalten der Menschen zu ändern, wird nachgedacht. Fortschritte in der Gensequenzierung ermöglichte es zu bestimmen, welche Gene zu verändern sind, um erwünschte Eigenschaften hervorzubringen. Durch Neurotechnologie, die Gehirnsignale ausliest, könnten menschliche Gedanken und Verhaltensweisen beobachtet und manipuliert werden; digitale Apps könnten helfen, die geistige Gesundheit zu verbessern.

Sonne auf Kredit in der Schönen neuen Welt

Wenn irgendwann das meiste Vermögen und alle Macht bei wenigen Konzernen und ihren Besitzern konzentriert sind, lautet die Aufgabe für diejenigen an der Spitze, ihre hochprivilegierte Position irgendwie zu bewahren. Mit den bewährten Mitteln von Marktwirtschaft und Kapitalismus ist das nicht mehr möglich. Denn dann lässt sich die Schimäre des freiwilligen Austauschs auf Märkten nicht mehr aufrechterhalten, und die gesellschaftliche Akzeptanz des ganzen Systems geht verloren. Revolution wird zur realen Gefahr. Die Gefahr der Revolution ist eines der Hauptthemen in Klaus Schwabs Buch *Covid-19: Der große Umbruch*. Zwischenzeitlich gab es einen Boom beim Bau von Luxusbunkern, in die sich die Elite im Kriegsfall oder bei anderen Wirren zurückziehen kann. Diese Mode scheint abzuebben, wohl auch, weil man realisiert hat, dass man in einer postapokalyptischen Welt à la Mad Max kaum das eigene Wachpersonal davon überzeugen könnte, weiterhin Befehle auszuführen, statt einfach für sich und seine Familien die Bunker der Reichen samt allen darin befindlichen Vorräten gewaltsam zu übernehmen.

Zum Glück für die Elite gibt es seit Langem Blaupausen für eine unterwürfige, kontrollierte Gesellschaft, wie sie diese nun anstrebt. Die bekannteste ist die *Schöne neue Welt* von Aldous Huxley, ein Zukunftsroman aus dem Jahr 1932. Darin herrschen Stabilität, Frieden und Freiheit. Eine technokratische Weltregierung hat die Weltgesellschaft in Kasten eingeteilt, von Alpha Plus bis Epsilon minus. Deren Mitglieder werden durch vorgeburtliche Manipulation und frühkindliche Indoktrination auf ihre Aufgaben und Rollen konditioniert. Permanente Befriedigung durch Konsum, Sex und die stimmungsaufhellende Droge Soma sorgen für Frieden und dafür, dass niedere Kasten das eigene Denken unterlassen.

Weniger bekannt, aber auch bemerkenswert prognostisch ist der Zukunftsroman *Sonne auf Kredit* von Michel Grimaud (Pseudonym) aus dem Jahr 1975. In der dort beschriebenen Gesellschaft gibt es keine uniformierte Polizei, nur Geheimdienstinformanten, und die Gefängnisse haben keine Mauern. Man meldet sich dort freiwillig und sitzt seine Strafe ab. Denn man braucht eine elektronische Karte, um seine Lebensmittel und um irgendwo Zutritt zu erhalten, sowie an vielfältigen Kontrollstellen unterwegs. Wird diese Karte abgeschaltet, ist man nicht mehr überlebensfähig und muss sich freiwillig bei den Autoritäten melden.

Von hier aus ist der Weg zum völligen Verzicht auf Gefängnisse für nicht gewalttätige Menschen nicht weit: Man stellt sie unter Hausarrest oder limitiert ihren Bewegungsradius, blockiert oder beschränkt bei Bedarf ihren Zugang zum Internet und zu sonstigen Kommunikationsmitteln sowie zu Zahlungsmitteln, verfügt Kontaktbeschränkungen, und schon hat man das gewünschte Ausmaß an Strafe und Unschädlichmachung. Das lässt sich alles zentral vom Computer aus steuern. Es kostet wenig, wenn die digitale Infrastruktur einmal steht, und man kann die Straftäter oder Gedankenverbrecher gleichzeitig noch in Heimarbeit arbeiten lassen. Das Ganze muss man dann nur noch mit ein wenig »Minority-Report«-Technologie zur Früherkennung von Gewalttaten kombinieren, und schon kann man auf Gefängnisse weitgehend verzichten. Science-Fiction?

Nein. Das wird gerade in verschiedenen Projekten entwickelt und getestet. Für eines davon ist Carrie Pettus-Davis von der Florida State University verantwortlich. Sie und ihr Team haben vom US-Justizministerium einen Zuschuss von knapp zwei Millionen Dollar bekommen, um eine App im Feldversuch zu testen, die ehemaligen Häftlingen auf Bewährung helfen soll, Rückfälle zu vermeiden. Sie kombiniert Sensoren, die

Körperfunktionen messen, mit Fernüberwachung und künstlicher Intelligenz. Gegenüber dem Magazin *Wired* erklärte Pettus-Davis, für solche Menschen sei es sehr hilfreich, »sich der biologischen Faktoren gewahr zu werden, die zu Rückfällen führen«. Technische Hilfsmittel seien dafür nützlich, weil für »robuste Mensch-zu-Mensch-Unterstützung« das Geld fehle.[187]

In der ursprünglichen Beschreibung der App durch das Institut klingt das etwas weniger selbstbestimmt: »Die App wird intelligentes Tracking beinhalten, um Aufsichtspersonen Frühwarnsignale zu geben, sodass sie mit der Person Verbindung aufnehmen und ihr helfen können, wieder in die Spur zu kommen, bevor sie in Schwierigkeiten kommt.« »Minority Report« lässt grüßen.[188]

Dass Romane wie *Sonne auf Kredit* und *Schöne neue Welt* so prognostisch erscheinen, könnte auch daran liegen, dass Zukunftsvisionen, die attraktive Szenarien für die Mächtigen beschreiben, von diesen als Anregungen oder gar als Blaupausen betrachtet werden. So veröffentlichte, drei Jahrzehnte nachdem Huxleys Buch erschien, die Ciba Foundation unter dem Titel *Man and his future* einen Konferenzband, der diesen Verdacht nahelegt. Die Stiftung des Pharmakonzerns hatte führende Sozial- und Naturwissenschaftler zusammengebracht, um zu diskutieren, wie sich eine moderne Gesellschaft am besten formen und kontrollieren lässt.[189] Das Ganze wirkt wie unter die Leitfrage gestellt, wie man die »Schöne neue Welt«-Wirklichkeit werden lassen kann, mit durchkonditionierten und optimierten Menschen, kontrolliert von einer technokratischen Elite. Den Einführungstext schrieb der Bruder von Aldous Huxley, der renommierte Naturwissenschaftler Julian Huxley. D. M. McKay referierte über »Machines and Societies« (Maschinen und Gesellschaft). Er fragte einführend: »Wenn Gesellschaften in mancher Hinsicht wie Maschinen sind, ist es dann grundsätzlich möglich, ihr Verhalten vorherzusagen und zu manipulieren, wie wir das bei Maschinen können?« Andere Beiträge befassten sich mit Eugenik zur Optimierung des Menschen, also Zuchtauswahl nach genetischen Eigenschaften, mit Bevölkerungskontrolle, dem Einsatz bewusstseinserweiternder Drogen und mit allen möglichen anderen Formen der Steuerung einer Gesellschaft in der Schönen neuen Welt.

Solche offenherzigen Gedankenspiele sollten danach für einige Jahrzehnte aus der Öffentlichkeit verschwinden. Zu kritisch beobachtete eine zunehmend an Demokratie gewöhnte Öffentlichkeit das Tun ihrer Eliten, als dass die Veröffentlichung solcher Konferenzbände noch opportun gewesen wäre. Öffentlich wurde über solche Zukunfts- und Kontrollvisionen fortan nur noch in warnendem Ton geschrieben. Ob dieser warnende Ton nun ernst gemeint ist oder nur vorgeschützt wird, muss zumindest als offene Frage gelten.

Einer der Väter der Kybernetik (Steuerungslehre), Norbert Wiener, warnte 1964 vor den Gefahren einer »machine à gouverner«, eines Computers, der das Politische wegsaugt und Herrschaft in technokratische Kontrolle und Steuerung auflöst.[190] Im Jahr 2020 meldet die Rechtswissenschaftlerin Katharina Pistor im *Handelsblatt* entsetzt, dass sich diese Dystopie zu bewahrheiten scheine. Die zentralstaatliche Planung, die sich im vordigitalen Zeitalter als nicht überlebensfähig herausgestellt habe, werde durch den Aufstieg von Big-Tech-Firmen und Big Data schleichend zur modernen Realität: Lenkung mit Daten ersetze die Steuerung über Märkte. Sie schrieb:

»Dabei sind Daten Werkzeug für private Akteure, um andere in einer Größenordnung zu regieren, die mit Nationalstaaten konkurriert. Die Hauptattraktion des Zugangs zu großen Datenbanken ist die Kontrollmöglichkeit, die diese verkörpern. Big Tech macht daraus Steuerungsinstrumente, die das Verhalten von Personen und Gruppen vorherzusagen oder zu gestalten erlauben. So wird der Verkauf vom Marktvorgang zum Endpunkt eines Geschehens, das von einer Seite kontrolliert wird. Das bedeutet die Abschaffung von Märkten.«[191]

Der Futurologe Herman Kahn, der als Berater der US-Regierung nicht nur Geschichte prognostizieren, sondern mitgestalten konnte, wies ebenfalls bereits 1970 auf das Potenzial des Computers hin:

>»Eines Tages wird es wahrscheinlich in jeder Wohnung einen kleinen Computer geben, der vielleicht mit öffentlichen Datenverarbeitungsanlagen und mit privaten Speicherplätzen in einem Zentralcomputer verbunden ist. Abhöreinrichtungen und kurzzeitige (oder auch dauernde) Tonaufnahmen werden künftig sehr billig werden. Man wird im Jahre 2000 imstande sein, die gesamte Bevölkerung unter ständiger Aufsicht zu halten und alle Gespräche auf ›störende‹ Worte zu überprüfen. Es wird sich vielleicht zeigen, dass nur Menschen mit ungeheurem Vermögen die Möglichkeit haben werden, einem bestimmten Maß an Überwachung zu entgehen oder auf die Datenübermittlung Einfluss zu nehmen.«[192]

Machen wir uns nicht vor, dass das, was wir heute an allgegenwärtiger Überwachungstechnologie haben, »einfach so« entstanden ist. Technologien werden auch nach ihrer Nützlichkeit für die Interessen und Pläne der Eliten ausgewählt und die Förderung in eine Richtung gelenkt, die zum Eliteninteresse passt. Die »Sonne auf Kredit« im Buch von Grimaud bezieht sich übrigens darauf, dass die fest in die gesellschaftliche Maschine eingepassten Menschen einmal im Jahr Abenteuerurlaub in der Natur machen dürfen, wo sie in Rollen schlüpfen, die sie sich im Rahmen ihrer finanziellen Möglichkeit aussuchen dürfen. Die meisten müssen dafür einen Gehaltsvorschuss beantragen, den sie nur bekommen, wenn sie sich –

im Sinne der technokratischen Staatsführung – tadellos verhalten haben.

Das Sozialpunktesystem, das in China entwickelt wird, ähnelt dem sehr stark. Wer es sich dort durch kriminelles oder aufsässiges Verhalten – oder weil er seine Schulden nicht bezahlt – mit der Obrigkeit verscherzt, kann sich seit einigen Jahren keine Tickets für Flüge und Schnellzüge mehr kaufen und nicht mehr in besseren Hotels einchecken. Wer dagegen besonders viele Sozialpunkte hat, bekommt Privilegien. Im Westen wird Ähnliches nicht vom Staat betrieben, sondern von den Konzernen, aber es geht in dieselbe Richtung. Dort, wo Datenschutzregeln nicht im Weg sind, werden bereits Informationen aus den sozialen Medien gesammelt, um die Kreditwürdigkeit von Menschen zu bewerten. Die deutsche Kreditauskunftei Schufa hat schon 2012 angefangen zu untersuchen, wie sie Kreditwürdigkeitsbewertungen über die Ausforschung von Facebook-Einträgen verbessern könnte.[193] 2020 gab es Aufregung, weil die Schufa Kunden mit schlechtem Rating anbieten wollte, ihr Zugang zu allen Kontobewegungen zu gewähren. Aus der Analyse, wofür sie ihr Geld ausgeben, wollte die Schufa dann einen neuen, möglicherweise besseren Wert für die Kreditwürdigkeit berechnen.[194] Alles freiwillig natürlich. Aber so etwas wird natürlich sehr schnell erzwungen freiwillig, wenn es sich einmal durchgesetzt hat. Wenn etwa verzweifelte Mietinteressenten anfangen, ihre Kreditwürdigkeit durch eine solche Kreditwürdigkeitszahl auf Basis besonders intensiver Ausforschung nachzuweisen, werden viele Vermieter bald ohne solche Selbstauskünfte keinen Mietvertrag mehr abschließen.

Exkurs: Die Geopolitik des Endspiels

Die technologischen und gesellschaftlichen Pläne der US-Regierung und der US-Konzerne werden stark beeinflusst von der Konkurrenz mit China um die Technologieführerschaft. China sei Hauptwettbewerber auf vielen Feldern geworden, von Drohnen über selbstfahrende Fahrzeuge und Sensoren bis zu Smart Citys und Überwachungstechnologie im Allgemeinen, stellt der kanadische IT-Professor David Murakami Wood fest.[195] Und Michael Dempsey, ehemaliger Chef der US-Geheimdienste, warnte 2018, es sei deutlich, dass China entschlossen sei, die globale Führung auf den Gebieten künstliche Intelligenz, Bau von Hochleistungscomputern und synthetische Biologie zu übernehmen: »Das sind die Sektoren, die das Leben auf dem Planeten und die militärische Machtbalance in den nächsten Jahrzehnten bestimmen werden.« So wie die Regierung auch an der Entwicklung des Internets entscheidend mitgewirkt habe, um die nationale Sicherheit zu befördern, müsse sie alle Forschung zur künstlichen Intelligenz unter dem Aspekt der nationalen Sicherheit koordinieren.[196]

Das geschieht auch. Die Regierung berief unter Leitung von Eric Schmidt, dem ehemaligen Chef der Google-Mutter Alphabet, ein gemeinsames Gremium von Silicon-Valley-Größen und Mitgliedern des Sicherheitsapparats ein, das auf den Namen National Security Commission on Artificial Intelligence (NSCAI) hört, zu Deutsch: Nationale Sicherheitskommission zur künstlichen Intelligenz. Ihre gesetzliche Aufgabe ist es, Wege zu entwickeln, den technologischen Vorsprung bei künstlicher Intelligenz und verwandten Technologien mit Relevanz für die nationale Sicherheit gegen China zu verteidigen.

Eine US-Bürgerrechtsorganisation beförderte mithilfe des Informationsfreiheitsgesetzes eine spannende Präsentation der NSCAI vom Mai 2019 ans Licht. Unter dem Titel »Chinese Tech Landscape: Overview« werden darin in neidvollem Ton die strukturellen Vorteile aufgelistet, die es China ermöglichen, bei künstlicher Intelligenz und digitalen Geschäftsmodellen so rapide voranzuschreiten, dass die nationale Sicherheit (sprich: globale Vorherrschaft) der USA bedroht sei.

Die USA fielen bei der Anwendung neuer IT-Technologien immer weiter hinter China zurück, heißt es darin, weil die Datenschutzregeln schärfer seien als in China und weil in den westlichen Industrieländern vieles auch ohne Digitalisierung und künstliche Intelligenz gut funktioniere, sodass die Akzeptanz solcher Technologien geringer sei. Gut funktionierende traditionell-analoge Infrastruktur, wie flächendeckende Bargeldversorgung, Ärzte und Krankenhäuser, Schulen, gut sortierte Läden selbst in ländlichen Gebieten sowie funktionierender Individual- und öffentlicher Verkehr, würden so zu einem entscheidenden Nachteil im alles entscheidenden Kampf um die Führerschaft bei den Zukunftstechnologien. Demgegenüber springe man in China mit seiner ungenügenden physischen Infrastruktur gleich zu digitalen Lösungen, und diese würden gern angenommen. Weil es keinen Schutz der Privatsphäre gebe, könne in China die Regierung ungehemmt Aufträge für technikgestützte Massenüberwachung an die Digitaltechnologiekonzerne vergeben. Das helfe diesen ganz entscheidend dabei, ihre Technologie weiterzuentwickeln. Die Präsentation bezeichnet staatliche Programme der Massenüberwachung als »erste und beste Kunden für künstliche Intelligenz« und als »Killeranwendungen« für Maschinenlernen.[197]

Zwischen den Zeilen wird der Wunsch deutlich erkennbar, die strukturellen Hindernisse in Form von Datenschutz und bewährter, analoger Infrastruktur zu beseitigen, weil man dies als einzigen Weg betrachtet, China am Überholen und Davonziehen zu hindern. Und das ist ein Ziel, für das die US-Regierung, gleich welcher Couleur, alles tun würde.

Seit das Corona-Virus umgeht, sind die Sorgen der NSCAI deutlich kleiner geworden. Künstliche Intelligenz hat sich in den Augen der Öffentlichkeit von einer Bedrohung in einen Heilsbringer verwandelt, durch ihren in den Medien überall herausgestellten tatsächlichen oder nur behaupteten Nutzen bei der Pandemiebekämpfung. Typisch dafür ist die Überschrift eines Artikels in der *Frankfurter Allgemeinen*, die beklagte, dass »die rettende Corona-App« erst später kommen könnte.[198] Und das, obwohl es mit dem Nachweis oder auch nur der Plausibilität, dass das automatische Verfolgen von Kontakten per Smartphone funktioniert, ziemlich düster aussieht. Da für die Apps der verschiedenen Länder oft Hardware oder Software der US-Digitalkonzerne verwendet wird und die Daten bei US-amerikanischen Cloud-Anbietern gespeichert werden, bringt das den Entwicklern von KI-Anwendungen in den USA (und den Geheimdiensten) massenhaft Daten ein. Digitale Impfpässe und Programme zur sicheren Identifizierung von Reisenden werden geschaffen, Kommunikation findet nicht mehr physisch statt, sondern wird über die Konferenzsoftware von US-Firmen wie Slack, Zoom oder Microsoft (Teams) abgewickelt. Was da an Daten bei den Digitalkonzernen anfällt, kann endlich mit China mithalten. Und die Kooperation von Digitalkonzernen mit Regierungen wird auch in den Augen der westlichen Öffentlichkeit vom Laster zu der Tugend, als die sie nach Ansicht der NSCAI unbedingt betrachtet werden sollte.

Viele physische Ladengeschäfte werden nach Corona verschwunden sein. Für den Online-Handel ist das ein sensationelles Anschubprogramm. In der Präsentation des NSCAI hatte es zu den Digitalisierungsvorteilen Chinas geheißen: »Wenn der einzige Weg, etwas zu bekommen, das Internet ist, dann kaufen die Konsumenten online.« Das gilt zu Corona-Zeiten auch für den Westen – endlich, würde die NSCAI sagen.

Die Agenda des kalten Technologiekrieges gilt unabhängig davon, wer Präsident ist. Präsident Joe Biden steht dabei Trump in nichts nach. Im März 2021 sagte er, China habe das Ziel, die weltweite Führungsmacht zu werden, das reichste und mächtigste Land der Welt: »Das wird nicht passieren, solange ich Präsident bin«, kündigte er an.[199] Schon ziemlich vermessen, wenn man bedenkt, dass China mehr als viermal so viel Einwohner wie die USA hat und Biden wahrscheinlich beabsichtigt, acht Jahre lang Präsident zu sein.

Ohne es hier aus Platzgründen vertiefen zu können, kann ich mir auf das Handeln der beiden Großmächte in den letzten Jahren am besten auf Basis der folgenden Hypothese einen Reim machen: Die US-Regierung geht davon aus, dass sie im offenen Wettbewerb um die Vorherrschaft mit dem 1,4-Milliarden-Einwohner-Land China auf Dauer nicht bestehen kann. Da die nationale Sicherheit mit globaler Dominanz gleichgesetzt wird, kommt es nicht infrage, China diesen Status zu überlassen. Die langfristige Strategie, mit der sich die chinesische Seite notgedrungen abgefunden hat, besteht daher darin, die Einflusssphären zu trennen, um zu einem bipolaren System zu kommen. Die chinesischen Konzerne werden aus der US-Einflusssphäre ausgegrenzt, China macht umgekehrt dasselbe. Das Internet und das Finanzsystem werden so gut wie möglich in zwei Sphären aufgeteilt. Bei Ländern, die nicht klar dem amerikanischen oder chinesischen Einflussbereich zuzuordnen sind, wird versucht, diese in die jeweils eigenen Einflussbereich zu ziehen. Indien scheint sich klar den USA zuzuwenden, Russland notgedrungen China. In Afrika und dem übrigen Asien setzt sich der kalte Krieg der IT-Großmächte um den größeren Einfluss dagegen fort.

Gleichschritt – die Blaupause
der Rockefeller-Stiftung

Schon 2010 hat die Rockefeller-Stiftung ein Szenario dafür entwickelt, wie man aus Anlass einer Pandemie weltweit zu durchdigitalisierten, kontrollierten Gesellschaften kommen könnte, in denen an Daten und an Freiheit, diese zu nutzen, kein Mangel herrscht. Sie hat dieses Szenario bereits damals in den Kontext der US-chinesischen Konkurrenz um die digitale Weltherrschaft gestellt.

»Lock Step« (Gleichschritt) hieß eines von vier »Szenarien für die Zukunft von Technologie und internationaler Entwicklung«, die die Stiftung zusammen mit dem Global Business Network (GBN) des Futurologen Peter Schwartz präsentierte. Ein volles Arbeitsjahr eines großen Teams soll der Analyse zugrunde liegen. Offenkundig war der Entwurf von der im Januar 2009 ausgebrochenen und schnell zur Pandemie erklärten Schweinegrippe inspiriert worden. Diese hatte düstere Seuchenszenarien ausgelöst, auf die unter anderem mit Grenzschließungen reagiert worden war. Letztlich stellte sich die Pandemie als falscher Alarm heraus.

Die Szenarienautoren malten sich aus, was aus so einer Pandemie heraus alles entstehen könnte, wenn man es richtig macht. Die Studie richtet sich ausdrücklich an Entscheidungsträger großer, mächtiger Stiftungen wie der Rockefeller Foundation selbst oder der Bill & Melinda Gates Foundation und erklärt den Zweck der Übung so:

> »Die Szenarien sollen unser Denken sowohl über die Chancen als auch über die Hindernisse, die die Zukunft bergen könnte, erweitern. (Sie) sind ein Medium, durch das große Veränderungen nicht nur ins Auge gefasst, sondern auch verwirklicht werden können. Wir ermu-

tigen Sie nachdrücklich, diesen Bericht umfassend zu verbreiten und zu diskutieren, ihn als Sprungbrett für weitere kreative Überlegungen darüber zu nutzen, wie die Technologie die Entwicklung beeinflussen könnte, und Ihre Strategien oder persönlichen Handlungen entsprechend zu testen und anzupassen.«[200]

Das Gleichschritt-Szenario sieht wie folgt aus: Im Jahr 2012 kommt es zu einer Pandemie mit einer hochvirulenten Atemwegserkrankung. Die internationale Mobilität von Menschen und Gütern bricht massiv ein, was Branchen wie den Tourismus schwer trifft und globale Lieferketten zeitweise zum Erliegen bringt. »Normalerweise umtriebige Einzelhandelsgeschäfte und Bürogebäude« bleiben monatelang leer, es kommen keine Angestellten oder Kunden. Entwicklungsländer werden besonders hart getroffen, weil ihnen die Eindämmung der Krankheit besonders schwerfällt. In den USA erweist sich die anfängliche Eindämmungspolitik, die sich im Wesentlichen darauf beschränkt, den Bürgern vom Fliegen abzuraten, als zu zögerlich und damit tödlich. Im Gegensatz dazu gelingt es autoritär regierten Ländern wie China durch drastischere Maßnahmen wie obligatorische Quarantäne für alle Bürger und nahezu hermetische Abriegelung aller Grenzen, Millionen von Menschenleben zu retten und die Ausbreitung des Virus schnell zu stoppen. Die anderen lernen davon: »Während der Pandemie nutzten nationale Führer auf der ganzen Welt ihre Notstands-Autorität und verhängten strenge Regeln und Beschränkungen, vom obligatorischen Tragen von Gesichtsmasken bis hin zu Körpertemperaturkontrollen an den Eingängen zu öffentlichen Gebäuden.« Das liest sich schon fast gruselig prognostisch für die aktuelle Corona-Pandemie. Es geht weiter als Wegbeschreibung in Huxleys schöne neue Welt:

»Selbst nachdem die Pandemie abgeklungen war, blieb die autoritärere Kontrolle und Beaufsichtigung der Bürger und ihrer Aktivitäten bestehen und wurde noch intensiviert. Die Idee einer stärker kontrollierten Welt fand breite Akzeptanz. Die Bürger gaben bereitwillig einen Teil ihrer Souveränität – und ihrer Privatsphäre – an paternalistischere Staaten ab, im Austausch für mehr Sicherheit und Stabilität. Die Bürger waren duldsamer und sogar begierig auf Führung und Aufsicht von oben, und die nationalen Führer hatten mehr Spielraum, um die Ordnung so durchzusetzen, wie sie es für richtig hielten. In den entwickelten Ländern nahm diese verstärkte Aufsicht viele Formen an: biometrische Ausweise für alle Bürger zum Beispiel.«

Die US-IT-Monopolisten sind in diesem Szenario langfristig große Gewinner. Sie müssen sich aber dazu verpflichten, Regierungen und Unternehmen konkurrierender Nationen (China) daran zu hindern, Zugang zu ihren Innovationen zu erhalten. Es kommt zu einer noch engeren Zusammenarbeit zwischen Regierung und Technologieunternehmen. Schon 2010 hat die Stiftung also erkannt, dass der Wettbewerb mit China die Technologiepolitik bestimmen wird. Die Regierungen der USA, Chinas und anderer Länder steuern in diesem Szenario die technologische Entwicklung, »geprägt vom Wunsch, ihre Bürger zu kontrollieren und zu überwachen«. Der Bericht nennt Beispiele für Technologien, von denen erwartet wird, dass sie im Pandemie-Szenario gefördert werden. Dazu gehören solche, die anormales Verhalten oder »antisoziale Absichten« auf Flughäfen und anderen öffentlichen Plätzen erkennen können, außerdem kostengünstige, aber ausgeklügelte Werkzeuge für Online-Konferenzen und ein national zersplittertes »World Wide Web«, in dem Regierungen dazu neigen, den regionalen Online-Verkehr zu überwachen und damit den chinesischen Ansatz nachzuahmen.

Gleichschritt: Zehn Jahre später

»Lock Step« war eines von vier alternativen Szenarien. Das ideale Szenario hieß »Clever Together« (Gemeinsam klug), ein rosarotes Zukunftsbild, in dem alles gut wird, weil alle gut und nett zueinander sind. Die Nationen begraben ihre Konkurrenz und arbeiten zusammen, die Pharmafirmen verzichten auf ihre Patente und geben alle Informationen frei. Dieses Bild wurde erkennbar nur als unrealistisches Idealszenario präsentiert. Die zwei anderen präsentierten Szenarien waren sehr unattraktiv. Das Gleichschritts-Szenario war damit das beste erreichbare und folgerichtig das einzige, an dessen Umsetzung und Propagierung die Rockefeller-Stiftung und ihre Kooperationspartner im Nachgang und bis zuletzt gearbeitet haben.

Das geht sogar so weit, dass sie mittlerweile offen die Totalüberwachung der Menschen als Zukunftsmodell anpreisen. Der Entwickler des Gleichschritt-Szenarios, Peter Schwartz, inzwischen Senior Vice President für strategische Planung des Cloud-Anbieters Salesforce und Vorstand des (militaristischen) Center for a New American Security, veröffentlichte im April 2020 mit Salesforce und der internationalen Unternehmensberatung Deloitte eine neue Szenarioanalyse. Sie trug den Titel »The world remade by COVID-19: Scenarios for resilient leaders« (Eine durch Covid-19 neu gestaltete Welt: Szenarien für robuste Führer).[201]

Dieser Text entwirft ein autokratisches Totalüberwachungsszenario namens »Lone Wolves«, das »Lock Step« sehr ähnlich ist und noch deutlicher als einzig erreichbares und akzeptables Szenario beschrieben wird. Darin bringt eine lang gezogene Pandemie mit wiederkehrenden Wellen die Regierungen dazu, die Überwachung ihrer Bürger auszubauen. Da der unsichtbare Feind überall ist, nimmt die Paranoia zu und die Bürger geben im Namen der Viruskontrolle freiwillig ihre Freiheiten auf. Überwachung der Bürger und ihrer Bewegungen durch den Staat wird allgegenwärtig. Die Regierungen führen scharfe Kontrollen für Ausländer ein und schließen ausländische Lieferanten im Namen der Sicherheit aus. Hier erkennt man besonders schön den Blaupausen-Charakter dieser »Szenarien«: Auf massiven Druck der USA wurde jüngst der bis dahin dominante chinesische Netzwerkausrüster Huawei in Deutschland und anderen NATO-Ländern vom Aufbau des 5-G-Mobilfunknetzes ganz oder weitgehend ausgeschlossen.

Im August 2020 hielt Schwartz es in einem Interview nicht einmal mehr für nötig, seine totalitäre Agenda hinter einem Szenarien-Schleier zu verstecken. Zum Verständnis des Folgenden ist ein Hinweis erforderlich: Schwartz hat die Macher des Films »Minority Report« beraten. Darin werden künftige Kriminelle verhaftet oder getötet, bevor sie ihre Tat begehen können, weil in die Zukunft blickende Auguren diese voraussehen. Vom freundlichen Interviewer auf das Problem angesprochen, dass US-Bürger dazu neigten, die Überwachung durch die Regierung, »die uns doch retten könnte«, abzulehnen, sagt Schwartz:

> »Wir haben uns mit dieser wichtigen Frage in Minority Report beschäftigt. Das war eindeutig eine Überwachungsgesellschaft. Was wir daran falsch verstanden haben: Es war nicht Washington D.C., es war das heutige Beijing. Die Wahrheit lautet: Aus Sicherheitsgründen, aus Bequemlichkeitsgründen und jetzt aus Gesundheitsgründen werden wir nach und nach sehr viel mehr Überwachung akzeptieren. Und am Ende wird es uns nicht stören, weil es – für die meisten Menschen in den meisten Situationen – mehr Nutzen als Schaden bringt.«[202]

Man muss also nur in China mit seiner bösen Regierung Angst vor Totalüberwachung haben, nicht in den USA mit seiner wohlmeinenden »Administration«. Ganz offensiv räumt Schwartz das Missbrauchspotenzial erst ein, um es dann als Problem vereinzelten Datendiebstahls zu bagatellisieren und auf eine Stufe mit dem Bequemlichkeitsgewinn zu stellen:

> »Es wird vorkommen, dass es missbraucht wird, dass Daten gestohlen werden, dass Menschen geschadet wird. Aber für 99 Prozent der Menschen wird es in 99 Prozent der Fälle bedeuten, dass sie ihr Ticket nicht vorzeigen müssen; es bedeutet, dass man am Supermarkt nicht an die Kasse muss; es bedeutet, dass jemand, der das Fahrrad Ihres Kindes gestohlen hat, dabei gesehen worden ist. Ach ja, und dass kranke Menschen entdeckt werden, bevor ich ein Flugzeug betrete.«

Die Rockefeller-Stiftung selbst war ebenfalls schon im April 2020 mit einer Hochglanzbroschüre zur Hand, mit der sie einen Nationalen Covid-Test-Plan für die USA vorstellte. Er klang damals ziemlich radikal, aber wir erkennen vieles wieder, was zwischenzeitlich auch bei uns Wirklichkeit wurde. Ein Pandemie-Corps von 300 000 Testern und Kontaktverfolgern sollte polizeiartige Aufgaben gegenüber einer widerstrebenden Bevölkerung wahrnehmen, denn »der Infektionsstatus muss für die Teilnahme an vielen sozialen Aktivitäten bekannt sein«. Wer nicht nachweisen kann, dass er Corona-frei ist, darf nicht am gesellschaftlichen Leben teilnehmen. Um die Kontaktverfolgung zu vervollkommnen, sollen so umfassend wie möglich Apps eingesetzt werden, die aufzeichnen, wer wem nahekommt. Auch eine global einheitliche Identifikationsnummer für jeden sollte unter dem Namen »unique patient identification number« (eindeutige Patienten-Identifikationsnummer) eingeführt werden. Man beachte: Jeder wird hier zum Patienten erklärt. Über diese einheitliche »Patienten«-Nummer sollen Informationen über den viralen Status, den Antikörper-

und später den Impfstatus aller Bürger zugänglich sein. Aber nicht nur das: Die Patienten-Datenbank soll eine Über-Datenbank sein, die mit so ziemlich jeder anderen Datenbank mit Bürgerinformationen verlinkt werden soll, von Anwesenheitslisten in Schulen über Passagierlisten bis hin zum Eintrittskartenverkauf bei Veranstaltungen.[203]

Amazon weist den Weg

Amazon, eines der fünf wertvollsten Unternehmen der Welt, ist so etwas wie das Labor der Mächtigen, wenn es um die Frage geht, wie man die Beschäftigten kontrolliert, das Maximale aus ihnen herausholt und Aufstände verhindert. Während die anderen Silicon-Valley-Giganten mit relativ wenigen und zumeist gut bezahlten Beschäftigten auskommen, gehört Amazon zu den größten Arbeitgebern und hat ein Heer von schlecht bezahlten und schlecht behandelten Mitarbeitern. Das Unternehmen kämpft mit Zähnen und Klauen und ziemlich erfolgreich gegen alle Bestrebungen der Beschäftigten, sich gewerkschaftlich zu organisieren. Der Leistungsdruck und das Ausmaß der Kontrolle sind so hoch, dass manche Beschäftigte in den Verteilzentren aus Angst, wegen zu häufiger Toilettenpausen ihre Stelle zu verlieren, mit Windeln zur Arbeit gehen. Auslieferungsfahrer pinkeln in Wasserflaschen, weil sie keine Zeit haben, Toiletten aufzusuchen.[204]

Seit 2021 müssen sich in den USA Amazon-Auslieferungsfahrer damit einverstanden erklären, laufend von vier Kameras im Fahrzeug überwacht zu werden, die über Gesichtserkennungs-Software verfügen und unter anderem den Wachzustand der Fahrer beurteilen. In den Verteilzentren bekommen Beschäftigte Armbänder, die ihnen durch akustische Signale anzeigen, wohin sie ihre Hände zu bewegen haben. Der Mensch wird bei Amazon, solange er manche Tätigkeiten immer noch schneller und besser ausführt als Maschinen, zu einer Art Spezialwerkzeug der Roboter umgeformt.

Amazon beschränkt sich nicht auf die Überwachung seiner Beschäftigten. Die Firma bietet auch ein Kamera-Sicherheitssystem namens »Ring« für Privathaushalte an, das in den USA ein Verkaufsschlager ist. Die Kameras sind zum Beispiel als Klingelknöpfe getarnt oder verstecken sich in Außenlampen und überblicken oft neben den Hauseingängen größere Bereiche des öffentlichen Raums. Amazon hat Abkommen mit 1500 Polizeibehörden geschlossen, die auf die Ring-Kameras zugreifen dürfen.[205]

Eine Vorreiterrolle nimmt Amazon auch bei der Überwachung von Einzelhandelskunden ein, und zwar mit seinen »Amazon Go«-Läden ohne Kassierer. Hier bringt Amazon alles zum Einsatz, was die Überwachungstechnologie an anwendungsreifen Lösungen zu bieten hat: Automatisch und zuverlässig wird jede Aktion eines jeden Kunden im Laden verfolgt, ohne sie zu verwechseln, auch wenn es einmal voller wird. Übersehen wird auch nicht, wenn eine Kundin ein Produkt, das sie aus dem Regal genommen hat, wieder zurückstellt. Am Ende des Einkaufs wird automatisch abgerechnet und der Rechnungsbetrag sofort vom Konto abgebucht. Diese Überwachungstechnik vermarktet Amazon zu Kampfpreisen an Polizeibehörden in aller Welt, die damit öffentliche Orte kontrollieren.

ID2020: Eine Nummer für jeden Weltbürger

Die global einheitliche Patientennummer, die die Rockefeller Foundation in ihrer als Szenario getarnten Pandemie-Blaupause von 2010 vorempfunden und in ihrer Covid-Broschüre von April 2020 gefordert hat, wird von der Stiftung seit mindestens 2017 aktiv vorangetrieben. Damals stellte sie die Anschubfinanzierung für ID2020 bereit, eine Initiative mit dem Ziel, alle Weltbürger bis 2030 mit einer global lesbaren, biometrisch unterlegten digitalen Identität zu versehen. Partner sind Microsoft, die Impfallianz Gavi, die wiederum von Microsoft-Gründer Bill Gates maßgeblich gesponsert wird, und Accenture, eine internationale Unternehmensberatung mit Schwerpunkt auf Cloud-Diensten. Accenture wird uns auch noch als Förderer verwandter Programme begegnen.

ID2020 treibt eine Entwicklung auf die Spitze, die nach den Terroranschlägen vom 11. September 2001 begann. Damals gab es einen großen Schub für die Entwicklung von Technologien, die eine Identifizierung von Personen zu Überwachungszwecken ermöglichen. Biometrische Identifikationsverfahren, also die automatisierte Erkennung über Fingerabdrücke, Gesichtsfotos oder Iris-Scans, wurden auf US-Initiative in vielen Ländern eingeführt, etwa in Form biometrischer Passfotos. Der internationale Austausch von Identitäts- und Finanzdaten wurde massiv ausgeweitet. Diese Dynamik hat sich bis heute eher noch beschleunigt. Die Begründung wechselte allerdings im Laufe der Zeit; anstelle von Sicherheitsargumenten wird nun ein Recht der Menschen, ihre Identität digital eindeutig nachweisen zu können, propagiert. Man beruft sich dabei regelmäßig auf das soziale Entwicklungsziel der UN, wonach alle Menschen Zugang zu Identitätsdokumenten haben sollen, auch wenn dort weder von »biometrisch« noch von »digital« die Rede ist.[206]

Auch die Regierung Ugandas beruft sich für ihr Großprogramm zur digitalen Identifikation aller Bürger, genannt Ndaga Muntu, auf das UN-Entwicklungsziel des Zugangs zu einer legalen Identität für alle. Die Weltbank, die das Programm mitfinanziert hat, lobt es; die GSMA, der internationale Verband der Telekom- und IT-Unternehmen, preist es fast euphorisch. Tatsächlich führt es jedoch zum genauen Gegenteil der sozialen Inklusion, die man damit vorgeblich erreichen will. Nach einer im Juni 2021 veröffentlichten Studie des Center for Human Rights and Global Justice der New York University School of Law und zwei ugandischer Organisationen führt das Programm zu massiver sozialer Exklusion und eklatanten Menschenrechtsverletzungen. Dadurch, dass eine gültige und fehlerfreie digitale Identifikation, die bis zu einem Drittel der Bevölkerung noch nicht bekommen konnte, zur Voraussetzung für den Zugang zu Gesundheitsversorgung, zu einem Bankkonto, zur Wahlurne und vielen staatlichen Leistungen gemacht wurde, werden einem großen Teil der Bevölkerung elementare Rechte vorenthalten.

Das angebliche Inklusionsprojekt wurde in seiner Anfangszeit um 2013 von der Regierung noch Nationales Sicherheits- und Informationssystem genannt. Zuständig war der zum Innenminister ernannte Chef der Streitkräfte, General Aronda Nyakairima. Und dieser betonte, das Projekt diene dazu zu wissen, wo die Leute sind, als »ein weiteres Element im Arsenal der Waffen für die nationale Sicherheit«.[207]

Auf einem sogenannten ID2020-Gipfel stellten Accenture und Microsoft 2017 eine biometrisch digitale Ausweislösung vor, eine Weiterentwicklung des Systems zur Erfassung der Identitäten von Flüchtlingen, das Accenture für den Hochkommissar der Vereinten Nationen für Flüchtlinge entwickelt hatte. In den Entwicklungsländern setzt ID2020 abseits der Flüchtlingslager vor allem darauf, im Rahmen von Impfprogrammen die Kinder und ihre Erziehungsberechtigten biometrisch zu erfassen. Daher die Beteiligung von Gavi.

Natürlich war auch das Weltwirtschaftsforum nicht weit. Ein Jahr nach dem ersten ID2020-Gipfel veröffentlichte es – mit Unterstützung von Accenture – ein Arbeitsprogramm für Regierungen und private Organisationen, das aufzeigte, wie diese gemeinsam eine globale Infrastruktur für den digitalen Identitätsnachweis aufbauen könnten. Daran mitgearbeitet haben die üblichen Verdächtigen: ID2020, Gates-Stiftung, Omidyar Network, Gavi, Mastercard, Visa, PayPal, Amazon, Open Society Foundations und eine Reihe der größten Banken, zusammen mit vielen Regierungen, unter der Führung des Weltwirtschaftsforums.[208]

Biometrisch-digitale Datenbanken mit Allzwecknummern für alle Bürger haben in Sachen Privatsphäre einen großen Nachteil: Sie führen alle Informationen über die einzelnen Menschen zusammen, die sich dann über diese Nummer abrufen lassen. Man kann zwar versuchen, Sicherungen einzubauen, damit dieser Abruf nicht oder nur für Berechtigte möglich ist. Aber zum einen zählen die Geheimdienste immer zu den de facto oder sogar per Gesetz Berechtigten, zum anderen haben sich Schutzwälle gegen Hacker fast immer als löchrig herausgestellt. Die US-Dienste haben über die US-Unternehmen, die meist die IT-Infrastruktur stellen, ohnehin Zugang. Aus solchen Gründen haben Verfassungsgerichte in Ländern wie Deutschland, Großbritannien und Frankreich derartige multifunktionale Mega-Datenbanken aller Bürger immer wieder verboten.

Die Bundesregierung probiert es dennoch weiterhin unerschrocken. Die Einführung derartiger Datenbanken ist schließlich inzwischen internationales Programm der Global-Governance-Akteure. Da will man nicht hintanstehen. Eine Strategie, um den lästigen Datenschutz mit vorgetäuschter Freiwilligkeit zu umgehen, haben Weltwirtschaftsforum und Accenture entwickelt. Zusammen mit der US-Heimatschutzbehörde und einer Reihe weiterer privater und öffentlicher Organisationen haben sie sich das Prinzip »Known Traveller Digital Identity« ausgedacht. Anfang 2018 veröffentlichten sie anlässlich des Treffens des Weltwirtschaftsforums eine Broschüre dazu.[209]

Known Traveller und das Cookie-Banner-Prinzip

Known Traveller sieht vor, dass Reisende ihre persönlichen Daten in einer Blockchain-Datenbank sammeln, zu der nur sie selbst Zugang haben. Wenn sie eine Grenze überschreiten wollen, dürfen sie vorab den Autoritäten ihre Reisepläne ankündigen, ein Foto von sich bereitstellen und ihre Daten freigeben. Kameras mit Gesichtserkennungssoftware identifizieren sie am Flughafen oder Bahnhof später automatisch und ermöglichen es ihnen, die Kontrollpunkte zu passieren, ohne sich in der Schlange anzustellen. Das funktioniert nach dem bewährten Prinzip der »Cookie-Banner«-Einwilligungen (den allseits bekannten Hinweisen von Online-Anbietern, dass ihre Webseiten Cookies verwenden und man um Zustimmung zu deren Aktivierung bittet). Formal ist diese Einwilligung freiwillig, aber wer sie verweigert, darf zunächst nicht an den – wahrscheinlich immer länger werdenden – Schlangen vorbeigehen, später darf man ohne »freiwillige« Einwilligung eben nicht reisen.

Das erklärte Ziel ist es nicht nur, Known Traveller auf den gesamten internationalen Flugverkehr auszuweiten, sondern generell auf das Reisen und auf andere Anwendungsfelder, bei denen heute schon Ausweispflicht besteht oder leicht eingeführt werden könnte. Der Betreiber der Schnellzüge unter dem Ärmelkanal, Eurostar, kündigte im Juni 2020 an, ab 2021 das passfreie Einsteigen in London mittels Kameras mit Gesichtserkennung nach dem Known-Traveller-Prinzip zu ermöglichen.[210]

Auch Lufthansa macht über die Luftfahrtallianz Star Alliance mit, deren wichtigstes Mitglied sie ist. Seit Ende 2020 darf man sich bei Star Alliance Biometrics mit einem Handy-Gesichtsfoto und Ausweisdaten registrieren. Dann kann man in Frankfurt und München ohne Vorzeigen der Bordkarte ins Flugzeug einsteigen.[211]

Die Star Alliance verkaufte ihre Innovation als Antwort auf Corona: »Star Alliance Biometrics kommt dem Wunsch der Passagiere nach einer kontaktloseren und hygienisch sicheren Reiseerfahrung entgegen.« Sonderbar nur, dass Star Alliance schon im August 2019 die Kooperation zur Entwicklung der Biometrics-Plattform mit dem IT-Unternehmen NEC bekannt gegeben hat, als Normalsterbliche noch nichts von einer Corona-Pandemie wissen und entsprechende Wünsche entwickeln konnten.[212] Die Methoden zur automatisierten Überwachung, die unter dem Vorwand der Pandemiebewältigung im Rekordtempo eingeführt wurden und noch werden, waren in Wahrheit schon lange vor dieser Pandemie geplant.

Die einheitliche Bürgernummer und die Scheinfreiwilligkeit

Nach dem gleichen Scheinfreiwilligkeitsprinzip hat die schwarz-rote Regierungskoalition im Deutschen Bundestag im Januar 2021 gegen den Widerstand der Opposition und gegen alle Bedenken von Datenschützern beschlossen, die Steueridentifikationsnummer zu einer multifunktionalen Bürgernummer zu machen. Sie ermöglicht den Behörden Zugriff auf Personendaten bei allen anderen Behörden. Den Einwand des Bundesverfassungsgerichts, dass es dem Grundrecht auf Privatsphäre widerspreche, wenn der Staat eine Datenbank schaffe, die alle Daten zu einer Person enthalte, will man damit umschiffen, dass die Betroffenen ihre Zustimmung geben müssen, bevor eine Behörde ihre Daten von einer anderen Behörde abfragt. Aber was tut man, wenn man zum Beispiel unausgesprochen vor die Wahl gestellt wird, entweder freiwillig alle Daten preiszugeben oder auf Herz und Nieren geprüft zu werden, weil man offenbar etwas zu verbergen hat? Es ist die gleiche Scheinfreiwilligkeit wie bei Known Traveller.

Eine inzwischen sehr gut eingespielte Technik der Feinde des Datenschutzes besteht darin, diesen scheibchenweise abzutragen. Zunächst wird die Daten-Infrastruktur aufgebaut, aber mit überzeugenden Zugangshürden versehen. Bei passenden Gelegenheiten werden diese Hürden dann abgebaut. Bei der Einführung der Steuer-Identifikationsnummer 2008 wurde uns versichert: »Diese Nummer wird ausschließlich zu steuerlichen Zwecken genutzt.« Versprochen, gebrochen. Maut-Überwachungsdaten sollten ausschließlich zur Maut-Erhebung genutzt werden dürfen. Als sich die Gelegenheit bot, einen Sexualverbrecher mithilfe dieser Daten zu überführen, war das vergessen. Auch die Covid-Meldezettel in Gaststätten, die nur der Nachverfolgung möglicher Infektionen dienen sollten, wurden binnen kürzester Zeit polizeilichen Zwecken dienstbar gemacht. Und der US-Geheimdienst NSA wird ohnehin nicht um eine Einwilligung bitten, wenn er über in die IT-Ausrüstung der US-Produzenten eingebaute Hintertüren oder über eine freundschaftliche Anfrage bei den hiesigen Diensten nachschaut, was es über die Bundesbürgerin mit der Nummer xyz an behördlichen Informationen so alles gibt.

Wie sehr das ID2020-Programm mit Bürgernummern und Ähnlichem an den Wünschen der nicht nach ihrer Meinung gefragten Bevölkerung vorbeigeht, kann man am Ergebnis einer Volksabstimmung in der Schweiz ablesen. Im März 2021 stimmten dort knapp zwei Drittel der Teilnehmenden gegen die von der Regierung geplante digitale Bürgernummer. Aber es gibt eben Wichtigeres als den Bürgerwillen, zum Beispiel den Willen der Rockefeller-Stiftung und von Peter Schwartz, der von den Sicherheitsbehörden der USA geteilt wird. So war im April 2021 in der führenden US-Zeitung *Wall Street Journal* zu lesen, dass die Privatsphäre nach dem Willen der US-Geheimdienste de facto verschwinden werde, weil die Pläne und Prioritäten der Regierungen dies so verlangten.[213]

Das erwähnte Arbeitsprogramm des Weltwirtschaftsforums für die Regierungen aus dem Jahr 2018 in Sachen digitale Identität geht über die Einführung einer einheitlichen Bürgernummer für Interaktionen mit dem Staat hinaus. Für jeden möglichen Zweck soll jeder Mensch, jede Organisation und jedes Objekt, wenn es mit dem Internet verbunden ist, eine eindeutige maschinenlesbare Identifikationsnummer erhalten, unter der alle Informationen über diese Entität versammelt sind. Sie nennen das »Identitätsökosystem«. Auch hier ist die Bundesregierung mit dabei. In ihrem Investitionsprogramm von 2021, mit dem sie die Mittel aus dem Corona-Aufbaufonds der EU abrufen will, führt sie neben der Umsetzung der einheitlichen Bürgernummer auch die Arbeit an einem Identitäts-Ökosystem an und verweist dabei sogar direkt auf das Weltwirtschaftsforum:

> »Deutschland ist jüngst in einen intensiver werdenden Dialog mit verschiedenen Mitgliedstaaten der Europäischen Union sowie mit internationalen Organisationen wie bspw. dem World Economic Forum (WEF) eingestiegen. Ziel ist es, die Mitgliedstaaten der EU und europäische Unternehmen nicht nur bei der Herausgabe von Nachweisen im Ökosystem zu unterstützen, sondern deren aktive Mitarbeit auch beispielsweise im Rahmen von Standardisierung oder beim Betrieb einzelner Infrastrukturkomponenten zu erreichen. Das Ökosystem soll damit offen für Anwendungen der Verwaltung sowie der Wirtschaft in ganz Europa sein.«[214]

Wenn das einmal erreicht ist, wenn jeder Mensch und jedes Ding eindeutig identifizierbar an das »Internet der Dinge und von allem« angeschlossen ist, bedeutet das, dass unter unserer Identifikationsnummer jede Interaktion mit unserer Kaffeemaschine, unserem smarten Kühlschrank und unseren Mietfahrrädern und Mietrollern abrufbar ist. Es bedeutet auch, dass, wenn jemand in diesem »Internet von allem« einen virtuellen Hebel umlegt, der unsere Identifikationsnummer unbrauchbar macht, wir ohne Hilfe nicht einmal mehr spazieren gehen können. Denn unsere Wohnungstür wird sich für jemand ohne Identifikationsnummer nicht mehr öffnen.

Der wichtigste Hebel, um die Ziele von ID2020 gegen Datenschutzbedenken der Bevölkerungen und rechtliche Hürden durchzusetzen, ist das Transportwesen, wo Sicherheitsüberprüfungen der Identität schon lange Standard sind und zunehmend auch über den Flugverkehr hinaus zum Standard werden. Bill Gates, der eng mit dem ID2020-Projekt verbundene Co-Chef der Gates-Stiftung, ließ schon am 24. März 2020, als die Corona-Krise noch sehr jung war, durchblicken, dass man gedachte, die Pandemie zur Durchsetzung von ID2020 zu nutzen. In einem Video-Interview sagte er: »Deshalb wird es schließlich eine Art digitalen Immunitätsbeleg geben, der die globale Öffnung der Grenzen ermöglichen wird.« Der Satz, der damals offenbar noch zu skandalträchtig erschien, wurde nach kurzer Zeit aus dem Video herausoperiert.[215] Es ist kein Zufall, dass Gates so früh die Chancen der Pandemie für das ID2020-Projekt erkannte. Schließlich hatte schon im Lock-Step-Pandemieszenario der Rockefeller-Stiftung, mit der er bei ID2020 zusammenarbeitet, gestanden: »Die biometrische Identitätserfassung erhält Auftrieb.«

Weil zu Pandemiezeiten alles geht, wird auf die Tube gedrückt. Der Chef des Weltwirtschaftsforums, Klaus Schwab, hat das in seinem Buch *Covid-19: Der große Umbruch* 2020 so ausgedrückt: »Was bis vor Kurzem undenkbar war, wurde plötzlich möglich. Der gegenwärtige Imperativ, die kontaktlose Wirtschaft auf jeden Fall voranzutreiben, bedeutet, dass es keine Tabus gibt.«

Zu dem, was nun geht, gehört CommonPass, ein biometrisch-digitaler Gesundheitspass fürs Reisen und für alle möglichen sonstigen Zwecke.[216] Bei der Beschreibung von Star Alliance Biometrics erfuhr man auch gleich, dass die Allianz den neuen digitalen Gesundheitspass des The Commons Project von Weltwirtschaftsforum und Rockefeller-Stiftung auf ihren internationalen Flugrouten einführen wolle. Gegründet mit dem Geld der Rockefeller-Stiftung, hat es sich The Commons Project nach eigenen Angaben zur Aufgabe gemacht, digitale und neue Technologien weltweit zu entwickeln und einzusetzen. Reisende sollen ihren Gesundheitsstatus beim Boarding oder der Einreise auf ihrem Smartphone nachweisen können. Außerdem soll der CommonPass flexibel jegliche sonstige von Grenzkontrolleuren geforderte Information aufnehmen können, sodass er sich als besserer, weil datenreicherer Reisepass anbietet. Das Projekt soll in Richtung Kreuzfahrten und Hotels erweitert, aber auch vertieft werden: Ein verpflichtender Impfnachweis soll dafür sorgen, dass alle, die reisen wollen, diesen von Großkonzernen verwalteten Zusatz-Reisepass haben und sich dafür biometrisch registrieren lassen müssen.

Im Juli 2020 wurde The Commons Project von einem kleinen Rockefeller-Ableger zu einer weltweit operierenden, in den obersten Etagen vernetzten Organisation aufgerüstet. Ein Aufsichtsrat (Board of Trustees) mit 62 hochrangigen Vertretern von Unternehmen und Organisationen aus 24 Ländern aller Weltgegenden wurde eingesetzt.

Letztlich läuft ID2020 darauf hinaus, dass die internationalen Konzerne und Stiftungen und das Weltwirtschaftsforum zu einer Art globaler Passbehörde werden. Sie können, wenn ihre Pläne aufgehen, den Menschen unabhängig von nationalen Regierungen Identitäten geben, mit denen sie reisen und sich international ausweisen können. Auch die EU macht mit, wie üblich bei Plänen, die im Schattenreich der Global-Governance-Community ausgeheckt werden. Nach Plänen der Kommissionspräsidentin Ursula von der Leyen, die sie im September 2020 verkündete, sollen alle EU-Bürgerinnen »eine europäische digitale Identität« bekommen, die sie »überall in Europa nutzen können, um alles zu tun, vom Steuern zahlen bis hin zum Fahrrad mieten«.[217] Eine solche Identität soll uns angeblich mehr Kontrolle über unsere Daten geben, denn wir dürfen bestimmen, wer welche Daten bekommen soll – Scheinfreiwilligkeit zur Umgehung von Datenschutzregeln nach dem Known-Traveller-Prinzip. Dabei dürfen gemäß der EU-Datenschutzgrundverordnung persönliche Daten nur für genau spezifizierte Zwecke im minimal nötigen Umfang erhoben und verarbeitet werden. Die von der EU-Kommission geplante Sammlung und Zusammenführung umfassender Daten zu allgemeinen Verwaltungszwecken würde zumindest dem Geist dieser Verordnung widersprechen.

Zur Vorbereitung gibt es schon seit 2018 eine EU-Roadmap zur Einführung eines einheitlichen digitalen Impfausweises.[218] Sonderbarerweise hat man von dieser Vor-Corona-Planung nie etwas zu hören bekommen, als die EU-Kommission im März 2021 die schnelle Einführung eines EU-weiten digitalen »Grünen Zertifikats« für Geimpfte und negativ Getestete bis zu den Sommerferien ankündigte und dabei so tat, als sei man erst durch Corona auf die Idee gekommen, so etwas zu entwickeln.[219] Zwei Monate vorher, im Januar 2021, hatte eine sehr breite Koalition aus Unternehmen und unternehmensnahen Organisationen wie Microsoft, The Commons Project Foundation, Mayo Clinic, Oracle, Salesforce und einigen mehr eine Impfpassinitiative namens »Vaccination Credential Initiative« gestartet. Diese arbeitet an einem Standardmodell für Organisationen, die COVID-19-Impfstoffe verabreichen, um »Berechtigungsnachweise in einem zugänglichen, interoperablen, digitalen Format zur Verfügung zu stellen«. Ein elektronischer Zugang zu Impfungen, Tests und anderen medizinischen Aufzeichnungen werde für die Wiederaufnahme von Reisen und mehr unerlässlich sein, wiederholte Oracle-Manager Mike Sicilia fast wörtlich den ein Jahr zuvor noch wegen seiner Skandaltrchtigkeit aus einem Video geschnittenen Satz von Microsoft-Gründer Gates. »Wir haben uns verpflichtet, gemeinsam mit den Technologie- und Medizin-Gemeinschaften sowie den Regierungen der Welt zusammenzuarbeiten«, ergänzte Scilia.[220] Die EU konnte also auf umfangreiche private Vorarbeiten zurückgreifen und wohl deshalb hoffen, so schnell fertig zu werden.

Auch als Bundesgesundheitsminister Jens Spahn Ende April 2020 Pläne für einen digitalen Impfausweis bekanntgab, die er nach Protesten der SPD vorläufig zurückzog, war keine Rede von den entsprechenden Plänen, die man lange vorher auf EU-Ebene mitbeschlossen hatte.[221] Im Dezember 2020 bekräftigte Spahn, dass es Privilegien für Geimpfte nicht geben dürfe, nur um vier Monate später anzukündigen, Geimpfte dürften in wenigen Wochen ihre bürgerlichen Freiheiten wieder in Anspruch nehmen. Was tut man nicht alles, um Gründe für die Einführung eines digitalen Impfpasses zu haben.[222] In der Novelle des Infektionsschutzgesetzes beschloss die SPD das dann ohne erkennbares Zögern mit. Neben der Gleichstellung mit negativ Getesteten wurden auch Privilegien nur für Geimpfte festgeschrieben, etwa dass die Ausgangssperre und Kontaktbeschränkungen für sie nicht mehr gelten.

In Österreich wurde bereits im Februar 2021 beschlossen, einen verpflichtenden elektronischen Impfpass einzuführen. Damit soll man sich ausweisen können oder müssen, wenn man reisen oder ins Theater will.[223] Der ursprüngliche Gesetzentwurf sah eine Verknüpfung der Impfdaten mit Daten über das Erwerbsleben, das Einkommensniveau, Arbeitslosigkeiten, den Bildungsweg und Krankenstände vor.[224] Diesen Teil des Plans gab die Regierung wegen starker Proteste auf. Die Nutzung des elektronischen Impfpasses für Einlasskontrollen wurde dagegen nur »vorläufig hintangestellt«.[225]

Entwicklungsländer werden gefreiwilligt

Bei armen Ländern, in denen Datenschutz oft ein Fremdwort ist, kommt man ohne Umwege zur Sache. Ihnen werden diese Mega-Datenbanken von den Entwicklungshilfeministerien der USA und ihrer Verbündeten sowie der Weltbank empfohlen und finanziert. Vorreiter war Indien, das ab 2008 die weltweit größte derartige Datenbank namens Aadhaar aufgebaut hat. Fast alle der über eine Milliarde erwachsenen Inder sind darin gespeichert. Aadhaar war von Anfang an in Sachen Datenschutz und Bürgerrechte eine Katastrophe.[226] Menschen mit von manueller Arbeit abgenutzten Fingerabdrücken wurden ihre Löhne für die Teilnahme an staatlichen Beschäftigungsprogrammen oder ihre Reisrationen verweigert, weil das System sie nicht erkannte. Funktionierende Zugänge zur Datenbank wurden für kleines Geld öffentlich angeboten. Die Daten von Abermillionen Menschen landeten immer wieder im Internet. Doch Aadhaar soll zum Modell für die Welt werden.

Um bei der internationalen Verbreitung des indischen Modells zu helfen, betreibt die Weltbank ein Programm namens »ID for Development« (Identifizierung für Entwicklung). Ein »Aadhaar in der Kiste« wurde entwickelt, um die Umsetzung zu erleichtern. Offiziell nennt es sich »Modular Open Source Identity Plattform« (MOSIP). Jedes Land darf diese Identitätsdatenbank von der Stange ohne Lizenzgebühren einführen. Finanziert haben das die Gates-Stiftung und das Omidyar Network von eBay-Gründer Pierre Omidyar. Die Verbreitung übernimmt ein privates indisches Institut, das unter anderem von Microsoft, IBM und dem indischen IT-Konzern Infosys finanziert wird.[227] Das Geld für das Programmieren und Befüllen der biometrischen Datenbanken stellen die Weltbank und staatliche Entwicklungshilfegeber bereit. Mithilfe der Weltbank setzen Marokko und die Philippinen das Aadhaar-Modell mit Zieldatum 2021 bereits um. Bis 2023 sollen mindestens zehn

Länder solche biometrischen Allzweck-Datenbanken eingeführt haben. Die Schlange der Interessenten sei infolge der Covid-Krise lang geworden, wie der *Economist* berichtet.[228]

In der totalüberwachten, neofeudalen Welt, wie sie sich die
Rockefeller-Stiftung und ihre Partner für die Zeit nach dem Kapitalismus vorstellen, hat nicht nur jeder Mensch eine digitale
Identität, eine eindeutige Nummer, unter der alle verfügbaren
Informationen versammelt abrufbar sind. Es ist darin auch dafür Sorge getragen, dass die Menschen praktisch nichts mehr
tun können, ohne digitale Spuren zu hinterlassen. Ein wichtiger Bereich, in dem hieran intensiv gearbeitet wird, ist die persönliche Finanzsphäre.

Bargeldabschaffung

Nach der griechischen Regierung, die diesbezüglich eine Vorreiterrolle übernahm, geht auch die italienische Regierung
unter dem Motto »Italia Cashless« einen radikalen Weg zur
Abschaffung des Bargelds. Wer überwachungsfreundlich mit
Karte oder App bezahlt, dem erstattet die Regierung seit Dezember einen großen Teil der Umsatzsteuer. Zusätzlich gibt
es für diejenigen mit den meisten Zahlungsvorgängen noch
einmal 1500 Euro, und alle nehmen an einer Quittungslotte-
rie teil, bei der man für jeden elektronischen Zahlungsvorgang
ein Los erhält. Das Ziel steht im Namen: Italien soll bargeldlos
werden. In der Begründung, man wolle ein moderneres und
transparenteres Bezahlen, lässt die Regierung die Überwa-
chungsabsicht dahinter durchscheinen.[229]

In Deutschland übernahmen die Sparkassen im Mai 2021
dieses Modell. In ganz Deutschland veranstalteten sie eine
Lotterie mit dem schönen angelsächsischen Namen »pay &
win«, bei der Kunden, die naiv genug waren, sich registrieren
und ihr Finanzgebaren fortan intensiv überwachen zu lassen,

für jeden digitalen Bezahlvorgang ein Los mit der Chance auf wertvolle Gewinne bekamen.

Was Regierung und Notenbank in Italien und Sparkassen in Deutschland praktizieren, ist nur die Spitze eines Eisbergs an Anti-Bargeld-Maßnahmen in Europa. Es wird verboten, größere Beträge bar zu bezahlen. Behörden nehmen das staatliche Geld, das einzige gesetzliche Zahlungsmittel, nicht mehr an. In Bussen kann man immer öfter nicht mehr bar bezahlen. Die EU-Kommission hat eine schikanöse Richtlinie erlassen, wonach jede Cent-Münze von den Banken aufwendig auf Fälschung überprüft werden muss, bevor sie wieder in Verkehr gebracht werden kann, was zu einer erheblichen Verteuerung der Versorgung des Handels mit Wechselgeld geführt hat. Aus dem internationalen Schattenreich der Standardsetzer kommen Regeln, welche den Banken, Grenzbeamten und anderen vorschreiben, schon bei kleinen Bargeldmengen besonders aufmerksam und restriktiv zu sein. Ganz vorne bei den Bargeldbekämpfern mit dabei ist die EU-Kommission, dicht gefolgt ausgerechnet von der Europäischen Zentralbank, die damit das Geld bekämpft, das ihre Präsidentin unterschreibt. Auch die Bundesregierung und andere Regierungen beteiligen sich mehr oder weniger eifrig.

Bei aller Bedeutung für die Agenda der totalen Kontrolle behandle ich die Bargeldabschaffung hier nur kurz, weil ich darüber schon zwei Bücher geschrieben habe.[230] Auf meinem Blog *norberthaering.de* können Sie sich im Dossier »Bargeld« über aktuelle Entwicklungen informieren.

EU-Kommission, EZB und Bundesregierung führen den »Krieg gegen das Bargeld«, wie es unter anderem die Bundesbank bezeichnet, nicht aus eigener Initiative. Sie wurden dazu gedrängt. Es begann so: Um 2005 erklärten die Kreditkartenanbieter Visa und Mastercard Analysten gegenüber dem Bargeld den Krieg – aus geschäftspolitischen Gründen. 2010 brachten sie dann ihre Expertise und ihr Engagement in eine Lobby-gruppe namens »Better Than Cash Alliance« (Besser-als-Bargeld-Allianz) ein, die auf Initiative der US-Regierung mit der Gates-Stiftung, dem Omidyar Network und der Großbank Citi gegründet wurde. Durch großzügige Spenden sicherte man sich Büroräume bei der kleinen UN-Organisation UNCDF in New York, sodass man sich seither irreführend als »UN-basierte Organisation« oder gar als »UN-Initiative« bezeichnen kann.

Parallel zur Anti-Bargeld-Allianz rief die US-Regierung eine »Globale Partnerschaft für finanzielle Inklusion« der G20-Regierungen mit interessierten Unternehmen und Gruppen ins Leben. Finanzielle Inklusion ist eine höfliche Umschreibung für Bargeldabschaffung, oder wie Bill Gates das 2015 auf einem Forum für finanzielle Inklusion in Washington erläuterte: Die US-Regierung müsse dafür sorgen, dass alle Zahlungen in einem digitalen Finanzsystem unter ihrer Kontrolle stattfänden, sodass sie alle Transaktionen beobachten und nötigenfalls blockieren könne. PayPal-Chef Dan Schulman übersetzte auf derselben Veranstaltung »finanzielle Inklusion« mit »die Leute ins System bringen«. Die Better Than Cash Alliance ist »Umsetzungspartnerin« der Globalen Partnerschaft für finanzielle Inklusion. Die Bundesregierung finanziert die Better Than Cash Alliance mit. Als das bekannt wurde, sagte sie, dies sei eine einmalige Angelegenheit gewesen, und es seien keine weiteren Zuweisungen an diese Anti-Bargeld-Organisation geplant. Später ließ man sich dabei von mir erwischen, dass man die Förderung ohne Unterbrechung fortgesetzt hatte. Das ist ein wunderbares Beispiel dafür, wie eine Regierung daheim das Eine beteuert, nämlich das Bargeld bewahren zu wollen, und auf internationaler Ebene, im Rahmen der Global Governance, am genauen Gegenteil mitarbeitet.[231]

Bargeld gehört zu den Besitzgütern, die den Menschen

Autonomie verschaffen, was den Eliten ein Dorn im Auge ist. Was wir digital bezahlen, wird erfasst und gespeichert, oft von einer ganzen Handvoll von Vermittlern. Gesammelt landen alle Informationen bei unserer Bank, die nicht nur verpflichtet ist, alle Informationen über unsere Einnahmen und Ausgaben jahrzehntelang zu speichern, sondern auch, sie laufend auf Verdächtiges zu überprüfen und uns gegebenenfalls anzuzeigen. Solange wir allerdings auch die Möglichkeit haben, bar zu bezahlen, ist unser Bankkonto kein vollständiges und verlässliches Abbild unseres gesamten Lebens. Jemand, der sich in 15 Jahren dafür interessiert, wo wir am Nachmittag des 21. Juli 2021 waren und was wir dort gemacht haben, kann nicht sicher sein, dass ihm ein Blick in unser Bankkonto alles verrät. Ist das Bargeld abgeschafft, funktioniert das viel besser.

Außerdem behindert das Bargeld als zinslose Geldaufbewahrungsmöglichkeit den Marsch der Zinsen tief in den negativen Bereich, der erforderlich werden könnte, um das Endspiel des Kapitalismus zu verlängern, bis der Neo-Feudalismus fest genug etabliert ist.

Um eine breite Öffentlichkeit über den Krieg gegen das Bargeld herzustellen und Sand ins Getriebe zu werfen, habe ich 2015 gegen den Hessischen Rundfunk geklagt, der mir verwehrte, den Rundfunkbeitrag mit dem gesetzlichen Zahlungsmittel zu bezahlen. Die Klage ging bis zum Bundesverwaltungsgericht, das mir 2019 – nach deutscher Gesetzeslage – recht gab, allerdings vom Europäischen Gerichtshof (EuGH) die Vereinbarkeit des deutschen Rechts mit dem Europarecht prüfen ließ. Der EuGH beantwortete die Fragen des Bundesverwaltungsgerichts 2020 auf interpretationsbedürftige Weise. Das Bundesverwaltungsgericht wird das abschließende Urteil voraussichtlich Anfang 2022 fällen.

Sonnenstrom auf Kredit

Welches Potenzial das digitale Bezahlen dafür hat, die Menschen ins System zu bringen, zeigt sich an einem weiteren Lieblingsprojekt von Weltbank und Silicon Valley. Bis zum Sommer 2020 hatte das Silicon Valley bereits über 100 Millionen arme Menschen in ländlichen Gebieten Afrikas und Asiens mit mobilem Solarstrom versorgt und damit eine Aufgabe übernommen, die normalerweise die heimischen Regierungen und Stromversorger erfüllen.[232] Für diese Menschen sind jetzt Unternehmen im Ausland, meist in den USA, wichtiger als die eigene Regierung. Alle ihre Daten fließen ins Silicon Valley. Und das geht so: Statt auf ein Stromkabel zu warten – für das es keine Weltbank-Unterstützung mehr gibt, weil die Weltbank jetzt auf mobile Solarstromversorgung setzt –, mieten die Haushalte ein Solarpanel mit Anschlussmöglichkeit für eine Lampe und einen Fernseher, in der besseren Variante auch für einen Kühlschrank. Das Gerät funkt über Satellit Informationen über die Nutzung an den Betreiber. Laufend muss die Mietgebühr per Mobiltelefon in kleinen Raten überwiesen werden. Sonst wird das Gerät automatisch abgeschaltet, und der Strom bleibt weg, bis die Rückstände beglichen sind. Nach einer längeren Mietzeit gilt das Gerät als abbezahlt und geht in den Besitz der Mieter über. Die Daten werden aber weiter ins Silicon Valley gefunkt.

Das ist Entwicklungspolitik, mit der Geld verdient wird, anstatt Geld zu kosten, allerdings auf Kosten der Armen, die auf diese Weise dauerhaft mit einer teuren Minimal-Stromversorgung abgespeist werden, anstatt an ein leistungsfähiges Netz angeschlossen zu werden. So können sie zwar überleben, aber eine nennenswerte Kleinindustrie wird sich unter solchen Bedingungen kaum je ansiedeln. Subsistenz als Zukunftsmodell.

Vorangetrieben wird das von der »Efficiency For Access Coalition«, einer Koalition aus Rockefeller-Stiftung, Weltbank,

US-Aid, Shell Stiftung und einer Reihe weiterer Stiftungen, hinter denen sich wiederum andere Geldgeber verstecken, sowie verschiedenen Organisationen, die unter anderem von der deutschen Bundesregierung gesponsert werden.

Universelles Grundeinkommen

Seit einigen Jahren propagiert das Weltwirtschaftsforum die Idee des weltweiten, universellen Grundeinkommens. Das ist so etwas wie die Krönung der Programme zum Anschluss aller Erdenbürger an digitale Systeme, die von der US-Regierung und den US-Digitalkonzernen kontrolliert werden. Mit dem universellen Grundeinkommen nach Art des Weltwirtschaftsforums, manchmal auch »bedingungslos« genannt, sollen die Menschen überall auf der Welt befriedet und abhängig gemacht werden. Auf den Jahrestagungen in Davos werden seit 2017 regelmäßig Panel-Diskussionen und Vorträge dazu abgehalten.

Die Alternative zum bedingungslosen Grundeinkommen ist aus Sicht der Eliten unbeherrschbarer Tumult, vor dem Klaus Schwab so eindringlich in seinem Buch *Covid-19: Der große Umbruch* warnt. Auch die stellvertretende Generalsekretärin der UN, Kanni Wignarajam, und der Chefvolkswirt des UN-Entwicklungsprogramms, Balazs Horvath, warnen auf der Webseite des Weltwirtschaftsforums: »Die Alternative zum bedingungslosen Grundeinkommen ist die zunehmende Gefahr sozialer Unruhen, Konflikte, nicht beherrschbarer Massenmigration und das Gedeihen extremistischer Gruppen, die die soziale Enttäuschung nutzen und sich davon nähren.«[233] Die leitende Ökonomin der Weltbank, Leora Klapper, warb auf der Bühne des Weltwirtschaftsforums mit dem Argument für das Projekt, »dass ein digital ausgezahltes Grundeinkommen die Menschen in das Finanzsystem bringen kann« – dasselbe Argument, das Bill Gates und Dan Schulman für finanzielle Inklusion alias Bargeldabschaffung vorgebracht haben.

Das Wort »bedingungslos« ist nicht unbedingt wörtlich zu nehmen. Die UN-Spitzenmanager schreiben: »Es gibt gute Argumente dafür, einige ausgewählte Bedingungen zu stellen – zum Beispiel solche, die sich auf öffentliche Güter beziehen, wie die Impfung aller Kinder und deren Schulbesuch. Solche Bedingungen würden dem Ziel der Armutsbeseitigung nicht zuwiderlaufen.« Das bestätigt, was Daniel Stelter schon vorher mutmaßte:

> »Das bedingungslose Grundeinkommen wird bedingungslos beginnen. Dann wird es zu Einschränkungen kommen. Zum Beispiel könnte man es für Kriminelle reduzieren. Oder für Menschen, die sich ›asozial‹ verhalten, heute z. B. keine Corona-Tracking-App laden. Einige werden das ablehnen, viele werden es aber für eine berechtigte Maßnahme halten. Genauso kann man anderes Verhalten sanktionieren – vom Müll auf die Straße werfen bis zu irgendwas. Warum sollte die Gesellschaft Leuten Geld geben, die sich nicht an die Regeln halten?«[234]

Wie das geht, machen seit einigen Jahren die Australier vor. Dort stellt die Regierung die Sozialhilfe zwangsweise auf digitale Bezahlkarten um. Das erlaubt zu analysieren, was die Begünstigten mit dem Geld machen, und bestimmte Güterkategorien wie Alkohol oder Drogen zu blockieren.[235] Dass die Empfänger damit auch keine gebrauchten Kleider und Waren kaufen und auch keine Schulausflüge für die Kinder bezahlen können, weil das oft nur bar geht, wird achselzuckend hingenommen.

Allzu teuer darf das universelle Grundeinkommen natürlich nicht sein. Nur so viel gibt es, dass die Armen sich dafür freiwillig biometrisch registrieren und mit einem technischen Gerät verknüpfen lassen. Genug, damit sie dort bleiben oder hingehen, wo man sie haben will. Zur Begründung heißt es, die Anreize zu arbeiten müssten bestehen bleiben. Das universelle Grundeinkommen solle deshalb nur ausreichen, eine Person auf einem bescheidenen Minimalniveau am Leben zu erhalten (»sustain a person at a modest minimum«).

Was das bedeutet, lässt sich anhand der größten Experimente zum Grundeinkommen in Kenia und im Sudan besichtigen. Das kenianische Programm wird von der US-Organisation GiveDirectly durchgeführt. Bescheidene 22 Dollar im Monat, rund 75 Cent am Tag, beträgt dort das Grundeinkommen, das über 20 000 Menschen bekommen. Es wird jeweils das ganze zufällig ausgewählte Dorf bedacht, und zwar zwölf Jahre lang. Finanziert wird das durch karitative Spenden und durch Zuschüsse von Stiftungen.[236]

Im Sudan arbeitet eine Übergangsregierung, die dank ihres Wohlverhaltens von den USA 2021 von der verheerenden Sanktionsliste der Terrorunterstützer genommen wurde, daran, 80 Prozent der Bevölkerung, 32 Millionen Menschen, auf ein noch bescheideneres Grundeinkommen von fünf Dollar im Monat zu setzen. Finanziert wird das von der Weltbank, Stiftungen und verschiedenen Regierungen.

Derartige Programme, von denen es in kleinerem Maßstab bereits sehr viele gibt, sollen die traditionelle Entwicklungshilfe nicht ergänzen, sondern ersetzen. Ziel ist es, staatliche Mittel und Spendengelder, die bisher in die Entwicklungshilfe fließen, in solche Programme umzulenken. GiveDirectly geht von 150 Milliarden Dollar Entwicklungshilfe im Jahr aus und rechnet vor, dass dies ausreichen würde, um die 700 Millionen weltweit in extremer Armut lebenden Menschen mit einem Grundeinkommen von 18 Dollar pro Person und Monat zu unterstützen. Es gebe dann halt auch kein Geld mehr für Straßen, Schulen und Krankenhäuser. Man kann nicht alles haben, heißt es so schön.

Die Gründer und Direktoren von GiveDirectly kommen von Google, McKinsey oder der UN, arbeiten für von der Gates-Stiftung geförderte Institute oder haben für die Gates-Stiftung selbst gearbeitet. Manche sind Mitglieder im Council on Foreign Relations oder wurden zu »Young Global Leaders« des Weltwirtschaftsforums gekürt. Ausgebildet wurden sie alle an den Universitäten Harvard, Stanford und Oxford. Als primären Geldgeber und Partner nennt die Webseite von GiveDirectly USAID, die beim Außenministerium angesiedelte US-Entwicklungshilfebehörde. Ein weiterer Geldgeber ist der Global Innovation Fund. Dessen Aufsichtsräte und wohl auch Geldgeber kommen von den Entwicklungshilfebehörden der USA, Großbritanniens und Australiens, der Gates-Stiftung, dem übrigen Silicon Valley und großen Finanzinstituten. GiveDirectly genießt also die Unterstützung von und beste Vernetzung mit den obersten Silicon-Valley-, Wall-Street- und Regierungskreisen. Entwicklungshilfebehörden unterstützen den Ansatz, Hilfe für arme Länder auf digitale Überlebenshilfe für deren Ärmste zu reduzieren.

Das passt hervorragend zur Philosophie des Silicon Valley, wonach der Markt alles am besten regelt, auch das Karitative, weshalb jeder eine Chance haben sollte, sein Glück am freien Markt zu machen, sei es als Unternehmer oder als Anbieter von Arbeitskraft an einem wirklich freien Arbeitsmarkt. Facebook-Chef Mark Zuckerberg warb für das Grundeinkommen mit dem Argument, es könne allen ein Polster verschaffen, das es ihnen erlaube, Neues auszuprobieren.[237] Scott Santens, serieller Gründer von Lobbygruppen für die Idee des Grundeinkommens, argumentierte in Davos, es könne viele Sozialleistungen ersetzen: »Das universelle Grundeinkommen wäre ein Versprechen gleicher Chancen, nicht gleicher Ergebnisse.« Es sorge für einen wirklich freien Arbeitsmarkt, bei dem die Teilnahme freiwillig sei. Der Anreiz zu arbeiten werde bewahrt, denn jeder Dollar, den man verdiene, bleibe einem, egal zu welchem Lohn und egal ob als Gelegenheitsjob, in fester Anstellung oder als sogenannter Gig- oder Klick-Arbeiter.[238]

Das ist der feuchte Traum der Libertären, besonders derer aus dem Silicon Valley. Heerscharen von digitalen und analogen Tages-, Stunden- und Minutenlöhnern, die von einem kleinen Grundeinkommen am Leben gehalten werden, warten darauf, den nächsten Auftrag von Amazon, Uber und Delivery Hero zu ergattern. Dank der durch Corona beförderten Vernichtung vieler traditioneller Arbeitsplätze und der normal gewordenen Arbeit vom heimischen Büro aus stehen die Chancen, dass sich der Grundeinkommensgedanke bis hinauf in die Welt der gehobenen Büroarbeitsplätze durchsetzt, immer besser. Die Bindung an Kollegen und Unternehmen wird schwächer, und für Unternehmen ist es ein immer kleinerer Schritt, Arbeitnehmer nicht mehr anzustellen, sondern nur noch mit Werkverträgen in Heimarbeit zu beschäftigen. In einer solchen Welt gibt es keinen Grund mehr für die lästigen Abweichungen vom perfekten Arbeitsmarkt, wie Mindestlohn, Kündigungsschutz, Tarifverträge, Abfindungen oder Diskriminierungsverbote. Denn das alte Argument, die Arbeitnehmer müssten von ihrer Arbeit leben können, entfällt.

Man sollte sich nicht davon täuschen lassen, dass in der Grundeinkommensdiskussion in Industrieländern von viel höheren Beträgen die Rede ist. Man erinnere sich an die Diskussion um die drastischen Rentenkürzungen und Mindestlohnsenkungen in Griechenland, als das Land – oder vielmehr seine Kreditgeber – mit EU-Hilfskrediten vor der Pleite gerettet wurden. Denen, die dagegen protestierten, wurde entgegengehalten, dass die Renten in Bulgarien und Rumänien noch viel niedriger seien. Und diese Länder würden schließlich mit für die »Rettung« Griechenlands bezahlen. Genau diese Argumentation wird wieder geführt werden, wenn ein sehr kleines

Grundeinkommen einmal in weiten Teilen der Welt durchgesetzt ist. Dann werden diejenigen in den Industrieländern, die für ein relativ hohes oder steigendes Grundeinkommen – oder allgemein eine gute soziale Sicherung – in ihren Ländern eintreten, treuherzig gefragt werden, ob sie nicht lieber solidarisch mit den Menschen in armen Ländern sein wollen, die nur einen Bruchteil davon bekommen. Weil man mit einem universellen Grundeinkommen den Fokus der Solidarität vom nationalen Zusammenhang in den globalen umlenken kann, lässt sich damit der Sozialstaatssumpf trockenlegen, indem man ihm die gesellschaftliche Unterstützung entzieht.

Brot und Spiele

Der einzige kritische Artikel zum universellen Grundeinkommen, den ich auf der Webseite des Weltwirtschaftsforums gefunden habe, stammt von Daron Acemoğlu, einem sehr erfolgreichen Ökonomen, der am MIT in Boston lehrt. Er schreibt, wenn nur eine Wahl zwischen Massenverelendung und Grundeinkommen bestünde, sei ein Grundeinkommen natürlich besser. Aber ein allgemeines Grundeinkommen sei allenfalls finanzierbar, wenn man tiefe Einschnitte in das übrige Netz der Sozialleistungen vornehme. Eine überlegene Alternative sei die Verbesserung des Sozialsystems, wo dieses Mängel aufweise, und Maßnahmen zugunsten gleichmäßigerer Markteinkommen. Was er dafür als Argument ins Feld führt, spricht in den Augen der Technokraten aber gerade gegen seinen Vorschlag und für das Grundeinkommen: Derartige politische Maßnahmen werden demokratisch ausgehandelt und tragen dazu bei, dass die Leute sich für Politik engagieren. Ein universelles Grundeinkommen bewirkt das Gegenteil: Man lässt es von ganz oben mit der Gießkanne auf die unbeteiligten Menschen herabregnen und entmündigt sie dadurch. Acemoğlu stellt fest:

»Das universelle Grundeinkommen hat alle Merkmale von ›Brot und Spiele‹ die das römische und das byzantinische Reich nutzten, um Unzufriedenheit zu zerstreuen und die Massen ruhigzustellen, anstatt ihnen ökonomische Chancen und politische Mitsprache zu ermöglichen. Die Lösung ist nicht, genug Krümel zu verteilen, um die Leute daheim zu halten, abzulenken und anderweitig zu beschwichtigen, sondern den demokratischen Prozess wiederzubeleben.«[239]

Stattdessen heben die globalen Eliten das, was man in Kenia und in anderen Ländern schon länger ausprobiert, im Sudan auf ein ganz neues Niveau. Dafür wurde Magdi M. Amin von der Weltbank in Washington nach Khartum abgeordnet, wo er als Senior-Berater des sudanesischen Finanzministeriums wirkt. Amin war zuvor »Investment Partner« von Omidyar Network in Washington, mit Schwerpunkt auf »gewinnorientierte Investitionen in Digitale Identität«.[240] Bei der Weltbank hatte Amin die Führungsebene dabei beraten, »den Privatsektor ins Zentrum der Entwicklungsarbeit zu stellen«, unter anderem durch eine »disruptive Technologiestrategie«.

Wenn das Großexperiment im Sudan gelingt, könnten die USA ein für sie schwieriges muslimisches Land befriedet haben. Denn dann hängt fast die ganze Bevölkerung an Überwachungsgeräten und hält Abstand von allen, die Ungutes im Schilde führen könnten, um nur ihr Grundeinkommen nicht zu verlieren.

Die enge Verbindung der Kampagnen für ein globales Grundeinkommen und digitale Identität für alle Menschen wird an einem perfiden Weltbankprojekt im westafrikanischen Togo deutlich, das 2020 startete. Die Weltbank arbeitet dafür mit der Regierung Togos und mit GiveDirectly zusammen. Über eine Plattform namens Novissi wird per Mobiltelefon Geld an ausgewählte Bedürftige überwiesen, welches GiveDirectly von Spendern einsammelt. Dafür werden besonders arme Dörfer oder Stadtteile »durch Satellitenbilder und national repräsentative Daten zum Haushaltskonsum ausgewählt«. Innerhalb dieser werden »durch Algorithmen des maschinellen Lernens unter Nutzung von Mobilfunk-Metadaten und Telefonumfragen Individuen priorisiert«. Die Algorithmen würden darauf trainiert, anhand von Daten über die Nutzung des privaten Mobiltelefons zu schätzen, wie viel Geld ein Individuum für Konsum zur Verfügung hat. Die ersten gut 50 000 Menschen mit besonders niedrigem geschätzten Konsum wurden auf diese Weise bereits programmgesteuert auf die Liste der Empfänger gesetzt.[241]

In den USA oder Europa bekäme die Weltbank mächtigen Gegenwind, wenn sie es wagen würde vorzuschlagen, dass ein Computerprogramm in dieser Art über Leben und Tod, Rettung oder Elend entscheiden soll. Dass so ein Algorithmus allenfalls sehr ungenau ist, weiß man auch bei der Weltbank. Deshalb will man im Jahr 2021 Telefon- und persönliche Umfragen durchführen, »um das Training des Modells zu stärken« und so dafür zu sorgen, dass ein unabsichtlicher Verzerrungseffekt, der sich gegen besonders benachteiligte Gruppen richtet, »wie zum Beispiel Analphabeten«, gegebenenfalls aufgedeckt wird. Hier werden arme Menschen in Ländern mit finanziell abhängigen Regierungen als billige Versuchskaninchen missbraucht, um Computerprogramme zu optimieren.

Das Programm ist Teil des von der Weltbank-Tochter IDA finanzierten West Africa Unique Identification for Regional Integration and Inclusion (WURI) Program, dessen Ziel es ist, den Anteil der Menschen in Westafrika zu erhöhen, die über eine von der Regierung anerkannte eindeutige (digitale) Identität verfügen.

Smart City: Menschen am Gängelband

Leben sollen wir künftig in Smart Citys. Das sind mit Sensoren, Mikrofonen und Kameras vollgestopfte städtische Räume, die massenhaft Daten liefern, welche von Computeralgorithmen ausgewertet und für eine effiziente Steuerung aller wichtigen Abläufe in der Stadt genutzt werden. Was das Mini-Grundeinkommen in den Entwicklungsländern, ist die Smart City in Industrieländern. Wenn jemand auf einen Knopf drücken kann, wie in *Sonne auf Kredit* – und schon habe ich kein Fahrzeug und keine Wohnung mehr, bin ich hochgradig abhängig vom Wohlwollen derer, die an diesem Knopf sitzen. Städte werden zu Marktplätzen für Technologieanwendungen, die alles über unsere Bewegungen und unsere Vorlieben wissen, am besten früher und besser als wir selbst, sodass die Algorithmen dafür sorgen können, dass es möglichst wenig Stau und möglichst wenig Umweltbelastung und möglichst wenige gefährliche Nahkontakte gibt oder was auch immer gerade zu vermeiden angesagt ist. Sie ahnen schon, worauf es hinausläuft: Am besten lässt sich das alles verwirklichen, wenn alle unnötigen Bewegungen vermieden werden und nur noch diejenigen Transporte und Bewegungen stattfinden, die einem genehmen Zweck dienen. Die anderen können sehr einfach durch hohe Preise oder rigidere Mittel unterbunden werden.

So hat denn auch zu Recht die Verheißung des Weltwirtschaftsforums für einige Aufregung gesorgt, im Jahr 2030 würden wir nichts mehr besitzen und umso glücklicher sein. »You will own nothing, and you'll be happy« heißt das im Original.[242] Alles, was wir benutzen, würden wir künftig mieten, von der Kaffeemaschine über das Computerprogramm und die Bücher, die wir digital lesen, den Roller und das Fahrrad bis zum Auto. Die Wohnung sowieso. Dass das nicht für die Davos-Menschen gilt, dass die weiterhin ihre großen Villen in allen schönen Gegenden der Welt, ihre Jachten und ihre Privatjets selbst besitzen werden, versteht sich von selbst. Aber sie werden eben auch alles andere besitzen und an uns vermieten, wenn wir uns anständig verhalten. Uns geht es dann genauso wie jetzt schon den Solar-to-go-Kunden in Afrika und Asien und den Empfängern eines universellen Grundeinkommens. Wenn die Kreditkarte oder die Kundennummer deaktiviert wird, bleibt die Küche kalt, die Wohnungstür zu und das Auto stehen.

Aber so weit muss es gar nicht kommen. Es reicht schon, dass diejenigen, die uns die täglichen Gebrauchsgegenstände zur Verfügung stellen, alles über uns wissen, unsere Vorlieben, unsere Alternativen. Sie können damit unsere Zahlungsbereitschaft und Zahlungsfähigkeit laufend maximal ausnutzen.

Im Mai 2020 musste allerdings die Google-Tochter Sidewalk Labs ihr milliardenschweres Prestigeprojekt aufgeben, einen Stadtteil Torontos in eine Smart City zu verwandeln. Der Widerstand der Bevölkerung der kanadischen Großstadt gegen die damit verbundene Totalüberwachung und Steuerung von oben war zu stark und zu hartnäckig, sogar für Google.[243] Das heißt aber noch lange nicht, dass deswegen die deutsche Bundesregierung die Finger von solchen Technokratenfantasien lassen würde. Ausgerechnet das Heimatministerium von Horst Seehofer hält die Smart-City-Vision am Leben. Daten statt Wahlen, entmündigte Bürger, denen jede Entscheidung abgenommen wird. So sieht nach der »Smart City Charta«, einer Broschüre mit Leitliniencharakter der Bundesregierung von 2017, die Vision für die Städte aus, in denen wir künftig leben sollen.[244]

Erstellt wurden diese Leitlinien vom damals für Bau zuständigen Umweltministerium. Prominent und völlig ohne Relativierung oder gar Widerspruch wird die Keynote-Rede eines Roope Mokka vom Privatunternehmen Demos Helsinki präsentiert, mit Smart-City-Verheißungen wie dieser: Die künstliche Intelligenz werde uns alle Entscheidungen abnehmen, wie kleinen Kindern: »Wir müssen uns nie entscheiden, einen bestimmten Bus oder Zug zu nehmen, sondern bekommen den schnellsten Weg von A nach B.« Außerdem werde Demokratie weitgehend unnötig, denn die wohlmeinenden Technokraten wüssten, was wir wollen oder wollen sollten: »Da wir genau wissen, was Leute tun und möchten, gibt es weniger Bedarf an Wahlen, Mehrheitsfindungen oder Abstimmungen.« Dafür sollen die privaten Unternehmen mitentscheiden dürfen: »Durch ›People-Public-Private-Partnerships‹ kann in der Smart City 2.0 eine neue Form von Politik und Entscheidungsfindung entstehen.« Und natürlich werden wir mieten statt besitzen: »Vielleicht wird Privateigentum ein Luxus.« Auch die Idee, dass im Nachfolgeregime des Kapitalismus Märkte kaum noch eine Rolle spielen, wird als Verheißung ausgebreitet: »Ein Markt übermittelt nur, dass eine Person dies oder das gekauft hat; wir wissen aber nicht, warum. Künftig können Sensoren uns bessere Daten als Märkte liefern.«

Ergebnisse einer Arbeitsgruppe zur Datenökonomie werden in der Regierungsbroschüre ebenfalls prominent präsentiert. So könne es sein, dass wir künftig kaum noch Steuern zahlen müssten, weil die Regierung unsere Daten teuer verkauft, und wegen eines Grundeinkommens gebe es keine geregelten und dauerhaften Arbeitsverhältnisse mehr. Eine andere Arbeitsgruppe verheißt dem ländlichen Raum als Ersatz für die Aufrechterhaltung von analoger ärztlicher Versorgung und Bildung, dass »Telemedizin und Telelernen die Daseinsvorsorge verbessern«. Es ist ein Programm wie von der Nationalen Sicherheitskommission für Künstliche Intelligenz der USA ersonnen.

Seehofers Heimatministerium, das sich die Zuständigkeit für Bau und damit die Smart Citys einverleibt hat, betreibt bis heute eine »Nationale Dialogplattform Smart Cities«, über die diese Ideen ungebremst weiterentwickelt und der Umsetzung nähergebracht werden, so als hätte es nie das Sidewalk-Labs-Desaster von Google gegeben.[245] Zu den Unternehmen, die direkt oder über von ihnen geförderte Stiftungen und Lehrstühle den Smart-City-Dialog vorantreiben, gehören AOL, Accenture und Telefonica, die die Stiftung Digitale Chancen mitfinanzieren, das Omidyar Network, Open Society Foundations und die Bosch-Stiftung, die der Stiftung Neue Verantwortung Geld geben, natürlich auch der Digitalverband Bitcom sowie Amazon, Zalando, Siemens und Deutsche Telekom, die das Einstein Center für Digitale Zukunft der TU Berlin mitfinanzieren.[246]

Soma für alle

In der Schönen neuen Welt von Aldous Huxley gibt es täglich für alle eine Beruhigungs- und Stimmungsaufhellungsdroge. Ich habe mich gefragt, ob es auf zynischen Humor oder mangelnde Belesenheit der Bürokraten in Brüssel zurückgeht, dass die EU-Kommission ihr Informationsportal für sogenannte Faktenchecker gegen die Verbreitung abweichlerischer Meinungen und nicht genehmer Informationen im Internet ausgerechnet so nannte wie Huxleys Volksbefriedungsdroge, »Soma«.[247]

Die Aufhellung der Stimmung des Volkes mit psychedelischen Drogen liegt derzeit voll im Trend. In der Pharmabranche herrscht Goldgräberstimmung, weil die Regulierung der Behandlung von psychischen Erkrankungen mit alternativer Medizin wie Cannabis und Halluzinogenen auf der ganzen Welt gelockert wird. Im Bericht eines Finanzportals von Februar 2021 etwa war zu lesen, dass sich vor diesem Hintergrund »das Biotech-Unternehmen Creso mit dem Kauf von Halucenex in das Rennen mit Multimilliarden-Spielern wie MindMed begeben hat, während die halluzinogenassistierte

Psychotherapie sich in einem 300-Milliarden-Dollar-Markt fest etabliert«.[248] Viele Biotech- und Pharmafirmen betreiben medizinische Studien, um den Einsatz von bewusstseinsverändernden Drogen wie Psilocybin (magische Pilze), Ketamin oder LSD gegen Depression zu testen.

Dort, wo die Silicon-Valley-Milliardäre mitmischen, gleitet das schnell ins Gruselige ab. So hat das auf Behandlung mit Halluzinogenen spezialisierte Berliner Biotechnologieunternehmen ATAI Life Sciences, an dem der libertäre Erfolgsinvestor Peter Thiel maßgeblich beteiligt ist, 2021 einen Mehrheitsanteil am Unternehmen Psyber gekauft. Psyber arbeitet daran, Geist und Maschine über eine Schnittstelle von Gehirn und Computer zu verschmelzen. Das würde es Menschen erlauben, durch Gedanken oder Gefühle ein Gerät zu steuern. Bei der Behandlung angeblich oder tatsächlich psychisch Kranker kann ATAI so künftig eine Computer-Gehirn-Schnittstelle mit der Verabreichung von Drogen kombinieren. Etwa zur gleichen Zeit veröffentlichte der Konkurrent von Psyber, Neuralink, an dem Elon Musk (Tesla, Earth Link) beteiligt ist, ein Video, das zeigt, wie ein Affe mit einem ins Gehirn implantierten Chip telepathisch am Computer das Spiel Pong spielt.[249]

Kontaktverfolgung perfektioniert die Überwachung

Mithilfe von Standortdaten von Handys kann man heute schon recht gut nachvollziehen, wo sich Menschen zu einem gegebenen Zeitpunkt aufhalten und, mit etwas Mühe, wer sich in wessen Nähe aufhält. Die meisten Apps greifen auf Standortdaten der Nutzer zu, funken diese an Sammelstellen und verkaufen sie auch oft.[250] Datenaggregatoren kaufen sie, führen sie mit anderen Daten zusammen und verkaufen sie dann im Paket weiter, zum Beispiel an Einzelhandelsunternehmen und alle, die sich sonst noch dafür interessieren. Neben den

Datenaggregatoren gehört das US-Militär zu den größten Aufkäufern von Standortdaten.

Diese Standortdaten sind allerdings nicht genau genug, um zu verraten, wer mit wem in direkten Kontakt kommt. Seit 2020 ist es nun möglich, das zu erfahren. Da haben Google und Apple, die Anbieter der beiden weltweit von fast allen Handys genutzten, konkurrierenden Betriebssysteme Android und iOS, eine Bluetooth-Schnittstelle in ihre jeweiligen Systeme programmiert, auf die Corona-Kontaktverfolgungs-Apps zugreifen können. Per Bluetooth registrieren die Telefone unabhängig vom jeweiligen Betriebssystem, welche anderen Personen sich wie lange in unmittelbarer Nähe befinden. Die Apps speichern auf den Überwachungsgeräten, die wir aus Gewohnheit immer noch Telefone nennen, die Kontaktdaten der letzten Wochen. Dabei wird jedes Gerät durch eine immer wieder wechselnde Nummer identifiziert. Wenn einer dieser Kontakte innerhalb der zwei gespeicherten Wochen als infiziert markiert wird, bekommen alle, die in seiner Nähe waren, einen Hinweis, der ihnen mitteilt, dass sie mit einem Infizierten Kontakt hatten und sich testen lassen sollten.

Google wie Apple betonen, wie sehr sie dabei auf Datenschutz und Dezentralität achteten. Aber: »Jedes dezentralisierte System kann man in ein zentralisiertes verwandeln«, warnt Jaap-Henk Hoepman, Professor für Privacy by Design an der Universität Nimwegen. Dafür muss nur eine Stelle, deren App die Schnittstelle zu dieser Funktionalität nutzen darf, zum Beispiel die Polizei oder ein Geheimdienst, diese so programmieren, dass bei Kontakt mit einer Zielperson nicht diese, sondern eine zentrale Stelle eine Nachricht bekommt. Kritiker warnten von Anfang an, dass die Bluetooth-Protokolle der Anbieter berüchtigt für ihre vielen Sicherheitslücken seien. Und tatsächlich sollte sich 2021 nicht nur herausstellen, dass die Gesundheits- und Kontaktdaten auf Android-Telefonen bei

Weitem nicht so sicher und privat waren wie versprochen, sondern auch noch, dass Google kein großes Engagement bei der Behebung des Problems zeigte. Es bestand darin, dass Hunderte Apps auf Log-Dateien der Telefone zugreifen durften, in denen ein Teil der Informationen zu den Kontakten und zum Infektionsstatus gespeichert war. Als Google im Februar 2021 von einer IT-Sicherheitsfirma auf das Problem hingewiesen wurde, wiegelte die Firma ab. Erst als die Medien anfragten, wurde das Problem angegangen und zwei Monate später behoben.[251]

Eine größere Gefahr als Software-Fehler ist die Möglichkeit, dass diese Überwachungstechnologie mit weltweiter Reichweite, die Google und Apple da geschaffen und fest in ihre Betriebssysteme programmiert haben, irgendwann planmäßig eingesetzt wird. Was ist absehbarer, als dass diese Funktionalität früher oder später für die Polizeiarbeit genutzt wird, wenn der nächste Kinderschänder zu fangen oder der nächste große Terroranschlag zu verhindern ist? Und wer sagt uns, dass nicht spätestens in der nächsten Pandemie die Nutzung dieser Funktion von Veranstaltern oder Arbeitgebern zur Pflicht erklärt wird?

In Singapur machte die Regierung schon im Dezember 2020 die Nutzung der dortigen App oder eines am Körper zu tragenden Ersatzgeräts verpflichtend für den Besuch von Einkaufszentren, Kinos, Restaurants, Arbeitsplätzen, Schulen sowie Großveranstaltungen, und im Januar 2021 stellte der Innenminister klar, dass die Polizei zur Verbrechensbekämpfung und -aufklärung auf die Kontaktdaten zugreifen dürfe.[252] Unter solchen Bedingungen setzt nur noch die Fantasie Grenzen dafür, was man mit einer Bluetooth-Kontaktverfolgungs-Funktionalität alles anstellen kann. Quellen von Journalisten, die geheimes Material veröffentlicht haben, lassen sich auf diesem Wege aufspüren. Hat man Google Home, kann Google alle Besucher des eigenen Hauses identifizieren.

LifeLog: Das Logbuch unseres Lebens

Im Mai 2003 berichteten Medien über eine Ausschreibung der beim Pentagon angesiedelten Forschungsbehörde Defense Advanced Projects Research Agency (Darpa). Es ging um ein Projekt namens LifeLog, das in der Ausschreibung so beschrieben wurde: »Das Ziel: ein digitales Protokoll vom Leben eines Menschen zu erstellen, das nicht nur Dokumente wie Fotos, E-Mails und Bücher enthält, sondern auch eine lückenlose Aufzeichnung der Aufenthaltsorte.« Die Ausschreibung mit der Nummer BAA 03-30 war eine Aufforderung an Wissenschaftler, passende Forschungsvorhaben zur Förderung einzureichen. Damit haben die Militärs schon vor 18 Jahren als Ziel beschrieben, was heute dank Facebook, Google, Smartphones, dem Kampf gegen das Bargeld, Alexa, Fitbits, Kameras mit Gesichtserkennung und Bluetooth-Kontaktverfolgung sehr weitgehend umgesetzt ist. Umso überraschender, dass man schon 2004 lesen durfte, das Pentagon habe das LifeLog-Programm eingestellt. »Forscher, die dem Projekt nahestanden«, konnten es sich nicht richtig erklären. Die offizielle Erklärung hieß nur »geänderte Prioritäten«.[253]

Angesichts der schlechten öffentlichen Resonanz ist das durchaus nachvollziehbar, denn das totalitäre Potenzial dieses damals noch bizarr anmutenden Programms wurde von den amerikanischen Medien nicht übersehen und scharf kritisiert. Aber praktischerweise kam es in den letzten Jahren trotz der angeblichen Einstellung des Programms genau so, wie das Pentagon es sich ausgemalt hatte. Vielleicht ist es ja kein Zufall, dass die US-Konzerne mit zumeist engen Verbindungen zum Militär und den Geheimdiensten ein umfassendes Überwachungssystem wie nach Darpa-Blaupause entwickelt haben und dass sie dabei jahrzehntelang Datenschutzregeln in Europa und den USA ignorieren durften. Die Meldung über die angebliche Aufgabe des LifeLog-Projekts erschien passenderweise am 4. Februar 2004. Das war der Tag, an dem Mark Zuckerberg die Firma »thefacebook« gründete. Die Facebook-Vorstandsmitglieder und Investoren Peter Thiel (Palantir) und James Beyer hatten und haben engste Kontakte zum Militär, zu Darpa und zum Wagniskapitalfonds der CIA, in-Q-Tel. Auch Google wurde mit maßgeblicher Unterstützung aus den Geheimdiensten zu dem, was es heute ist.[254]

Der Große Neustart des Weltwirtschaftsforums

Anders als die Regierungen, die zu sehr mit dem Lösen von einzelnen Problemen und Krisen beschäftigt seien, verfolge das Weltwirtschaftsforum einen langfristigen, systematischen Ansatz, so Klaus Schwab. Man arbeite daran, die Zukunft der Welt im Gesamtzusammenhang zu formen. Damit meinte er wohl den oben dargestellten bunten Strauß von eng ineinandergreifenden Programmen, mit denen die automatisierte Lenkung und Überwachung der Weltbevölkerung perfektioniert wird.

Nicht alle konnte ich vorstellen. Über die Überwachung am heimischen und am Büroarbeitsplatz, die durch Corona einen großen Schub bekommen hat, könnte man ebenso viel schreiben wie über den Umbau der Schulen zu softwaregesteuerten Konditionierungsanstalten, in denen ein allwissender Algorithmus das Potenzial eines Kindes früh erkennt, mit dem prognostizierten Arbeitskräftebedarf der Zukunft abgleicht und das Kind dann ganz individuell optimal auf die ihm zugedachte Aufgabe hin ausbildet – optimal für diejenigen an den Hebeln der Macht. Die verpflichtende digitale Gesundheitskarte ist so etwas wie das i-Tüpfelchen des LifeLog-Programms. Auch über die Funktion von digitalem Zentralbankgeld und von privaten Digitalwährungen könnte man in diesem Zusammenhang viel schreiben. Ganz wichtig für den Aufbau einer neofeudalen Gesellschaft mit einigen Superreichen an der Spitze und Milliarden von Habenichtsen an der Basis ist zudem eine möglichst umfassende Beeinflussung von Informationen und Meinungsäußerungen. Daran wird unter Vorwänden wie der Bekämpfung von Hass im Netz und von ausländischer Einmischung in Wahlen und Meinungsbildung intensiv gearbeitet. Ich verweise für diese hier aus Platzgründen zu kurz kommenden Themen auf meinen Blog *norberthaering.de*.

Viele würden die Liste der vorgestellten Programme für unvollständig halten, wenn der Begriff »Great Reset« des Weltwirtschaftsforums fehlte, zu Deutsch: großer Neustart, wobei Schwabs Buch stattdessen den etwas harmloser klingenden deutschen Titel *Der Große Umbruch* erhielt. Das Buch erschien im Juni 2020. Zeitgleich verkündete Schwab seine Ziele auch per Videobotschaft mit Unterstützung des UN-Generalsekretärs, des britischen Thronfolgers und der Chefin des Internationalen Währungsfonds. In Video und Buch erklärte er in dramatischen Worten, es sei fünf vor zwölf für die Welt, und ohne einen radikalen Neustart gehe alles vor die Hunde.

Der Titel klingt tatsächlich so, als wolle Schwab die Eliten zu einem großen gesellschaftlichen Umformungsprogramm nach obigem Muster aufrufen. Das ist wohl auch beabsichtigt, dient aber nur der Ablenkung. Das Programm läuft ja schon seit vielen Jahren, dazu muss er nicht mehr aufrufen. Der Zweck seines Aufrufs ist ein ganz anderer: Es ist derselbe, aus dem heraus Schwab und das Weltwirtschaftsforum gleich nach der großen Finanzkrise von 2008/09 die »große Transformation« ausriefen. Immer wenn eine große Krise eintritt, die Potenzial für Umstürze birgt, gilt es für die Elite, sich an die Spitze aller wichtigen Reformbewegungen zu setzen, diese aufzusaugen, zu umarmen oder – wenn beides nicht geht – durch Repression unschädlich zu machen. Es geht darum, jegliche Transformation und jeglichen Neustart, der nicht von den Eliten selbst gewollt und vorangetrieben wird, zu neutralisieren oder umzulenken.

Angeblich arbeitet das Weltwirtschaftsforum als eine sehr mächtige und mit den Mächtigsten vernetzte Organisation seit 50 Jahren daran, »den Zustand der Welt zu verbessern«. Wer sich den kurzen dystopischen Film ansieht, den das Forum zur Einstimmung auf den Großen Neustart im Juni 2020 veröffentlichte, kommt kaum um das Urteil herum, dass das Forum beim Streben nach seinem angeblichen Ziel ziemlich kläglich versagt haben muss. Sonst könnte sich die Welt nicht in dem dargestellten katastrophalen Zustand befinden, der einen sofortigen, radikalen Neustart erfordert. Oder aber man darf »...– für die Eliten« an den Slogan anhängen. Dann wird ein Schuh draus. Die extreme Vermögenskonzentration ist Zeugnis dafür, dass das Weltwirtschaftsforum die Welt für die Eliten erheblich verbessert hat.

Hinzu kommt, dass weder Schwab in seinem Buch noch einer der Top-Prominenten, die er aufgeboten hat, irgendetwas Konkretes zu der Frage beizutragen wusste, wie der Neustart denn aussehen soll. Alles bleibt im Ungefähren. »Wir müssen unsere Art zu denken ändern«, fordert Schwab; eine langfristige Perspektive sei einzunehmen. Doch das Fassbarste, was er von sich gibt, ist die Forderung an die Unternehmen, mit noch größerer Selbstverständlichkeit Umwelt- und Entwicklungsziele aufzustellen (die niemandem wehtun) und darüber zu berichten.

Das coronabedingt zunächst auf den Sommer verschobene und nach Singapur verlegte Jahrestreffen Davos 2021 kündigte Schwab als doppelten Gipfel an: einerseits das übliche Stelldichein der Konzernlenker mit den Regierungschefs und den

Medien. Andererseits sollen alle wichtigen »Stakeholder« zumindest digital vertreten sein und den großen Neustart planen. »Stakeholder« ist ein schönfärberisches Wort für von den Unternehmen ausgesuchte Vertreter von Gruppen, denen man ein Interesse an dem zubilligt, was die Unternehmen so tun. Schwab sagte der deutschen Version der Presseerklärung des Forums zufolge: »Der Great Reset wird von uns verlangen, alle Stakeholder der globalen Gesellschaft in eine Gemeinschaft mit gemeinsamen Interessen, Zielen und Handlungen zu integrieren.« Im Video macht er noch deutlicher, dass er die gesamte Reformdebatte zu monopolisieren gedenkt: »Diese Initiative wird jeden auf der Welt integrieren, der eine Stimme und der einen besonders innovativen Vorschlag zur Verbesserung der Lebensbedingungen hat.«

Um weltweit alle potenziell wirkmächtigen Reformerinnen zu finden, hat das Weltwirtschaftsforum seine Tentakel ausgefahren, die es bis dahin weitgehend im Verborgenen gelassen hatte. Das Netzwerk von knapp 10 000 »Global Shapers« in 428 Städten (Hubs) und 148 Ländern wurde aktiviert. Diese Nachwuchsorganisation des Weltwirtschaftsforums, die wir bereits kennengelernt haben, dient dazu, High-Potentials, die in Unternehmen, Politik und Kultur einflussreich werden könnten, sehr frühzeitig zu identifizieren, miteinander zu vernetzen und an das Weltwirtschaftsforum heranzuführen. Die jungen Arrivierten sollen im Einzugsbereich ihres Hubs ihrerseits Menschen identifizieren, die nennenswerte Reforminitiativen vorantreiben. Diese sollen sie einladen, über ihren Hub digital am Davoser Great-Reset-Powwow teilzunehmen.

Hat man eine Reformerin mit großem Potenzial identifiziert, wird sie umgarnt, zu wichtig scheinenden Versammlungen in allen Teilen der Welt geflogen, mit Jobangeboten, Fördermitteln und sonstiger Unterstützung geködert und unmerklich in ein Netz von Abhängigkeiten verstrickt, aus dem sie sich kaum noch befreien kann, ohne in die Bedeutungslosigkeit abzustürzen. Entzieht sie sich der Umarmung von vornherein, darf sie zuschauen, wie andere Reformer mit weniger Berührungsängsten gegenüber den Machteliten dank deren publizistischer Kraft in der Öffentlichkeit zu Hoffnungsträgern hochstilisiert werden und an ihr vorbeiziehen. So wird sichergestellt, dass keine Reformbewegung außer Kontrolle gerät, etwa indem sie Unternehmen dem Zugriff des Kapitals entreißt und Rechte auf geistiges Eigentum drastisch beschneidet. Mit dem Segen von Davos dürfen nur graduelle Veränderungen gefordert werden oder aber radikale, die genehm sind.

Mit einem Wort: Das Weltwirtschaftsforum hat den großen Neustart ausgerufen, um ihn zu verhindern. Deshalb wollen wir uns nun im abschließenden vierten Teil anschauen, wie so ein Neustart aussehen könnte, den das Forum unbedingt verhindern will. Dem großen Neustart-Powwow der Milliardäre kommen wir damit sogar noch zuvor, denn dieses wurde letztlich auf unbestimmte Zeit verschoben.

Teil 4: **Soziale Marktwirtschaft statt Kapitalismus**

Die Pläne der Eliten für den Übergang vom Kapitalismus im Endstadium zu einem Neofeudalismus sind deutlich erkennbar, und sie werden schnell vorangetrieben. Aber das heißt nicht, dass ihr Erfolg unvermeidlich ist. Das Projekt ist so ambitioniert, ja monströs, dass die Hoffnung, den Eliten könnte die Kontrolle entgleiten, alles andere als vermessen ist. Möglicherweise lässt sich der nächste Gelbwestenprotest aufrührerischer Franzosen nicht mehr mit Polizeigewalt niederwerfen. Ob und wo das Projekt aus der Spur geraten wird, weiß man nicht. Die Welt ist groß, und gesellschaftliche Dynamiken sind nie vorhersehbar und nicht verlässlich kontrollierbar.

Crash als Chance

Wenn es zu einem Crash des Finanzsystems kommt, ist das zunächst einmal nur für die Kapitalbesitzer ein Problem. Alle anderen erleiden nur dann Nachteile, wenn das Kapital auf seinen angestammten Rechten beharren kann, einschließlich der Gewohnheitsrechte, die in keinem Gesetz stehen. Dazu gehört das Recht, im Notfall mit dem Geld der Steuerzahler oder der Notenbanken herausgepaukt zu werden, sodass die Kosten ihrer Krise von allen anderen getragen werden.

Wären die Vorrechte der Kapitalbesitzer nicht durch langjährige Einübung und unablässige Propaganda von der Bevölkerung als natürlich und unausweichlich akzeptiert, könnte die nächste Krise des Kapitalismus dazu genutzt werden, zu einer echten sozialen Marktwirtschaft überzugehen – so wie es auch schon als Ergebnis den letzten Krisen möglich gewesen wäre.

In der Finanzkrise von 2008/09 und der anschließenden Euro-Krise haben die EU-Regierungen, zum Teil aus eigenem Antrieb, zum Teil genötigt von der EZB, mit Unsummen die Banken vor dem Zusammenbruch gerettet. Der Vorwand lautete, dass anderenfalls mit den Banken der Zahlungsverkehr und die gesamte Wirtschaft zusammenbrechen würden. Dass dies tatsächlich ein Vorwand war, hat unter anderem Island gezeigt. Das Land besaß drei im Verhältnis zur kleinen Bevölkerungszahl grotesk überdimensionierte Banken, ließ diese Konkurs anmelden, teilte sie auf und führte die für die Wirtschaft wesentlichen Aktivitäten unter staatlicher Verwaltung weiter. So hätte man auch in Deutschland und Europa verfahren können, und schon hätte man, ohne dass eine Enteignung notwendig gewesen wäre, den Bankensektor nach den Prinzipien einer sozialen Marktwirtschaft neu aufstellen können. Anstatt den Banken Gelegenheit zu geben, sich nach der Krise als wählerische Anleihekäufer zu den Oberaufsehern über die von ihnen selbst zerrütteten Staatsfinanzen aufzuspielen, hätte die Erzählung so gelautet: Der Kapitalismus durfte mit minimalen Staatseingriffen frei agieren. Er hat es verbockt und kann die resultierende Krise nicht aus eigener Kraft bewältigen. Deshalb muss der Staat übernehmen und ein besseres Nachfolgesystem aufbauen.

Stattdessen hat der Staat als Gegenleistung für die eingeschossenen Milliarden nicht einmal die für Eigenkapitalgeber üblichen Mitspracherechte in Anspruch genommen.

Ähnlich in der Corona-Krise: Die Milliarden, die an Luftverkehrs-, Tourismus- und Automobilkonzerne überwiesen wurden, hätten nicht dazu eingesetzt werden dürfen, großen Kapitalbesitzern Verluste zu ersparen und sogar Dividenden zu finanzieren. Wenn der Staat rettend eingreift, sollte er dies nur tun, wenn die Kapitalbesitzer Verluste hinnehmen.

Gleichermaßen hätten parallel zu den Hilfszahlungen für Haushalte, Selbstständige und Unternehmen Gesetze erlassen werden können, die es schwer Pandemiegeschädigten erlaubt hätten, Verpflichtungen gegenüber Kapitalbesitzern aufgrund höherer Gewalt für die Zeit der Einkommensverluste zu reduzieren. Dann wären viel weniger Steuermittel nötig gewesen, um die Krise abzufedern. Die Kapitalbesitzer hätten einen Teil der Last mitgetragen, anstatt indirekt über staatliche Hilfsgelder herausgepaukt zu werden. So manches Finanzinstitut mit mutwillig auf Kante genähten Bilanzen hätte das nicht überlebt und wäre an den Staat gefallen.

Zu den Kapitalbesitzern, die darunter leiden würden, wenn sie einen größeren und gerechten Teil der Last schultern müssten, gehören zuvorderst die Finanzinstitute. Der kapitalistische Staat empfindet es als Todsünde, Finanzinstitute zu verstaatlichen. Deshalb nimmt er lieber extrem hohe Kosten für deren Rettung in Kauf. Die Beteiligung des Kapitals an Krisenkosten scheut er wie der Teufel das Weihwasser. Hierin liegt der Grund dafür, dass das Kapital dank direkter und vor allem indirekter Unterstützung durch den Staat so ungeschoren durch diese und frühere Krisen kommen durfte, während so viele kleine Unternehmen, Haushalte und Selbstständige um ihre wirtschaftliche Existenz fürchten und kämpfen müssen.

In der nächsten Krise des Kapitalismus sollte dieses Tabu nicht mehr gelten. Dann wäre ein großer Schritt zu einer Marktwirtschaft ohne Kapitalismus getan.

Gesellschaft als Symbiose

Wir haben im zweiten Teil dieses Buches die bei den Eliten verbreitete Sichtweise der Gesellschaft als Mega-Maschine kennengelernt. Jedes Mitglied hat eine Rolle als Rädchen, Kolben oder Riemen zu spielen, damit die Maschine funktioniert und das ausspeit, wofür sie gebaut wurde: Macht und Reichtum für eine Elite und ein nach unten hin abnehmendes Maß an Wohlstand für die Übrigen sowie Stabilität. In der liberalen Gesellschaft darf man – in Grenzen – wählen, welches Rädchen oder welcher Riemen man gerne wäre.

Mein Gegenentwurf ist das Bild der Gesellschaft als Symbiose selbstständiger, aber voneinander abhängiger Organismen. Jeder von diesen gibt etwas, was die Gemeinschaft von ihm braucht, und nimmt etwas, was die Gemeinschaft ihm geben kann. Im Ergebnis stellen sich alle Beteiligten besser als im Alleingang. Aber die Individuen bleiben frei und selbstständig; sie tragen ihren Teil zur Gemeinschaft bei, sind aber kein Werkzeug oder Teil einer Maschine, die von oben gesteuert wird.

Wenn das Geben und Nehmen aus dem Gleichgewicht geraten ist, weil manche sich fast alles nehmen und nur wenig geben, ist der Bestand einer symbiotischen Gemeinschaft bedroht oder deren Aufbau erst gar nicht möglich.

Meine Reformvorschläge zielen darauf, die Unterschiede im Geben und Nehmen in einem für die Gemeinschaft verträglichen Rahmen zu halten, sodass nicht ausgerechnet diejenigen, die für das Funktionieren der Gesellschaft und das menschliche Wohlbefinden am wichtigsten sind – die Pflegekräfte, Müllleute, Putzkräfte und Erzieher –, die niedrigsten Einkommen haben, während Spitzenmanager, Marketingspezialisten und Investmentbanker nicht wissen, wohin mit dem vielen Geld. Die bessere Verteilung der Einkommen soll allerdings nicht durch Verringerung des für alle Verfügbaren erreicht werden.

Die Reformvorschläge sind so gestaltet, dass die Umsetzung einzelner Vorschläge es erleichtert, auch die anderen umzusetzen, und sei es nur, weil es der Bevölkerung zeigt, was möglich ist, und ihr Appetit auf mehr macht, vor allem aber, weil sie die Möglichkeiten zur Konzentration von Macht und Reichtum reduzieren. Das ist zentral, denn wer zu viel Geld und Macht hat, kann jede Reform verhindern oder später wieder zurückdrehen. Deshalb ist es auch verfehlt, sich darauf zu verlassen, dass man über eine spätere Umverteilung der Einkommen und Vermögen eine massive Ungleichheit ausgleichen kann. Das wird nicht auf Dauer funktionieren.

Das Menschenbild, das ich dabei zugrunde lege, geht davon aus, dass wir typischerweise unsere Sache gut machen wollen, weil wir auf unser Ansehen bei Familie, Kollegen, Freunden und Bekannten und in der breiten Gesellschaft großen Wert legen. Wie viel wir für unsere Arbeit bekommen, ist auch ein wichtiges Signal für die Wertschätzung, die uns die Gesellschaft entgegenbringt, und für unseren Erfolg. Aber es ist nicht das einzig relevante Kriterium, und es darf nicht so verzerrt sein wie bisher.

Der Silicon-Valley-Investor Peter Thiel hat ein ganz anderes Menschenbild. Für ihn ist es dumm, etwas für die Gesellschaft zu tun, nur weil man es kann, ohne sich den größten Teil des Gewinns zu sichern. In seiner Rede »Wettbewerb ist für Verlierer« doziert er:

> »Die Geschichte der Wissenschaft war eine, in der Wissenschaftler nie Geld verdienen. Es gab so viele Arten von Technologie mit großartigen Erfindungen, die enormen Wert geschaffen haben, aber wo die Leute sich nicht viel davon angeeignet haben. Du kannst der

klügste Physiker des 20. Jahrhunderts sein, du kannst die spezielle und die allgemeine Relativitätstheorie entwickeln, und du wirst trotzdem kein Milliardär, du wirst nicht einmal Millionär.«[255]

Denkt man sich den gesellschaftsfeindlichen Zynismus des Libertären weg, ist das, was Thiel da berichtet, eine Verheißung. Sie besagt, dass es für den technischen Fortschritt nicht nötig ist, dass Menschen und Unternehmen sich den Wert ihrer eigenen oder von fremden Erfindungen zu einem großen Teil aneignen. Dieser Teil kann vielmehr ziemlich klein sein, und trotzdem arbeiten die Menschen daran, weil sie es können und stolz darauf sind, dass sie es besser können als andere. Einstein, der für seine Geniestreiche noch von Generationen von Weltbürgern bewundert werden wird, wenn Peter Thiel längst vergessen ist, hat kein bisschen weniger geleistet, nur weil er keine Milliardengewinne aus seinen Erkenntnissen ziehen konnte (oder wollte).

Das betrifft nicht nur Erfindungen, sondern auch deren Umsetzung. Nach einer Erfindung wird immer jemand versuchen, diese zu nutzen und ein Geschäft damit zu machen, ob sie nun durch Patente geschützt ist oder nicht. In den Worten von Thiel: »Die Eisenbahnen waren unglaublich wertvoll, aber die meisten gingen bankrott, weil es so viel Wettbewerb gab.« Viele haben es versucht, und mit jeder neuen Erfindung werden es wieder viele versuchen.

Dem Kapitalismus geht es nicht darum, die Menschheit reicher zu machen, sondern darum, dass Kapitalisten sich einen möglichst großen Anteil des Reichtums aneignen können. Deshalb Thiels Empfehlung an Unternehmer und Investoren, Märkte zu monopolisieren. Verlässt man die libertäre, egoistische Sichtweise des Peter Thiel und fragt, was gut für die Gesellschaft als Ganzes ist, ergibt sich daraus unmittelbar die gegenteilige Handlungsanweisung: leistungslose Einkommen durch Monopole verhindern. Zu fragen ist außerdem in jedem Wirtschaftsbereich nicht, wie Akteure dort möglichst viel Geld verdienen können, sondern wofür sie ihr Geld verdienen. Wenn in einem Wirtschaftsbereich selbst bei funktionierendem Wettbewerb das Ziel der Gewinnmaximierung nicht mit dem Ziel der Mehrung der gesellschaftlichen Wohlfahrt harmoniert oder wenn sich funktionierender Wettbewerb nicht sinnvoll herstellen lässt, ist dieser Bereich nicht für die Marktwirtschaft geeignet.

Der Kapitalismus europäischer Prägung wird in Deutschland gern »soziale Marktwirtschaft« genannt. Ohne hier zu wiederholen, was ich im ersten Teil dieses Buches ausführlich beschrieben habe, dürfte klar sein, dass unsere Marktwirtschaft, wenn sie denn einmal sozial war, es zumindest heute nicht mehr ist. Meiner Definition zufolge verlangt eine Marktwirtschaft nach funktionierender Konkurrenz und der weitgehenden Abwesenheit von Marktmacht. Sozial ist eine Marktwirtschaft, wenn der Markt nur das regelt, was sich auf sozialverträgliche Weise nach dem Ausschlussprinzip regeln lässt, wenn Leistung und Gegenleistung in einem vernünftigen Verhältnis stehen und wenn gewährleistet ist, dass es nicht zu einer übermäßigen Konzentration von Einkommen und Vermögen kommt. Alle drei Bedingungen sind im modernen Kapitalismus nicht erfüllt.

Das Unternehmen als soziale Institution

Einer der wichtigsten Gründe für die immer weiter zunehmende Konzentration der Vermögen ist die Tatsache, dass man als Kapitalbesitzer andere für sich arbeiten lassen kann, mit anderen Worten: dass man Geld dafür bekommt, dass man solches besitzt. Unbegrenzt viel kann man auf diese Weise »verdienen«, mehr als man zum Beispiel an Geldscheinen vom Boden aufheben könnte, wenn das die Art wäre, wie man sein Geld verdient. Und solche Fälle gibt es tatsächlich. Dieses Geld wird dann wiederum eingesetzt, um die Politik dazu zu bewegen, Umverteilung zu reduzieren, Regulierungen abzubauen, Monopolrechte und Subventionen zu gewähren und noch höhere Gewinne zu ermöglichen.

Leistung und Gegenleistung stehen in keinem vernünftigen Verhältnis, wenn man zum Beispiel als Unternehmenserbin nicht nur das ererbte Vermögen aufbrauchen kann, sondern jedes Jahr dank der Arbeit anderer Menschen noch weitere Millionen oder gar Milliarden hinzubekommt. Auch die Milliarden, die Hedgefonds-Manager durch den Handel mit Unternehmen und Unternehmensanteilen einstreichen, stehen nicht ansatzweise in einem vernünftigen Verhältnis zur produktiven Leistung, die sie für die Gesellschaft erbringen, wenn diese überhaupt einmal positiv ist.

Grundvoraussetzung für diese und weitere Arten des extremen Geldscheffelns durch Besitzen oder durch sozial nicht nützliche Tätigkeiten ist die Tatsache, dass Kapitalgesellschaften wie Waren behandelt werden, die man besitzen und zum eigenen Vorteil ausquetschen lassen kann. (Man muss das nicht einmal selbst übernehmen.) Das wird ihrer Rolle nicht gerecht. Unternehmen sind soziale Einrichtungen, die einen festen Rahmen für Arbeitsteilung und Kooperation bieten, um Leistungen für die Gesellschaft zu erbringen, die Einzelne nicht erbringen könnten. Außerdem bieten sie idealerweise den Beschäftigten einen sicheren und vielleicht sogar erfüllenden Gelderwerb, der es ihnen ermöglicht, langfristig zu planen und zum Beispiel eine Familie zu gründen. Ohne dass Familien gegründet werden, funktionieren Wirtschaft und Gesellschaft nicht lange.

Dass jemand Gewinn aus dem Unternehmen herauszieht, kann aus gesellschaftlicher Sicht kein originärer Daseinszweck eines Unternehmens sein. Man mag es hinnehmen, wenn es erwünschte Anreizwirkungen und Folgen hat, aber nur dann. Es ist aber sehr fraglich, dass diese positiven Folgen die negativen überwiegen.

Hier ist zunächst wichtig, zwei Arten von Unternehmen zu unterscheiden. Zur ersten Gruppe gehören Unternehmen, deren Geschäftsmodell in starkem Maße von den Fähigkeiten und dem Einsatz einer Inhaberin, eines Inhabers oder einer überschaubaren Gruppe abhängt. Ein typisches Beispiel sind Handwerksbetriebe. Deren Inhaber tun viel mehr, als nur Rendite einzustreichen. Sie sind nicht Kapitaleigentümer, sondern Besitzeigentümer. Sie besitzen das Unternehmen in dem Sinne, dass sie es nutzen wie ein Werkzeug, um ihre speziellen unternehmerischen und sonstigen Fähigkeiten zur Geltung zu bringen, indem sie – zum gegenseitigen Vorteil – etwas schaffen, was andere Menschen brauchen oder zumindest begehren. Sie können viel Geld verdienen, in aller Regel aber nur, wenn sie viel arbeiten und ihre Sache gut machen. Die physischen Grenzen des Geldverdienens gelten für sie weiter, und das Geben und Nehmen gegenüber der Gesellschaft steht in der Regel in einem halbwegs ausgeglichenen Verhältnis, auch weil solche Unternehmen in aller Regel keine große Marktmacht haben.

Solche inhabergeführten Unternehmen sind daher nicht gemeint, wenn von Fehlentwicklungen und Problemen des Kapitalismus die Rede ist. Diese Unternehmen sollte es auch in einer Gesellschaft ohne Kapitalismus unbedingt massenhaft weiter geben, denn sie spielen darin eine wichtige Rolle.

Die zweite Gruppe bilden größere Unternehmen und solche, die nicht stark von einer einzelnen Unternehmerpersönlichkeit abhängen. Für diese sind in einer sozialen Marktwirtschaft andere Rechtsformen sinnvoll. Sie sollten nicht wie bisher als Kapitalgesellschaften organisiert sein. Für Rechtskonstruktionen, die große Unternehmen nicht als gesellschaftliche Institution, sondern als handelbares Eigentum betrachten, ist in einer sozialen Marktwirtschaft kein Platz.

Die folgenden Vorschläge nehmen Anleihen bei Ideen zur »Kapitalneutralisierung«, wie sie unter anderem Ota Šik, tschechischer Wirtschaftsprofessor und Wirtschaftsreformer in der Regierung Alexander Dubček, als dritten Weg zwischen Kapitalismus und Sozialismus entwickelt hat. Sahra Wagenknecht hat die Kapitalneutralisierung 2016 in *Reichtum ohne Gier* für die heutige Diskussion fruchtbar gemacht.[256] Darauf bauen meine Vorschläge auf.

Das Konstrukt der Kapitalgesellschaft wurde geschaffen, um mit der Knappheit von Kapital umzugehen. Doch diese Knappheit ist alles andere als naturgegeben. Sie ist durch entsprechende Rechtsgestaltung erst geschaffen worden, im Interesse der Kapitalbesitzer. Ohne diese künstliche Knappheit braucht man auch keine Kapitalgesellschaften. Diese dienen dazu, Kapitalbesitzern Renditen zukommen zu lassen und sie gleichzeitig vor Regressforderungen geschädigter Kunden oder Kreditgeber zu schützen. Kapitalbesitzer haben ein Interesse daran, den Wettbewerb einzuschränken und die Produktion so zu begrenzen, dass Knappheitsgewinne erzielt werden können. Wie wir gesehen haben, kümmert sich die Finanzbranche darum, dieses Interesse über alle Unternehmen hinweg umzusetzen, indem sie die passenden Standards, Anreize und Restriktionen schafft.

Unternehmen, die im Interesse der Arbeitnehmer, der Kunden und der Gesamtgesellschaft agieren, sind anders verfasst. Sie sollen zwar auch ein großes Interesse daran haben, im marktwirtschaftlichen Wettbewerb Gewinne zu erzielen. Aber dieses Interesse soll langfristig sein und nicht auf kurzfristige

Gewinnmaximierung abzielen. Gewinne sollen nicht aus dem Unternehmen an Kapitalbesitzer abfließen, sondern dazu dienen, das Unternehmen zu stärken, damit es seinem Auftrag gemäß mehr und Besseres produzieren kann, zum Wohle der Beschäftigten, Zulieferer und Kunden.

Damit Gewinne nicht für exorbitante Gehälter und Prämien für das Spitzenpersonal verwendet werden können, ist es sinnvoll, dass der Gesetzgeber eine Grenze festlegt, den das Gehalt des Spitzenpersonals in Unternehmen jeglicher Rechtsform nicht überschreiten darf, zum Beispiel das Zehnfache des Medianlohns im Unternehmen. Der Medianlohn ist derjenige Lohn, den die Hälfte der Belegschaft unterschreitet und die andere Hälfte überschreitet. Er ist in der Regel niedriger als der durchschnittliche Lohn.

Das sollten die Rahmenbedingungen für alle Unternehmen sein, die keine Personengesellschaften mit voller Haftung sind. In diesem Rahmen sollte es passende Rechtsformen für unterschiedliche Unternehmensgrößen und Geschäftsmodelle geben. Das Geld des Unternehmens kann jeweils nur zur Erfüllung der Satzungszwecke verwendet werden, nicht aber, um Eigentümer und deren Erben reicher zu machen. Ein Unternehmen als soziale Organisation ist auch kein Übernahmeobjekt für Großunternehmen und kein Handelsobjekt für Investmentbanken, Private-Equity-Fonds und Hedgefonds.

Die Personengesellschaft

Die Rechtsform der Personengesellschaft sollte nur für Unternehmen zur Verfügung stehen, deren Geschäftsmodell in starkem Maße von den Fähigkeiten und dem Einsatz der Inhaber abhängt. Im Gegenzug dafür, dass Inhaberinnen oder Inhaber den gesamten Gewinn einstreichen, sollten sie auch das volle finanzielle Risiko tragen. Inhabergeführte Unternehmen sollten daher nicht in die Rechtsform einer Kapitalgesellschaft mit beschränkter Haftung gegossen werden. Das kann zu Fehlentwicklungen führen und passt nicht dazu, dass das Unternehmen als eine Art Werkzeug für den oder die Inhaber dient, das es ihnen erlaubt, ihre Fähigkeiten und Ambitionen voll auszuschöpfen.

Es ist nicht leicht festzustellen, ob alle Voraussetzungen vorliegen – ob zum Beispiel die Chefin, die den Gewinn einstreicht, tatsächlich die Person ist, von der das Gedeihen des Unternehmens abhängt, oder ob nicht vielmehr eine Geschäftsführerin die wesentlichen Führungsaufgaben erbringt. Aber naturgemäß wird mit zunehmender Größe des Unternehmens immer unwahrscheinlicher, dass sein Gedeih und Verderb von einer einzigen oder wenigen Personen abhängt, und dies sollte bei einem großen Unternehmen auch möglichst nicht der Fall sein. Daher sollte es für diese Unternehmensform eine Obergrenze bei Umsatz und Beschäftigtenzahl geben. Wird diese überschritten, sollte die Rechtsform der Personengesellschaft nicht mehr zulässig sein. Sie könnte zum Beispiel in der Größenordnung von 100 Beschäftigten und 20 Millionen Euro Umsatz liegen.

Die Stiftung als Notlösung

Wenn heute ein Unternehmen nur für seinen Geschäftszweck existieren und nicht als Quelle für private Gewinne dienen soll, wird oft ein Stiftungsmodell gewählt. Sahra Wagenknecht präsentiert in *Reichtum ohne Gier* das eindrucksvolle Beispiel der Carl-Zeiss-Stiftung, gegründet 1889 vom damaligen Hauptgesellschafter nach dem Tod von Carl Zeiss, Ernst Abbe. Die Satzung der Stiftung, die den Ideen der Kapitalneutralisierung folgte, ermöglichte dem Unternehmen ein starkes Wachstum und große Stabilität, auch in schweren Wirtschaftskrisen. Als

Unternehmensziel wurde neben der Gewinnerzielung das langfristige Wohl und die Stabilität des Unternehmens definiert. Gewinnausschüttungen an Kapitaleigner gab es nicht, allerdings war ein gewisser Teil der Gewinne an die Universität Jena und an andere öffentliche Einrichtungen abzuführen, als tätiger Dank für Vorleistungen, die universitäre Forschung zum Erfolg des Unternehmens beisteuerte. Aus diesem Grund schloss Abbe auch die Anmeldung von Patenten für eigene technische Errungenschaften in der Satzung aus. Die Fremdkapitalaufnahme war begrenzt, Beteiligungen an branchenfremden Unternehmen untersagt. Das Gehalt der Führungskräfte war auf das Zehnfache des Durchschnittsgehalts begrenzt.

Das Unternehmen wirtschaftete mit dieser Satzung sehr erfolgreich und wuchs von relativ kleinen Anfängen zu einem Weltunternehmen heran. Zu Anfang dieses Jahrhunderts wurde das Statut der Stiftung allerdings gänzlich umgebaut. Die bisher direkt von der Stiftung geführten Unternehmen wurden zu Aktiengesellschaften und die Stiftung zu deren Aktionärin gemacht. Die Rolle der Stiftung beschränkt sich nun weitgehend auf die Verteilung des Geldes, das sie als Aktionärin erhält. Dadurch wird zwar der Gewinn der Unternehmen weiterhin Stiftungszwecken zugeführt und nicht privaten Eigentümern. Aber die Unternehmen wirtschaften – wenn der Aufsichtsrat nicht aktiv gegenhält – im Rahmen der kapitalistischen Logik der Gewinnmaximierung, mit allen Nachteilen für Beschäftigte, Lieferanten, Kunden und Staat, die das mit sich bringen kann.

Stiftungen zu gründen ist teuer und aufwendig. Es ist schwer und oft sehr kompliziert, das Unternehmen langfristig gegen das Herausziehen von Gewinnen oder einen Verkauf zu schützen. Auch beruht die Nutzung des Stiftungsmodells auf einer entsprechenden Motivation der Firmeninhaberinnen und -inhaber. Damit es mehr solcher Stiftungen gibt, wäre es wichtig, dass es einfacher wird, diesen Weg zu gehen. Dazu würden passend normierte Unternehmens-Rechtsformen sehr viel beitragen.

Grundsätzlicher betrachtet sollte es aus gesellschaftlicher Sicht nicht von den Motiven Einzelner abhängen, ob Unternehmensformen letztlich am Gemeinwohl orientiert sind oder ob sie Partikularinteressen von Reichen und Mächtigen bedienen. Deshalb gehört zum Modell einer sozialen Marktwirtschaft ein Strauß an Unternehmensformen, die geeignet sind, die Kapitalgesellschaft überflüssig zu machen, und ein Finanzsystem, das es so verfassten Unternehmen erlaubt zu prosperieren. Enteignungen sollten dafür nicht erforderlich sein. Wenn es stimmt, dass kapitalistische Unternehmen mit den Krisen, die sie verursachen, nicht umgehen können und dass nichtkapitalistische Unternehmensformen erfolgreicher wirtschaften können, dann sollten sie sich auch durchsetzen und die kapitalistischen Unternehmen, die dem beständigen Aderlass durch das Kapital ausgesetzt sind, verdrängen. Jedenfalls, wenn der Staat nicht zum Vorteil des Kapitals, sondern allenfalls im Sinne des Gemeinwesens eingreift.

Sahra Wagenknecht schlägt neben der Personengesellschaft drei Rechtsformen vor: die Mitarbeitergesellschaft, die öffentliche Gesellschaft und die Gemeinwohlgesellschaft. Ich würde die öffentliche Gesellschaft durch die Genossenschaft (mit gebundenem Kapital) ersetzen, die bei Wagenknecht, wie ich finde zu Unrecht, nicht vertreten ist. Die Gemeinwohlgesellschaft ist bei mir einfach ein Betrieb in staatlicher Hand.

Kapitalbindung wird hoffähig

Unter dem ursprünglichen Stichwort Verantwortungseigentum haben 2019 Politiker, Unternehmer und Verbände, darunter sogar das wirtschaftsliberale Institut der deutschen

Wirtschaft, eine Initiative gestartet, um für die Verfassung von Unternehmen als gesellschaftliche Institutionen nach Vorbildern wie die Carl-Zeiss-Stiftung und die Bosch-Stiftung zu werben. Dafür sollte der Gesetzgeber die Rechtsform des Unternehmens in Verantwortungseigentum normieren. Die Initiatoren beschrieben das Ziel so:

>>Verantwortungseigentum macht es möglich, dass Unternehmen langfristig selbstständig und ihren Werten treu bleiben können. Gewinne und Vermögen werden nicht für individuelle Zwecke entnommen, sondern dienen dem Unternehmenszweck und der Entwicklung des Unternehmens.<<[257]

Gerade Gründerinnen und Gründer – für die eine Stiftungskonstruktion kaum infrage kommt – können ein Interesse daran haben, sich gemeinsam darauf festzulegen, dass ihr wachsendes Unternehmen nicht verkauft wird und dass es den festgelegten Unternehmenszweck langfristig auf die festgelegte Weise verfolgt. Denn bei vielen Start-ups kommt es im Erfolgsfall zu Zerreißproben, wenn ein Teil der Inhaber das Unternehmen selbst groß machen will und ein anderer Teil nur darauf hinsteuert, es möglichst teuer an einen Marktführer zu verkaufen.

Ein Gesetzentwurf für die >>Gesellschaft mit beschränkter Haftung in Verantwortungseigentum<< wurde im Juni 2020 vorgelegt. Diese Rechtsform ist dabei als neuer Abschnitt im GmbH-Gesetz vorgesehen. Im Februar 2021 wurde ein überarbeiteter Entwurf vorgelegt. Darin wurde der Name geändert in >>Gesellschaft mbH mit gebundenem Vermögen<<. Damit reagierten die Initiatoren auf Kritik vor allem von Familienunternehmen, die sich nicht im Umkehrschluss als wenig verantwortungsbewusst abqualifizieren lassen wollten.

Wie leicht die ethische Fundierung des kapitalistischen

Systems in die Defensive kommen kann, wenn gangbare Alternativen vorgestellt werden, zeigen Kritikpunkte an dem Vorschlag, die in einem Papier der Wissenschaftlichen Dienste des Bundestags referiert werden. »Die vorgeschlagene Rechtsform sei mit dem Privateigentum unvereinbar«, heißt es da, sowie »marktpolitisch gebe es mit Verantwortungseigentum keinen Anreiz mehr, von den Früchten eigener Arbeit zu profitieren«.[258] Das Gegenteil ist richtig. Alle sollen von den Früchten der eigenen Arbeit profitieren können, aber eben nur der eigenen Arbeit. Wenn manche auch von den Früchten der Arbeit anderer profitieren, ist logisch ausgeschlossen, dass alle voll von den Früchten ihrer Arbeit profitieren. Und Privateigentum kann es natürlich auch dann geben, wenn Unternehmen kein Privateigentum sind. Auch die Tatsache, dass Menschen heute anders als früher kein Eigentum mehr sein können, hat die Institution des Privateigentums nicht beendet.

Die GmbH mit gebundenem Vermögen wäre eine Umsetzung der Philosophie vom Unternehmen als Institution, die keinen Eigentümer hat und nicht verkauft werden kann. Gesellschafter haben keinen Anspruch auf den Jahresüberschuss und sollen weder durch Verkauf ihrer Anteile noch durch Auflösung und Liquidation auf das Vermögen der Gesellschaft zugreifen können. Auch eine Umwandlung zurück zu einer regulären GmbH soll nicht uneingeschränkt möglich sein. Die Vererblichkeit der Anteile wird durch einen Zustimmungsvorbehalt der Gesellschafter beschränkt.

Viele der Aspekte der GmbH mit gebundenem Vermögen ließen sich auch im derzeitigen Recht durch Gesellschafterbeschluss einführen. Das große Manko ist jedoch, dass sich das bisher nicht auf Dauer festschreiben lässt. Wenn eine neue Mehrheit dafür ist, können die Gesellschafter jederzeit auf das Vermögen des Unternehmens zugreifen.[259]

Meine folgenden Vorschläge für neue Unternehmensformen verfolgen ähnliche Ziele, unterscheiden sich aber im Kreis der Gesellschafter, der durch Gesetz oder Satzung zu regeln wäre. Dieser bestimmt, wer die Aufsicht über das Management führt.

Für alle Unternehmensformen sollte gelten: Stimmrechte und Anteile sind nicht handelbar und nicht vererbbar. Sie gehen bei Ausscheiden als Mitarbeiterin, Zulieferer oder Kundin an das Unternehmen zurück. Dafür kann es in besonderen Ausnahmefällen eine Entschädigung geben.

Die Funktion des Gesellschafters ist nicht in erster Linie, Kapital einzubringen. Das kann ein Aspekt sein, der dann auch Mitbestimmungsrechte begründen sollte, aber er muss es nicht, und er darf nicht der einzige sein.

Mitbestimmungsrechte bei Auswahl und Aufsicht über das Management des Unternehmens sollten alle Gruppen haben, die ein starkes und legitimes Interesse am Wohlergehen und an der Tätigkeit des Unternehmens haben. Das können insbesondere Beschäftigte, Großkunden, Lieferanten, Vertragswerkstätten und Ähnliches sein sowie der Staat. Das Gehalt der Managerinnen und Manager wäre jeweils auf ein festgelegtes Vielfaches des Mediangehalts im Unternehmen begrenzt.

Die Mitarbeitergesellschaft

In einer Mitarbeitergesellschaft wählen und beaufsichtigen die Beschäftigten das Management. Diese Unternehmensform dürfte für kleine bis mittlere Unternehmen geeignet sein. Zur besseren Veranschaulichung wollen wir von einer Unternehmensneugründung ausgehen. Typischerweise übernehmen die Gründerinnen und Gründer das Management und stellen im Laufe der Expansion der Firma immer mehr zusätzliches Personal ein. In der Mitarbeitergesellschaft würden die Beschäftigten ein Mitbestimmungsrecht bei der Auswahl und

Kontrolle des Managements bekommen. Mit zunehmender Größe und Personalstärke des Unternehmens wären die Gründer also zunehmend darauf angewiesen, die Belegschaft von ihren Managementqualitäten zu überzeugen. Sie könnten auch abgelöst werden, wenn ihnen das nicht gelingt.

Damit die Intensität der Beziehung zum Unternehmen und das individuelle Interesse an dessen erfolgreichem Fortbestand berücksichtigt werden, sollten langjährig Beschäftigte mehr Stimmrechte haben als Neuzugänge. Das könnte so aussehen, dass Beschäftigte für jedes Jahr oder jeden Monat der Zugehörigkeit zum Unternehmen einen Stimmrechtsanteil bekommen, eventuell begrenzt auf die letzten fünf Jahre. Das folgt der auch bei Kündigungsschutz- und Abfindungsregeln geltenden Logik, der zufolge die Dauer der Betriebszugehörigkeit eine große Bedeutung hat.

Kapital, das die Gründerinnen und Gründer sowie gegebenenfalls weitere Beschäftigte dem Unternehmen überlassen haben, würde ebenfalls Stimmrechte begründen. Eine Verzinsung, die den Geldwert der Kapitaleinlage erhält und das Verlustrisiko vergütet, würde gezahlt. Sie darf aber nicht ungünstiger für das Unternehmen sein als die Kreditfinanzierung, die staatliche und genossenschaftliche Förderbanken zu günstigen Konditionen anbieten. Die Entscheidung, ob und wie viel Kapital von Gesellschaftern oder engen Geschäftspartnern des Unternehmens in Anspruch genommen und wie es verzinst wird, trifft ein Gremium, dessen Zusammensetzung sich nur nach den Stimmrechten ohne Berücksichtigung des Kapitals richtet.

· Interne Kapitalgeber, deren Verzinsung gesenkt wird, können ihre Kapitaleinlage abziehen. Gründungsmitglieder der Gesellschaft bekommen bei Abwahl aus dem Management und hinreichend guter Ertragsperspektive des Unternehmens eine Abfindung, die ihren Einsatz bei der Unternehmensgründung angemessen honoriert. Externe Eigenkapitalgeber ohne enge Geschäftsbeziehung zum Unternehmen gibt es nicht. Langfristiges Ziel ist es, das nötige Eigenkapital des Unternehmens über einbehaltene Gewinne aufzubringen.

Die Genossenschaft mit gebundenem Kapital

Bei größeren Unternehmen wird die Rechtsform einer reinen Mitarbeitergesellschaft der gesellschaftlichen Funktion des Unternehmens nicht mehr gerecht. Hier empfiehlt sich eine Genossenschaft mit gebundenem Kapital, bei der die Genossenschaftsanteile nicht handelbar und nicht vererbbar sind, analog zur GmbH mit gebundenem Kapital. Ihre Anteile können nur von Personen gehalten werden, die im Unternehmen beschäftigt sind oder in enger Geschäftsbeziehung mit diesem stehen.

Sahra Wagenknecht nimmt die Genossenschaft nicht in das Portfolio der von ihr empfohlenen Rechtsformen auf, weil Genossenschaftsanteile nach derzeitigem Recht handelbar und vererbbar sind. Sie setzen keine fortdauernde Beziehung zum Unternehmen voraus. Wenn wir jedoch anstelle der aktuellen Gesetzeslage eine wünschenswerte annehmen, ist die Genossenschaft eine sehr nützliche Unternehmensform. Es wäre dann sicherzustellen, dass Anteile zurückgegeben werden müssen oder verfallen, wenn die Beziehung zum Unternehmen endet, in Ausnahmefällen gegen eine Entschädigung. Wie bei der Mitarbeitergesellschaft sollte das Einschießen von Kapital keine Bedingung für Mitspracherechte sein, sondern lediglich ein Aspekt, der ein zusätzliches Mitspracherecht begründen kann, aber nur, wenn die Kapitalaufnahme notwendig oder günstig ist. Die Regeln wären in dieser Hinsicht ebenso zu fassen wie bei der Mitarbeitergesellschaft beschrieben.

Als Gruppen mit Mitspracherechten kämen neben den Beschäftigten auch Zulieferer mit enger Geschäftsbeziehung, Kunden und Gebietskörperschaften in Betracht. Die Stimmrechtsanteile wären anhand der – in Geld bewerteten – Intensität und Dauer der Geschäftsbeziehung zu bemessen. Um eine massenhafte Nichtausübung von Stimmrechten zu vermeiden, sollte es erforderlich sein, ein Stimmrecht registrieren zu lassen.

Konkret könnte die Stimmrechtsverteilung beispielhaft so aussehen, dass die Belegschaft Stimmrechte nach Maßgabe der jährlichen Lohnsumme erhält, aufsummiert über die letzten fünf Jahre. Wichtige Zulieferer bekämen nach Maßgabe des Lieferumfangs der letzten fünf Jahre Stimmrechte zugeteilt, wichtige Kunden nach Maßgabe des auf sie entfallenden Umsatzes. Auch kleinere Kunden mit Interesse am Unternehmen sollten die Möglichkeit haben, sich vertraglich zu binden oder Bezugsgutscheine zu erwerben, um entsprechend dem damit verbundenen Umsatz Stimmrechte zu erhalten. Soweit der Einzelhandel, Zwischenhändler oder vertragsgebundene Serviceeinrichtungen (zum Beispiel Autowerkstätten) eine wichtige Rolle spielen, sind diejenigen Stimmrechte, die auf den Umsatz des Unternehmens zurückgehen, in geeigneter Weise auf Handel-, Zwischenhandel und Endkunden aufzuteilen.

Gebietskörperschaften erhalten Stimmanteile nach Maßgabe der ihnen gegenüber fälligen Steuerschuld der letzten fünf Jahre. Übertragungen der Stimmrechte zwischen Gebietskörperschaften verschiedener Ebenen wären möglich, damit zum Beispiel der Bund nicht Aufsichtsaufgaben über sehr viele Unternehmen wahrzunehmen hat, für die er sich nicht besonders interessiert.

In einem Gesetz über die Genossenschaft mit gebundenem Kapital wäre ein Rahmen festzulegen, welche Gruppen unter welchen Bedingungen Stimmrechte erhalten können oder bei Vorliegen bestimmter Bedingungen auch müssen und nach welchen Kriterien die Stimmrechte bemessen werden können oder müssen. Das Nähere würde in diesem Rahmen die Satzung der jeweiligen Genossenschaft regeln.

Die Genossen würden Vertreterinnen und Vertreter ihrer Gesellschaftergruppe wählen und in den Aufsichtsrat entsenden. Dieser beaufsichtigt das Management, segnet die Unternehmensstrategie ab und ist an wichtigen strategischen Entscheidungen unmittelbar beteiligt, jeweils mit dem Ziel, den Satzungszweck des Unternehmens zu erfüllen und sein langfristiges Bestehen zu sichern sowie die Interessen aller Gesellschaftergruppen angemessen in Ausgleich zu bringen. So wird gewährleistet, dass nicht einzelne Gruppen, zum Beispiel die Beschäftigten, das Unternehmen nutzen, um auf Kosten anderer Vorteile zu erzielen. So könnte etwa eine große Mitarbeitergesellschaft ähnlich wie eine Kapitalgesellschaft bestrebt sein, eine marktbeherrschende Stellung zu erreichen, um hohe Absatzpreise und niedrige Bezugspreise durchzusetzen und gleichzeitig die Belegschaft klein zu halten. Anstatt an Kapitalbesitzer würden die so erzielten Erlöse über besonders hohe Löhne an die Beschäftigten ausgeschüttet. Wenn die Zulieferer und Kunden ein Mitspracherecht haben, ist eine solche Strategie kaum mehrheitsfähig.

Die Gebietskörperschaften können durch ihr Stimmrecht unter anderem dazu beitragen zu verhindern, dass sich das Unternehmen als Steuerflüchtling betätigt oder dass das Geschäftsmodell des Unternehmens die Umwelt übermäßig schädigt.

Ein Vorzug dieser Unternehmensform besteht darin, dass sie auch eine grenzüberschreitende Berücksichtigung von Interessen ermöglicht. Die brasilianischen Arbeitnehmerinnen, Zulieferer und Abnehmer von Volkswagen hätten in diesem Modell – gemessen an Unternehmenszugehörigkeit und Umsatzanteil – ebenso viel zu sagen wie die deutschen.

Ein eindrucksvolles Beispiel dafür, wie erfolgreich die genossenschaftliche Unternehmensform im marktwirtschaftlichen Wettbewerb sein kann, ist die US-Fondsgesellschaft Vanguard Funds, die als eine Art Genossenschaft organisiert ist. Gewinne werden dafür eingesetzt, die Transaktionskosten für Kunden und Genossen zu senken. Der Unternehmenschef von Vanguard verdient viel weniger als an der Wall Street in Unternehmen dieser Größe üblich. Die Transaktionskosten sind fast konkurrenzlos günstig. Das hat zu einem steilen Aufstieg des Unternehmens geführt. Es ist heute mit einem verwalteten Vermögen von über 6000 Milliarden Dollar die weltweite Nummer zwei der Vermögensverwalter, hinter Blackrock.

Ein anderes Beispiel für eine sehr große, erfolgreiche Genossenschaft ist die spanische Gruppe Mondragon mit Sitz in der baskischen Kleinstadt gleichen Namens. Die international tätige Unternehmensgruppe besteht aus kooperierenden Genossenschaften aus so unterschiedlichen Branchen wie Maschinenbau, Automobilindustrie, Haushaltsgeräte, Bauindustrie, Einzelhandel, Banken und Versicherungen. Sie gehört zu den größten ihrer Art weltweit und beschäftigte laut Jahresbericht 2019 über 80 000 Menschen, die einen Umsatz von rund zwölf Milliarden Euro erwirtschafteten. Die Höhe der Managergehälter ist bei Mondragon an das Durchschnittseinkommen gebunden, wenn auch nicht in jeder Genossenschaft des Verbunds und nicht einheitlich. Die Genossenschaften unterstützen sich gegenseitig. Ist ein Konkurs nicht abzuwenden, werden die Beschäftigten von anderen Genossenschaften aufgefangen oder es werden für sie neue Genossenschaften innerhalb der Unternehmensgruppe hochgezogen. Das hat es ihr unter anderem ermöglicht, den Niedergang der baskischen Schwerindustrie auf eine für die Beschäftigten verträgliche Weise zu bewältigen und weiter zu wachsen.

Ein gesellschaftsdienlicher Finanzsektor

Der Finanzsektor spielt im Kapitalismus eine ganz zentrale Rolle. Er verknappt und verwaltet das Geld und damit das Recht, auf die freien Produktionskapazitäten der Volkswirtschaft zuzugreifen. Sogar der Staat hat sich in seinem eigenen Finanzgebaren der Aufsicht dieser »Fünften Gewalt« unterworfen. Finanzinvestoren entscheiden, ob ein Staat »solide haushaltet« und Anlegergeld erhalten soll oder nicht. Weil der Finanzsektor so viel eigenes und noch viel mehr fremdes Geld zuteilen oder verweigern kann, ist er äußerst mächtig. Er kann seine Macht einsetzen, um die Gesetze und das Verwaltungshandeln zum eigenen Vorteil zu beeinflussen.

Der Befund, wonach der Finanzsektor so groß geworden sei, dass er der produzierenden Wirtschaft mehr schade als nutze, ist zwar radikal, wird aber von einigen der etabliertesten Ökonominnen und Ökonomen geteilt. So schrieb der Wissenschaftliche Beirat beim Europäischen Systemrisikorat, der vom EZB-Präsidenten (damals Mario Draghi) geleitet wird: »Das europäische Bankensystem hat eine Größe erreicht, bei der sein zusätzlicher Beitrag für das Wirtschaftswachstum null oder sogar negativ ist.« Durch die massive Ausdehnung des Bankgeschäfts sei zu viel Geld in die Immobilienmärkte geflossen und seien zu viele junge Talente von den Banken abgeworben worden – zulasten von Unternehmen der Realwirtschaft. Zum Beirat gehörten wissenschaftliche Schwergewichte wie Markus Brunnermeier von der Princeton Universität sowie Martin Hellwig, André Sapir und die später in den Bundesbank-Vorstand gewechselte Claudia Buch.[260]

Ein besonders dringender Reformschritt wäre der Wechsel zum Verbotsprinzip in der Finanzaufsicht. Nur Finanzinstrumente, die ausdrücklich erlaubt werden, wären danach zulässig. Erlaubt wird nur, was einen nachgewiesenen gesellschaftlichen Nutzen hat, der mögliche Nachteile überwiegt. Die Tatsache, dass jedes zusätzliche Finanzinstrument Steuerhinterziehung, Bilanzmanipulation und Umgehung von Regulierung erleichtert, wird dabei zu den Nachteilen gezählt.

Ein wichtiger Bestandteil einer wirklich sozialen Marktwirtschaft ist ein leistungsfähiger Sektor staatlicher oder genossenschaftlicher Finanzinstitute mit dem Auftrag, Unternehmen mit gebundenem Kapital durch kostendeckende Kreditvergabe zu fördern. Dieser Sektor würde die Konditionen festlegen, zu denen die Mitarbeitergesellschaften und Genossenschaften und eventuell auch GmbHs mit gebundenem Kapital mit den nötigen Finanzmitteln versorgt werden.

Die Rendite, die private Investoren erwarten und die der private Finanzsektor für sie durchsetzt, würde entfallen, was die Kosten der Produktion beträchtlich senken würde. Wahrscheinlich wäre es darüber hinaus sinnvoll, dem öffentlichen Finanzsektor aus Steuermitteln Subventionen zukommen zu lassen, damit neu gegründete und kleine Unternehmen mit Wachstumsplänen zu günstigen Konditionen Kredit bekommen können. Denn sie stellen für Kreditgeber ein relativ hohes Risiko und relativ hohen Aufwand dar, erfüllen aber eine sehr wichtige Funktion für die Gesellschaft.

Dasselbe gilt für Unternehmen, deren Erfolg und Wachstum nach Mehrheitsmeinung der Volksvertreter in starkem Maße in öffentlichem Interesse ist, etwa wenn es um den ökologischen Umbau der Wirtschaft geht.

Unternehmen, deren Geschäftszweck in der privaten Gewinnerzielung besteht, wären weiter zulässig, hätten aber keinen Zugang zur Finanzierung durch den nach gesellschaftlichen Prioritäten kostendeckend arbeitenden Finanzsektor. Wenn die Annahme zutrifft, dass Unternehmen, die keine Ansprüche von Kapitalgebern befriedigen und nicht befürchten müssen, gekauft und zerlegt zu werden, langfristig erfolgreicher arbeiten können, würden sie zunehmend traditionelle Kapitalgesellschaften verdrängen.

Traditionelle Handwerksbetriebe und andere inhabergeführte kleine und mittlere Unternehmen dürften dagegen bei entsprechendem Engagement und besonderen Fähigkeiten ihrer Inhaberinnen und Inhaber dauerhaft in einer solchen sozialen Marktwirtschaft gegen Mitarbeitergesellschaften und Genossenschaften mit Kapitalbindung bestehen können. Wegen ihrer Bedeutung für Wettbewerb und Wirtschaftsstruktur sollten inhabergeführte Unternehmen bis zu einer bestimmten Größe die Möglichkeit haben, sich soweit sozial zu binden, etwa durch Begrenzung der Gewinnentnahme und Tarifbindung, dass auch sie die Kreditangebote des kostendeckend operierenden sozialen Finanzsektors in Anspruch nehmen können.

Finanzinstitute des gemeinnützigen Finanzsektors, denen es nicht gelingt, kostendeckend zu wirtschaften, würden im Regelfall von anderen Instituten übernommen, wobei die Führungsriege ihren Job verliert. Die Notwendigkeit, den Unternehmensauftrag mindestens kostendeckend zu erfüllen – gegebenenfalls unter Einrechnung von Subventionen –, gewährleistet, dass die Institute bei der Kreditvergabe das Risiko angemessen berücksichtigen, dass Kreditnehmer mit schlechtem oder unsicherem Geschäftsmodell ihren Kredit möglicherweise nicht zurückzahlen können. Es ist gesellschaftlich erwünscht, dass risikoreiche Projekte für den Erfolgsfall einen höheren Ertrag versprechen müssen als solche mit niedrigem Risiko.

Im Hinblick auf die Schwerpunkte der Kreditvergabe darf der betriebswirtschaftliche Vorteil jedoch keine Rolle spielen, sondern allein das gesellschaftliche Interesse. Die Satzungen der gesellschaftlich gebundenen Finanzinstitute müssten daher unbedingt vorsehen, dass vor allem Investitionskredite an Unternehmen vergeben werden. Der Anteil der Hypothekenkredite an private Haushalte und der Konsumentenkredite an der Kreditvergabe wäre strikt zu begrenzen. Denn Hypothekenkredite zum Kauf bestehender Immobilien erfüllen kaum eine nützliche gesellschaftliche Funktion. Sie treiben die Immobilienpreise nach oben und tragen zu einer unnötig hohen Verschuldung der Haushalte bei. Ein gewisses Volumen an derartigen Krediten ist sinnvoll, damit auch junge Familien ohne Vermögen Wohneigentum erwerben können. Sie sollten aber auf solche Gruppen beschränkt werden und einen stabilen Anteil an der gesamten Kreditvergabe ausmachen.

Geldsystem und Zentralbank im Dienst der Bevölkerung

Solange die EZB unabhängig ist und sich ungeniert als Interessenwahrerin und Exekutivorgan der Fünften Gewalt aufführen kann, ist es schwer, das Finanzwesen im Interesse der Gesellschaft zu gestalten. Es ist deshalb von zentraler Bedeutung, die Zentralbank politischer Kontrolle zu unterwerfen.

Die Argumente gegen eine politische Kontrolle der Zentralbanken sind windig. Ökonomen, deren Karrieren und Einkommen mehrheitlich vom Wohlwollen ebenjener Zentralbanken und der Finanzbranche abhängen, haben die Gefahr betont, dass Regierungen ihren Einfluss auf die Zentralbank wahltaktisch nutzen könnten. Sie könnten vor Wahlen dafür sorgen, dass viel Geld in Umlauf kommt und die Wirtschaft belebt, was dann langfristig zu einer Inflationsspirale aus steigenden Preisen und Löhnen führen werde. Daraus ergebe sich dann immer wieder nach den Wahlen die von den Bürgern nicht vorhergesehene Notwendigkeit, eine Rezession herbeizuführen, um die Inflationsspirale zu brechen.

Das Argument hat einen wahren Kern, aber deshalb gleich

die Steuerung des wichtigsten Sektors einer Volkswirtschaft der demokratischen Kontrolle zu entziehen, heißt, mit Kanonen auf Spatzen zu schießen. Das richtet viel mehr Schaden an, als es nutzt. Es würde genügen, per Gesetz Transparenz einzufordern, sodass eine Inflationierung nicht heimlich geschehen kann. Wir dürfen uns darauf verlassen, dass genügend konservative Ökonomen und Politiker zur Stelle sein werden, die rechtzeitig vor der Gefahr einer Inflationsspirale warnen. Seit 2010 ist sehr oft und sehr intensiv vor Inflation gewarnt worden, eingetreten ist eher das Gegenteil. Falls die Menschen wider Erwarten trotz aller Warnungen vor Inflation eine lockere Geldpolitik einfordern, dann ist das der Wille des Souveräns und als solcher zu akzeptieren.

Wie bereits in Teil 2 erwähnt, haben drei Weltbank-Ökonomen 2021 in einem Arbeitspapier nachgewiesen, dass Unabhängigkeit der Zentralbank statistisch mit höherer Ungleichheit einhergeht. Sie erklären das mit drei verschiedenen Effekten, die auftreten, wenn eine unabhängige und dadurch mächtige Zentralbank die Richtung der Politik mitbestimmt.[261] Zum einen drängen unabhängige Zentralbanken die Regierung zu einer konservativen Finanzpolitik, die keinen Platz für Umverteilung lässt. Außerdem wirken sie in Richtung einer Deregulierung der Finanzmärkte, was steigende Preise für Vermögenswerte begünstigt. Und drittens setzen sie zur Inflationsbekämpfung vor allem auf Lohnzurückhaltung, auch dadurch bewirkt, dass die Regierung die Arbeitnehmerrechte und die Verhandlungsposition der Gewerkschaften schwächt.

Eine Zentralbank unter öffentlicher Kontrolle und eine aktive Kreditpolitik statt einer Zentralbank, die sich darauf festlegt, die Wirtschaft nur indirekt durch Vergünstigungen für eine gewinnorientierte Finanzbranche zu fördern, wären eine große Verbesserung in Sachen Verminderung der Ungleichheit und Förderung der Chancengleichheit zwischen kleinen und großen Unternehmen. Dann bedeutete nicht jede Konjunkturschwäche oder Krise, dass zusätzliches Geld in den Finanzsektor gepumpt wird, mit der Folge, dass die Preise von Vermögensgütern wie Aktien, Anleihen, Immobilien und Gold steigen und die Reichen reicher werden oder zumindest vor Verlusten geschützt werden, während Normalbürger und kleine Unternehmen eine Krise erleiden und hoffen müssen, dass ein klein wenig von den Effekten der lockeren Geldpolitik zu ihnen hinuntertröpfelt.

Stattdessen könnten Zentralbank und öffentlicher Bankensektor die zusätzlich bereitgestellten Mittel direkt in die Wirtschaft lenken, unmittelbar dorthin, wo sie gebraucht werden und am meisten nutzen. Sollte die wirtschaftliche Lage eine Investitionsförderung unwirksam machen, weil die Nachfrage fehlt, kann dies auch geschehen, indem die Notenbank allen Bürgern einen bestimmten Geldbetrag zur Nachfrageförderung auf ihr Konto überweist. Da ein für alle gleicher Betrag das Einkommen der Armen prozentual viel mehr erhöht als das der Reichen, würde diese Art der Krisenbewältigung die Ungleichheit dämpfen, statt sie wie bisher zu vergrößern.

Für die Verteidiger des Neoliberalismus ist ein derartiges vermeintliches Schlaraffia Teufelswerk: Wenn die Leute wüssten, wie das Geldsystem funktioniert und dass man so einfach zusätzliches Geld verteilen kann, dann würden sie das immer einfordern, mit der Folge einer ins Kraut schießenden Inflation. Dieselben Warner sind nie mit dem gleichen Argument zu vernehmen, wenn es darum geht, ob es richtig ist, dass die Finanzbranche mit geschenktem Geld zugeschüttet wird. Dabei ist offenkundig, wie sehr sie sich daran gewöhnt hat und dass sie diesen Geldregen im Krisenfall jedes Mal einfordert. Dass die »lockere Geldpolitik« als Reaktion auf Finanzkrisen, wie dieses gewohnheitsmäßige Herauspauken des Finanzsektors mit geschenktem Geld schönfärberisch heißt, die Ungleichheit dauerhaft vergrößert, weil die Vermögenswerte der Reichen viel stärker aufgepumpt werden, als die Arbeitseinkommen der Ärmeren zunehmen, haben erst vor Kurzem wieder vier Ökonominnen in einem Arbeitspapier der US-Notenbank nachgewiesen.[262] Da wäre es doch erheblich besser, man ließe es zu, dass sich die normalen Menschen an Krisenhilfen mit geschenktem Geld gewöhnen.

Wenn die Menschen wüssten, wie einfach sich die Vermögensverteilung ändern lässt, wenn der politische Wille dafür vorhanden ist, dann sähe es tatsächlich schlecht aus für den Fortbestand der extremen Ungleichverteilung der Vermögen, die wir erreicht haben. Das ginge zulasten des obersten Prozents und seiner Hilfstruppen in Politik, Medien und Universitäten.

Geldanlage ohne Kapitalismus

Wenn eine soziale Marktwirtschaft gemäß der oben vorgestellten Konzeption sich durchsetzt, gibt es keinen großen Kapitalmarkt mehr, sodass die Masse der Anleger kaum noch genügend Aktien zum Kauf vorfinden wird oder sich ein solcher Kauf nicht lohnt. Auch Immobilien als Geldanlage dürften nur sehr begrenzt verfügbar sein, wenn öffentliche und genossenschaftliche Unternehmen den Bau und die Vermietung von Wohnungen zu günstigen Bedingungen gewährleisten, wie ich das weiter unten noch vorschlagen werde.

Der Wunsch der Menschen, für schlechte Zeiten, für größere Ausgaben und für ihre Kinder zu sparen, ist aber unbedingt zu respektieren. Sparer sollten deshalb sichere Anlageformen angeboten bekommen, die so viel Zinsen bringen, dass der Wert des Ersparten nach Abzug der Inflation erhalten bleibt. Das können die Banken leisten, aber auch der Staat, zum Beispiel in Form von Bundesschatzbriefen, wie es sie früher zu diesem Zweck gab, also Anleihen in kleinen Stückelungen, die kostengünstig beim Staat gekauft und auch dort verwahrt werden können.

Die Alterssicherung sollte allerdings eine allgemein zugängliche staatliche Rentenversicherung übernehmen, die es ermöglicht, den Lebensstandard annähernd zu halten, sodass die Masse der Menschen keine großen Summen für den Ruhestand ansparen muss.

Wer meint, es sei ein schlechtes Geschäft oder unfair, wenn man für sein hart erarbeitetes Geld keine Zinsen oder Renditen mehr bekommen kann, sollte sich bewusst machen, dass man schon zu den obersten zehn Prozent der Vermögenden gehören muss, wahrscheinlich sogar eher zu den obersten drei Prozent, damit einem auf diese Weise mehr an eigenem Kapitaleinkommen entgeht, als man dadurch spart, dass man weniger fremde Kapitaleinkommen finanzieren muss. Für die große Mehrheit wirken sich die höheren Löhne und Gehälter, die sie dadurch bekommen, und die niedrigeren Produktpreise und Steuern, die sie bezahlen müssen, deutlich stärker aus als das bisschen an Zinseinnahmen, das ihnen entgeht.

Markt oder Staat

Marktwirtschaftliche Bereitstellung von Waren und Dienstleistungen funktioniert nach dem Ausschlussprinzip. Wer nicht zahlt oder als Kunde nicht attraktiv genug scheint, bekommt nichts. Wir wollen aber als Gesellschaft, dass alle genug zu essen und ein Dach über dem Kopf haben, ihre Wohnung im Winter heizen können, über sauberes Wasser, Strom und ein Telefon verfügen, ihre Kinder auf eine anständige Schule schicken können und Gelegenheit haben, mit anderen Sport zu treiben oder gesellig zu sein. Das wird gemeinhin, auch von den Gerichten, als Mindestvoraussetzung eines menschenwürdigen Lebens in unserem Gemeinwesen angesehen.

Man kann das alles auch markt- und privatwirtschaftlich bereitstellen lassen, und in Ländern wie den USA ist das die Regel. Den Armen gibt der Staat dann Sozialhilfe und bei Bedarf auch spezielle Gutscheine, zum Beispiel für Bildung und Essen, damit sie sich das Nötigste von privaten Anbietern kaufen können. Mit dem Prinzip einer menschenwürdigen Teilhabe an der Gesellschaft ist das nicht immer voll vereinbar, zum Beispiel wegen eines Stigmatisierungseffekts. Und es gibt Bereiche, wo privatwirtschaftliche Bereitstellung eine sehr schlechte Lösung ist. Dazu gehört das Wohnen.

Wohnen

Subventioniert der Staat Käufe oder das Mieten von Wohnungen, ohne für mehr Wohnungen in den passenden Segmenten des Marktes zu sorgen, hilft er damit oft nur, die Preise weiter nach oben zu treiben. Außerdem kann der Staat private Vermieter kaum zwingen, bestimmte Mieter, die wenig solvent oder aus anderen Gründen für die Vermieter unattraktiv erscheinen, als Mieter zu akzeptieren. Gleichzeitig steht der Staat in der Pflicht, dafür zu sorgen, dass alle Bürger halbwegs vernünftig untergebracht sind. Aus diesen Gründen wird es inzwischen weithin und zu Recht als großer Fehler angesehen, dass die öffentliche Hand in Deutschland ihren einstmals großen Bestand an Sozialwohnungen im Lauf der letzten Jahrzehnte massiv hat abschmelzen lassen und weiter reduziert.

Aus zwei miteinander verbundenen Gründen sollten stattdessen Grundstücke, die bebaut werden dürfen, grundsätzlich zuerst in das Eigentum des Staates übergehen. Der eine Grund ist die besondere Eigenschaft von Boden als Monopolgut, dessen Besitzer sich leistungslos Anstrengungen des Staates aneignen können, die ihr Grundstück attraktiver machen. Der andere Grund liegt darin, dass der Staat ohnehin mit seinen Entscheidungen darüber, welche Nutzung auf welchem Grundstück zulässig ist, den Wert der Grundstücke maßgeblich beeinflusst. Es ist unvernünftig, wenn die Einstufung als Baugebiet einem Lottogewinn für die jeweiligen Grundbesitzer gleichkommt, während das Wohnen immer teurer wird und der Staat es sich nicht leisten kann, für genügend bezahlbare Wohnungen für alle zu sorgen. Außerdem leistet es der Korruption Vorschub.

In der von allen bayerischen Regierungen geflissentlich ignorierten bayerischen Verfassung heißt es dazu sehr deutlich in Artikel 158: »Eigentum verpflichtet gegenüber der Gesamtheit« und »Jeder Bewohner Bayerns hat Anspruch auf eine angemessene Wohnung«, außerdem in Artikel 106: »Die Förderung des Baues billiger Volkswohnungen ist Aufgabe des Staates und der Gemeinden.« Diese Verfassung existiert seit 1946. Beim Volksentscheid stimmten ihr über 70 Prozent der Abstimmenden zu. Auch die CSU war dafür.

Kommunen sollten die Möglichkeit haben und auch nutzen, sich alle Grundstücke in neuen Baugebieten gegen eine Entschädigung auf Basis der vorherigen Nutzungsmöglichkeiten zuzüglich eines Aufschlags anzueignen. Auf diesen Grundstücken sollten sie dann auf Basis der langfristigen Kostendeckung Wohnungen für Menschen mit niedrigen und mittleren Einkommen errichten lassen. Dann verfügten die Wohnungsämter über einen großen Bestand an Wohnungen, um auch Problemgruppen mit günstigen Wohnungen zu versorgen, ohne dass dadurch gleich neue Problemviertel entstünden.

Wenn keine Lotteriegewinne an Grundstückeigentümer zu finanzieren sind, aus Wohnungsbau und Vermietung keine (Knappheits-)Gewinne gezogen werden sollen und auch keine Banken Hypothekenzinsen auf die Vorfinanzierung der hohen Grundstückspreise verlangen, dann können Wohnungen gerade in angespannten Märkten sehr viel günstiger vermietet werden als unter derzeitigen Bedingungen. Wer Wohneigentum erwerben möchte, könnte das aus dem großen Fundus des Wohnungsbestands in Privatbesitz weiterhin tun.

Wem jetzt die Bilder verfallener Bausubstanz wie in Kuba, der DDR oder anderen Ländern des früheren Ostblocks in den Sinn kommen, der ist eingeladen, stattdessen an Wien zu denken, wo der größte Teil des Wohnungsbestandes in kommunaler oder genossenschaftlicher Hand ist, wo die Mieten kaum halb so hoch sind wie im vergleichbaren München und wo man sich regelmäßig als eine der lebenswertesten Städte Europas feiern lassen darf. Das liegt daran, dass die Wiener Stadtverwaltung sich als eine der wenigen dem Trend widersetzt hat, den Wohnungsbau in private, gewinnorientierte Hand zu geben oder gar vorhandene öffentliche Wohnungen an private Investoren zu verkaufen. Wozu auch? Alles, was die Privaten auf diesem Markt tun, treibt die Preise nach oben. Es macht damit nicht nur das Leben der Menschen teurer und stressiger, sondern verteuert auch das Wirtschaften in der jeweiligen Stadt. Denn wer dort Arbeitskräfte sucht, muss mindestens so viel bezahlen, dass diese vom Lohn oder Gehalt eine Bleibe finanzieren können.

Infrastruktur und Daseinsvorsorge

Hauptargument für die privatwirtschaftliche Bereitstellung von Gütern und Dienstleistungen ist die Wirkung des Wettbewerbs. Die Aussicht auf Gewinne im Erfolgsfall und die Gefahr der Verdrängung im Misserfolgsfall sorgen bei funktionierendem Wettbewerb dafür, dass Produktivitätssteigerungen realisiert werden und die Anbieter sich nach den Wünschen der Nachfrager richten.

Doch in manchen Bereichen kann der Wettbewerb nicht so wie gewünscht funktionieren. Dazu gehören natürliche Monopole, bei denen das betreffende Gut am effizientesten von nur einem Anbieter produziert wird, der den ganzen Markt bedient. Die Lehrbücher kennen zwei mögliche Lösungen für das Problem: Die eine lautet, die entsprechende Branche zu verstaatlichen, die andere ist staatliche Regulierung.

Ordoliberale und neoliberale Ökonomen und Politiker ziehen Regulierung klar vor, wenn man dem Staat schon gestattet, sich einzumischen. Damit ist allerdings ein großes Problem verbunden. Das Gewinnstreben der weiterhin privaten Anbieter richtet sich in diesem Fall auch darauf, die Regulierung zu unterlaufen, sie durch Lobbyismus im eigenen Sinne zu beeinflussen und Lücken oder Inkonsistenzen in der Regulierung auszunutzen. Die Aussicht auf solche Gewinne ist gesellschaftlich nicht nützlich, sondern schädlich. Es muss schon ein beträchtlicher Ertrag in Form eines effizienteren Wirtschaftens Privater in Aussicht stehen, um in solchen Fällen regulierte private Anbieter zu rechtfertigen.

Die britische Eisenbahn ist ein abschreckendes Beispiel dafür, was passieren kann, wenn man öffentliche Infrastruktur privatisiert. Ab 1994 wurde British Rail in über 100 verschiedene Unternehmen aufgeteilt. Die Strecken wurden zu regionalen Gruppen zusammengefasst und als Konzessionen ausgeschrieben, um die sich Privatunternehmen bewerben konnten. Die Preise der Fahrkarten wurden in den Folgejahren massiv erhöht. Die gesamte Bahninfrastruktur wurde von der privaten Gesellschaft Railtrack übernommen, die zur Profitmaximierung viel zu wenig Geld für die Instandhaltung der

Anlagen ausgab. Es gab zahlreiche Pannen und Unfälle. Bis heute ist die britische Eisenbahn für ihre vielen Verspätungen, Zugausfälle und überfüllten Züge berüchtigt. Das Buchungssystem für die auf viele Anbieter aufgeteilten Strecken ist für Kunden schwer durchschaubar und unflexibel.

Auch in Deutschland wurde die Verantwortung für das Streckennetz vom Bahnbetrieb getrennt, um Wettbewerb zwischen Bahn und privaten Anbietern bei der Lizenzierung des Betriebs einzelner Strecken einführen zu können. Die 1994 von der Deutschen Bundesbahn zur Deutsche Bahn AG umfirmierte Gesellschaft sollte privatisiert werden. Um Gewinne auszuweisen und dadurch den Ausgabepreis für die Aktien beim Börsengang nach oben zu treiben, wurde jahrelang nach britischem Vorbild an der Instandhaltung der Strecke und des fahrenden Materials gespart, was zu immer mehr Verspätungen und Ausfällen führte. Schließlich wurden die Privatisierungspläne aufgegeben, weil die Finanzkrise von 2008/09 einen guten Ausgabepreis für die Aktien unwahrscheinlich machte.

Bei Netzinfrastruktur wie Telefon, Verkehr und Strom ist die Leistungserbringung durch einen einzelnen Anbieter technisch-organisatorisch am effizientesten. Dieser kann ein kostengünstigeres und attraktiveres Angebot machen als mehrere Anbieter, die sich den Markt aufteilen. Es ist nicht sinnvoll, mehrere konkurrierende Strom- und Bahnnetze über Deutschland zu legen. Man kann das Streckennetz vom Bahnbetrieb und das Leitungsnetz von der Energieeinspeisung organisatorisch trennen, wie das in Deutschland getan wurde. Doch den bescheidenen Kostenvorteilen, die der Wettbewerb bringt – und die teilweise allein darin bestehen, dass die Löhne von ohnehin nicht überbezahlten Arbeitern und Angestellten gedrückt werden –, steht ein enormer Koordinations- und Regulierungsaufwand gegenüber. Komplizierteste Lizenzvereinbarungen müssen ausgehandelt und Streitigkeiten über die Einhaltung ausgetragen werden. Woran lag es, dass ein privater Eisenbahnbetreiber die Pünktlichkeitsvorgaben nicht erfüllt hat? Höhere Gewalt, Streckenprobleme oder eigenes Verschulden? Nicht die Zufriedenheit der Kunden, sondern der Lizenzvertrag bestimmt, was das Unternehmen tut. Das ist Pseudo-Marktwirtschaft.

Bei der Energieversorgung verhindert die Aufspaltung auf regionale Netzbetreiber und Energieversorger unter anderem eine sinnvolle, abgestimmte Planung von Energieerzeugung und Verteilung. Die Kraftwerke, Solaranlagen und Windkraftanlagen werden gebaut, wo die Betreiber sie bauen wollen. Der teure Netzausbau muss sich dann – weitgehend unabgestimmt – nach diesen Entscheidungen richten. Die Folgekosten dieser Entscheidungen für den Transport des Stroms an die Verbraucher werden letztlich diesen aufgedrückt. Auch das ist Pseudo-Marktwirtschaft.[263]

Wo die Bedingungen für natürliche Monopole gegeben sind, übernimmt am besten eine nicht gewinnorientierte Gesellschaft in öffentlicher Hand die Produktion. Ausnahmen mag es geben, wo technischer Fortschritt eine große Rolle spielt, wie bei der Telekommunikation. Da erweist sich der Staat manchmal als zu schwerfällig. Wasserversorgung und Stromversorgung können dagegen sehr gut von öffentlichen Betrieben erledigt werden. Damit meine ich selbstständige Betriebe in Staatsbesitz und unter Staatsverwaltung mit eigener Bilanz, die einen Versorgungsauftrag kostendeckend oder zu möglichst geringen Kosten erfüllen sollen. An die Stelle der marktwirtschaftlichen Kontrolle durch Wettbewerb und Abwanderung tritt die politische Kontrolle durch Medien und Bürgerinnen. Das ist besser als die Alternative, die in solchen Monopolsituationen ja nur aus einer intransparenten Kombination von Regulierung und privatem Handeln besteht, bei der alle Verantwortlichkeiten verwischt werden und sich die Kreativität und das Gewinnstreben der Privaten mindestens teilweise darauf richtet, die Regulierer, und damit die Gemeinschaft, zu übervorteilen. Das könnten auch Ordnungspolitiker so sehen.

Versicherungen

Versicherungen haben starke Elemente von natürlichen Monopolen. Je größer der Versichertenkreis, desto besser verteilen sich die Risiken und umso zuverlässiger kann der Versicherer kalkulieren, ohne unangenehme Überraschungen befürchten zu müssen. Größere Versicherer können zudem ihre Verwaltungskosten, die zu einem guten Teil unabhängig von der Größe anfallen, auf mehr Versicherte umlegen. So kosten zum Beispiel IT-Systeme, die die Daten von 10 000 Kunden verwalten können, ähnlich viel wie solche, die die Daten von 100 000 Kunden handhaben können.

Auf der anderen Seite funktioniert bei Versicherungen der marktwirtschaftliche Wettbewerb schlecht. Technischer Fortschritt kann hier kaum Wettbewerb hervorbringen, weil die Versicherungsmathematik eine sehr reife Wissenschaft ist und auch die erforderliche Informationstechnologie zum Standard gehört. Kosten lassen sich vor allem auf problematische Weise sparen, zum Beispiel indem man beim Auszahlen größerer Versicherungssummen so restriktiv wie möglich agiert oder indem man darauf achtet, nur die »guten Risiken« zu versichern und die »schlechten Risiken« anderen zu überlassen oder unversichert zu lassen. Gute Risiken sind die, bei denen der Versicherungsfall mit unterdurchschnittlicher Wahrscheinlichkeit eintritt oder bei denen die Versicherungsnehmer relativ zur Wahrscheinlichkeit, dass der Versicherungsfall eintritt, hohe Beiträge zahlen.

Es entspricht nicht dem Versicherungsgedanken, wenn Menschen mit Vorerkrankungen oder auch Angehörige von Berufen mit hohem Krankheitsrisiko von bestimmten Anbietern nicht versichert werden und entweder ohne Versicherung bleiben oder einer anderen Versichertengemeinschaft aufgebürdet werden.

Bei der Feuer- und Elementarschadenversicherung für Hausbesitzer haben Ökonomen nachgewiesen, dass es dort erheblich billiger für die Versicherten ist, wo ein staatlicher Monopolanbieter sie versichert, als wo Wettbewerb herrscht. In der Schweiz, wo in manchen Kantonen eine öffentliche Versicherung ein Angebotsmonopol hat, während in anderen Kantonen Wettbewerb herrscht, bieten die Monopolisten bessere Konditionen und kommen dennoch auf ihre Kosten. Schon der hohe Aufwand, den wettbewerbliche Anbieter für Werbung treiben müssen, um gegen ihre Konkurrenten zu bestehen, treibt die Prämien hoch. Hinzu kommen höhere Verwaltungskosten pro Vertrag wegen geringerer Kundenzahlen. »Es ist weder ökonomisch rational noch macht es politisch Sinn, diese öffentlichen Monopole aufzulösen, um Wettbewerb auf diesen Märkten herbeizuführen«, schlussfolgerte der renommierte Schweizer Ökonom Gebhard Kirchgässner.[264]

Es gibt wichtigere Versicherungen als die Gebäudeversicherung, für die die gleichen Überlegungen gelten. Dazu gehören die Krankenversicherung und die Rentenversicherung. Erstere funktioniert in Deutschland nicht schlecht, trotz kostentreibender Elemente durch simulierte Marktwirtschaft und trotz der unfairen Aufspaltung in (traditionell privilegierte) Privatversicherte und gesetzlich Versicherte. Private Versicherer dürfen die Rosinen picken. Sie lehnen Menschen mit Vorerkrankungen ab und überlassen es der gesetzlichen Versicherung, diese schlechten Risiken zu übernehmen.

Die Rentenversicherung befindet sich aufgrund der liebedienerischen Haltung der Regierungen gegenüber einer an zusätzlichem Milliardengeschäft interessierten Finanzbranche und Arbeitgebern, die sich um die Mitfinanzierung der Rente drücken wollen, in ganz schlechtem Zustand. Für die meisten Nichtbeamten sinkt der Lebensstandard im Rentenalter stark ab. Denn die Finanzbranche hat durch intensive Lobbyarbeit die Politik dazu gebracht, die gesetzliche Rente immer weiter zu kürzen. Infolgedessen verweist der Staat die Menschen auf die Notwendigkeit, zusätzlich privat vorzusorgen. Er subventioniert das auch noch, damit die Finanzbranche mehr Geschäft machen kann. Weil jedoch die Masse der Menschen mit unterdurchschnittlichem Einkommen ohnehin kaum erwarten kann, das Sozialhilfeniveau zu überschreiten, haben sie wenig Anreiz zur privaten Vorsorge. Die Subventionen begünstigen vor allem die Besserverdiener. Die Finanzbranche und ihre Interessenvertreter an den Universitäten und Instituten versteigen sich daher sogar schon zu der Forderung nach einem weiteren Privileg: Demnach sollte der Staat darauf verzichten, Einnahmen aus Privatrenten bei der Sozialhilfe anzurechnen.

Außer der Finanzbranche und Arbeitgebern hat niemand etwas von diesem verrückten System. Die Rente wurde gekürzt, um die Rentenbeiträge nicht zu stark ansteigen zu lassen. Aber wenn man stattdessen die gesparten gesetzlichen Rentenbeiträge in eine private Rentenvorsorge stecken muss – ja sogar noch mehr, weil die Arbeitgeber sich daran nicht beteiligen und die privaten Anbieter Gewinn abzweigen wollen –, hat man davon nichts. Das Geld, das der Staat für die Subventionierung privater Rentenvorsorge ausgibt und das letztlich nur die Verwaltungsgebühren und Gewinne der Finanzbranche refinanziert, wäre besser in einen Steuerzuschuss für die gesetzliche Rentenversicherung investiert gewesen.

All das ist dringend zurückzudrehen. Eine Studie, die das

deutsche mit dem österreichischen System verglich, hat gezeigt, was an Absicherung im Alter möglich wäre, wenn wir die neoliberalen Einflüsterer und Politiker in die Wüste schicken würden: ein Rentenniveau nach Steuern von 90 Prozent des mittleren Einkommens im Erwerbsleben statt von 50 Prozent wie in Deutschland. Die private Rentenvorsorge und Betriebsrenten machen diese Differenz nicht einmal annähernd wett. Und das bei Rentenbeiträgen in Österreich, die – wenn man die Beiträge zu den privaten Rentenversicherungen mit einrechnet – nur wenig höher liegen als in Deutschland. Wir müssten uns nicht für unseren Lebensstandard in der meist sehr langen Rentenzeit mit zwei Dritteln dessen abspeisen lassen, was in Österreich ohne größere Probleme möglich ist.[265]

Wirksame Wettbewerbspolitik

Mit Geld und Macht kann man sich Wettbewerbsvorteile erkaufen und kleinere Wettbewerber verdrängen oder vom Markt fernhalten, selbst wenn diese bessere oder günstigere Produkte anbieten. Eine soziale Marktwirtschaft kommt deshalb nicht ohne wirksame Wettbewerbspolitik aus. Diese muss genau das verhindern, was Silicon-Valley-Investor Peter Thiel Unternehmern und Investoren empfiehlt, damit sie dauerhaft sehr hohe Gewinne einstreichen können: Sie muss verhindern, dass Unternehmen auf bestimmten Märkten eine monopolähnliche Stellung erringen, und vor allem, dass sie sich dann von dort aus anschicken, andere Märkte zu erobern und sich auch in diesen zu Quasi-Monopolisten aufzuschwingen – so wie Amazon das lehrbuchmäßig durchexerziert.

Dabei hat den Konzernen in die Hände gespielt, dass die

Wettbewerbspolitik ihren Ansatz geändert hat und dadurch zahnlos geworden ist. Anstatt marktbeherrschende Stellungen von vornherein verhindern zu wollen, begnügt sie sich heute damit, den Missbrauch einer bestehenden marktbeherrschenden Stellung, sofern er nachweisbar ist, zu bestrafen. Das ist ein Kampf gegen Windmühlen. Hin und wieder sind kleine und größere Erfolge zu verzeichnen. Aber die Konzerne nehmen die Strafen als Abzugsposten von ihren riesigen Gewinnen ohne Weiteres in Kauf.

Heute lässt die Wettbewerbskontrolle Zustände zu, bei denen Wettbewerbspolitiker früherer Epochen auf die Barrikaden gegangen wären – etwa, dass Amazon mithilfe seiner mit Abstand führenden Handelsplattform im Internet Abermillionen Produzenten oder Händler und Konsumenten zusammenbringt und gleichzeitig als Anbieter auf dieser Plattform auftritt. Amazon hat alle Daten und analysiert diese. Wenn sich ein Produkt oder Geschäftsmodell als lukrativ erweist, kann Amazon selbst als Anbieter einsteigen und die Dritthändler durch günstigere Preise und größere Sichtbarkeit der eigenen Produkte verdrängen. Dieser Zustand ist wettbewerbspolitisch nur noch absurd zu nennen. Ebenso, dass Apple Dritten nur erlaubt, über den eigenen App-Store an Konsumenten, die Apple-Geräte nutzen, heranzutreten und dafür einen Wegzoll von um die 30 Prozent verlangt.

Damit so etwas unterbunden wird, müssen andere Ökonomen und Juristen in die einschlägigen Aufsichtsbehörden berufen werden. Solche, die nicht der marktradikalen Chicago-Schule huldigen. Als der Chef des Burda-Verlags, Paul-Bernhard Kallen, 2017 in einem Interview mit dem *Handelsblatt* sagte, man müsse sich am Kopf kratzen, wenn die Monopolkommission bei einem 96-prozentigen Marktanteil von Google keine monopolistischen Strukturen erkenne, erwiderte deren Vorsitzender, Achim Wambach, auf Anfrage, eine faktisch monopolistische Stellung habe die Kommission nicht bezweifelt, aber: »Diese Marktstellung ist so lange unproblematisch, wie sie nicht missbräuchlich ausgenutzt wird.« Insoweit Google dies tue, schritten die Kartellbehörden ein.[266]

Vernünftige Wettbewerbspolitik im Sinne der Bevölkerung, nicht der Aktionäre, würde bedeuten, den Tech-Giganten und anderen Großkonzernen mit marktbeherrschenden Stellungen zu untersagen, irgendwelche Unternehmen zu kaufen. Amazon müsste verboten werden, auf der eigenen Plattform als Anbieter aufzutreten. Apple müsste dazu verpflichtet werden, den Zugang zu seinen Kunden ohne hohen Zoll zu ermöglichen. Das Ausmaß der unterwürfigen Komplizenschaft der EU-Kommission mit dem Silicon Valley wird anhand ihres Vorgehens bei Zahlungsverkehrsdiensten deutlich. Mit der Richtlinie PSD2 hat sie Banken gezwungen, auf eigene Kosten Schnittstellen einzurichten, die es dem Silicon Valley ermöglichen, Zugang zu den Kundendaten zu bekommen, wenn die Kunden mitmachen, während gleichzeitig Apple seine Kunden wie Eigentum von unseren heimischen Anbietern von Diensten und Leistungen abschirmen kann.

Luigi Zingales, ein Starökonom, bemerkenswerterweise von der marktradikalen Chicago-Universität, diagnostiziert einen Teufelskreis aus Marktmacht und politischer Einflussnahme, der solche Absurditäten zu erklären hilft: »Ich argumentiere, dass Unternehmen mit mehr Marktmacht sowohl eine größere Notwendigkeit als auch bessere Möglichkeiten haben, sich politische Macht zu sichern.« Die Gewinne aus der Marktmacht würden genutzt, um politische Macht zu erringen, und die politische Macht werde genutzt, um die Gewinne politisch abzusichern und weiter zu mehren. Diesen Teufelskreis gilt es unbedingt zu durchbrechen, um zu einer sozialen Marktwirtschaft zu kommen.[267]

Auch der Umstand, dass die größten Konzerne die geringsten Steuern zahlen, lässt sich mit fairen Wettbewerbsbedingungen und sozialer Marktwirtschaft nicht vereinbaren. Amazon Europa mit Sitz in Luxemburg wies für 2020 einen Gewinn von 44 Milliarden Euro aus und bezahlte in Luxemburg genau null Euro Unternehmenssteuern. Mit solchen Unternehmen ist schwer im Wettbewerb mitzuhalten.[268]

Wissen zum Wohle aller

Unser Grundgesetz schützt das Recht auf Eigentum, und das ist gut so. Eigentum ermöglicht die selbstbestimmte Lebensführung und die selbstbestimmte Teilnahme am Wirtschaftsleben und der Gesellschaft. Es ermöglicht damit Freiheit, aber auch ein faires Geben und Nehmen in vielen Bereichen, ohne dass eine zentrale Instanz oder rigide Sitten und Gebräuche die Fairness des jeweiligen Deals gewährleisten müssen. Deshalb sollte das Eigentum an einem Auto, Haus oder Fahrrad ebenso geschützt sein wie das an einem selbst ausgeübten Gewerbebetrieb. Alle sollten das Geld, das sie sich redlich durch eigene Arbeit verdient und gespart haben, behalten und ausgeben können, wie sie wollen – bei großen Vermögen am besten abzüglich einer Vermögenssteuer, um die Vermögensunterschiede nicht zu groß werden zu lassen.

Eigentum muss aber nicht nur geschützt, sondern auch definiert werden. Und für die Definition von Eigentumsrechten sollte vor allem gelten: Eigentum verpflichtet. Es muss so definiert werden, dass es eine nützliche Funktion für die Gesellschaft hat und nicht den meisten schadet. Die ausufernden Monopolrechte auf die Nutzung geistigen Eigentums sind solche gesellschaftsschädlichen Eigentumsdefinitionen.

Bei technischen Erfindungen ist ein langer und sehr weitreichender Patentschutz aus moralischer Sicht fragwürdig und aus gesamtwirtschaftlicher Sicht kontraproduktiv. Wie der Gründer der Carl-Zeiss-Stiftung, Ernst Abbe, wusste, gibt es kein unabhängiges Wissen, keine unabhängige Erfindung, die nicht auf der frei verfügbaren geistigen Vorarbeit unzähliger anderer Menschen und Institutionen aufbauen würde. Sehr viele wichtige Erfindungen wurden unabhängig voneinander zu fast der gleichen Zeit von verschiedenen Menschen entwickelt, aus dem jeweiligen gesellschaftlichen Kenntnisstand heraus. Hätte die eine sie nicht zuerst patentiert, hätte es kurz darauf der andere getan. Auf die Nutzung einer solchen Technik ein längeres Monopolrecht zu bekommen, ist so, als würde demjenigen Angler, der den ersten Fisch aus einem Teich zieht, nicht nur das Recht auf diesen Fisch zugesprochen, sondern auf alle im Teich befindlichen Fische. Oft sind es auch mit staatlichem Geld bezahlte universitäre Forscher, die sich ihre Erfindungen patentieren lassen und sie dann verkaufen oder eine eigene Firma zu deren Nutzung gründen. Das ist ein fragwürdiges System.

Es gibt sicherlich Bereiche, in denen Neuentwicklungen mit so hohen Kosten verbunden sind, dass es womöglich niemand auf sich nehmen würde, diese Investitionen zu tätigen, wenn man keinerlei Patentschutz bekäme, um über spätere Gewinne die Kosten wieder hereinzuholen. An die Frage, ob und wo das nötig ist, sollte man sich eigentlich von unten herantasten. Da jedoch der derzeitige Schutz geistigen Eigentums so weit überzogen ist, muss man sich wohl durch Abbau desselben von oben herantasten. Für längere Zeit kann man kaum etwas falsch machen, wenn man ihn zurückstutzt. Das zeigen die exorbitanten Gewinnspannen in Branchen wie Pharma und IT.

Die Aufwendungen einzelner Unternehmen für Forschung und Entwicklung, die über spätere Monopolgewinne wieder hereingeholt werden müssen, könnten viel geringer sein, wenn nicht so viel Geheimhaltung und parallele Entwicklungsarbeit betrieben werden müsste. Stünden kleinere Fortentwicklungen der Technik allen zur Verfügung, müsste jedes einzelne Unternehmen viel weniger Geld für parallele Forschung aufwenden. Und wenn die Anreize für die Unternehmen nicht ausreichen sollten, müsste eben wieder mehr Forschung an den Universitäten stattfinden und deren Ergebnisse patentfrei allen Interessierten zur Verfügung gestellt werden. Wissenschaftlerinnen und Wissenschaftler forschen, weil es ihre Berufung ist. Sie stellen ihre Arbeit nicht ein, wenn keine Aussicht auf extremen Reichtum winkt.

Eine Politik des Ausgleichs

Wenn der Teufelskreis der Marktmacht durchbrochen wird, wonach private Konzerne sich dank ihrer hohen Gewinne durch vielfältige Formen der Einflussnahme günstige Gesetze und Verwaltungshandeln erkaufen können, die ihnen zusätzlichen Gewinn ermöglichen – dann besteht die Chance, durch nachhaltige Veränderungen in der Steuerpolitik und anderen Politikbereichen zu erreichen, dass die Gesellschaft nicht auseinanderdriftet. Dann steigen auch die Chancen, in friedliche und faire Koexistenz mit anderen Gesellschaften und in Harmonie mit unserem natürlichen Lebensraum zu gelangen. Weil jedoch jedes dieser Themengebiete so komplex ist, dass es nur in einem eigenen dicken Buch überzeugend abgehandelt werden könnte, will ich mich mit einigen skizzenhaften Empfehlungen bescheiden.

Für die Steuerpolitik sollte gelten: Soweit das System teilkapitalistisch ist, muss man auf Kapitaleinkommen nicht

geringere, sondern höhere Steuern bezahlen als auf Arbeitseinkommen, und zwar nicht nur theoretisch, sondern auch
tatsächlich.

Aus umweltpolitischen Gründen sollte die übrige Steuerlast stärker als bisher auf den Ressourcenverbrauch entfallen
und entsprechend weniger auf Arbeit und umweltverträgli-
chen Konsum. Grundbesitz sollte mittels einer Bodenwert-
steuer deutlich höher belastet werden, weil hier in hohem
Maße leistungslose Einkommen anfallen.

Die deutlich höheren Einnahmen aus Ressourcen- und Bo-
densteuern sollten dazu dienen, die Belastung insbesondere
der Geringverdiener durch Steuern und Abgaben zu reduzieren. Sonst ist die ökologische Wende nicht sozialverträglich zu
bewältigen. Dazu gehört, die Mehrwertsteuer abzuschaffen –
zumindest auf Dienstleistungen. Denn sie verteuert das Leben
von Geringverdienern überproportional, und Dienstleistungen sind in der Regel die ökologischere Art, Geld auszugeben.

Wenn Arbeit weniger, der Ressourcenverbrauch und das
Kapital aber höher besteuert werden, wird sich auch zeigen,
dass der arbeitssparende, technische Fortschritt kein Natur-
gesetz, sondern auch steuerlich bedingt ist. Dann wird es sich
wieder mehr lohnen, arbeitsintensive Dienstleistungen anzubieten, die das Leben der Menschen verbessern, ohne die Umwelt nennenswert zu schädigen, und Dinge zu reparieren, anstatt sie wegzuwerfen.

Dass eine Vermögensteuer sinnvoll und notwendig ist,
wenn man die aus den Fugen geratene Vermögensverteilung
korrigieren will, ist fast offensichtlich. Aus demselben Grund
wird sie von den potenziell Steuerpflichtigen und ihren Hilfstruppen so heftig bekämpft. Das Gleiche gilt für die Erbschaftsteuer, die heute im Wesentlichen nur noch von dem gehobenen Mittelstand und der untersten Reichenschicht getragen
wird. Wer wenig hat, wird zumindest bei einer Erbschaft in-

nerhalb der Familie durch großzügige Freibeträge ganz oder weitgehend steuerfrei gestellt. Dagegen ist auch nichts einzuwenden, wenn auch die aktuelle Regelung vielleicht etwas zu großzügig geraten ist. Kinder von Reichen können alle zehn Jahre für Schenkungen seitens der Eltern einen Freibetrag von 400 000 Euro pro Elternteil in Anspruch nehmen und so in 30 Jahren 2,4 Millionen Euro steuerfrei erben. Das ist ziemlich viel.

Da es in der Gesellschaft aus gutem Grund großen Respekt genießt, sich um seine Kinder und sonstigen Verwandten zu kümmern, sind sehr hohe Erbschaftsteuern nicht der richtige Ansatzpunkt, um die Vermögensungleichheit abzubauen. Aufgrund der hohen Steuerbeträge, die auf einen Schlag fällig werden, tritt hier außerdem das Fluchtproblem geballt auf. Es lohnt sich für die Steuerpflichtigen sehr, in die Umgehung dieser Steuer zu investieren. So zahlen ausgerechnet Multimillionäre und Milliardäre oft auf sehr große Teile des ererbten Vermögens gar keine Steuer. Denn sie erben Betriebsvermögen, das von der Steuer freigestellt ist, oder sie lassen sich steuergünstige Stiftungsmodelle basteln. Aus einer Antwort der Bundesregierung von Februar 2021 auf eine Anfrage der Linksfraktion geht hervor, dass 40 Personen im Jahr 2019 mehr als jeweils 100 Millionen Euro geerbt oder geschenkt bekommen haben, insgesamt 9,4 Milliarden Euro. Darauf bezahlten sie zusammen weniger als zwei Prozent Erbschaftsteuer. Bei den 11 000 Menschen, die mehr als eine Million, aber weniger als 100 Millionen Euro erhalten haben, lag der Steuersatz schon bei acht Prozent.[269] Wer dagegen für sein Geld arbeitet, bezahlt zwischen 15 und 45 Prozent Steuern. Wie heißt es demgegenüber in Artikel 123 der bayerischen Verfassung? »Die Erbschaftssteuer dient auch dem Zwecke, die Ansammlung von Riesenvermögen in den Händen einzelner zu verhindern.« Dem wird sie in keiner Weise mehr gerecht.

Ein besserer Ansatz wäre eine jährliche Vermögensteuer, die auf die Erbschaftsteuer angerechnet wird. Wenn der Erbfall eintritt, wird Erbschaftsteuer nur fällig, wenn und insoweit diese über die bereits gezahlte Vermögensteuer hinausgeht. Wer mit seinem als deutscher Staatsbürger erworbenen Vermögen das Weite suchen und steuerschonend ins Ausland abwandern will, sollte so behandelt und besteuert werden, als träte der Erbfall ein.

Mehr Freizeit und soziales Engagement

In Deutschland gibt es im Vergleich zu Ländern wie den USA, die schon länger auf Vereinzelung und neoliberale Wirtschaftsprinzipien getrimmt wurden, ein reges gesellschaftliches Leben und viele Möglichkeiten, gemeinsam Freizeit zu verbringen, auch wenn man wenig Geld hat. Vereine und soziales Engagement werden gefördert. Das ist ein großes Plus für die Lebensqualität der Bevölkerungsmehrheit. Auch in der (bezahlten) Arbeitswelt werden zunehmend auf gesetzlichem Wege die Möglichkeiten der Beschäftigten gefördert, weniger als Vollzeit zu arbeiten und Pausen einzulegen, um Kinder oder Eltern zu betreuen. All das ist sehr positiv zu bewerten und sollte unbedingt weiter vorangetrieben werden.

Denn unser Verständnis von einem guten Leben muss sich weiter von materiellem Konsum als Gradmesser lösen, wenn wir auf einem langfristig intakten Planeten und nicht in durch extreme Wohlstandsunterschiede sozial zerrissenen Gesellschaften leben wollen.

Wollten wir es in den Industrieländern darauf anlegen, unseren materiellen Konsum noch zu steigern oder auch nur auf dem aktuellen Niveau zu halten, gäbe es für die Milliarden Menschen in den Entwicklungsländern nicht genügend Ressourcen, um ein halbwegs akzeptables materielles Konsumniveau zu erreichen. Dann müssten wir weiter durch Einsatz unserer wirtschaftlichen und politischen Macht und letztlich unter Drohung mit unserem Militär dafür sorgen, dass das internationale Wirtschaftssystem so bleibt, wie es ist, und weiter dafür sorgt, dass die armen Länder arm bleiben.

Weniger Gewicht auf materiellen Wohlstand zu legen bedeutet, dass wir mehr Vergnügen daran finden, nach drei Arbeitstagen nach Hause zu gehen und ein sehr langes Wochenende mit Freunden und Familie verbringen zu können, als uns bald das nächste iPhone oder einen schönen Sportwagen oder ein größeres Haus zu kaufen. Es bedeutet, dass wir unser Geld dafür ausgeben, mit Freunden essen zu gehen, uns massieren zu lassen, unsere Kinder und unsere Eltern gut betreut zu wissen oder um besonders langlebige und schöne Dinge zu besitzen – und nicht für Wegwerfartikel und Konsum, der nur dazu dient, den eigenen Erfolg zur Schau zu stellen.

Auf sehr viele Menschen wirken solche Ideen heute wie Hohn, denn das sind nicht die Wahlmöglichkeiten derer, die sich abstrampeln müssen, um eine halbwegs akzeptable Wohnung für ihre Familie zu bezahlen und ihren Schuldendienst zu leisten. Auch deshalb ist es so wichtig, zu einer sozialen, nichtkapitalistischen Marktwirtschaft zu kommen, in der Wohnungen wieder mit normalen Löhnen bezahlbar sind, in der die kleinen Gehälter größer und die übergroßen kleiner werden. Nur dann können wir hoffen, dahin zu kommen, dass wir als Gesellschaft mit einem geringeren materiellen Konsumniveau zufrieden sind. Denn während die Mitglieder der unteren sozialen Schichten sich dann eher überlegen können, ob sie etwas mehr für bessere und andere Konsumgüter ausgeben, ballt sich weiter oben das Geld nicht mehr im bisherigen Ausmaß. Dann gibt es weniger Luxusjachten, die schon im Leerlauf 500 Liter Diesel in der Stunde verbrennen und Unmengen CO_2 in die Luft jagen, wenn sie zum Spaß und zur

Schaustellung ausgefahren werden. Weniger grotesk überbezahlte Banker fliegen dann kreuz und quer über den Globus. Dann gibt es keine Google-Konferenz für die Reichen und Mächtigen zur Rettung des Klimas auf Sizilien mehr, zu der die Teilnehmer mit einer riesigen Flotte von Privatflugzeugen von ihren Supervillen in Naturschutzgebieten aus anreisen.[270]

Abrüstung für Frieden und Umwelt

Von den völlig überdimensionierten Rüstungsausgaben profitieren die großen Rüstungskonzerne, während das Militär für die Abwehr tatsächlicher möglicher Bedrohungen grotesk überdimensioniert ist. Für das Jahr 2021 hat Deutschland der NATO geplante Verteidigungsausgaben in der Rekordhöhe von 53 Milliarden Euro gemeldet. Dies entspricht einer Steigerung um 3,2 Prozent im Vergleich zum Vorjahr und 1,6 Prozent des Bruttoinlandsprodukts.[271]

Knapp 2000 Milliarden Euro wurden weltweit 2019 für das Militär ausgegeben, 230 Euro pro Kopf der Weltbevölkerung. Wie wenig das mit der Abwehr einer echten militärischen Bedrohung zu tun hat, zeigt der Vergleich der Rüstungsbudgets. Das Militärbündnis NATO, dem Deutschland angehört, gab 2018 etwas über 1000 Milliarden Dollar für das Militär aus; Russland, als potenzieller Hauptfeind der Nato gehandelt, gerade einmal 65 Milliarden Dollar, also etwa ein Fünfzehntel. Selbst China mit seinen 1,5 Milliarden Einwohnern, das die USA zunehmend als Bedrohung für ihre globale Vorherrschaft ansehen, kam nur auf etwa ein Viertel der NATO-Ausgaben.[272]

Der Hauptzweck, den Militärausgaben in dieser Größenordnung erfüllen, ist die Unterfütterung von politischer und wirtschaftlicher Macht überall auf der Welt. Es ist das Drohpotenzial, das dazu führt, dass Regierungen fast überall auf der Welt letztlich klein beigeben, wenn die USA oder »der Westen«

in irgendeiner Frage ihre vitalen Interessen tangiert sehen. Das betrifft besonders oft die Sicherung unserer auf Ölverbrennung basierenden Wirtschaftsform und der privilegierten Versorgung der westlichen Industrieländer mit Rohstoffen. Bundespräsident Horst Köhler sagte 2010 auf dem Rückflug von einem Besuch in Afghanistan in einem Hörfunk-Interview, im Notfall sei auch »militärischer Einsatz notwendig, um unsere Interessen zu wahren, zum Beispiel freie Handelswege«. Die Mehrheit der Bevölkerung sieht das anders. Zwei Drittel sprachen sich schon damals für einen Abzug der Bundeswehr aus Afghanistan aus, und eine Mehrheit war dafür, sich an solchen Operationen in Zukunft gar nicht mehr oder zumindest sehr zurückhaltend zu beteiligen.[273] Aber das spielte keine Rolle.

Die Militärausgaben müssen gesenkt werden, um zu einem nachhaltigeren Wirtschaften zu kommen, und sie können gesenkt werden, wenn wir es schaffen, weniger Ressourcen zu verbrauchen. Das Militär ist der größte Umweltverschmutzer und Klimasünder. Aber in den Klimadebatten und Statistiken kommt es praktisch nicht vor; von den internationalen Klimaabkommen und Berichtspflichten gegenüber der UN ist es ausgenommen. Wir werden in großem Maßstab zum Narren gehalten.

Mehr Mitsprache für das Volk als Grundvoraussetzung

Damit die Fundamentalreform unserer Art zu wirtschaften eine Chance hat, muss auch die politische Entscheidungsfindung reformiert werden. Ich will nicht für mich in Anspruch nehmen, Experte in Demokratietheorie zu sein. Aber das Grundprinzip ist sonnenklar: Alles, was die Durchsetzung des

Mehrheitswillens in der Politik stärkt, hindert die Technokraten des Silicon Valley und die Kapitalbesitzer bei der Machtausübung. Denn ihre Machtübernahme und die Festigung ihrer Macht geschehen in den Hinterzimmern der globalen »Governance«, fernab von Volksvertretungen. Da die Technokratenherrschaft der Digitalkonzerne ebenso unpopulär ist wie die Privilegierung des Kapitals und die große Macht, die dessen Besitzer ausüben, ist echte und möglichst direkte Demokratie ein gutes – wenn auch allein nicht ausreichendes – Mittel dagegen. Das ist auch der Hauptgrund dafür, dass wir bisher so wenig davon bekommen.

Die repräsentative Demokratie war schon immer ein Herrschaftsinstrument der Besitzenden. In der ersten französischen Republik durften nur Männer über 25 Jahre mit einem gewissen Besitzstand wählen. Habenichtse waren nicht politisch repräsentiert. Zu groß war die Sorge, dass sie etwaige politische Macht nutzen würden, um mehr vom Kuchen abzubekommen – zulasten des Bürgertums, das sich gerade gegenüber dem Adel durchgesetzt hatte und die materiellen Vorteile dieses Sieges nicht mit seinen Hilfstruppen teilen wollte. »Demokratie ist nichts anderes als das Regiment des Mobs«, warnte in den USA aus dem gleichen Grund Thomas Jefferson, Spross einer wohlhabenden und alteingesessenen Familie in Virginia. Der Gründervater und spätere Präsident der USA wirkte folglich entscheidend daran mit, dass in der jungen Demokratie nur Grundbesitzer wählen durften und Einkommenssteuern in der neuen Verfassung ausgeschlossen wurden. Viele der Einrichtungen zur Gewaltenteilung wurden explizit mit der Absicht eingeführt, die Enteignung der Reichen durch die Mehrheit der Armen unmöglich zu machen.

Heute gilt fast überall, abgesehen von Besonderheiten der regionalen Repräsentanz und dem adligen Oberhaus in Großbritannien, dass jede Stimme gleich viel zählt. Doch am Ergebnis hat sich nicht allzu viel geändert, wie die schon erwähnte Studie von Lea Elsässer, Svenja Hense und Armin Schäfer gezeigt hat, die die Nähe der politischen Entscheidungen zu den Präferenzen der Reichen belegt.[274] Parteispenden, Lobbyismus und Drehtüren zwischen Konzernen und Politik sorgen für die politische Entmachtung der Bevölkerungsmehrheit zugunsten der Interessen der Kapitalbesitzer.

Unternehmen, die hohe Gewinne machen, sollten ihr Geld nicht für Parteispenden und Lobbyismus einsetzen dürfen, sondern mehr Steuern zahlen, mit denen dann die Parteien gleichberechtigt finanziert werden. Es versteht sich allerdings, dass dies allein nicht hilft. Denn Kapitalbesitzer, die mit hohen Gewinnen rechnen können, wenn die Politik eine bestimmte Entscheidung trifft, werden immer einen Weg finden, ihr Geld und ihre Macht einzusetzen, um diese Entscheidung herbeizuführen. Nur wenn die Wirtschaft so strukturiert ist, dass niemand den ganz großen Gewinn macht, wenn die Regierung dieses oder jenes privatisiert oder dereguliert, hält sich der Lobbyismus im vertretbaren Rahmen.

Es gibt Umfragen zufolge Mehrheiten für die Einhegung des Finanzsektors, für weniger Rüstung, für mehr soziale Sicherung, für höhere Steuern und Gehaltsobergrenzen für die Reichen und generell für eine stärker auf Ausgleich bedachte Politik. Weniger repräsentative und mehr direkte Demokratie könnte viel dazu beitragen, den Mehrheitswillen durchzusetzen. Es gibt für mich keinen überzeugenden Grund dafür, dass wir keine Volksabstimmungen auf Bundesebene haben, außer dem, dass es sich ohne die Drohung, vom Volk per Volksabstimmung zur Ordnung gerufen zu werden, komfortabler im Sinne des Kapitals regiert.

Interessant in diesem Zusammenhang ist die Entwicklung der Partei Bündnis 90/Die Grünen. Die Grünen haben sich nicht nur fast vollständig von ihren friedensbewegten Anfängen verabschiedet, sondern – etwas verzögert, aber folgerichtig – auch von der direkten Demokratie. Diese war eine ihrer Kernforderungen aus den Gründungsjahren und ein wichtiges Erbe der ostdeutschen Bürgerbewegungen. Wer die NATO und ihre Kriege nicht unterstützt, darf in Deutschland nicht (lange) regieren. Aber wenn man sich vornehmen würde, nur das zu tun, was das Volk will, könnte man nicht alle NATO-Kriege unterstützen. Da ist es konsequent, der direkten Demokratie abzuschwören.[275]

Auch Amtszeitbegrenzungen für Abgeordnete könnten das Parlament enger an den Willen des Volkes binden. Momentan sind die berufsmäßigen Abgeordneten für ihre Karrieren vor allem darauf angewiesen, sich mit Fraktionsführung und Parteivorstand gutzustellen. Denn davon hängt es ab, ob sie bei der nächsten Wahl einen aussichtsreichen Listenplatz bekommen. Rund zwei Drittel der Abgeordneten sind Langzeitabgeordnete. Fluktuation gibt es vor allem bei den erstmals Gewählten, die als Erste bei schlechten Wahlergebnissen wieder draußen sind. Wenn Abgeordnete ohnehin nur zwei Amtsperioden absolvieren könnten und deshalb nicht die Möglichkeit hätten, sich auf ein Berufsleben als Politikerinnen und Politiker einzurichten, wären sie nicht mehr auf Gedeih und Verderb ihrer Fraktionsführung ausgeliefert. Parteien wären gezwungen, die sicheren Listenplätze regelmäßig mit neuen Kandidaten zu besetzen. Das könnte innerparteiliche Diskussionsprozesse merklich beleben und Verkrustungen aufbrechen. Im Parlament gäbe es weniger verfestigte Hierarchien, Netzwerke und Lobbykontakte. Letztere gedeihen besonders gut bei personeller Konstanz.[276]

Auch hier sollte man sich allerdings nicht der Illusion hingeben, dass allein dadurch alles besser würde. Mit Geld kann man auch veröffentlichte Meinung kaufen, diejenige der Medienvertreter, aber auch diejenige der »Experten«, die dann von den Medien verbreitet wird. Als die kalifornische Regierung Anfang 2020 ein Gesetz verabschiedete, das Fahrdienste wie Uber und Lyft zwingen sollte, ihre Fahrer aus der Scheinselbstständigkeit in Arbeitnehmerverhältnisse zu überführen, initiierten die beiden Unternehmen eine Volksabstimmung dagegen. Die betroffenen Unternehmen, zu denen auch Essenslieferdienste gehörten, gaben mehr als 200 Millionen Dollar für ihre Kampagne aus, die Gegenseite weniger als ein Zehntel davon. Das Ergebnis war, dass das Gesetz mehrheitlich abgelehnt wurde.[277] Die Konzentration von Geld und Macht muss gleichzeitig beschnitten werden, wenn mehr direkte Demokratie tatsächlich etwas bewirken soll.

Die derzeitigen Bundestagsparteien haben sich in der Logik des Kapitalismus eingerichtet und sind überwiegend weit entfernt davon, eine grundlegende Neuorientierung hin zu seiner Überwindung zu unterstützen. Von daher ist es kein Wunder und auch zu begrüßen, dass Parteineugründungen sprießen, von denen einige sich gerade die stärkere Anbindung der Regierungspolitik an den Volkswillen auf die Fahnen geschrieben haben. Die meisten werden zwar im nicht relevanten Kleinstparteienbereich verharren, aber es ist wichtig, dass passende Angebote vorhanden sind, wenn die Zeit für grundlegende Veränderungen der politischen Landschaft reif ist. Das kann jederzeit und schnell geschehen. Die Parteienlandschaft verändert sich derzeit rapide. Die SPD ist binnen weniger Jahre von einer Volkspartei zu einer größeren Kleinpartei geschrumpft, die Union scheint auf einen ähnlichen Weg geraten zu sein. Das Vertrauen der Bevölkerungen, nicht nur in Deutschland, in die traditionellen Parteien ist zerrüttet.

Sorgen bereitet mir allerdings ein grundlegendes Missverständnis von echter Demokratie, das bei einigen der neuen Parteien vorzuherrschen scheint, etwa bei den Piraten und der von diesen teilweise inspirierten neuen Partei »dieBasis«. Dort scheint in Aussagen und Programm eine gewisse Nähe basisdemokratischer Romantik zur libertären Ideologie durch, wie wir sie aus dem Silicon Valley kennen. Dieser Ideologie zufolge kommt es vor allem darauf an, alle zu vernetzen und ihnen eine Mitwirkungsmöglichkeit am Programm zu geben. Was immer dabei herauskomme, sei basisdemokratisch legitimiert und umzusetzen.

In Ansätzen libertär nenne ich ein Menschen- und Gesellschaftsbild, das davon ausgeht, dass Menschen mit autonomen Präferenzen ausgestattet sind. Diese fest gefügten Präferenzen seien durch eine geeignete digitale Technologie möglichst unverfälscht zu einem Gesamtwillen zusammenzufügen. Das ähnelt doch sehr der Verheißung derer, die die großen digitalen Plattformen kontrollieren und die als vermeintlich wohlmeinende Lenker in der Globalen Governance genau das bewerkstelligen wollen. Die Hoffnung, »objektive Fakten« aus Schwarmintelligenz ziehen zu können, deutet auf eine naiv-technokratische Grundhaltung hin, der zufolge es in der Politik nicht so sehr um Interessengegensätze und unterschiedliche Werte geht, sondern um objektive Fakten.

Tatsächlich wissen aber die Big-Tech-Technokraten aus dem Silicon Valley besser als alle anderen, dass die Vorlieben der Menschen nicht fest gefügt, sondern sehr leicht beeinflussbar sind, gerade durch die sozialen Medien. Sie können also jede Entscheidung so präsentieren und vorbereiten, dass ein für sie optimales oder zumindest akzeptables Ergebnis als Mehrheitswille herauskommt.

Nein, eine im guten Sinne populistische Reformpartei braucht aus meiner Sicht schon ein schlüssiges, umfassendes Programm, das weit über das Erheben von Meinungen und Vorlieben der Mitglieder oder gar der Gesamtbevölkerung hinausgeht. Sie muss nicht Überzeugungen von Wählerinnen und Wählern zu einem Programm kondensieren, sondern möglichst viele Wählerinnen und Wähler von ihrem eigenen Programm überzeugen. Im guten Sinne populistisch ist so ein Programm, wenn es Grundsätze des Zusammenlebens im Land und auf der Welt umsetzt, die von einer Mehrheit der Menschen geteilt werden. Für das System, das ich hier als Alternative zum Kapitalismus vorgestellt habe, gilt das nach meiner Überzeugung. Es erscheint im Vergleich zu dem, was die Parteien im Bundestag vertreten, ziemlich extrem. In Wahrheit ist jedoch die gewohnte Politik extrem, weil sie sich so weit von den Wünschen der Mehrheit entfernt hat.

Emanzipation von den Schattenmächten

Von überragender Bedeutung für die Herstellung von Demokratie, die diesen Namen verdient, ist die Entmachtung der Schattenmächte, der informellen internationalen Kungelrunden. Diese werden bisher überhaupt nicht parlamentarisch kontrolliert, weil sie formal keine Entscheidungsgewalt haben, sondern nur unverbindliche Empfehlungen aussprechen. Tatsächlich geben die Regierungsvertreter dort durchaus relevante Selbstverpflichtungen ab, und die Standards, die dort ausgearbeitet werden, geben de facto vor, was den Parlamenten später zum Beschließen vorgelegt wird.

Der Regierung im umfassenden Sinne, also auch den Regulierungsbehörden und Notenbanken, muss daher verboten werden, ohne ausdrückliche Zustimmung des Parlaments oder der Wahlbevölkerung in internationalen Koordinierungsgremien wie G7, G8, G20 oder den G30, der FATF oder auch der globalen Partnerschaft für finanzielle Inklusion Standards zuzustimmen und Selbstverpflichtungen abzugeben. Das würde die Arbeit dieser Gremien sehr viel mühsamer machen, lässt sich einwenden. Aber genau so sollte es sein!

Das Regelwerk der Europäischen Union ist in starkem Maße darauf ausgelegt, die Privilegien des Kapitals abzusichern und zu verstärken. Das oben skizzierte Reformprogramm wird daher auf vielerlei Weise und immer wieder fundamental diesem Regelwerk zuwiderlaufen.

Wenn man sich entscheiden müsste, entweder die EU zu behalten oder den Kapitalismus durch eine soziale Marktwirtschaft zu ersetzen, würde ich, ohne zu zögern, Letzteres vorziehen. Aber so schwarz und weiß muss die Wahl gar nicht sein. Die höchste Rechtsebene der EU besteht aus Verträgen, zu denen insbesondere der Vertrag über die Arbeitsweise der EU gehört. Verträge kann man kündigen und reformieren, wenn der Wille mächtiger Vertragspartner vorhanden ist. Man kann sie auch durch eine EU-Verfassung ablösen. Die EU hat immer wieder eindrucksvoll demonstriert, wie biegsam ihre Vorschriften sind, wenn wichtige Interessen mächtiger Länder betroffen sind. Ich will aber hier nicht so tun, als könnte ich das im Einzelnen in Bezug auf die hier vorgeschlagenen Reformen belegen. Der Versuch würde ein eigenes Buch füllen. Deshalb habe ich mich darauf beschränkt, das Wünschbare und Erreichbare auf nationaler Ebene zu skizzieren.

Was können Einzelne tun?

Viele frustriert es, gefährliche politische Entwicklungen zu sehen und vermeintlich nichts dagegen tun zu können. Doch das stimmt so nicht. Man darf nur die Latte nicht zu hoch legen. Wenn Erfolg nur darin bestünde, allein den Lauf der Welt verändern zu können, wären wir tatsächlich fast alle machtlos. Aber wir sind ja nicht allein. Es gibt viele andere, und wir können und müssen hoffen, dass andere mitmachen. Unter diesem Blickwinkel gibt es viel, was wir tun können. Wir sollten mit so vielen Menschen wie möglich ins Gespräch über die politische Situation kommen, um uns selbst Mut zu machen, vor allem aber, um andere aufzuklären und ihnen zu zeigen, wie viele es gibt, die ähnlich denken. Dafür muss sich niemand übermäßig selbst sozial gefährden. Missionierung bringt ohnehin nichts. Es reicht, Gesprächsangebote zu machen, die signalisieren, dass man keine hundertprozentige Verfechterin der herrschenden Verhältnisse ist. Stellt man gegenseitig fest, dass man ähnlich denkt, kann man befreit in den Austausch gehen. Ansonsten kann man je nach Interesse und Offenheit der Gegenseite seine Argumente und Informationen an den Mann oder die Frau bringen oder mit unverbindlichen Bemerkungen das Thema wieder wechseln.

Um Veränderungen zu fordern und zu unterstützen, braucht es in der Gesellschaft ein breites und genaues Verständnis dessen, was schiefläuft. Sonst geschieht das, was leider viel zu oft passiert: Der Unmut richtet sich gegen beliebte Sündenböcke, die gar nichts damit zu tun haben, wie Ausländer, Sozialhilfeempfänger, Juden, Moslems und andere. Oder aber die Reformbemühungen erschöpfen sich in Saubermannreformen innerhalb des Systems, die nur darauf abzielen, Auswüchse und Skandale abzustellen und das System auf diese Weise zu reparieren oder zu stärken.

Deshalb ist es so wichtig, sich und andere über gesellschaftliche Entwicklungen, Gefahren und Chancen zu informieren. Man sollte sich nicht davon frustrieren lassen, dass die Chancen auf eine schnelle und umfassende Besserung gering scheinen. Irgendwann ist die Zeit reif für Reformen. Und dann sollte man sich sagen können, dass man seinen Teil dazu beigetragen hat, sie in die richtige Richtung zu lenken.

Wie eine positive Vision einer Gesellschaft ohne Kapitalismus aussehen kann, habe ich auf den vorigen Seiten gezeigt. Andere mögen etwas andere Modelle bevorzugen. Wichtig ist fürs Erste die Botschaft, dass es ohne Weiteres möglich ist, eine Alternative umzusetzen.

Kapitalismus ist kein Schicksal.

Danksagung

Ich danke Matthias Burchardt für wertvolle Literaturhinweise, Hans Eschbach für kritische Durchsicht und sehr hilfreiche Verbesserungsvorschläge zum Manuskript, Marianne Giuffra fürs geduldige Zuhören, ohne mich für paranoid zu erklären, Jan Haas für die gewissenhafte und engagierte Endredigatur des Textes, Clio Häring für die Anregung, etwas konstruktiver zu werden, und Jeremy Häring für einen wertvollen Hinweis zum Cover-Entwurf, Ramona Jäger von Bastei-Lübbe und meiner Literaturagentin Hannah Leitgeb dafür, dass sie mich unwiderstehlich drängten, dieses Buch zu schreiben, Henry Mattheß fürs Korrekturlesen und vieles mehr, Dirk Müller und Sahra Wagenknecht dafür, dass ich Thesen mit ihnen diskutieren durfte, und dem Team von Quadriga für den tollen Titel, den ich in meiner Verblendung nur für ein Unterkapitel vorgesehen hatte, sowie für das eindrucksvolle Cover. Ebenso danke ich vielen Leserinnen und Lesern meines Blogs, die mich mit Hinweisen auf interessante Dokumente und Entwicklungen unterstützt haben.

Anmerkungen

1 Americans for Tax Fairness (2020). »Billionaires: Since pandemic began, U.S. billionaires' net worth jumps $931 billion, or nearly one-third, as working families suffer« (online), 20.10., mit den dort angegebenen, zumeist offiziellen Quellen.

2 Blair Fix (2021). »Stocks are up. Wages are down. What does it mean?« Real World Economics Review Blog (online), 10.4.

3 Americans for Tax Fairness (2020). »Billionaires: Since pandemic began, U.S. billionaires' net worths jumps $931 billion, or nearly one-third, as working families suffer« (online), 20.10.

4 Ulf Sommer (2020). »Die 100 wertvollsten Unternehmen der Welt – und welche Aktien jetzt Potenzial haben«. Handelsblatt (online), 30.12.

5 Marie-Astrid Langer (2021). »Corona-Pandemie verhilft Alphabet und Microsoft zu kräftigem Umsatzplus«. Handelsblatt (online), 28.4.

6 Marie-Astrid Langer (2021). »Corona sei Dank: Apple und Facebook wachsen ungebremst«. Handelsblatt (online), 29.4.

7 Florian Kolf, Sara Stucke (2021). »Der Rekordumsatz im Coronajahr zeigt, wie tief die Handelswelt gespalten ist«. Handelsblatt (online), 5.1.

8 Marie-Astrid Langer (2021). »Amazon wächst dank Online-Shopping und Cloud-Computing«. Handelsblatt (online), 29.4.

9 Tim Szent-Ivanyi (2021). »Pflegekräfte müssen 53 Jahre für Rente auf Niveau der Grundsicherung arbeiten«. Redaktionsnetzwerk Deutschland (online), 17.2.

10 Kristen Girschick, Moritz Rödle (2021). »Das absehbare Warten auf die Corona-Hilfe«. Tagesschau (online), 14.2.

11 Nick Corbishley (2020). »Wall Street Mega-Landlord Blackstone Prepares to Reap the Spoils of Another Crisis«. Naked Capitalism, 29.12.

12 Nick Corbishley (2020). »Wall Street Mega-Landlord Blackstone Prepares to Reap the Spoils of Another Crisis. Naked Capitalism, 29.12.

13 Robert Frank (2021). »The 25 highest-paid hedge fund managers made a record $32 billion in 2020, up more than 50% over 2019, according to Institutional Investor's Rich List«. CNBC (online), 22.2.

14 »Rekordgewinn für JP Morgan – Auch Citigroup übertrifft die Erwartungen«. Handelsblatt (online), 15.1.2021.

15 Katharina Pistor (2021). »Corona verändert das Vertragsrecht radikal – Schuldner stehen ohne Hilfe da«. Handelsblatt (online), 12.3.

16 Gerrit Hölzle, Stephan Madaus (2021). »Insolvenzen: Wie ein ›Dornröschenschlaf‹ viele Betriebe retten könnte«. Handelsblatt (online), 16.2.

17 Clemens Fuest, Felix Hugger, Susanne Wildgruber (2020). »Warum ist das Unternehmenssteueraufkommen trotz sinkender Steuersätze so konstant?«. Ökonomenstimme (online), 11.11.

18 Annette Alstadsæter, Niels Johannesen, Gabriel Zucman (2019). »Tax Evasion and Inequality«. American Economic Review, Vol. 109 (6), S. 2073–2103.

19 Sandy Brian Hager, Joseph Baines (2020). »The Tax Advantage of Big Business: How the Structure of Corporate Taxation Fuels Concentration and Inequality«. Politics & Society (online), 17.3.

20 Tyler Sonnemaker (2021). »›Champions League of tax avoidance:‹ Uber used 50 Dutch shell companies to dodge taxes on nearly $6 billion in revenue, report says«. Business Insider (online), 12.5.

21 Berechnungen von Emmanuel Saez und Gabriel Zucman, zitiert aus der Washington Post nach: »In 2018, billionaires paid a lower tax rate than the bottom 50%«. Real World Economic Review Blog, 22.5.2021.

22 Torsten Riecke (2021). »Regierungen gehen durch Steuerflucht jährlich 427 Milliarden Dollar verloren«. Handelsblatt (online), 11.3.

23 »Legale Steuervermeidung und staatliche Hilfen – das passt nicht zusammen«. Focus (online), 20.1.2021.

24 Franz Hubik (2021). »Deutliches Gehaltsplus für Ola Källenius: Daimler-Chef verdient 5,9 Millionen Euro im Corona-Jahr«. Handelsblatt (online), 18.2.

25 Christoph Schlautmann (2021). »Von der Kapitalerhöhung bei der Tui profitiert vor allem Großaktionär Mordaschow«. Handelsblatt (online), 5.1.

26 Jens Koennen (2021). »Lufthansa schreibt Rekordverlust – Eigenkapital schrumpft trotz Finanzhilfen rasant«. Handelsblatt (online), 4.3.

27 Ulf Sommer, Yasmin Osman (2021). »Dividende trotz Staatsgeld: Ausschüttungen werden zum Streitfall«. Handelsblatt (online), 6.4.

28 Konrad Duffy (2021). »Lockdown für Dividenden: Keine Staatshilfe für Aktionäre«. Makroskop (online), 14.4.

29 Tanja Kuchenbecker (2021). »Trotz Coronakrise: Luxusaktien LVMH und Hermès sind im Höhenflug«. Handelsblatt (online), 12.1.

30 Norbert Häring (2014). »Segen und Fluch der Plutonomie«. Handelsblatt Nr. 81 vom 28.4., S. 13.

31 Norbert Häring (2014). »Reiche und Superreiche: Neue Studien belegen, dass auch künftig große Vermögen schneller wachsen als kleine
   Ersparnisse«. Handelsblatt Nr. 109 vom 10.6., S. 34.

32 Norbert Häring (2014). »Die Superreichen und die Geldspritzen«.
   Handelsblatt Nr. 214 vom 6.11., S. 30.

33 Bank of England (2012). The Distributional Effects of Asset Purchases.
   12.7.

34 Die 2014 zuerst als EZB-Arbeitspapier erschienene Studie wurde 2016
   veröffentlicht unter dem Titel: Philip Vermeulen (2016). »Estimating
   the Top Tail of the Wealth Distribution«. American Economic Review,
   Vol. 106 (5), S. 646–650.

35 Flossbach von Storch Research Institut (2021). »FvS Vermögenspreisindex Q1-2021: 11,9 Prozent Inflation«. Ohne Datum. Aufgerufen am
   13.6.2021.

36 World Inequality Database. »Income inequality, USA, 1913–2019«. Abgerufen am 21.4.2021.

37 Jakob Kapeller (2021). »Vermögensungleichheit in der EU so hoch wie
   in den USA«. Arbeit & Wirtschaft Blog, 21.4.

38 Die weltweite Ungleichheit: Der World Inequality Report. CH Beck
   (online), 2016.

39 Karsten Polke-Majewski, Sascha Venohr (2020). »Wie die Finanzlobby
   die Politik beeinflusst«. Zeit (online), 9.12.

40 Harald Schumann (2021). »Revolving doors – The dirty downside of
   lobby politics in Brussels«. Investigate Europe (online), 1.2.

41 Marcel Hanegraaff, Arlo Poletti (2021). »The Rise of Corporate Lobbying in the European Union: An Agenda for Future Research«. JCMS:
   Journal of Common Market Studies (online), 18.1.

42 Transparency International. »Integrity Watch – Commission Mee-
   tings«. www.integritywatch.eu/index.php?oldcommission=1 (abgerufen am 26.6.2021).

43 Corporate Europe Observatory (2020). Big Tech Lobbying: Google,
   Amazon & friends and their hidden influence. Pressemitteilung (online), 23.9.

44 Julius Betschka (2021). »Immobilienunternehmer Gröner spendete
   800 000 Euro an die Berliner CDU«. Tagesspiegel (online), 5.1.

45 Kenneth Vogel, Eric Lipton (2020). »Washington Has Been Lucrative
   for Some on Biden's Team«. New York Times (online), 1.1.

46 Daniel Delhaes, Till Hoppe, Dietmar Neuerer (2021). »Vom Kanzler-

amt zu Facebook: Wechsel von Dorothee Bärs Büroleiterin stößt auf Kritik«. Handelsblatt (online), 9.2.

47 Harald Schumann (2021). »Die EU braucht eine Ethikbehörde!«. Tagesspiegel (online), 25.1.

48 Abkommen zwischen dem Schweizerischen Bundesrat und der Stiftung World Economic Forum zur Festlegung des Status der Stiftung World Economic Forum in der Schweiz, abgeschlossen am 23.1.2015, in Kraft getreten am 23.1.2015.

49 World Economic Forum (2019). »Annual Report 2019–2020« (online).

50 Soweit nicht anders gekennzeichnet, sind die Zitate und Informationen der folgenden Absätze der Jubiläumsschrift des Weltwirtschaftsforums entnommen: World Economic Forum (2009). »The World Economic Forum: A Partner in Shaping History. The First 40 Years – 1971–2010« (online).

51 Christian Hacke (2016). »Mut zur Unbeliebtheit«. Der Spiegel (online), 2.4.

52 Munzinger-Archiv (online) zu Klaus Schwab.

53 Zitiert nach der Jubiläumsschrift des Weltwirtschaftsforums.

54 Holger Zschäpitz (2020). »Deutschland, der große Verlierer unter den EU-Nationen«. Die Welt (online), 10.10.

55 Ausführlichere Informationen und Links zu den Quellen hierzu im Beitrag: Norbert Häring (2020): »Wenn Regierungen Steuermilliarden für Gates und Weltwirtschaftsforum einsammeln, haben die Konzerne die Weltregierung übernommen«. Geld und mehr (online), 5.5.

56 Norbert Häring (2018). »Datenmassen für die Afrika-Hilfe«. Handelsblatt (online), 3.1.

57 Laura Mann (2017). »Left to Other People's Devices?«. Development and Change (online), 3.10.

58 Ursula von der Leyen (2021). »Ursula von der Leyen's message to Davos Agenda: Full transcript«. World Economic Forum (online), 26.1.

59 Das Weltwirtschaftsforum berichtet darüber in seiner Jubiläumsbroschüre mit Foto der großen Delegation irrtümlich unter dem Jahr 2007, aber die Wahl war im Herbst 2005. Tatsächlich war die Delegation des Weltwirtschaftsforums nach Auskunft eines Sprechers 2006 bei Merkel.

60 World Economic Forum (2019). »The Forum of Young Global Leaders – Annual Report 2018–2019« (online).

61 Hannah Scherkamp (2016). »Young Global Leaders: Eine Berliner Gründerin gehört jetzt zur erfolgreichsten Klasse der Welt«. Business Insider, 17.3. Unter den Alumni sind beide auf der Webseite des

Forums nicht aufgeführt (www.younggloballeaders.org/community), ein Sprecher des Forums bestätigte jedoch, dass die beiden von 2016 bis 2019 Young Global Leaders waren.

62 Eintrag zu Hackmack auf der Webseite der Körber-Stiftung. Abgerufen am 9.1.2021.

63 Lee Kuan Yew School of Public Policy (2016). »Klaus Schwab: Global Leadership needed in the Era of Fourth Industrial Revolution«, 30.6. www.youtube.com/watch?v=HTmzbSFNK2c.

64 University of Massachusetts Boston, Center for Governance and Sustainability. »Introduction to the Readers' Guide«. www.umb.edu/gri/introduction_to_the_readers_guide

65 World Economic Forum (2010). »Everybody's Business: Strengthening International Cooperation in a More Interdependent World – Report of the Global Redesign Initiative«. www.innovations.harvard.edu/sites/default/files/WEF_GRI_EverybodysBusiness_Report_2010.pdf

66 University of Massachusetts Boston, Center for Governance and Sustainability. »An Overview of WEF's Perspective«. www.umb.edu/gri/an_overview_of_wefs_perspective

67 University of Massachusetts Boston, Center for Governance and Sustainability. »Four New Institutional Ideas«. www.umb.edu/gri/an_overview_of_wefs_perspective/four_new_institutional_ideas

68 University of Massachusetts Boston, Center for Governance and Sustainability. »A Revamped G20 and the United Nations«. www.umb.edu/gri/an_overview_of_wefs_perspective/a_revamped_g20_and_the_united_nations

69 University of Massachusetts Boston, Center for Governance and Sustainability. »Civil Society as a Governing Actor«. www.umb.edu/gri/an_overview_of_wefs_perspective/new_governing_actors/civil_society_as_a_governing_actor

70 World Economic Forum (2019). »The United Nations-World Economic ForumStrategic Partnership Framework for the 2030 Agenda«. weforum.ent.box.com/s/rdlgipawkjxi2vdaidw8npbtyach2qbt

71 »End the United Nations/World Economic Forum Partnership Agreement«. Open letter to Mr António Guterres, Secretary General of the United Nations. tni.org, 25.9.2019.

72 Barbara Adams, Jens Martens (2018). The UN Foundation – A foundation for the UN. Hrsg. von Global Policy Forum und Rosa-Luxemburg-Stiftung.

73 United Nations Foundation. »Our Mission and History« (online). Abgerufen am 20.2.2021.

74 World Economic Forum (2009). »The World Economic Forum: A Partner in Shaping History. The First 40 Years – 1971–2010« (online).

75 Wendy Brown (2015). Die schleichende Revolution. Wie der Neoliberalismus die Demokratie zerstört. Suhrkamp.

76 Rat der Evangelischen Kirche Deutschlands (2006). Kirche der Freiheit: Perspektiven für die evangelische Kirche im 21. Jahrhundert. Impulspapier.

77 R. A. W. Rhodes (1997). Understanding governance: policy networks, governance, reflexivity, and accountability. Open University Press.

78 Ceri Parker (2019). The World Economic Forum at 50: A timeline of highlights from Davos and beyond. World Economic Forum (online), 20.12.

79 Road map for digital cooperation: implementation of the recommendations of the High-level Panel on Digital Cooperation – Report of the Secretary-General. 29.5.2020.

80 Just Net Coalition (2021). Mehr als 170 zivilgesellschaftliche Gruppen widersetzen sich Plänen für ein von Big Tech dominiertes Gremium für globale digitale Governance. Pressemitteilung. März.

81 Zitiert nach: Oliver Nachtwey, Timo Seidl (2017). Die Ethik der Solution und der Geist des digitalen Kapitalismus. IfS Working Paper Nr. 11.

82 Oliver Nachtwey, Timo Seidl (2017). Die Ethik der Solution und der Geist des digitalen Kapitalismus. IfS Working Paper Nr. 11.

83 Zitiert nach: Oliver Nachtwey, Timo Seidl (2017). Die Ethik der Solution und der Geist des digitalen Kapitalismus. IfS Working Paper Nr. 11.

84 McKenzie Wark (2016). »The Sublime Language of My Century«. Public Seminar (online), 14.5.

85 Katharina Pistor (2020). Der Code des Kapitals: Wie das Recht Reichtum und Ungleichheit schafft. Suhrkamp.

86 Jonathan Nitzan, Shimshon Bichler (2009). Capital as Power. Taylor & Francis. Online unter: www.academia.edu/7346507/Capital_as_Power_A_Study_of_Order_and_Creorder

87 Nitzan und Bichler haben eine schwache Stelle beim Verständnis des Geldsystems, die sich aber relativ leicht füllen lässt.

88 Piero Srafa (1976). »Warenproduktion mittels Waren«. Nachworte von Bertram Schefold. Suhrkamp. (Engl. Original 1960).

89 Peter Thiel (2014). Lecture 5: Business Strategy and Monopoly Theory. 7.10. https://genius.com/Peter-thiel-lecture-5-business-strategy-and-monopoly-theory-annotated

90 Roberto Piazza, Yu Zheng (2019). »Innovate to Lead or Innovate to Prevail: When Do Monopolistic Rents Induce Growth?« IMF Working Paper No. 19/294.

91 Heike Anger (2021). Neues Patentrecht: Automobilindustrie befeuert Reformprozess mit Gutachten. Handelsblatt (online), 22.2.

92 Alexander Zaitchik (2021). »How Bill Gates Impeded Global Access to Covid Vaccines«. New Republic (online), 12.4.

93 »Zipline, UPS Partner with Government of Ghana to deliver first COVID-19 Vaccines to health centres«. Modern Ghana (online), 26.2.2021.

94 Yves Wegelin (2021). »Ein Stoff, der reich macht«. WOZ Die Wochenzeitung (online), 18.2.

95 Lee Fang (2021). »Hollywood Lobbyists Intervene Against Proposal to Share Vaccine Technology«. The Intercept (online), 27.4.

96 Yves Wegelin, Patric Sandri (2021). »Ein Stoff, der reich macht.« WOZ Die Wochenzeitung (online), 18.2.

97 Médecins Sans Frontières (2020). »Governments must demand pharma make all COVID-19 vaccine deals public«. Presseerklärung (online), 11.11.

98 Sunil Kanwar, Robert Evenson (2003). »Does Intellectual Property Protection Spur Technological Change?« Oxford Economic Papers, Vol. 55 (2), S. 235–264.

99 Peter Thiel (2014). Lecture 5: Business Strategy and Monopoly Theory. 7.10. https://genius.com/Peter-thiel-lecture-5-business-strategy-and-monopoly-theory-annotated

100 Zitiert nach Ryan-Collins, Toby Lloyd, Laurie Macfarlane (2017). Rethinking the Economics of Land and Housing. Zed Books.

101 Statistisches Bundesamt (2020). Fachserie 18 Reihe 1.4. Volkswirtschaftliche Gesamtrechnungen – Inlandsproduktberechnung. Detaillierte Jahresergebnisse.

102 Zacharias Zacharakis (2021). »Der Markt ist mächtiger als die Politik«. Zeit (online), 23.2.

103 Werner Rügemer (2018). Die Kapitalisten des 21. Jahrhunderts. Papyrossa.

104 Kerstin Leitel (2021). »Vonovia macht rund 3,3 Milliarden Euro Gewinn und will höhere Dividende zahlen«. Handelsblatt (online), 4.3.

105 Kerstin Leitel (2021). »Vonovia macht rund 3,3 Milliarden Euro Gewinn und will höhere Dividende zahlen«. Handelsblatt (online), 4.3.

106 Keith Cardoza, Justin Basara, Liddy Cooper, Rick Conroy (2006). »The

Power of Intangible Assets: An Analysis of the S&P 500«. Licensing Executives Society International (online). März.

107 Gary Cokins, Nick Shepard (2017). »The Power of Intangible«. Strategic Finance Magazine (online). Mai.

108 Daniel Greenwald, Martin Lettau, Sydney Ludvigson (2019). How the Wealth Was Won: Factors Shares as Market Fundamentals. NBER Working Paper No. w25769.

109 Mai Chi Dao, Chiara Maggi (2018). The Rise in Corporate Saving and Cash Holding in Advanced Economies. IMF Working Paper No. 18/262. Dezember.

110 David Autor, David Dorn, Lawrence F. Katz, Christina Patterson, John Van Reenen (2020). »The Fall of the Labor Share and the Rise of Superstar Firms«. Quarterly Journal of Economics, Vol. 135 (2), S. 645–709.

111 Kai Eicker-Wolf (2021). »Ungleichverteilung in Deutschland: Ein aktueller Überblick«. Blickpunkt Wiso (online), 27.5.

112 David Bell, David Blanchflower. »Underemployment in the US and Europe«. Industrial and Labor Relations Review (online), 22.11.

113 International Labour Organization (2020): Global Wage Report 2020/21. Genf.

114 Kai Eicker-Wolf (2021). »Ungleichverteilung in Deutschland: Ein aktueller Überblick«. Blickpunkt Wiso (online), 27.5.

115 Michael McLeay, Amar Radia, Ryland Thomas (2014). »Money creation in the modern economy«. Quarterly Bulletin Q1 (online).

116 Deutsche Bundesbank (2017). »Die Rolle von Banken, Nichtbanken und Zentralbank im Geldschöpfungsprozess«. Monatsbericht. April (online).

117 Astrid Dörner (2021). »Der Hedgefonds-Manager, der die Wall Street vorführt«. Handelsblatt (online), 30.3.

118 Jan Mallien (2021). »Die Nähe zwischen der EZB und Investoren ist gefährlich.« Handelsblatt (online), 25.1.

119 Stand 7.3.2021. https://group30.org/members

120 Norbert Häring (2019). »Der G30-Skandal geht weiter: Notenbanker veröffentlichen Empfehlungen zur Rentenpolitik von Blackrock für Blackrock.« https://norberthaering.de/die-regenten-der-welt/g30-rente/

121 Ein Dossier zum G30-Skandal findet sich unter: https://norberthaering.de/tag/g30/

122 Michaël Aklin, Andreas Kern, Mario Negre (2021). Does Central Bank Independence Increase Inequality? World Bank Policy Research Working Paper 9522, Januar.

123 Norbert Häring (2016). »Die perfiden Mittel, mit denen die Euro-Bank über den Volkswillen hinweggregiert (Teil 2): Eine Bombe in Dublin«. Geld und mehr (online), 11.2.

124 Norbert Häring (2015). »EZB versenkte Skandalbrief Trichets an Zapatero im weihnachtlichen Aufmerksamkeitsloch«. Geld und mehr (online), 7.1.

125 Der Brief ist dokumentiert im Artikel »Trichet e Draghi: un'azione pressante per ristabilire la fiducia degli investitori«. Corriere della Sera (online), 5.8.2011.

126 Norbert Häring (2016). »Die EZB erpresst die portugiesische Regierung«. Geld und mehr (online), 23.5.

127 Norbert Häring (2017). »Fehlender Weitblick«. Handelsblatt Nr. 155 vom 14.8., S. 13.

128 John William Asker, Joan Farre-Mensa, Alexander Ljungqvist (2015). »Corporate Investment and Stock Market Listing: A Puzzle?« Review of Financial Studies, Vol. 28 (2), S. 342–390.

129 Ulf Sommer (2021). »500 Milliarden Dollar: US-Konzerne steigern Aktienrückkäufe auf neuen Rekord«. Handelsblatt (online), 15.6.

130 Steven J. Davis, John C. Haltiwanger, Kyle Handley, Ben Lipsius, Josh Lerner, Javier Miranda (2021). The Economic Effects of Private Equity Buyouts. NBER Working Paper No. 26371.

131 Philipp Habdank (2018). »Private Equity macht Jagd auf Kliniken und Pflegeheime«. Finance Magazin (online). 10.6., sowie Christian Schwager (2021). »Kliniken werden geschlossen, obwohl das Gesundheitssystem vor dem Kollaps steht«. Berliner Zeitung (online), 22.1.

132 Rosemary Batt, Jamie Morgan (2020). »Private equity and public problems in a financialized world: an interview with Rosemary Batt.« Real-World Economics Review (online), 94. Dezember.

133 »Reform der Grunderwerbsteuer 2021 Maßnahmen gegen sog. Share Deals beschlossen.« Commerzial Treuhand (online). 4.5.2021.

134 Robert Kiesel (2021). »Berlin geht bei Deal der Immobilien-Riesen leer aus«. Tagesspiegel (online). 4.7.2021.

135 Vanguard. Fast facts about Vanguard. Abgerufen am 6.3.2021.

136 Lucian A. Bebchuk, Scott Hirst (2019). The Specter of the Giant Three. NBER Working Paper No. 25914.

137 Jens Berger (2019). »Wer schützt die Welt vor den Konzernen? Die heimlichen Herrscher und ihre Gehilfen«. Westend.

138 Benjamin Braun (2021). »American Asset Manager Capitalism«. In: Hacker, J. S., Hertel-Fernandez, A., Pierson, P., Thelen, K. (Hrsg.).

American Political Economy: Institutions, Interests, and Inequalities. Cambridge University Press.

139 Siehe zum Beispiel: Martin Schmalz, José Azar, Isabel Tecu (2018). »Anticompetitive Effects of Common Ownership«. Journal of Finance, 73 (4); und Lysle Boller, Fiona M. Scott Morton (2020). Testing the Theory of Common Stock Ownership. NBER Working Paper No. w27515.

140 Caroline Chen (2016). »Mutual Fund Industry to Drugmakers: Stand Up and Defend Yourself«. Bloomberg (online), 9.5.

141 Nathan Shekita (2021). Interventions by Common Owners. Oxford University Faculty of Law Working Paper. 5.1.

142 Nathan Shekita (2021). Interventions by Common Owners. Oxford University Faculty of Law Working Paper. 5.1.

143 John Coates (2018). The Future of Corporate Governance Part I: The Problem of Twelve. Harvard Public Law Working Paper No. 19-07.

144 Shimshon Bichler, Jonathan Nitzan (2021). »Corporate power and the future of U.S. capitalism«. Real World Economics Review Blog (online). 4.1.

145 Vgl. zu diesem Zitat und den folgenden Absätzen: Nick Corbishley (2020). »Wall Street Mega-Landlord Blackstone Prepares to Reap the Spoils of Another Crisis«. Naked Capitalism, 29.12.

146 Nick Corbishley (2020). »Wall Street Mega-Landlord Blackstone Prepares to Reap the Spoils of Another Crisis«. Naked Capitalism, 29.12.

147 Andreas Fagereng, Luigi Guiso, Davide Malacrino, Luigi Pistaferri (2020). »Heterogeneity and Persistence in Returns to Wealth«. Econometrica, Vol. 88 (1), S. 115–170.

148 Stefan Ederer, Maximilian Mayerhofer, Miriam Rehm (2019). »Rich and Ever Richer: Differential Returns Across Socio-Economic Groups«. ifso Working Paper 02.2019.

149 Flossbach von Storch Research Institute (2021). »FvS Vermögenspreisindex Deutschland«. www.flossbachvonstorch-researchinstitute.com/de/fvs-vermoegenspreisindex-deutschland/

150 Zitiert nach: Blair Fix (2021). »Stocks are up. Wages are down. What does it mean?« Real World Economics Review Blog (online), 10.4.

151 Bundesministerium für Wirtschaft und Energie (2019). Altmaier: Müssen jetzt unsere Wettbewerbsfähigkeit verbessern. Pressemitteilung. 10.4.

152 Dietrich Creutzburg (2015). »Gewerkschaftsbund fürchtet europäische Lohn-Aufsicht«. FAZ (online), 26.10.

153 Europäische Kommission (2015). Der Bericht der Fünf Präsidenten:

Die Wirtschafts- und Währungsunion vollenden. Vorgelegt von Jean-Claude Juncker in enger Zusammenarbeit mit Donald Tusk, Jeroen Dijsselbloem, Mario Draghi und Martin Schulz.

154 Ralf Wurzbacher (2021). »Unterm Hammer: Rot-Rot-Grün treibt den Ausverkauf der Berliner S-Bahn voran«. Nachdenkseiten (online), 12.2.

155 Ein umfangreiches Dossier dazu finden Sie unter: https://norberthaering.de/?s=autobahnraub

156 Norbert Häring (2016). »Der Juncker-Plan: Ein milliardenschwerer Subventionsfonds für institutionelle Kapitalanleger«. Geld und mehr (online), 15.2.

157 »Rüge für die EU-Kommission nach Auftrag an US-Investor Black-Rock«. Finanzen.net, 25.11.2020.

158 Katharina Kort (2021). »Buffett, Bezos und Dimon geben ihr ambitioniertes Gesundheitsprojekt auf«. Handelsblatt (online), 4.1.

159 Lewis Mumford (1967). The Myth of the Machine. Technics and Human Development. Harcourt, Brace & World; Lewis Mumford (1970). The Myth of the Machine. The Pentagon of Power. Harcourt, Brace Jovanovich.

160 Christoph Quarch (2021). »Im Tunnel der Alternativlosigkeit«. www.christophquarch.de/im-tunnel-der-alternativlosigkeit, 23.4.

161 Daniel AJ Sokolov (2021). »Nevada will lokale Regierungsmacht an Tech-Firmen abtreten – samt Gericht«. Heise (online), 8.2.

162 Von Mohssen Massarrat (2017). »Braucht die Welt den Finanzsektor?«. VSA-Verlag.

163 Dorit Heß (2014). »Ottmar Issing: ›Eine Perversion des Solidaritätsgedankens‹«. Handelsblatt Nr. 37 vom 21.2.

164 Rolf-E. Breuer (2000). »Die fünfte Gewalt«. Zeit (online), 27.4.

165 Jens Weidmann (2013). »Eingangserklärung anlässlich der mündlichen Verhandlung im Hauptsacheverfahren ESM/EZB beim Bundesverfassungsgericht in Karlsruhe am 11. Juni 2013«. www.bundesbank.de/de/presse/stellungnahmen/eingangserklaerung-anlaesslich-der-muendlichen-verhandlung-im-hauptsacheverfahren-esm-ezb-662878

166 Siehe für eine Erläuterung des Kontexts: Enrico Schicketanz (2016). »Marktkonforme Demokratie«. Enrico Schicketanz (Blog), 7.3. Video mit Originalton abrufbar unter: https://www.youtube.com/watch?v=y4CIiBL-EKg

167 Zitiert nach Paul Schreyer (2018). »Die Angst der Eliten – Wer fürchtet die Demokratie?«. Westend Verlag.

168 Lea Elsässer, Svenja Hense, Armin Schäfer (2016). Systematisch verzerrte Entscheidungen? Die Responsivität der deutschen Politik von 1998 bis 2015. Endbericht. Forschungsvorhaben im Auftrag des Bundesministeriums für Arbeit und Soziales.

169 Tagesschau auf Facebook. 12.4.2021. https://www.facebook.com/ta-gesschau/videos/1920722974754214/ (abgerufen am 20.4.2021).

170 Nach Paul Schreyer (2018). »Die Angst der Eliten – Wer fürchtet die Demokratie?«. Westend Verlag.

171 Alan Jacobs, Scott Matthews, Timothy Hicks, Eric Merkley (2021). »Whose News? Class-Biased Economic Reporting in the United States«. American Political Science Review (online), First View 12.4., S. 1–18.

172 Blair Fix (2021). »Stocks are up. Wages are down. What does it mean?« Real World Economics Review Blog (online), 10.4.

173 Michael McLeay, Amar Radia, Ryland Thomas (2014). »Money crea-tion in the modern economy«. Bank of England Quarterly Bulletin. Q1.

174 Astrid Dörner, Andreas Neuhaus (2021). »JP Morgan und Goldman steigern Gewinne jeweils um mehr als 450 Prozent«. Handelsblatt (online), 14.4.

175 Ulf Sommer (2021). »Dax-Konzerne verdienen im ersten Quartal mehr als je zuvor«. Handelsblatt (online), 13.5.

176 »Allianz-Chef Oliver Bäte: Die Sparer werden betrogen«. Handelsblatt (online), 23.12.2020.

177 »Allianz steigert die Dividende das siebte Jahr in Folge«. Finanzen. net, 6.5.2020.

178 Shimshon Bichler, Jonathan Nitzan (2021). »Corporate power and the future of U.S. capitalism«. Real World Economic Review Blog (online), 4.1.

179 Ariel Shapiro (2021). »America's Biggest Owner Of Farmland Is Now Bill Gates«. Forbes (online), 14.1.

180 Zitiert nach: Jacob Hoerger (2017). »What Will Stop Peter Thiel from Living Forever?« Medium (online), 9.10.

181 Zitiert nach: Dara Horn (2018). »The Men Who Want to Live Forever«. New York Times (online), 25.1.

182 Zitiert nach: Betsy Isaacson (2015). »Silicon Valley Is Trying to Make Humans Immortal – and Finding Some Success«. Newsweek (online), 5.3.

183 Betsy Isaacson (2015). »Silicon Valley Is Trying to Make Humans Im-mortal – and Finding Some Success«. Newsweek (online), 5.3.

184 Betsy Isaacson (2015). »Silicon Valley Is Trying to Make Humans Immortal – and Finding Some Success«. Newsweek (online), 5.3.

185 Klaus Schwab (2016). Die vierte industrielle Revolution. Pantheon.

186 Policy Horizons Canada (2020). Exploring Biodigital Convergence. 11.2.

187 »Apps Are Now Putting the Parole Agent in Your Pocket«. Wired (online), 11.11.2020.

188 Institute for Justice Research and Development (2019). FSU Researchers Lead Grant to Study Technology Impact on Increasing Support for Individuals Under Community Supervison. Pressemitteilung. 12.11.

189 Ciba Foundation (1963). Man and his future. https://archive.org/stream/manhisfuturecibaoowols/manhisfuturecibaoowols_djvu.txt

190 Norbert Wiener (1964). Mensch und Menschmaschine. S. 195, zitiert nach Matthias Burchardt (2017). Wir sind die Roboter. In: Burchardt, M., Molzberger, R. (Hrsg.). Bildung im Widerstand. Würzburg. S. 147–170.

191 Katharina Pistor (2020). »Die Ökonomie der Daten negiert die Marktwirtschaft«. Handelsblatt (online), 3.11.

192 Herman Kahn, Anthony Wiener (1971). Ihr werdet es erleben. Rowohlt. zitiert nach Matthias Burchardt (2017). Wir sind die Roboter. In: Burchardt, M., Molzberger, R. (Hrsg.). Bildung im Widerstand. Würzburg. S. 147–170.

193 Markus Beckedahl (2012). »Schufa will soziale Medien scannen«. Netzpolitik.org, 7.6.

194 »Schufa will an Kontoauszüge – wie man das verhindern kann«. SWR3 (online), 27.11.2020.

195 David Murakami Wood (2021). »Platform Capitalism, Empire and Authoritarianism: Is There a Way Out?« CIGI (online), 15.3.

196 Michael Dempsey (2018). Winning the national security long game takes technology innovation. The Hill (online), 13.2.

197 »Chinese Tech Landscape – Overview«. NSCAI Presentation. Mai 2019.

198 Merten Freidel (2020). »Die rettende Corona-App lässt auf sich warten«. FAZ (online), 17.4.

199 Jarrett Renshaw, Andrea Shalal, Michael Martina (2021). »Biden says China won't surpass U.S. as global leader on his watch«. Reuters (online), 25.3.

200 Rockefeller Foundation, Global Business Network (2010). Scenarios for the Future of Technology and International Development. Mai.

201 Salesforce, Deloitte (2020). The world remade by COVID-19: Scenarios for resilient leaders. 6.4.

202 Peter Hartlaub (2020). »More surveillance is coming. Why that might not be a bad thing«. Interview mit Peter Schwartz. San Francisco Chronicle (online), 16.8.

203 Rockefeller Foundation (2020). National Covid-19 Testing Action Plan. 21.4.

204 »Unternehmen gibt zu: Amazon-Fahrer pinkeln doch in Flaschen«. FAZ (online), 6.4.2021.

205 Lauren Bridges (2021). »Infrastructural obfuscation: unpacking the carceral logics of the Ring surveillant assemblage«. Information, Communication & Society (online), 14.4.

206 Aaron Martin (2021). Aadhaar in a Box? Legitimizing Digital Identity in Times of Crisis«. Surveillance & Society, Vol. 19 (1). S. 104–108.

207 Center for Human Rights and Global Justice (2021). Chased Away and Left to Die: How a National Security Approach to Uganda's National Digital ID Has Led to Wholesale Exclusion of Women and Older Persons. New York. Juni.

208 World Economic Forum (2018). »Identity in a Digital World: A new chapter in the social contract«. September.

209 World Economic Forum (2018). »The Known Traveller: Unlocking the potential of digital identity for secure and seamless travel«. In cooperation with Accenture. Januar.

210 Laura Middag Alvarez (2020). »Eurostar to roll out facial recognition for ›passport-free‹ travel to Europe«. Computer Weekly (online), 19.6.

211 https://www.staralliance.com/de/biometrics. Abgerufen am 17.4.2021.

212 »Star Alliance to develop biometric data recognition technology«. Future Travel Experience (online), August 2019.

213 »Covid-19 Fuels Inequality, Political Divide, Authoritarianism, Worldwide US-Intelligence Analysts Say.« Wall Street Journal (online), 8.4.2021.

214 Bundesfinanzministerium (2021). »Deutscher Aufbau- und Resilienzplan (DARP) – Entwurf«. 13.1.

215 Norbert Häring (2020). »Bill Gates beschreibt Covid-19 als ersten Anwendungsfall der Known-Traveller-Horrorvision des Weltwirtschaftsforums«. Geld und mehr (online), 11.4.

216 »Weltwirtschaftsforum: CommonPass soll internationales Reisen wieder ermöglichen«. Aero.de, 13.10.2020.

217 EU-Kommission (2020). Präsidentin von der Leyens Rede zur Lage der Union bei der Plenartagung des Europäischen Parlaments. 16.9.

218 https://norberthaering.de/wp-content/uploads/2020/05/2019-2022_
roadmap_en.pdf

219 Christoph Schmutz (2021). »Mit dem digitalen EU-Impfpass in die
Sommerferien«. NZZ (online), 17.3.

220 Jakob Jung (2021). »Impfpassinitiative geht an den Start«. ZDNet
(online), 15.1.

221 Dietmar Neuerer (2020). »Spahn stoppt Pläne für Immunitätsausweis
nach Protesten«. Handelsblatt (online), 4.5.

222 »Jens Spahn kündigt Rücknahme der Einschränkungen für Geimpfte
an«. Zeit (online), 4.4.

223 »E-Impfpass für Gesundheitsminister Anschober großer Schritt«. Der
Standard (online), 17.2.

224 »Schwere Datenschutzbedenken gegen den grünen Pass«. Der Standard (online), 19.5.

225 Andreas Proschofsky (2021). »Gesundheitsministerium kippt E-Card-
Nutzung für grünen Pass nach Kritik von Datenschützern«. Der
Standard, 7.5.

226 Vindu Goel (2018). »Indian ›Big Brother' using fingerprint identification system for food, benefits and bank accounts«. The Independent
(online), 10.4.

227 Omidyar Network (2019). »Five Surprisingly Consequential Decisions
Governments Make About Digital Identity«. 18.6.

228 »The 2020. COVID-19 Spurs National Plans to Give Citizens Digital
Identities«. Economist, 7.12.

229 Guadagni, vinci e cambi il Paese. www.cashlessitalia.it (ohne Datum).
Abgerufen am 15.4.2021.

230 Norbert Häring (2016). Die Abschaffung des Bargelds und die Folgen:
Der Weg in die totale Kontrolle. Quadriga; und Norbert Häring (2018).
Schönes Neues Geld: PayPal, WeChat, Amazon Go – Uns droht eine
totalitäre Weltwährung. Campus.

231 Norbert Häring (2020). »Die Bundesregierung finanziert den Kampf
der Better Than Cash Alliance gegen das Bargeld«. Geld und mehr
(online), 26.11.

232 GGOGLA (2020). Global Off-Grid Solar Market Report: Semi-Annual
Sales and Impact Data. January–June 2020, Public Report.

233 Kanni Wignaraja, Balazs Horvath (2020). »Universal basic income is
the answer to the inequalities exposed by COVID-19«. WEForum.org,
17.4.

234 Daniel Stelter (2020). »Das Corona-Grundeinkommen: ein Trojani-
sches Pferd«. Think Beyond the Obvious (online), 26.4.

235 Norbert Häring (2019). »Australien führt Sozialhilfeempfänger am digitalen Gängelband und macht die hässliche Fratze der bargeldlosen Gesellschaft sichtbar«. Geld und mehr (online), 25.9.

236 Patrick Witte, Kirsten Milhahn (2017). »Grundeinkommen als Entwicklungshilfe: Geld zu verschenken«. Der Spiegel (online), 16.12.

237 Ceri Parker (2017). »Mark Zuckerberg ›We should explore universal basic incomes‹«. WEForum.org, 29.5.

238 Scott Santens (2017). »Why we should all have a basic income«. WEForum.org, 15.1.

239 Daron Acemoğlu (2019). »Why Universal Basic Income might not be the answer«. WEForum.org, 26.6.

240 Siehe Lebensläufe: »Magdi Amin, Investment Partner, Omidyar Network, Bio Current as of September 14, 2018«. Concoridia.net; und »Magdi Amin, Investment Partner, Omidyar Network«. Worldbank.org. Beide abgerufen am 27.4.2021.

241 »Prioritizing the poorest and most vulnerable in West Africa: Togo's Novissi platform for social protection uses machine learning, geospatial analytics, and mobile phone metadata for the pandemic response«. WorldBank.org, 13.4.2021.

242 World Economic Forum (2016). »Predictions for the world in 2030«. www.weforum.org/agenda/2016/11/8-predictions-for-the-world-in-2030/ (abgerufen am 17.4.2021).

243 Niklas Maak (2020). »Google-Stadt ist abgebrannt«. FAZ (online), 11.5.

244 Bundesinstitut für Bau-, Stadt- und Raumforschung, Bundesministerium für Umwelt, Naturschutz, Bau und Reaktorsicherheit (Hrsg.) (2017). Smart City Charta: Digitale Transformation in den Kommunen nachhaltig gestalten. Mai.

245 Bundesministerium des Innern, für Bau und Heimat (2021). Smart City Dialog. www.smart-city-dialog.de/ (abgerufen am 26.4.2021).

246 Details in: Norbert Häring (2020). »Die Smart-City-Charta des Heimatministeriums: Techno-totalitäre Fantasien wie aus dem Silicon Valley«. Geld und mehr (online), 2.11.

247 Homepage: https://www.disinfobservatory.org/ (abgerufen am 28.4.2021). Mehr dazu auch unter Norbert Häring (2020). »Das Faktencheckerprogramm der EU heißt Soma, wie die Volksbefriedungsdroge in Schöne neue Welt«. Geld und mehr (online), 17.12.

248 »Global Cannabis Player Creso Pharma Enters Psychedelic's Sector with Acquisition of Halucenex«. Hot Stock Review (online), 1.2.2021.

249 Tom McKay (2021). »Peter Thiel-Backed Psychedelics Firm Buys Majority of Brain-Control Interface Firm«. Gizmodo (online), 9.4.

250 »Forscher entdecken Standort-Tracker in 450 von 450 untersuchten Android-Apps«. t3n.de, 4.2.2021.

251 Alfred Ng (2021). Google Promised Its Contact Tracing App Was Completely Private – But It Wasn't«. The Markup (online), 27.4.

252 »Singapore police will have access to contact-tracing data«. Engineering & Technology (online), 4.1.2021.

253 »Pentagon Kills LifeLog Project«. Wired (online), 2.4.2004.

254 Nafeez Ahmed (2015). »How the CIA made Google«. Medium (online), 22.1.

255 Peter Thiel (2014). Lecture 5: Business Strategy and Monopoly Theory. 7.10. https://genius.com/Peter-thiel-lecture-5-business-strategy-and-monopoly-theory-annotated

256 Sahra Wagenknecht (2016). Reichtum ohne Gier: Wie wir uns vor dem Kapitalismus retten. Campus.

257 www.verantwortungseigentum.de (abgerufen am 7.2.2021).

258 Wissenschaftliche Dienste des Bundestags (2021). Verantwortungseigentum. Nr. 02/21. 28.1.

259 Wolf Beck, Andreas Liebe (2021). »Gesellschaften im Verantwortungseigentum – Überarbeitung des Gesetzesentwurfs«. Haufe.de, 3.5.

260 Norbert Häring (2014). »Übergewichtig und labil«. Handelsblatt vom 16.6., S. 13.

261 Andreas Kern, Mario Negre, Michael Atkin (2021). Does Central Bank Independence Increase Inequality? World Bank Policy Research Working Paper WPS9522.

262 Alina Bartscher, Moritz Kuhn, Moritz Schularick, Paul Wachtel (2021). »Monetary Policy and Racial Inequality«. Institute Working Paper 45. Federal Reserve Bank of Minneapolis (online), 4.2.

263 Lorenz Jarass (2020). »Die Energiewende könnte billiger sein«. Handelsblatt (online), 9.11.

264 Gebhard Kirchgässner (2001). »Die Effizienz eines öffentlichen Versicherungsmonopols: Das Beispiel der schweizerischen Gebäudeversicherungen«. Zeitschrift für öffentliche und gemeinwirtschaftliche Unternehmen, Bd. 24 (3), S. 249–266.

265 Florian Blank, Camille Logeay, Erik Türk, Josef Wöss, Rudolf Zwiener (2016). Alterssicherung in Deutschland und Österreich: Vom Nachbarn lernen? WSI-Report Nr. 27, Januar.

266 Norbert Häring (2017). »Ungeliebte Informationen«. Handelsblatt vom 7.8., S. 12.

267 Luigi Zingales (2017). »Towards a Political Theory of the Firm«. Journal of Economic Perspectives. Nr. 3., S.113–130.

268 Sven Giegold (2021). »Amazon: Null Unternehmenssteuern trotz Rekordgewinnen«. Giegold.de, 9.5.

269 Kristina Dunz (2021). »Bartsch beklagt ›Steuerschlupfloch für Super-reiche‹«. Redaktionsnetzwerk Deutschland (online), 21.2.

270 George Monbiot (2019). »For the sake of life on Earth, we must put a limit on wealth«. The Guardian (online), 19.9.

271 »Deutschland meldet Verteidigungsausgaben in Rekordhöhe«. FAZ (online), 7.2.2019.

272 Marcel Burkhardt (2020). »1.917 000 000 000 US-Dollar für das Militär«. ZDF (online), 27.4.

273 Thomas Petersen (2021). »Wird Deutschland am Hindukusch verteidigt?« FAZ (online), 26.5.

274 Lea Elsässer, Svenja Hense, Armin Schäfer (2016). Systematisch verzerrte Entscheidungen? Die Responsivität der deutschen Politik von 1998 bis 2015. Endbericht. Forschungsvorhaben im Auftrag des Bundesministeriums für Arbeit und Soziales.

275 Henry Mattheß (2020). »Bündnis 90/Die Grünen und die Angst vor dem Volk«. Geld und mehr (online), 30.11.

276 Henry Mattheß (2021). »Amtszeitbegrenzung, das Ende der Berufsparlamentarier«. Geld und mehr (online), 24.1.

277 »Kalifornier stimmen gegen Mitarbeiterstatus für freie Fahrer«. Zeit Online, 4.11.2020.

Register

QUADRIGA

Das Magazin

Ausgabe
3

Unter Nazis

Ein Sachse kämpft
gegen Rechts › *Seite 6*

Friedensnobel-preisträgerin Maria Ressa

Die Enthüllung des weltweiten
Netzwerks der Desinformation
› *Seite 4*

Inhaltsverzeichnis

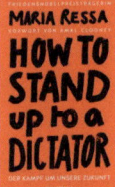

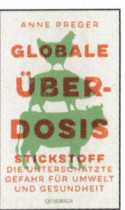

Mehr aus dem
Quadriga-Verlag
finden Sie hier:
quadriga-verlag.de

Oder melden Sie
sich für unseren
Newsletter an:

Impressum

@ 2022 by Bastei Lübbe AG, Köln.
Gestaltung: Massimo Peter-Bille,
Bastei Lübbe AG.
Redaktion: Christina Arens,
Bastei Lübbe AG.
Umschlagmotiv U1: © Rappler,
Franz Lopez

DAS BUCH DER FRIEDENSNOBELPREIS-TRÄGERIN 2021

Für eine Welt ohne Fake Facts und Manipulation

Freier Journalismus ist die schärfste Waffe zur Verteidigung unserer Demokratien. Die Friedensnobelpreisträgerin Maria Ressa steht seit dreißig Jahren an vorderster Front im Kampf um die Wahrheit, gegen Hass und Gewalt und für freies, starkes Internet ohne Fake Facts und Manipulation. Sie lebt auf den Philippinen, wo Präsident Duterte ein Gewaltregime führt, sein Volk mit Desinformation steuert und freie Meinungsäußerung brutal verfolgt. Er steht in einer Reihe mit Trump, Bolsonaro, Orban und allen Machtgierigen, die mit Angst und Fake Facts die Bürger einschüchtern und manipulieren. Doch Maria Ressa und ihre Nachrichtenplattform Rappler stellen sich ihm entgegen – unter Einsatz ihres Lebens.

»Meine persönliche Heldin ... sie spricht eine wichtige Warnung für uns alle aus.«

HILLARY CLINTON

Ein Netzwerk der Desinformation
In HOW TO STAND UP TO A DICTATOR beschreibt Ressa, wie Demokratie auf den Philippinen und in anderen Ländern systematisch ausgehöhlt wird, sie weist ein Netzwerk der Desinformation nach, das den ganzen Globus umspannt. Von Dutertes Drogenkriegen über die

>>Maria Ressa ist nur 1,56 m groß, aber in ihrem Streben nach der Wahrheit steht sie da wie ein Riese.<< *AMAL CLOONEY*

© Rappler

Stürmung des Capitol Hill in Washington und Großbritanniens Brexit bis hin zu russischer und chinesischer Cyber-Kriegsführung: Skrupellose Politiker steuern und manipulieren bewusst und erfolgreich. Und Facebook, Twitter und das ganze Silicon Valley weigern sich, dem entgegenzutreten.

In ihrem Buch erzählt Maria Ressa, wie sie zu dem wurde, was sie heute ist: ein Stachel im Fleisch der Mächtigen. ❷

Maria Ressa wurde auf den Philippinen geboren, zog mit neun Jahren in die USA und kehrte nach ihrem Studium an der Princeton-Universität nach Manila zurück. Als leitende Investigativreporterin von CNN Asien spezialisierte sie sich auf terroristische Netzwerke. Die Mitgründerin des Online-Nachrichtenportals RAPPLER erhielt 2021 den Friedensnobelpreis.

Erscheint am 25.11.2022

Maria Ressa
HOW TO
STAND UP TO
A DICTATOR
Hardcover
352 Seiten
€ 24,00 [D]
Auch als E-Book
erhältlich

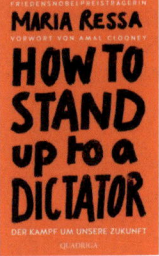

»DIE WISSEN GENAU, WO ICH WOHNE.«

Auszug aus einem Interview mit Jakob Springfeld. Er erhielt die Theodor-Heuss-Medaille für besonderes Engagement für Demokratie und Bürgerrechte

Inwieweit trägt die Pandemie dazu bei, dass die Rechten in Ostdeutschland mehr Aufmerksamkeit und auch Anhänger für sich gewinnen?
Während sich die Rechten früher auf offenen Rassismus gegen Geflüchtete konzentrierten, entstanden neue Feindbilder. Neonazis machen sich Verschwörungsideologien von Corona-Leugnern zu eigen, um demokratische Institutionen zu untergraben. Indem sie mit denselben Argumenten Politiker:innen wie Jens Spahn, Wissenschaftler:innen wie Christian Drosten oder Journalist:innen angreifen, ringen sie nun erfolgreich um die Aufmerksamkeit derer, die noch nicht tief in der rechten Szene verwurzelt sind.

Fühlen Sie sich in Ihrer Heimat noch sicher? Welche Gefahren erleben Sie ganz konkret?
Nein. Die Rechten in Zwickau wissen, wo ich wohne. Ein Neonazikader ist vor meinem Elternhaus aufmarschiert. In

»Die Verbreitung von rechter und rassistischer Ideologie ist die größte Gefahr für unser demokratisches Zusammenleben.«

© Calvin Thomas

Jakob Springfeld ist Student und 2002 in Zwickau geboren und aufgewachsen. ZEIT-Campus hat ihn zu den 100 wichtigsten Ostdeutschen ernannt. Er beschäftigt sich mit dem Thema, warum struktureller Rassismus und Rechtsextremismus Probleme sind, aus denen eine gesamtdeutsche Bedrohung hervorgeht.

der Innenstadt werden wir Linken gejagt und beschimpft. Durch unseren Zusammenhalt kommt Aufgeben aber nicht infrage. Außerdem lohnt es sich, etwas für Zwickau zu riskieren. Es gibt hier starke, engagierte Leute, die dem Hass trotzen und viele mit denen ich einfach gern feiern gehe.

Was fordern Sie von Politik und Gesellschaft?
Die Verbreitung von rechter und rassistischer Ideologie ist die größte Gefahr für unser demokratisches Zusammenleben. Die Zivilgesellschaft muss gestärkt werden und antifaschistische Demokrat:innen, wie ich, müssen sich wieder sicherer fühlen können. Damit das gelingt, muss sich die breite Gesellschaft mit den Betroffenen von rechter Gewalt solidarisieren. Und in der Politik darf es nicht bei Lippenbekenntnissen bleiben. ☯

Erscheint am 30.09.2022

Jakob Springfeld
UNTER NAZIS.
JUNG, OSTDEUTSCH,
GEGEN RECHTS
Paperback
256 Seiten
€ 14,99 [D]
Auch als E-Book und Hörbuch erhältlich

STICKSTOFF IM ÜBERFLUSS

Lösungsansätze, um der Gefahr für Umwelt und Klima zu begegnen

Stickstoff hat seine guten und seine schlechten Seiten. Ob er nützt oder schadet, das hängt – wie bei so vielen Dingen im Leben – nicht nur von der chemischen Form ab, sondern auch von der Dosis. Inzwischen sind wir und die Welt, in der wir leben, mit den negativen Folgen einer globalen Stickstoff-Überdosis konfrontiert. Diese Überdosis geht auf das Konto der Menschheit. Wir haben gerade mal hundert Jahre gebraucht, um den Stoffwechsel unseres Heimatplaneten mit zu viel Stickstoff völlig zu überlasten: Grundwasser enthält zu viel Nitrat. Gewässer sind überdüngt. In Folge bilden sich im Wasser Todeszonen ohne Sauerstoff. Korallenriffe leiden unter Überdüngung ebenso wie Lebewesen in Mooren, Heiden, Wäldern oder auf Bergwiesen. Wie sehr sich die heutige Welt des Überflusses vom irdischen Normalzustand des Stickstoffmangels unterscheidet, mit welchem Ideenreichtum die Natur früher dem Stick-

Anne Preger, hat Geoökologie in Braunschweig, Uppsala und Bayreuth studiert. Als mehrfach ausgezeichnete Umwelt- und Wissenschaftsjournalistin berichtet sie u.a. für das Online-Magazin »Riffreporter« sowie WDR 5, Deutschlandfunk Nova und den Podcast »Quarks Storys«.

© Christian Daitche

stoffmangel begegnet ist und wie es zu der Erfindung kam, die am 2. Juli 1909 unser Verhältnis zu Stickstoff ein für alle Mal auf den Kopf gestellt hat – das alles sind nicht nur spannende Geschichten. Dieses Wissen hilft auch dabei zu verstehen, welche Probleme der fatale Stickstoff-Überfluss genau mit sich bringt. Die Herausforderungen der globalen Überdosis zu begreifen, ist essenziell, um eine ganze Reihe von Krisen zu bewältigen, vor denen wir als Bewohnerinnen und Bewohner der Erde aktuell stehen.

An dieser Stelle habe ich schon einmal mehrere gute Nachrichten:
1) Wir haben es selbst in der Hand. Jede und jeder Einzelne kann dafür aktiv werden.

2) Es liegen viele, vergleichsweise einfach umsetzbare Vorschläge auf dem Tisch, wie wir sorgsamer mit Stickstoff umgehen können.

3) Indem wir die Überdosis deutlich reduzieren, schützen wir die Biodiversität, das Klima und unsere Gesundheit, und haben im besten Fall auch die Chance, den Welthunger zu verringern.

Erscheint am 26.08.2022

Anne Preger
GLOBALE ÜBERDOSIS
Hardcover
250 Seiten
€ 22,00 [D]
Auch als
E-Book
erhältlich

4) Weniger Stickstoff zu verschwenden und zu verplempern, spart außerdem eine Menge Geld. Nicht nur für Erdgas und Dünger. ☕

EINE FAMILIE, ZWEI FRAUENLEBEN, 200 JAHRE RASSISMUS UND KOLONIALISMUS

Ein Beitrag zur postkolonialen Aufarbeitung deutscher Geschichte

Mein Urahn Johann Hinrich Schmelen kam 1778 zur Welt. Er wurde in eine Zeit hineingeboren, in der sich viele seiner Zeitgenossen für die Idee begeisterten, dass alle Menschen frei sein und das Recht haben sollten, nach ihrem ganz persönlichen Glück zu streben, wie es in der Amerikanischen Unabhängigkeitserklärung festgehalten ist. Auch Schmelen wollte das. Er nahm den untergeordneten Stand, in den er als Kleinbauernsohn hineingeboren war, nicht mehr einfach hin, sondern machte Gebrauch von seiner Freiheit und suchte sein Glück als Missionar in Afrika. Es muss ein berauschendes Gefühl gewesen sein in dieser starren und streng hierarchisierten Welt, endlich des eigenen Glückes Schmied sein zu können.

200 Jahre Rassismus im Spiegel einer Schwarz-Weißen Familiengeschichte

Als 150 Jahre später meine Großmutter Dora Hegner ihren künftigen Ehemann kennenlernt, ist von diesem revolutionären Elan im deutschen Bürgertum nichts mehr zu spüren. Denn inzwischen herrscht Deutschland über Kolonien, deren Bewohner es ausbeutet und beraubt. Freiheit und Glück gibt es nun nur noch für jene, die aufgrund ihrer »Rasse« bereits »glücklich geboren« sind. Das ist Doras Geheimnis, das sie schließlich ihrem Verlobten gesteht. Sie selbst ist nicht »glücklich geboren«. Ihr Urgroßvater Schmelen, jener beherzt nach seinem persönlichen Glück strebende Missionar, hatte einst eine Afrikanerin geheiratet, Zara. Dora ist die Nachkommin einer »Hottentottin« ... In meinem Buch schildere ich die Lebenswege meiner Vorfahren, und wie sich die Verbindung meines Urahns Schmelen mit Zara, seiner Schwarzen Ehefrau, durch die Generationen hinweg verändert: Von der selbstbewussten, freien Entscheidung zur Liebesheirat zum Geheimnis, das vor der Außenwelt verborgen werden muss. ◗

© Ekko von Schwichow

Ursula Trüper wurde 1949 in Karlsruhe geboren und studierte Literaturwissenschaft, Geschichte und Kunstgeschichte. Längere Forschungsaufenthalte führten sie nach London, Namibia und Südafrika. Heute lebt und arbeitet Ursula Trüper als freie Journalistin und Autorin in Berlin.

Erscheint am 28.10.2022

Ursula Trüper
ZARA ODER DAS STREBEN NACH FREIHEIT
Hardcover
368 Seiten
€ 22,00 [D]
Auch als E-Book erhältlich

Zeit für ein neues wirtschaftliches Denken

Interview mit dem Zukunftsforscher Tristan Horx

Was versteht man unter Sinn-Ökonomie?
Es ist der Versuch, das kapitalistische System wieder zu vermenschlichen. Statt im Vordergrund reinen Profit zu sehen, sollen wieder menschliche Bedürfnisse zurück in den Mittelpunkt rücken. Gibt man den Menschen Sinn in ihrer beruflichen Tätigkeit, ist Arbeit auf einmal nicht mehr pure Beschäftigungstherapie, sondern ein zentraler und sogar schöner Teil des Lebens.

Welche Werte werden bei jungen Beschäftigten zunehmend wichtig?
Flexibilität, Vertrauen und Sinn sind die zentralen Bausteine, um junge Talente anzuziehen. Durch den dynamischen Wechsel in den Arbeitnehmermarkt, müssen sich Unternehmen auf einmal bemühen, sich attraktiv für die Arbeitskräfte von morgen zu machen – sonst gehen sie eben zur Konkurrenz.

»Gibt man den Menschen Sinn in ihrer beruflichen Tätigkeit, ist Arbeit auf einmal nicht mehr pure Beschäftigungstherapie, sondern ein zentraler und sogar schöner Teil des Lebens.«

Seit seinem 24. Lebensjahr steht **Tristan Horx** als Speaker aus der Generation Y auf internationalen Bühnen. Sein Thema ist die Zukunft. Geboren wurde er knapp vor der Jahrtausendwende und gehört damit zur begehrten Zielgruppe der sog. Millennials. Sie steht mit ihren Interessen und Motiven im Fokus vieler Unternehmen, wenn es um Fragen des gesellschaftlichen Wandels, um Kultur, aber auch um ein neues wirtschaftliches Denken geht.

© Tristian Horx

Was bedeutet Work-Life-Blending?

Die nächste Evolutionsstufe von Work-Life-Balance. Diese impliziert nämlich, dass man während der Arbeitszeit nicht lebt. In einer wahren Sinn-Ökonomie verschwimmen die Grenzen von Arbeit und Privatleben, und diese Vermischung zeigt unglaubliches synergetisches Potenzial auf. Acht Stunden im Büro-Gefängnis abzusitzen, um noch 2-4 Stunden »Freizeit« zu haben ist nicht zukunftsfähig.

Erscheint am 30.09.2022

Tristan Horx
SINNMAXI-
MIERUNG
Paperback
224 Seiten
€ 18,00 [D]
Auch als E-Book
erhältlich

Warum braucht die Zielgruppe Ihr Buch?

Um endlich in eine Welt der neuen Arbeit zu kommen, brauchen junge Beschäftigte die Argumente und Werkzeuge, um den Managern der Welt von gestern zu zeigen, wo die Reise hingeht. ❷

DIE GEFAHREN DER ESOTERIK

Hat der Glaube an Übernatürliches Einfluss auf die Demokratie?

Die gesellschaftliche Dimension esoterischer Weltbilder wird oft vollkommen ausgeblendet. In Teilen der Esoterik-Szene meint man, ein spirituelles Erwachen der Menschheit stünde kurz bevor. Der Glaube an große Veränderungen im Zuge eines astrologisch begründeten »Wassermann-Zeitalters« war ein zentrales Element der New-Age-Bewegung der 1970er Jahre. Weltfrieden, weil die Sterne richtig stehen und unsere Spiritualität »erwacht«? Was auf den ersten Blick wie ein hoffnungsvolles Märchen vom »guten Leben« klingt, kann zu einer schleichenden Entpolitisierung führen. Wozu für Veränderung kämpfen, wenn das spirituelle Bewusstsein es doch richtet? »Meditieren statt Demonstrieren« – ein solcher Ansatz ist toxisch für die Demokratie.

Braune Esoterik

Und dann gibt es natürlich auch noch ein anderes Extrem. Wer sich mit Verschwörungsideologien und Rechtsextremismus beschäftigt, kommt an Esoterik nicht vorbei. In zahlreichen Ländern kamen auf Demonstrationen gegen eine vermeintliche »Corona-Diktatur« sowohl esoterisch orientierte Gruppierungen als bekennende Rechtsextremisten zusammen. Was wie eine neue Entwicklung erscheint hat jedoch eine Vorgeschichte. Anhänger so mancher esoterischer Pseudomedizin wittern seit jeher eine jüdische

Weltverschwörung hinter Impfkampagnen. Braune Esoterik war schon lange vor Corona Teil der Szene. Wir laden sie ein, gemeinsam mit uns in die Welt der Wunderheiler und Geisterbeschwörer einzutauchen. Lassen Sie uns gemeinsam einen Blick hinter die Fassade vermeintlich harmloser spiritueller Seminare und Ratgeber blicken. In diesem Buch haben wir zahlreiche Erlebnisberichte, Studien und Stimmen von Experten zusammengetragen, um die häufigsten Fragen im Zusammenhang mit der Esoterik-Szene zu beantworten. ✎

© Gordon Welters Photography

Pia Lamberty ist Psychologin und Expertin im Bereich Verschwörungsideologien. Ihre Forschung führte sie an die Universitäten in Köln, Mainz und Beer Sheva (Israel).

Katharina Nocun ist Wirtschafts- und Politikwissenschaftlerin. Sie leitete bundesweit politische Kampagnen, u.a. für die Bürgerbewegung Campact e.V. und den Verbraucherzentrale Bundesverband.

Erscheint am 30.09.2022

PIA LAMBERTY
KATHARINA NOCUN

GEFÄHRLICHER
GLAUBE

QUADRIGA

DIE RADIKALE GEDANKENWELT
DER ESOTERIK

Pia Lamberty,
Katharina Nocun
**GEFÄHRLICHER
GLAUBE**
Hardcover
320 Seiten
€ 22,00 [D]
Auch als E-Book und
Hörbuch erhältlich

AUS FORSCHUNG, ZEITGESCHEHEN UND POLITIK

Wie RNA-Therapien die Behandlung von Krebs, Herzkrankheiten und Infektionen revolutionieren. Eine neue Art der Medizin steht in den Startlöchern, die unser Leben schon morgen entscheidend verändern kann. Die renommierten Wissenschaftsjournalisten Ulrich Bahnsen und Edda Grabar beschreiben so anschaulich wie faszinierend, wo die Forschung heute steht und welche durchschlagenden Erfolge die neue Ära der Medizin begründen.

Edda Grabar, Dr. Ulrich Bahnsen | DAS ENDE ALLER LEIDEN
Hardcover | € 20,00 [D]

Der Berliner Bezirk Neukölln steht seit etlichen Jahren für Armut, Arbeitslosigkeit, Gewalt, Verwahrlosung, Selbstjustiz, Autoritätsverlust und Staatsverachtung. Falko Liecke arbeitet seit mehr als einem Jahrzehnt als Stadtrat für die Bereiche Jugend, Gesundheit und nun Soziales. Er kämpft seit 2009 gegen die soziale Misere an, wird jedoch massiv verbal und körperlich angefeindet: von gewaltbereiten Extremisten, Clan-Mitgliedern und dem linken Milieu.

Falko Liecke | BRENNPUNKT DEUTSCHLAND
Hardcover | € 20,00 [D]

Anna Veronika Wendland hat viele Jahre vor Ort in Atomanlagen über Reaktorsicherheit und nukleare Arbeit geforscht. Sie denkt die Energiewende neu und zeigt, wie man sie auf einer klugen Kombination von Erneuerbaren und Kernenergie aufbauen könnte. So können Klima-, Naturschutz und Versorgungssicherheit miteinander vereinbart werden.

Anna Veronika Wendland | ATOMKRAFT? JA BITTE!
Hardcover | € 20,00 [D]